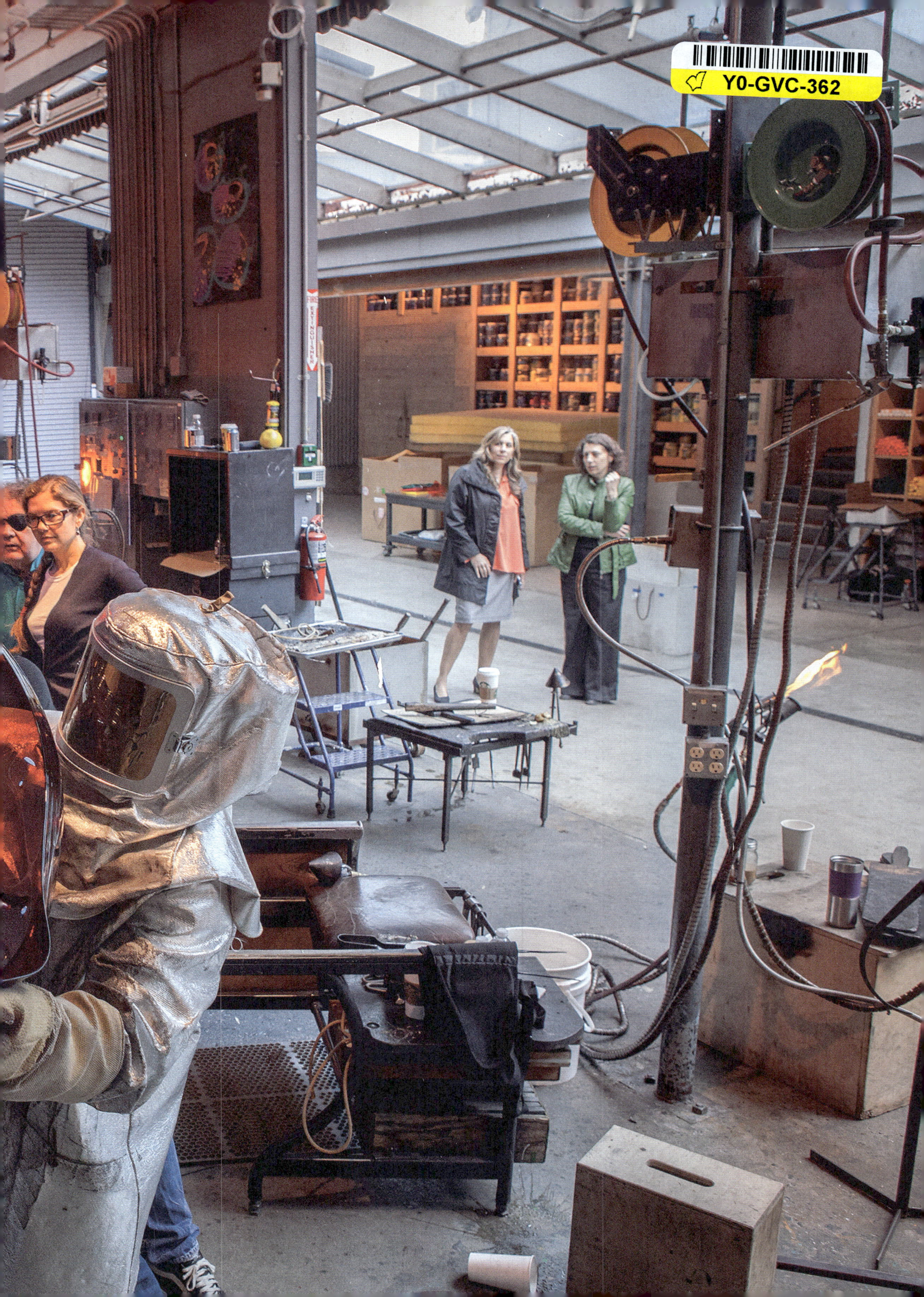

CHIHULY

SCHOOL OF THE MUSEUM OF FINE ARTS
AT TUFTS UNIVERSITY

DALE CHIHULY, 2017

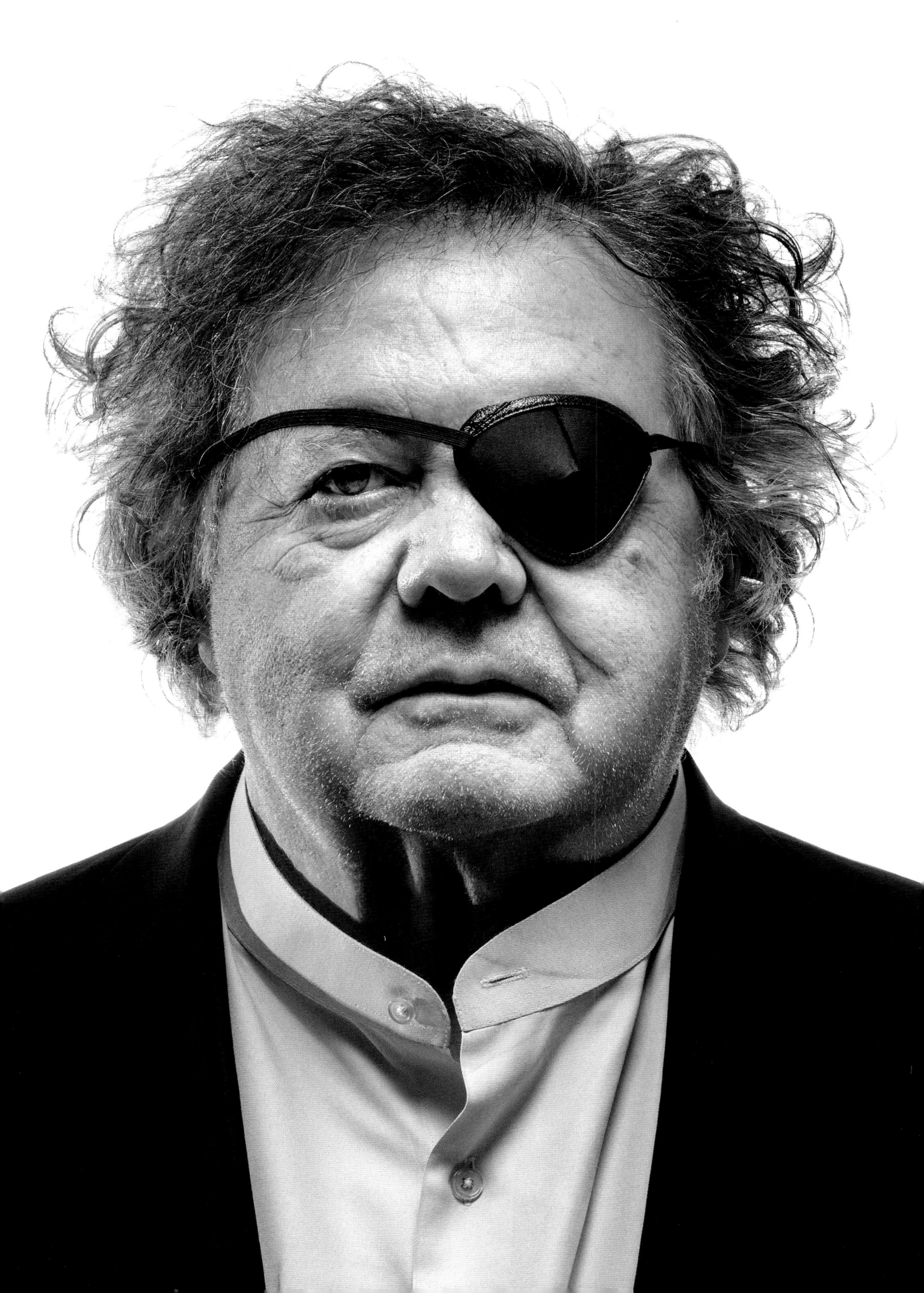

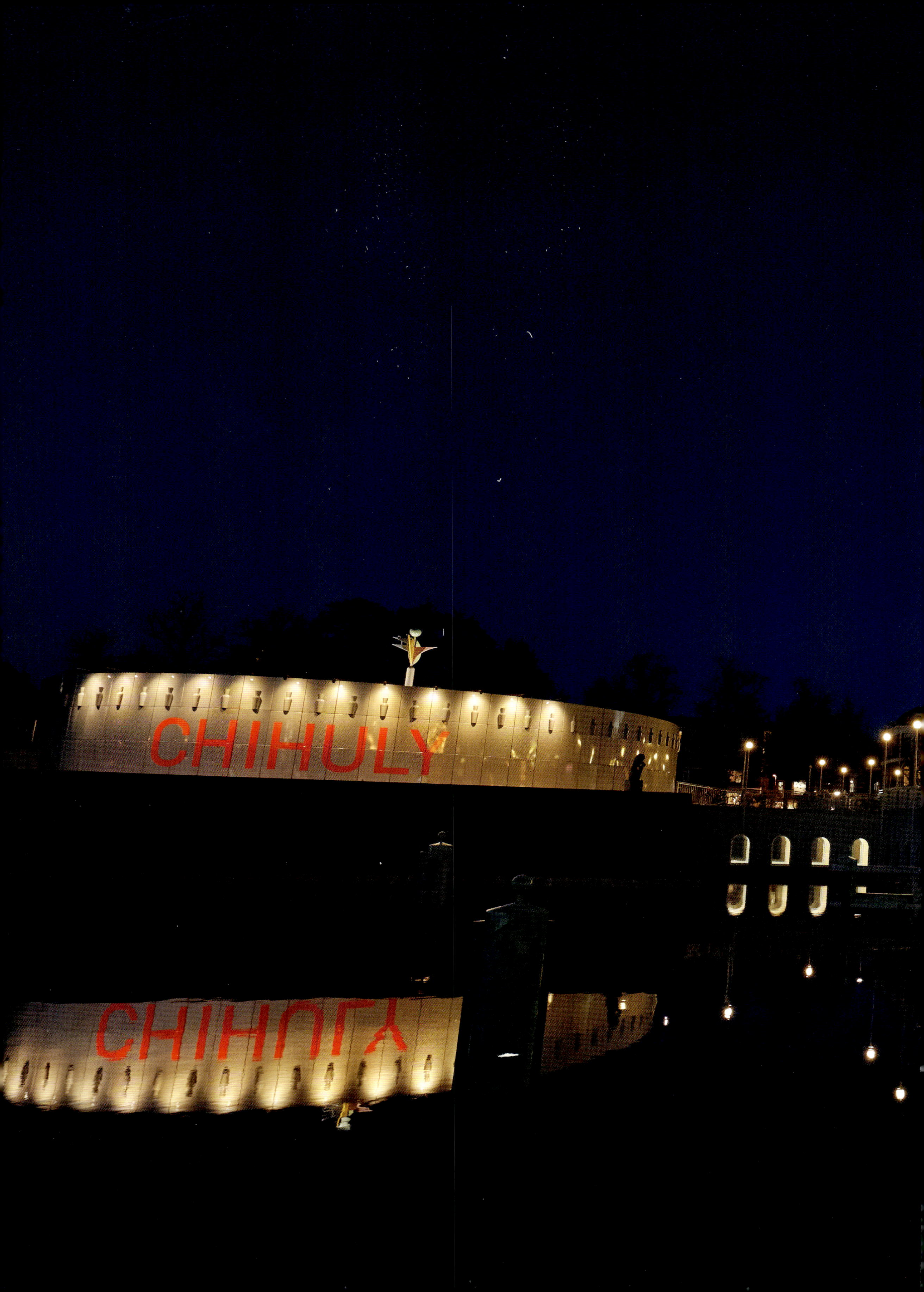
CHIHULY

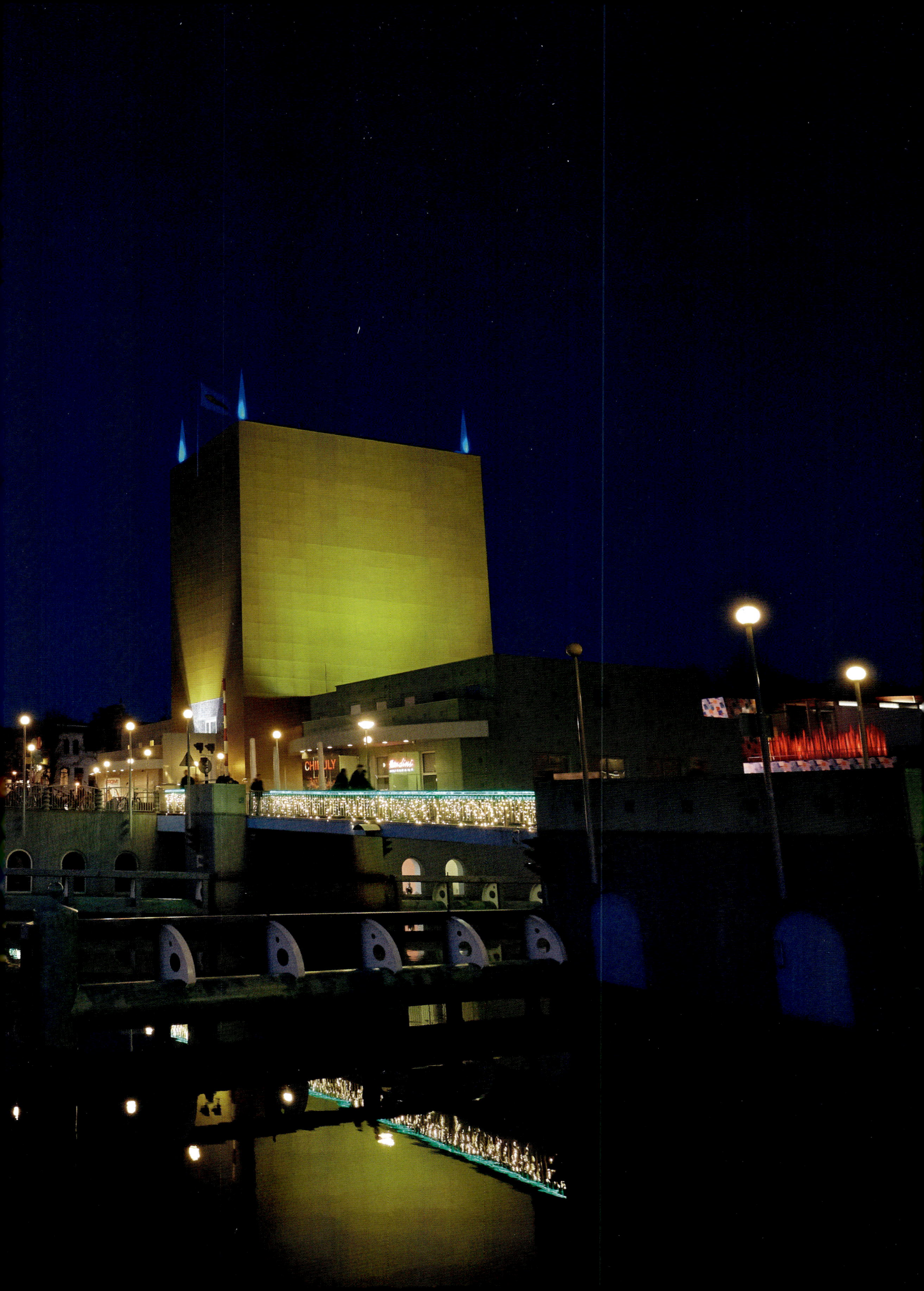

INHOUD
CONTENTS

WOORD VAN DANK

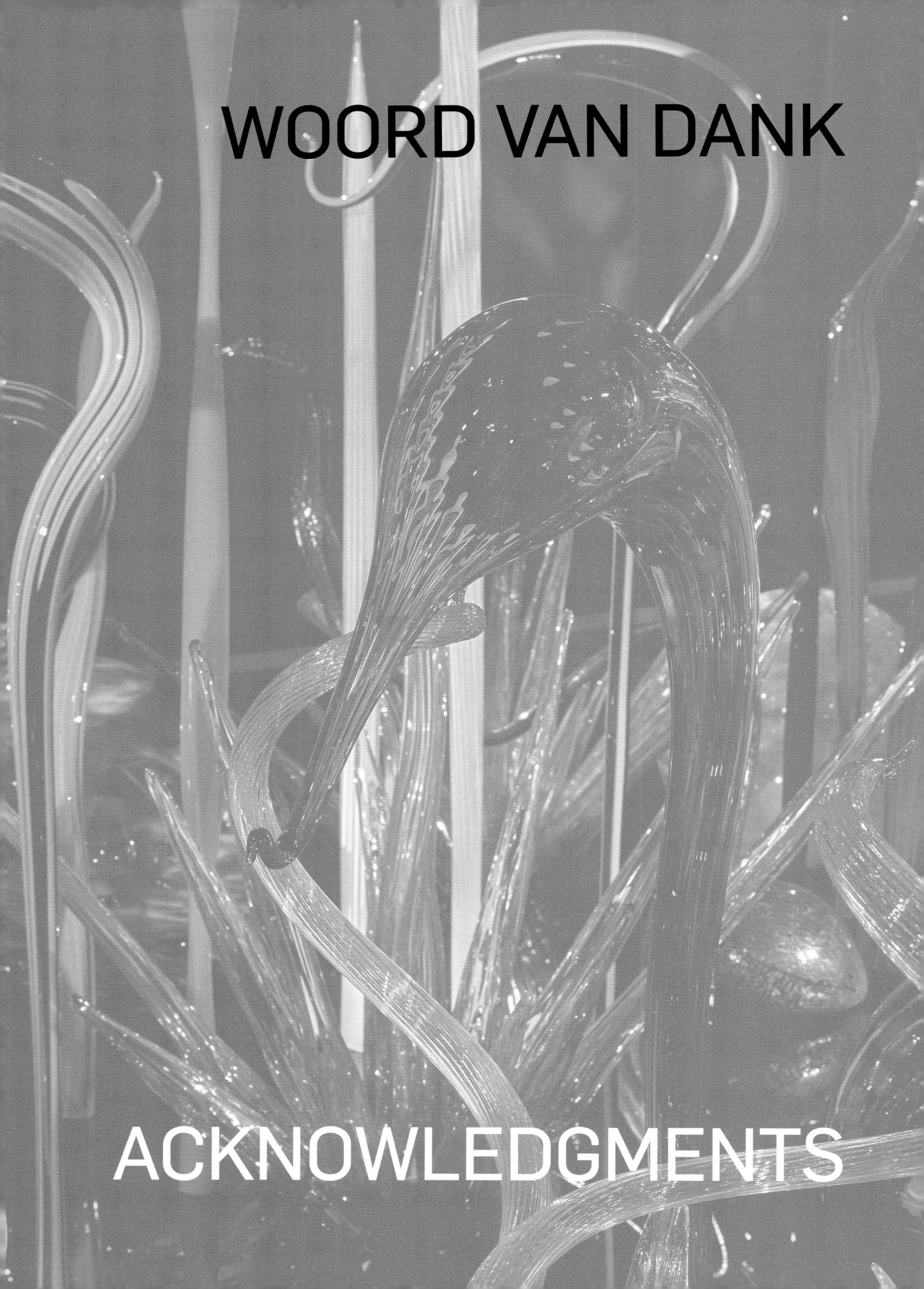

ACKNOWLEDGMENTS

Dale Chihuly's succes is te danken aan een uitstekend team. Voor ons geldt hetzelfde. Hierbij wil ik allen die meegewerkt hebben aan deze tentoonstelling van harte danken voor hun inzet en ondersteuning. Mijn dank gaat uit naar het Team Chihuly. Zij hebben met grote zorgvuldigheid, geduld en passie de totstandkoming van onze tentoonstelling begeleid. Van het team Groninger Museum wil ik in het bijzonder Suzanne Rus noemen, die als projectleider alle touwtjes stevig in handen hield en zorgde dat voorbereiding en realisering efficiënt en soepel zijn verlopen. Bij de laatste loodjes hadden we assistentie van Muriel Ramuz, die vanaf dag één van haar stage een zeer competente en onmisbare kracht bleek.

Daarnaast een hartelijke dank aan Nathalie Bondil, directrice van het Museum of Fine Arts Montreal, die de weg voor ons vrijmaakte, en voor het team van het Royal Ontario Museum in Toronto, dat ons liet kennismaken met hun Dale Chihuly-tentoonstelling en ons waardevolle tips meegaf.

De enige bruikleengever naast Chihuly Studio is de Dienst van het Koninklijk Huis, die zo vriendelijk was om ons het werk *Bottle Green Seaform with Marigold Lip Wrap* ter beschikking te stellen. Koningin Beatrix had de *Seaform* in 1997 cadeau gekregen van president Bill Clinton. Het was Marc de Beyer, directeur van Museum Gouda, die ons hierover tipte.

Dichterbij, in Groningen namelijk, waren het Dörte Mierau en Hein van de Water die ons in contact brachten met de wereld van de glaskunst. Ann-Sophie Lehmann, hoogleraar Moderne & Hedendaagse Kunst aan de Rijksuniversiteit Groningen, schreef een belangrijk artikel voor deze publicatie. De catalogus is vormgegeven door Rudo Menge en werd door Henk van de Wal (WBOOKS) in de vertrouwde uitmuntende kwaliteit geproduceerd.

Onze allergrootste dank gaat natuurlijk uit naar Dale en Leslie Chihuly, die van begin af aan open stonden voor onze plannen. Dale kende Groningen nog niet, maar kennelijk hebben foto's van ons museumgebouw hem ervan overtuigd dat er sprake is van een zekere geestesverwantschap: schoonheid, speelsheid en moderniteit kunnen heel goed samengaan. Chihuly's creaties geven ons museum een nieuwe dimensie.

Andreas Blühm

Dale Chihuly owes his many successes to his excellent team. The same thing can be said for us: I would like to thank everybody involved in the project for their efforts and support in making this exhibition happen. I would like to give my thanks to the entire Team Chihuly. They all helped us develop this exhibition with care, patience, and passion, all the way from Seattle. From our own Groninger Museum team I would especially like to thank our project manager Suzanne Rus, who took charge and ensured that all our preparations and implementations were efficient and went as smoothly as possible. During the final stages, we could count on the assistance of Muriel Ramuz, who turned out to be a competent and irreplaceable force from day one of her internship.

Furthermore, a very big thank you to Nathalie Bondil, director of the Museum of Fine Arts Montreal, who paved the way for us; and to the team of the Royal Ontario Museum in Toronto, who introduced us to their own Dale Chihuly-exhibition and offered some very helpful advice.

The only work on display that has not been provided by Chihuly Studio is *Bottle Green Seaform with Marigold Lip Wrap,* which has been kindly made available to us by the Dutch Royal House. Queen Beatrix received this *Seaform* in 1997 from US president Bill Clinton. Marc de Beyer, director of Museum Gouda, presented us with the necessary information.

Closer to home, in Groningen itself, Dörte Mierau and Hein van de Water connected us to the world of glass art. Ann-Sophie Lehmann, professor of Modern & Contemporary Art at the Rijksuniversiteit Groningen, wrote an important article that is included in this publication. Rudo Menge has designed the catalog, which has been published by Henk van de Wal from (WBOOKS) in its usual excellent quality.

Of course, our greatest gratitude goes out to Dale and Leslie Chihuly, who were open to hearing our plans from the very beginning. Dale was not yet familiar with Groningen, but it seems that pictures of the museum building have proven to him that our museum was built by a kindred spirit: beauty, playfulness and modernity can certainly go hand in hand. Chihuly's creations bring a new dimension to our museum.

Andreas Blühm

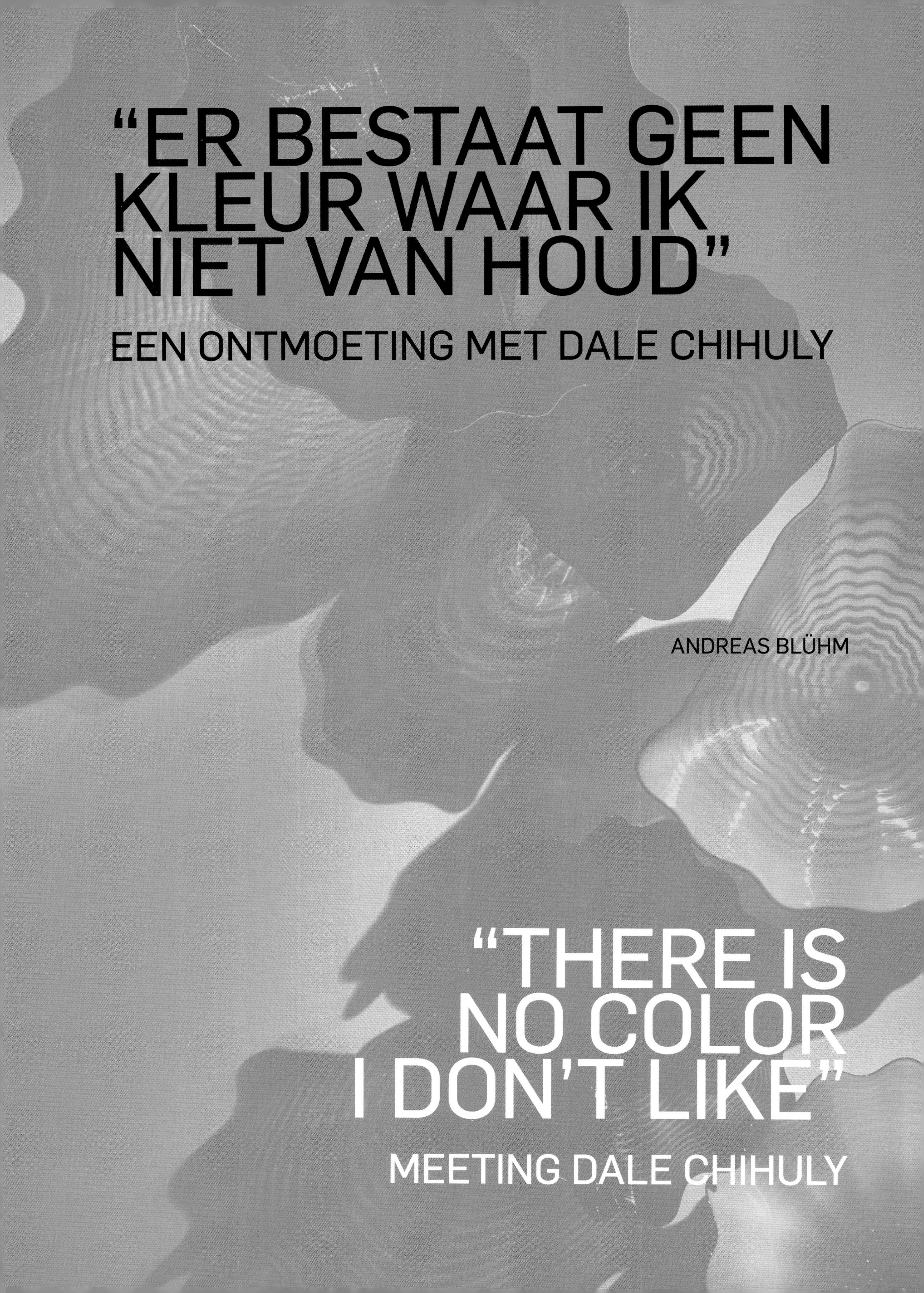

“ER BESTAAT GEEN KLEUR WAAR IK NIET VAN HOUD”

EEN ONTMOETING MET DALE CHIHULY

ANDREAS BLÜHM

“THERE IS NO COLOR I DON’T LIKE”

MEETING DALE CHIHULY

Vaak weet je achteraf niet meer wanneer en waar je voor het eerst het werk van een bepaalde kunstenaar hebt gezien en bij reproducties is het helemaal lastig. Toch wil de eerste kennismaking met een origineel kunstwerk nog wel eens in het geheugen blijven hangen. De eerste Rembrandt, de eerste Bernini, weet u het nog?[1] De eerste keer dat ik een werk van de grote Amerikaanse kunstenaar Dale Chihuly heel bewust waarnam was in 2001. Ik zat in het kantoor van architect Thierry W. Despont in New York, een oud pakhuis in het Meatpacking District in Manhattan. In die enorm hoge ruimte stonden een stel *Red Reeds* prachtig uitgelicht in een nis. Van ene Dale Chihuly. Net als de meeste Europeanen, kunsthistorici die niet gespecialiseerd zijn in moderne glaskunst incluis, had ik nog nooit van deze man gehoord. Het is een naam die je ook eerst een keer moet opschrijven voor je hem kunt onthouden. Maar als je eenmaal zijn werk onder ogen hebt gekregen, vergeet je de naam niet meer. En de kunstenaar ook niet.

Hier en daar kwam ik werken van hem tegen, en iedere keer weer was ik onder de indruk. Het gigantische glazen dak van de lobby van Bellagio Resort in Las Vegas, bedekt met *Persians*, de *Chandelier* in het Victoria and Albert Museum in Londen, de *Niijima Floats* op Schiphol. Kleur en glas, spektakel en sublieme schoonheid: Chihuly is amper te overtreffen als het gaat om kunst die indruk maakt en onze ruimtelijke beleving verandert.

Sinds mijn aantreden als directeur van het Groninger Museum in 2012 droomde ik ervan om hier ooit een tentoonstelling te houden met werken van Dale Chihuly. Zoiets is – als altijd – ook een persoonlijke beslissing maar het is natuurlijk heel belangrijk om als directeur je persoonlijke voorkeuren niet op te dringen aan anderen. Wat helpt is dat het Groninger Museum met zijn iconische postmoderne architectuur geknipt is als locatie voor Chihuly's kunst. De traditie om werken te verzamelen en te tonen van moderne kunstenaars die geen deel uitmaken van de gecanoniseerde avant-garde is ingezet door mijn voorganger Frans Haks. Het maakt me blij en trots dat we hier in het Noorden deze traditie kunnen voortzetten met de eerste grote Chihuly-expositie op het Europese continent.

Chihuly is van onschatbare betekenis geweest voor de glaskunst. Hij is *de* centrale figuur in de wereld van het glasambacht. Hij wordt bewonderd om zijn technische beheersing, doorgevoerd tot in de kleinste details, en zijn lef om ook megagrote installaties te realiseren. Dale Chihuly heeft het materiaal glas bevrijd uit het beperkte wereldje van de puur ambachtelijke kunst. "Chihuly neemt met zijn wonderbaarlijke, meeslepende installaties bezit van de ruimte, in plaats van dat hij die slechts verandert," aldus Nathalie Bondil in de tentoonstellingscatalogus van het Museum of Fine Arts in Montreal.[2] Donald Kuspit relativeert de rol van glas als materiaal door Chihuly

Most of the time, you simply don't remember when and where you have seen the work of a specific artist for the first time. This is especially true in the case of art reproductions. However, there are times when the memory of your first encounter with a piece of art stays with you. Do you remember your first Rembrandt, your first Bernini?[1] The first time I consciously experienced the work of the great American artist Dale Chihuly was in 2001. I was at the office of Thierry W. Despont, architect in New York, located in a former warehouse in the Meatpacking District in Manhattan. In that enormously high space I saw a couple of *Red Reeds* beautifully lit in an alcove. Like most European art historians without a specific specialization in glass art, I had never heard of this man. It is one of those names that you have to write down in order to remember it. But once you've seen his work, you will never be able to forget it. You will never be able to forget the artist behind the name, either.

Every now and then I've encountered Chihuly's works, and every single time I've been impressed with what I saw. The huge glass roof in the lobby at the Bellagio Resort, covered by *Persians*; the *Chandelier* in the Victoria and Albert Museum in London; the *Niijima Floats* at Schiphol Airport Amsterdam. Colour and glass, spectacle and sublime beauty: Chihuly is the grand master of art that leaves a lasting impression and changes the way we experience a space.

Since stepping into my role as director of the Groninger Museum in 2012, I've been hoping for a chance to show an exhibition of Dale Chihuly's work. These kinds of decisions are always partly personal, although a museum director should never force his or her personal interests on others. Thankfully, the Groninger Museum, with all its iconic post-modern architecture, is the perfect place to host Chihuly's art. My predecessor, Frans Haks, had started the tradition of collecting works of modern artists outside of the canon of avant-garde many years ago. I am happy and proud to be able to continue this tradition in the north of the Netherlands by hosting the first Chihuly-exhibition of its scale in Europe.

Chihuly has been an invaluable figure in the development of the art of glass. He is the central figure in the world of glasswork and is greatly admired for his technical skills, that can be witnessed even in the smallest details, and his courage to create larger installations. Dale Chihuly has freed glass as a material from its limitations as a functional craft. "Chihuly inhabits space, rather than merely enhancing it, with his prodigiously immersive installations," says Nathalie Bondil in the exhibition catalogue of the Museum of Fine Arts in Montreal.[2] Donald Kuspit puts the role of glass as a material into perspective by continuously referring to Chihuly as a sculptor.[3] The Studio Craft movement initiated the liberation of glass as a material back in the 1960s. Chihuly was one of the representatives

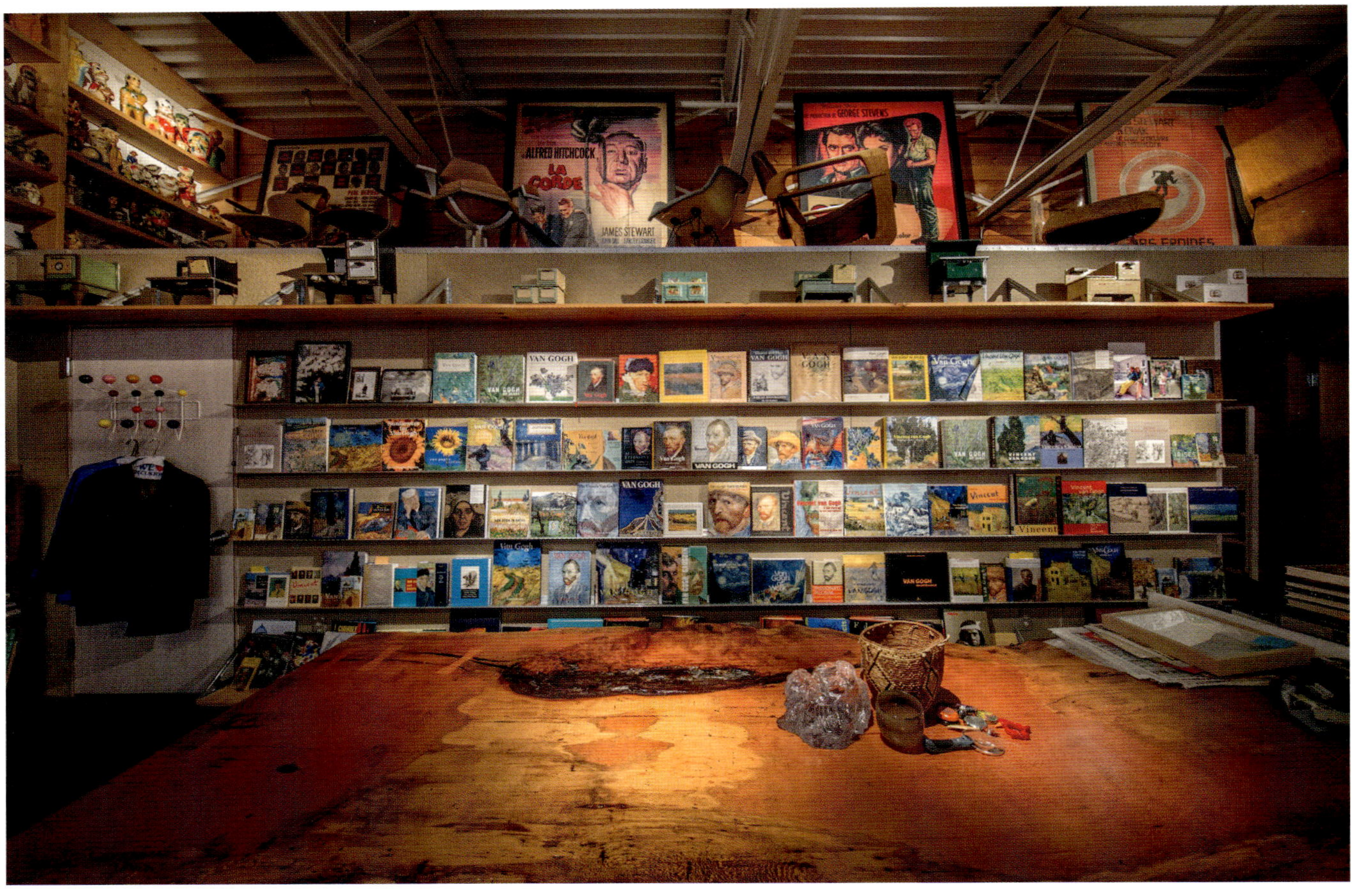

1 Dale Chihuly's studio, Seattle, 2017.
© Chihuly Studio (foto Scott Mitchell Leen)

who rediscovered glass and developed it into a material for autonomous art. Chihuly studied at the Rhode Island School of Design, where he later became the head of the glass department. Together with some fellow activists, Chihuly started the Pilchuck Glass School in Washington state, where he was born. "What began as a one-summer glassblowing workshop has grown into the world's most comprehensive center for glass art education", the school proudly states on its homepage. Their mission statement also still stands: "Pilchuck Glass School fosters and educates a worldwide community that explores the creative use of glass in art and design."[4]

One really gets the sense that glass artists form a close-knit community, and that all colleagues support each other in their victories, especially because the success of one equals the successes of the craft. In photos of the artist's workshop, we invariably encounter cheerful people standing around their hero, Dale Chihuly. Even now, Chihuly is surrounded almost daily by a team of professionals who shape their master's creations. All of his team members are well-known autonomous glass artists in their own right. The focused yet cheerful atmosphere in Chihuly's hotshop in a Boathouse on Lake Union in Seattle is a source of inspiration in itself. Were things ever this relaxed at Rodin's studio...? Producing art as a community might not fit the idea of the creative genius, but it has certainly been a central point throughout Chihuly's life and work, starting with his stay at a kibbutz and continuing into the sixties, the era which can be considered the heyday of collective labor. Again and again, we see that Chihuly works best when surrounded by a team.

I have been privileged to be able to visit Dale Chihuly and his team twice in their workshop in Seattle. My second visit occurred late August, just several months before the opening of our exhibition at the Groninger Museum.[5] All the answers to my questions involved the contributions by members of his team, "the best glass blowers on the planet". He directs his team like a conductor of a great orchestra that only requires minimal directions to get the job done. Or would a comparison with the coach of a good football team be more apt? After all, a conductor knows what the final result should look like. In team sports, the results of the endeavor are never known before the match starts. The chemistry between glass and pigments and the reactions of all the materials to the external circumstances always leads to unforeseen results. All parties do not only need to master the craft, they also need to predict the ways in which the glass will behave. The extreme heat of the furnace not only changes the shape and the substance, but also the way the colors look.

The first time I visited Dale Chihuly in December 2016, I wandered through the maze of the Boathouse at Lake Union where I was able to peek at his legendary simpelweg tot beeldhouwer te benoemen en consequent vast te houden aan die benaming.[3] De bevrijding van het materiaal glas uit zijn dienende functie werd in gang gezet in de jaren 1960 door de Studio Craft Beweging. Chihuly was een van de vertegenwoordigers die glas ontdekte en doorontwikkelde als materiaal voor autonome kunst. Chihuly studeerde aan de Rhode Island School of Design en was daar later ook hoofd van de afdeling glas. In 1971 startte hij met een paar medestrijders een eigen opleiding, de Pilchuck Glass School in zijn geboortestaat Washington. “Wat is begonnen als een eenmalige zomerworkshop glasblazen, is uitgelopen tot een van de grootste centra voor opleidingen in de glaskunst”, meldt de school met trots op de homepage. En ook het mission statement geldt nog steeds: “De Pilchuck Glass School leidt een wereldwijde gemeenschap van kunstenaars op, die het creatieve gebruik van glas in kunst en design verkennen.”[4]

Je krijgt de indruk dat glaskunstenaars een hechte gemeenschap vormen en dat de collega’s elkaar onderling het succes gunnen omdat het succes van de eenling ook altijd het succes van het vakgebied is. Op foto’s van de werkplaats van de kunstenaar zien we steevast vrolijke mensen met hun held Dale Chihuly in het midden. Chihuly wordt nog steeds bijna dagelijks omringd door een team professionals dat gestalte geeft aan de creaties van de meester. De teamleden zelf zijn autonome glaskunstenaars van naam en faam. De geconcentreerde en toch vrolijke sfeer in het voormalige boothuis aan de Lake Union in Seattle is op zich al een bron van inspiratie. Of het er in het atelier van Rubens of Rodin ook zo relaxed aan toe ging...? Het produceren van kunst in gemeenschappelijkheid past niet bij de cultus van het scheppende genie, maar is wel de rode draad door leven en werk van Chihuly. Dat begint met de tijd die hij doorbracht in een kibboets, gevolgd door de *sixties*, bij uitstek de tijd van het collectief. Telkens weer blijkt dat Chihuly op zijn best is als hij wordt omringd door een team.

Ik had het voorrecht om Dale Chihuly en zijn medewerkers twee keer te mogen bezoeken in de werkplaats in Seattle. De tweede keer was eind augustus, luttele maanden voor de opening van onze tentoonstelling in het Groninger Museum.[5] In al zijn antwoorden op mijn vragen kwam Dale te spreken op de bijdrage van zijn team, “de beste glasmakers ter wereld”. Zijn rol is als die van een dirigent van een toporkest, dat genoeg heeft aan diens summiere aanwijzingen. Of is de vergelijking met de trainer van een goed voetbalteam meer van toepassing? Per slot van rekening weet de dirigent wat voor eindresultaat hem voor ogen staat. Bij een teamsport is de uitkomst ongewis. De chemie van glas en pigmenten en de reacties van materialen op extreme omstandigheden leveren altijd onvoorziene resultaten op. Alle betrokkenen moeten niet alleen het handwerk zeer goed beheersen, ze moeten ook

collections: accordions, radios, cameras, bottle openers, children’s books, American Indian woven baskets, and so on. In his office in the Ballard Building I stumbled upon another surprise: an entire wall of literature on Vincent van Gogh. Chihuly doesn’t keep his books, as is common, with their spines facing out, but instead placed them on the shelves as if they were pictures, with their covers facing out. The result is a wall full of vibrant colors that doubles as a short introduction on the history of book design. He has arranged his titles chronologically, so I could easily revisit my own twelve years as Head of Presentation at the Van Gogh Museum (Fig. 1).

“I saw a show,” Dale told me, “I don’t know how many years ago, about Van Gogh in Arles at the Metropolitan Museum of Art in New York. They had the paintings in the exact chronological order.” That exhibition, arranged by Ronald Pickvance, centered itself around the mere fifteen months during which Van Gogh established and ripened his own personal style. It involved 146 paintings and drawings.[6] No one, especially not an artist, can avoid the impact of Vincent’s paintings.[7] The many movements in his work, the colors, his vision on nature, on humanity, and his life story: due to this sheer amount of different elements, anyone can find a way to relate to him.

When looking at the work of colorists like Van Gogh and Chihuly, one wonders how they created the colors and what kind of processes preceded the color selection. Tubes of paint were factory produced for the first time during the second half of the 19th century. This gave artists the opportunity to work faster and has proven to be invaluable for the *plein air* art in general, especially the impressionist movement. It is interesting to take a look at the production of industrial paint and the colored glass that artists nowadays have available to them. Chihuly’s workshop contains a huge wall of cabinets containing rods of glass in hundreds of colors (Fig. 2).[8]

I asked Dale Chihuly about the process of choosing his colors: “It really depends. In one of my best known early series, the *Baskets*, I chose to make those all in a color called Tabac 222, the color rods coming from Germany. The early *Baskets* were all that color. Sometimes, when I’m starting a series I’ll try a lot of colors. It really it is just a question of – when they come out of the oven – and looking at them and my deciding at that point how I want to go next with color.” The influence of the woven baskets made by the original inhabitants of America is visibly present in this series. Chihuly has admired American-Indian culture for his entire life.[9]

Next, I asked him if the changes to his color palette were the results of a conscious choice or a more fluid subconscious movement. The diversity of colors in his most recent works can hardly be put into words. Did he simply kunnen voorzien hoe de glasmassa zich zal gedragen. Door de extreem hoge temperaturen in de ovens veranderen niet alleen vorm en substantie maar ook de kleuren.

Toen ik voor het eerst op kantoor was bij Dale Chihuly, dat was in december 2016, had ik bij een rondgang door het doolhof dat het boothuis aan Lake Union is, ook al een blik kunnen werpen op zijn inmiddels legendarische verzamelingen: accordeons, radio's, camera's, flesopeners, kinderboeken, Amerikaans-Indiaanse gevlochten manden, en ga zo maar door. In het Ballard Building stuitte ik op nog een verrassing: een hele wand met boeken over Vincent van Gogh. Bij Chihuly staan de boeken niet op de gebruikelijke manier in de kast, met de rug naar buiten, maar neergezet alsof het foto's zijn, met de cover naar voren. Het resultaat is een muur vol kleur, die en passant nog even een kleine inleiding in de geschiedenis van de boekvormgeving biedt. Hij had de titels op chronologische volgorde gesorteerd, zodat ik de twaalf jaar dat ik als Hoofd Presentatie werkte bij het Van Gogh Museum in Amsterdam heel mooi terugzag (afb. 1).

"Ik ben naar een tentoonstelling geweest," vertelde Dale mij, "ik weet niet meer hoe lang geleden, over Van Gogh in Arles in het Metropolitan Museum of Art in New York. Ze hadden alle werken in de precieze chronologische volgorde gepresenteerd." Die tentoonstelling, samengesteld door Ronald Pickvance, draaide om de slechts vijftien maanden durende turbulente tijd waarin Van Gogh zijn persoonlijke stijl ontwikkelde en tot rijping bracht en toonde 146 schilderijen en tekeningen.[6] Niemand, en kunstenaars al helemaal niet, kan zich op den duur onttrekken aan de impact van het werk van Vincent.[7] De beweging in zijn werk, de kleuren, zijn visie op de natuur, zijn mensbeeld en zijn levensloop: al die zaken bieden zoveel projectievlakken dat iedereen die dat wil zich met hem kan identificeren.

Bij coloristen als Van Gogh en Chihuly dringt zich natuurlijk de vraag op hoe die kleuren tot stand kwamen en komen en hoe het selectieproces verliep. In de tweede helft van de negentiende eeuw kwam de eerste industrieel gemaakte verf in tubes op de markt. Dat stelde kunstenaars in staat om sneller te werken en is van doorslaggevende betekenis geweest voor het ontstaan van de *plein air* schilderkunst in het algemeen en het impressionisme in het bijzonder. Het is interessant om te kijken naar de productie van de industriële verf en het gekleurde glas waarover kunstenaars in onze tijd kunnen beschikken. In het atelier van Chihuly staat een enorme kastenwand met gekleurde glasstaven in honderden tinten (afb. 2).[8]

Ik vroeg Dale Chihuly hoe hij zijn kleuren kiest: "Het hangt ervan af. In een van mijn bekendste series, de *Baskets*, heb ik ervoor gekozen om ze allemaal in een kleur genaamd Tabac 222 te maken. De kleurstaven

follow the same trend that also took a hold of famous minimalists Donald Judd and Frank Stella? Their latest work is also full of color, almost Baroque. "Yes, in the *Baskets* and *Seaforms*, the colors mostly are very subtle. Grays, whites, light brown, and one day, I kind of just woke up one day and said that – starting with the *Macchia* series – I want to try to make *Macchias* in any color possible."

The term *macchia* originates in the Italian language and is related to the term for 'stain'. The artists of the Macchiaoli-movement in Florence aimed to create realistic paintings. As is the case for the impressionists, they took their name from a derogatory word by which their opponents described their art: they quipped that these painters didn't paint but merely stained their canvas. Anyone living in a city with the first Starbucks-café knows a *caffè latte macchiato* as a coffee stained with milk. "Beginning with the *Macchia* you see tremendous use of color, bright ones, dull ones." At the start of the 1980s, the series took shape. It has been linked to the colorfield-art of the time, and not entirely unjustly so. The raindrop-like stains are reminiscent of Jackson Pollock, one of Dale Chihuly's favorite painters. Chihuly himself also paints, on canvas and on glass, and he feels a connection with the way these abstract expressionists worked. For the drawings that appeared on the *Baskets*, he joined forces with his student Flora Mace. "I have been working with Flora Mace and Joey Kirkpatrick. I was teaching a summer course in the 70s in Utah. Flora was a student of mine. I had just started this technique which was really invented by myself and James Carpenter and Italo Scanga. And right after that, I asked Flora if she would make some drawings for me. She was very skilled with her hands, she is very skilled. Whenever I am working with these pieces with drawings I work with Flora and Joey. So they have a big influence on how they end up as well."

After the *Baskets*, the transition towards the *Macchia* and the *Persians* seems to have occurred quite naturally. More and more colors, more and more daring shapes, that resulted into bigger and bigger installations. Almost as fascinating as the glass studio is the second, even larger workshop in a different neighborhood in Seattle. This is where the massive installations are joined together. This is where the metalworkers, carpenters and electricians work, rather than the glass blowers. For the huge installation of the *Persians*, the staircase of the Groninger Museum has been recreated at a 1:1 scale. All glass objects found their spot in this space and were permanently placed once everything was measured correctly.

Vincent van Gogh did not just combine different colors into one painting: he also managed to combine several paintings. To accompany the poor Icelandic fishermen, he made some sort of altar with two sunflowers against a yellow background on either side and the portrait of komen uit Duitsland. De eerste *Baskets* hebben allemaal die kleur. Soms, als ik aan een nieuwe serie begin, experimenteer ik met veel verschillende kleuren. Het is eigenlijk gewoon een kwestie van kijken – wanneer ze uit de oven zijn gekomen – en besluiten welke kant ik daarna op wil qua kleur." Goed zichtbaar is hier de invloed van de gevlochten manden van de oorspronkelijke inwoners van Amerika. Chihuly heeft zijn hele leven lang al grote belangstelling voor de Amerikaans-Indiaanse cultuur.[9]

Daarna vroeg ik hem of de veranderingen van zijn kleurenpalet het gevolg waren van een bewuste keuze of meer ongemerkt, vloeiend verliepen. De kleurdiversiteit van zijn recentere werk is amper nog te beschrijven. Volgde hij een trend die ook coryfeeën van het minimalisme, Donald Judd en Frank Stella, te pakken kreeg? Immers, ook hun latere werk is kleurig, bijna barok. "Ja, bij de *Baskets* en *Seaforms* zijn de kleuren heel subtiel. Grijstinten, wit, lichtbruin, en op een dag werd ik wakker en besloot ik dat ik – om te beginnen met de *Macchia*-serie – wilde proberen om *Macchia's* in alle mogelijke kleuren te maken." De term *macchia* komt uit het Italiaans en is verwant met de Italiaanse term voor 'vlek'. De Florentijnse kunstenaars van de Macchiaoli-beweging wilden realistisch schilderen. Net als later bij de impressionisten was dat een geuzennaam: hun tegenstanders vonden dat deze schilders niets anders deden dan hun doek bevlekken. En in de stad met het eerste Starbucks-café weet je dat een *caffè latte macchiato* gevlekte koffie met melk is. "Bij de *Macchia* zie je voor het eerst een enorme hoeveelheid kleur; felle kleuren, doffe kleuren." Begin jaren 1980 kreeg deze serie vorm. Niet geheel ten onrechte is er wel de link gelegd met de colorfield-schilderkunst van die tijd. De druppelachtige vlekken doen denken aan Jackson Pollock, naar eigen zeggen een van de lievelingsschilders van Dale Chihuly. Chihuly schildert zelf ook, op doek en op glas, en hij voelt zich verbonden met de manier van schilderen van de abstracte expressionisten. Voor de tekeningen die te herkennen zijn op de *Baskets* werkte hij samen met zijn leerling Flora Mace. "Ik werk al een tijd met Flora Mace en Joey Kirkpatrick. Ik gaf in de jaren 70 een zomercursus in Utah. Flora was een van mijn leerlingen. Ik was toen net begonnen aan een techniek die ik eigenlijk samen met James Carpenter en Italo Scanga heb uitgevonden. En vlak daarna vroeg ik Flora of ze enkele tekeningen voor me wilde maken. Ze kon goed met haar handen werken, ze heeft talent. Wanneer ik met zulk soort tekeningen werk, werk ik met Flora en Joey. Dus zij hebben veel invloed op het eindresultaat."

Vanuit de *Baskets* verliep de lijn naar de *Macchia* en de *Persians* kennelijk heel natuurlijk. Steeds meer kleuren, steeds gewaagdere vormen, die uitmondden in steeds grotere en uiteindelijk heel erg grote installaties. Bijna net zo fascinerend als de glasstudio is het tweede, nog veel grotere, atelier in een andere wijk van Seattle, waar

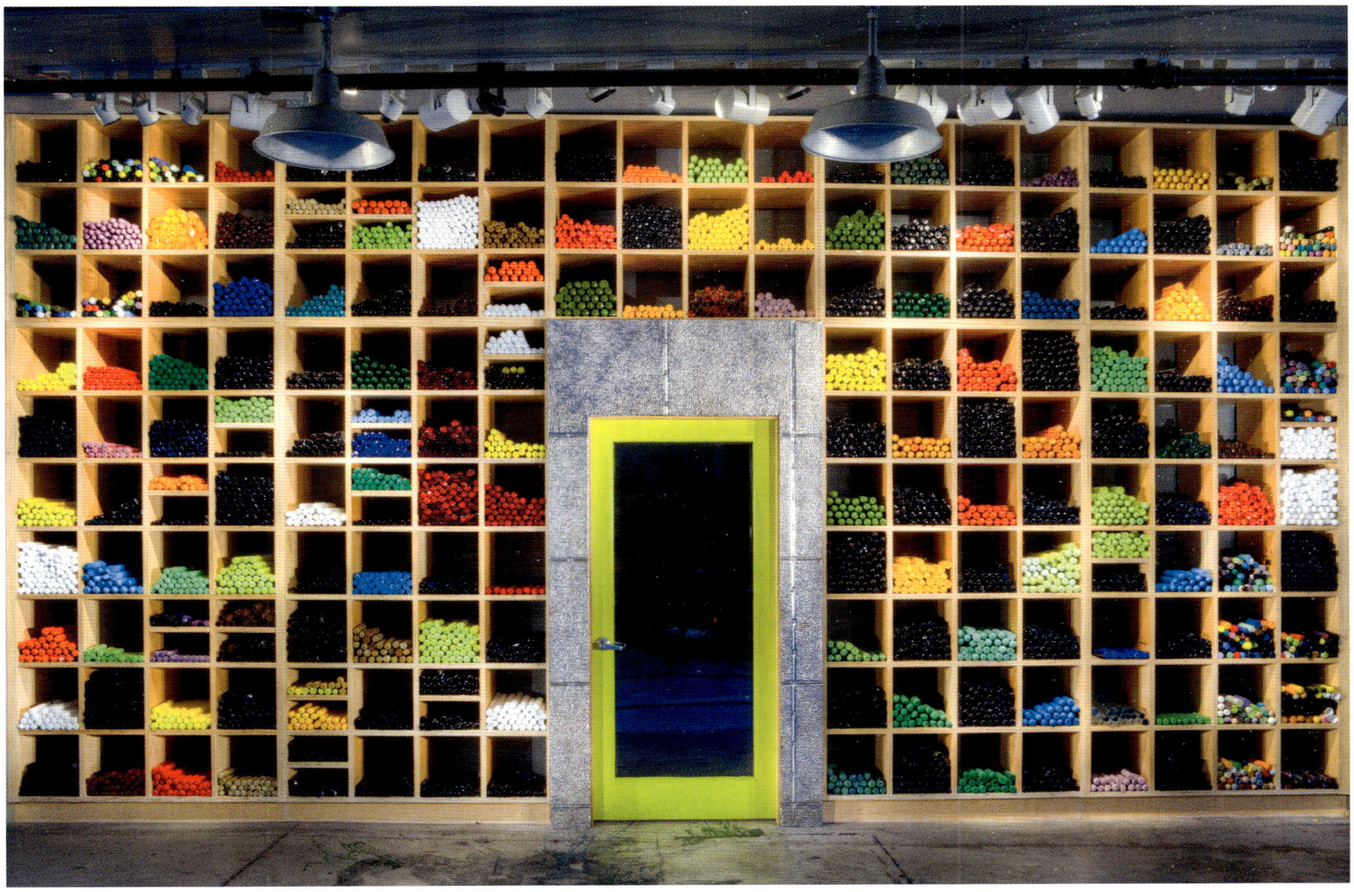

2 Color rods, The Boathouse hotshop, Seattle, 2010.
© Chihuly Studio (foto Scott Mitchell Leen)

die gigantische installaties worden samengevoegd. Hier werken geen glasmakers, maar metaalwerkers, timmerlieden en elektriciens. Voor de grote installatie van de *Persians* heeft men hier het trappenhuis van het Groninger Museum op een schaal van 1:1 gereconstrueerd. Alle glasobjecten vonden hier hun plek en werden vervolgens, als het goed was, opgemeten en nauwkeurig vastgelegd.

Vincent van Gogh combineerde niet alleen kleuren binnen één schilderij, maar verzon ook combinaties van verschillende schilderijen. Voor de arme IJslandse vissers bedacht hij een soort altaar met twee zonnebloemen tegen een gele achtergrond als rechter en linker vleugel en het portret van Madame Roulin, de "Berceuse", in het midden. Dat weten we van een brief aan Theo waarin hij dat beschrijft.[10] Voor een tentoonstelling in Brussel, in 1890, een van de eerste waarvoor hij was uitgenodigd, ontwikkelde hij een nog complexer kleurenschema met zes schilderijen.[11] Van Gogh en "het decoratieve" is een nog steeds onderbelicht aspect. Het zou te ver voeren om Dale Chihulys grote installaties met hun kleurexplosies rechtstreeks terug te voeren op Van Gogh, maar het is toch aardig om erover te filosoferen. Op de vraag of hij voornamelijk geleid wordt door studie, intuïtie of ervaring is het laconieke antwoord: "Al het bovenstaande", om er vervolgens zijn veelgeciteerde klassieker aan toe te voegen: "Er bestaat geen kleur waar ik niet van houd."

Maar zo simpel is het natuurlijk niet! De composities voor de grote installaties worden voorbereid door het team. Daarna beginnen de gesprekken en worden ze aangepast, goedgekeurd of afgewezen. "Bij de *Mille Fiori* laat ik meestal iemand anders beginnen. Dan zeg ik dat ik deze kleur wil; deze toren van geel en rood en ik wil daar een beetje blauw. En dan laat ik ze daar iets van maken. Dan kom ik terug om ernaar te kijken en zeg ik: Nee, dat vind ik niks, dit moet groen zijn. Zo gaan we dan verder tot ik er tevreden mee ben." En zo heel kleurrijk zijn ze nou ook weer niet: "Ik heb ook subtielere werken gemaakt." De chemie van de kleuren en het fysiologische aspect van de waarneming kunnen ook nog complexer zijn, zegt Dale Chihuly: "Sommige kleuren zijn dichroisch – zo noemen ze dat – en die zijn gemaakt van bijzondere soorten aarde. Deze kleuren hebben we pas recentelijk voor het eerst kunnen gebruiken." Dichroïsch glas is glas dat verschillende kleuren toont, al naar gelang de lichtinval en de gezichtshoek. Dit soort glas kan dus alle kleuren van de regenboog hebben. De beïnvloeding van dat effect vergt veel technische kennis en ervaring van de kunstenaar: "Als je aan het blazen bent en het werk maakt, zie je het zelf niet. Je moet een dag wachten om te zien wat je hebt gemaakt."

De band tussen wetenschap en kunst in het algemeen en scheikunde en schoonheid in het bijzonder ligt ook onze Groninger Nobelprijsdrager Ben Feringa na

Madame Roulin, de "Berceuse", in a central position. We know of these intentions because of a letter he wrote to his brother Theo.[10] For an exhibition in Brussels in 1890, one of the first he was invited to, he developed an even more complex color scheme with six paintings.[11] Van Gogh and "the decorative" remains an aspect that is still not often discussed. It would be exaggerated to look for the origins of Dale Chihuly's large installations with their explosive use of color in the works of Van Gogh, but it is an interesting thought to consider. When asked if he follows study, intuition or experience, Chihuly simply answers: "All of the above", only to add his often-cited classic: "I never saw a color I didn't like."

But things aren't quite that simple! The compositions for the larger installations are prepared by his team. Afterwards, discussion starts and things are changed, approved of, or rejected. "With the *Mille Fiori* I usually have someone starting for me. I'll say I want this color, this yellow and red tower and I want some of the blue over here. And I let them go ahead and compose that. Then I come back and look at it and say: No I don't like that, this must be green. We go back and forth until I'm happy with it." And things aren't quite that colorful: "I have done some more subtle ones."

The chemistry between the colors and the physical aspect of perception can be even more complex, according to Chihuly: "Certain colors are dichroic – that's the word they use – and they are made up of rare earth minerals. These are colors that we only recently had a chance to use." Dichroic glass is a type of glass that shows several colors, depending on the way the lights hit, and the position of the viewer. This type of glass can show a full rainbow of colors. An artist needs a lot of technical knowledge and experience in order to successfully manipulate this effect. "When you are blowing and making it you can't see that. So you have to wait until the next day to see what you got."

The connection between science and art in general, and chemistry and beauty in particular, is also one that our own Nobel Prize winner from Groningen, Ben Feringa, cherishes: "Artists and scientist seem to share a gift between them, to see what others cannot!", Feringa said in his speech at the opening of exhibition *Nobel Science* at the Universiteitsmuseum Groningen on January 25th, 2017. Afterwards, Feringa cited from an inaugural lecture held in 1989: "How can the glass pyramid in front of the Louvre, or Van Gogh's rendition of a sunflower in bloom stir our imagination in so many ways? [...] An important reason could be that they appeal to our sense of beauty; whereas the chemist sees a beautiful molecule, theory or experiment. All these creations have their artificiality in common. They are a composition, a human creation."

aan het hart: "Kunstenaars en wetenschappers delen misschien wel een gave te vermoeden of te zien wat anderen nog niet zien!", aldus Feringa in zijn toespraak bij de opening van de tentoonstelling *Nobel Science* in het Universiteitsmuseum Groningen op 25 januari 2017. Daarna citeerde Feringa uit zijn oratie uit 1989: "Waarom kan de glazen pyramide voor het Louvre of Van Goghs weergave van een bloeiende zonnebloem zo tot onze verbeelding spreken? [...] Een belangrijke reden zal zijn dat ze appelleren aan ons gevoel voor schoonheid; voor de chemicus een mooi molecuul, theorie of experiment. Gemeenschappelijk hebben al deze creaties in elk geval dat ze kunstmatig zijn, een compositie, een schepping van mensenhanden."

De vele series van Chihuly komen samen in ensembles als *Mille Fiori*. Uit die titel spreekt Chihulys liefde voor de natuur, zijn herinnering aan de bloemen in de tuin van zijn moeder en zijn passie voor "anything Italian". Aangezien we in het Groninger Museum de glaskunstwerken helaas niet in de natuur zelf kunnen plaatsen, gaan we het museum zelf omtoveren tot een botanische tuin, een oranjerie voor glas. Natuurlijk past bij deze objecten het natuurlijke licht dat onder de vrije hemel op het glas valt beter dan kunstlicht in raamloze museumzalen. Des te belangrijker is de belichting voor het effect van Chihulys creaties. Dat geldt voor alle kunstwerken, maar "glas is een van de weinige materialen waar het licht doorheen schijnt. Je ziet dus haast het licht zelf als je naar het glas kijkt."

Terwijl wij in het atelier ons gesprek voeren, is het team bezig met de voorbereidingen voor het transport van de objecten naar Groningen. Alles wordt uiterst zorgvuldig gedocumenteerd. Nadat er de wereld aan kleurcodes voor de muren, plattegronden, schema's, vitrinematen en ophangsystemen in elektronische vorm over de Atlantische Oceaan heen en weer is gevlogen, is het een geruststelling om te zien hoe een echte boot wordt geprepareerd voor de *Floats* en ook de constructies voor de *Towers* worden gemaakt. "The Groninger" noemen de Amerikanen het museum. Ze verheugen zich nu al op het werken aan de installatie en uitstapjes in een stad die ze nog geen van allen kennen.

Terwijl de eerste versie van dit voorwoord contour krijgt, worden de werken van Chihuly in Seattle in zeven zeecontainers verscheept. Over een paar weken komen de *Red Reeds*, de eerste Chihulys die ik ooit zag. Die willen we buiten neerzetten, op de terrassen van het Coop Himmelb(l)au paviljoen. Daar worden ze niet alleen gezien door bezoekers met een entreekaart, maar ook door langsfietsend publiek, automobilisten, en buspassagiers die zo voor het eerst kennismaken met het werk van de kunstenaar. Ik weet zeker dat het zal zorgen voor een blijvende indruk.

Chihuly's many series come together in ensembles like *Mille Fiori*. This title represents Chihuly's love for nature, his memories of the flowers in the garden of his mother and his passion for "anything Italian". Unfortunately, we can't display the glass art in nature at the Groninger Museum. Instead, we intend to turn the museum itself into a botanical garden, a greenhouse for glass. These objects truly shine in natural light that falls upon the glass from heaven itself, rather than the artificial lighting in windowless museum halls. This proves the immense importance that lies on the lighting to create the desired effects in Chihuly's creations. Of course, light is important for all works of art, but "glass is one of the few materials where light goes through. You are almost looking at the light itself when you are looking at glass."

During our conversation at the studio, the team is preparing to transport the objects to Groningen. Everything is documented with utmost care. After an entire spectrum of color coding for the walls, maps, schedules, display cases and electronic suspension systems have been sent across the Atlantic, it is quite a relief to witness the preparation of a real boat for the *Floats* and the structures for the *Towers*. The Americans lovingly call our museum "The Groninger". They're already looking forward to work on the installation, and explore a city none of them has ever seen.

While writing the first draft of this preface, Chihuly's works are shipped from Seattle in seven sea containers. In only a couple of weeks, the *Red Reeds* will arrive, the very first art by Chihuly that I've ever seen. We intend to place this piece outside, on the terraces of the Coop Himmelb(l)au pavilion. This way, they won't only be seen by paying visitors to the museum, but even the people who pass the museum on their bike, in their car, or while taking a bus, can experience the art for the very first time. I am sure that it will leave a permanent impression.

1 De Keulse kunstenaar Cornel Wachter heeft veel bekende en minder bekende mensen geïnterviewd en hen gevraagd naar hun eerste kennismaking met kunst. Dat heeft een prachtige bloemlezing opgeleverd. Cornel Wachter (red.), *„Ich fand Kunst doof und gemein." Mein erstes Kunsterlebnis*, Leipzig 2012.

2 Nathalie Bondil, 'Dale Chihuly: From World Expos to exhibitions of his own worlds', in: tent. cat. *Chihuly*, Montreal (Museum of Fine Arts) 2013, p. 11.

3 Donald Kuspit, 'Delirious glass: Dale Chihuly's sculpture', in: Donald Kuspit, *Chihuly*, Volume 1, 1968-1996, New York 1997, p. 30-52.

4 www.pilchuck.com.

5 De citaten van Chihuly in dit essay komen uit een gesprek dat ik op 30 augustus 2018 had met de kunstenaar in diens studio.

6 *Van Gogh in Arles*, New York (Metropolitan Museum of Art) 1984.

7 Andreas Blühm, Jan Hein Sassen en Melanie Verhoeven (red.), tent. cat. *Gogh Modern. Vincent van Gogh en de hedendaagse kunst*, Amsterdam (Van Gogh Museum/Stedelijk Museum) 2003.

8 Hopelijk is een beetje productreclame toegestaan: https://www.kuglercolors.de/en/products/kugler-colors/colored-glass-rods/.

9 Zie ook Jutta-Annette Page, Peter Morrin en Robert Bell, *Color Ignited, Glass 1962-2012*, Toledo 2012, p. 56.

10 Vincent van Gogh, Brief aan Theo van Gogh, 28 januari 1889 (nr. 743): "Une femme vêtue de vert à cheveux orangé se détâche contre un fond vert à fleurs roses. Maintenant ces disparates aiguës de rose cru, orangé cru, vert cru, sont attendris par des bémols des rouges et verts. Je m'imagine ces toiles juste entre celles des tournesols – qui ainsi forment des lampadaires ou candelabres à côté, de même grandeur [...]" http://vangoghletters.org/vg/letters/let743/letter.html.

11 Zo staat het op de achterkant van een brief van Octave Maus aan Vincent van Gogh van 15 november 1889, nr. 818, http://vangoghletters.org/vg/letters/let818/letter.html.

1 The artist Cornel Wachter from Cologne, Germany, has interviewed many people, famous and less famous, about their first encounters with art. These questions have led to an interesting anthology. Cornel Wachter (red.), *„Ich fand Kunst doof und gemein." Mein erstes Kunsterlebnis*, Leipzig 2012.

2 Nathalie Bondil, 'Dale Chihuly: From World Expos to exhibitions of his own worlds', in: exh. cat. *Chihuly*, Montreal (Museum of Fine Arts), 2013, p. 11.

3 Donald Kuspit, 'Delirious glass: Dale Chihuly's sculpture', in: Donald Kuspit, *Chihuly*, Volume 1, 1968-1996, New York 1997, p. 30-52.

4 www.pilchuck.com.

5 All quotes by Chihuly included in this article are from on August 30, 2018, during a conversation between the artist and myself in his studio.

6 *Van Gogh in Arles*, New York (Metropolitan Museum of Art), 1984.

7 Andreas Blühm, Jan Hein Sassen en Melanie Verhoeven (eds.), exh. cat. *Gogh Modern. Vincent van Gogh en de hedendaagse kunst*, Amsterdam (Van Gogh Museum/Stedelijk Museum) 2003.

8 I hope some product placement is allowed: https://www.kuglercolors.de/en/products/kugler-colors/colored-glass-rods/.

9 See also Jutta-Annette Page, Peter Morrin and Robert Bell, *Color Ignited, Glass 1962-2012*, Toledo 2012, p. 56.

10 Vincent van Gogh, Letter to Theo van Gogh, 28 January 1889 (nr. 743): "Une femme vêtue de vert à cheveux orangé se détâche contre un fond vert à fleurs roses. Maintenant ces disparates aiguës de rose cru, orangé cru, vert cru, sont attendris par des bémols des rouges et verts. Je m'imagine ces toiles juste entre celles des tournesols – qui ainsi forment des lampadaires ou candelabres à côté, de même grandeur [ ]" http://vangoghletters.org/vg/letters/let743/letter.html.

11 These intentions are written on the back of a letter from Octave Maus to Vincent van Gogh, dated 15 November 1889, nr. 818, http://vangoghletters.org/vg/letters/let818/letter.html.

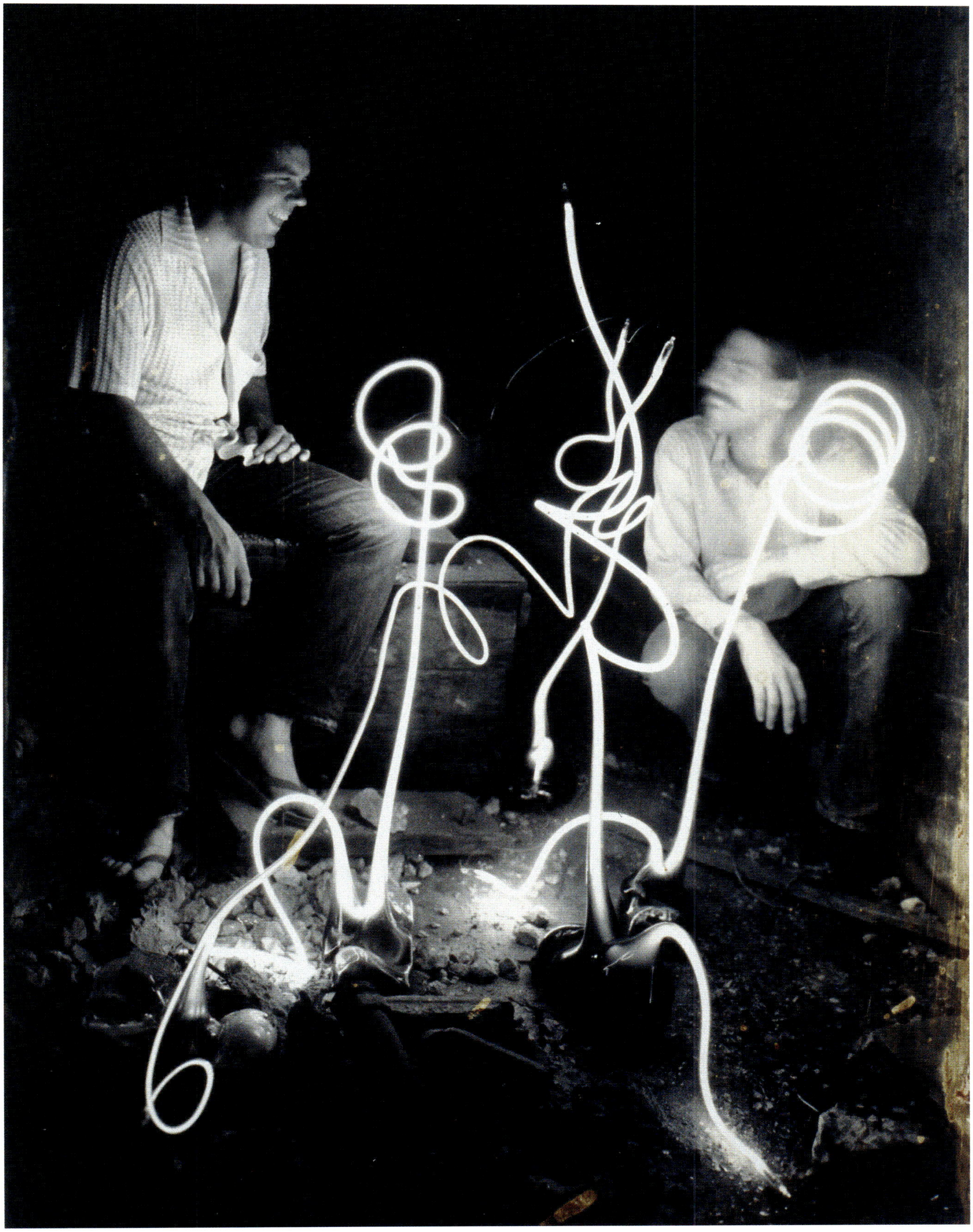

Dale Chihuly with James Carpenter, c. 1971.

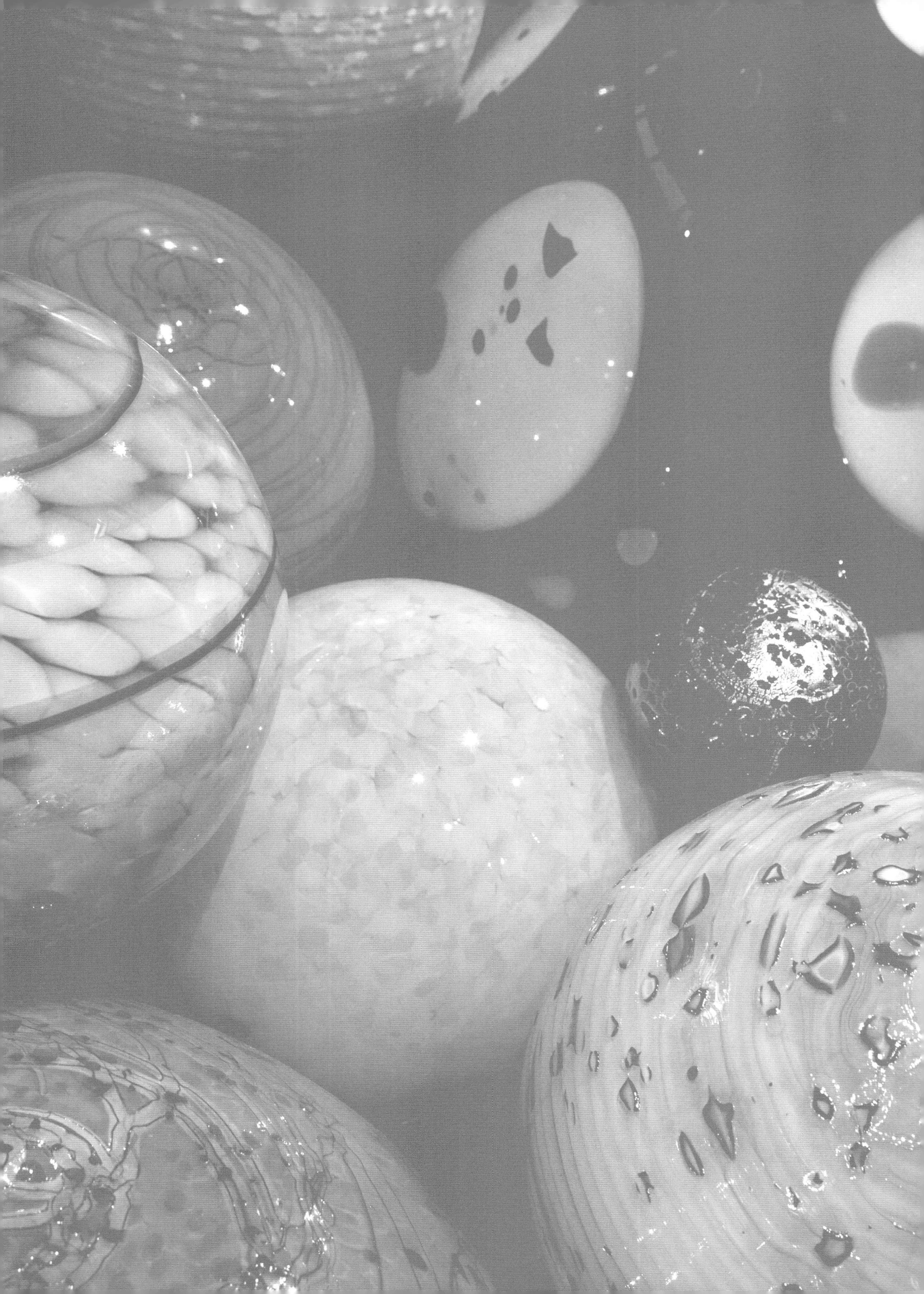

WERKEN

WORKS

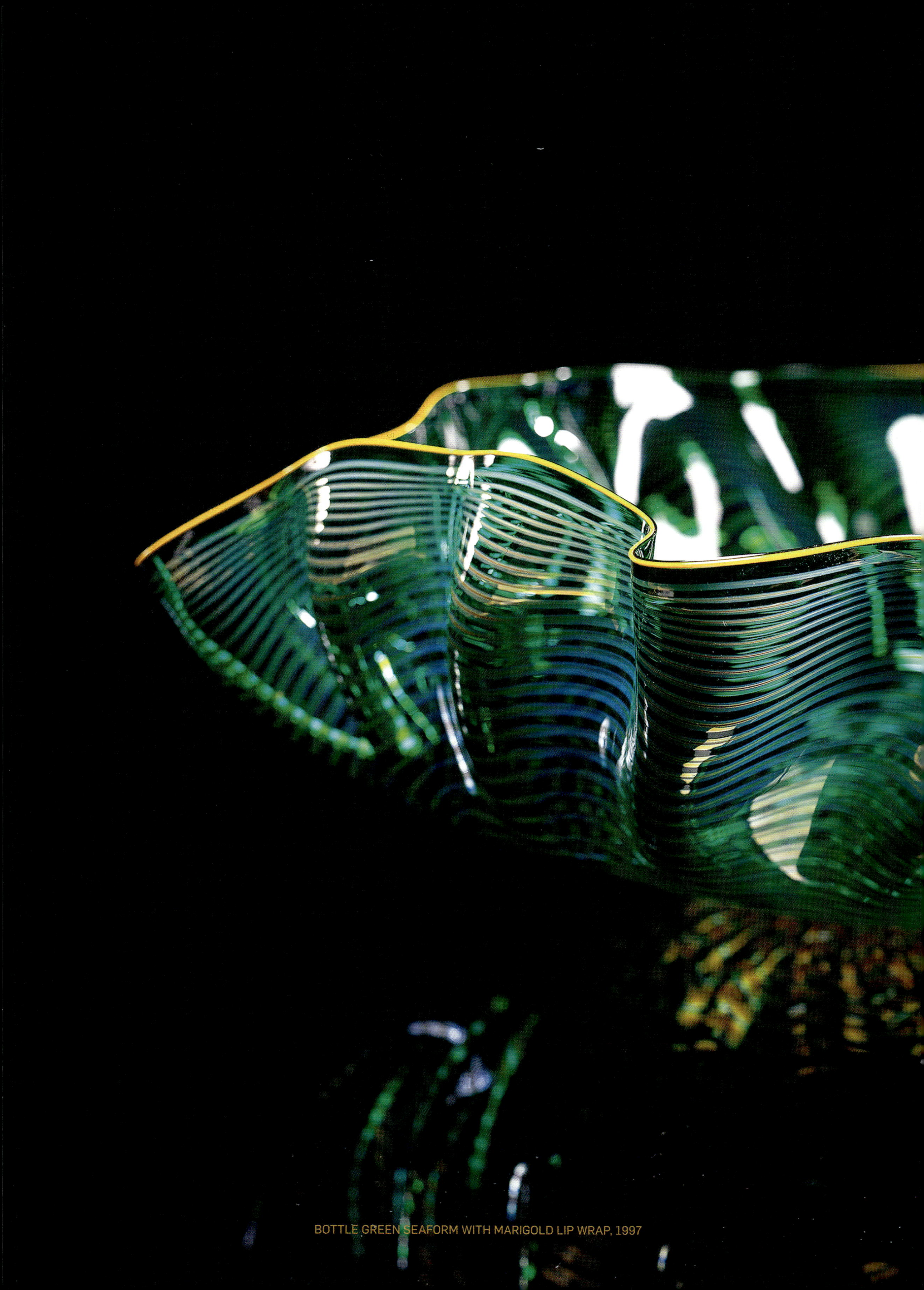

BOTTLE GREEN SEAFORM WITH MARIGOLD LIP WRAP, 1997

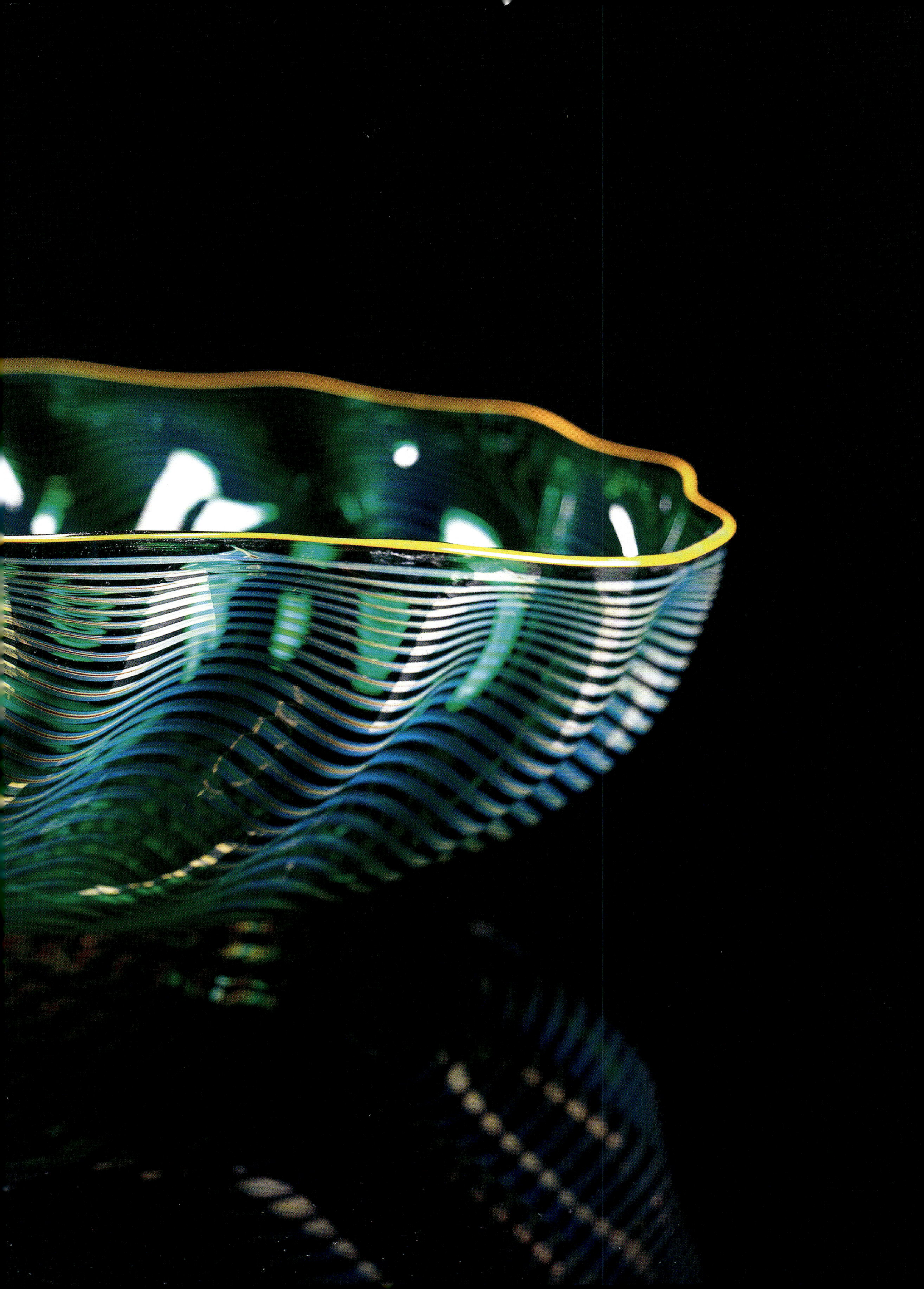

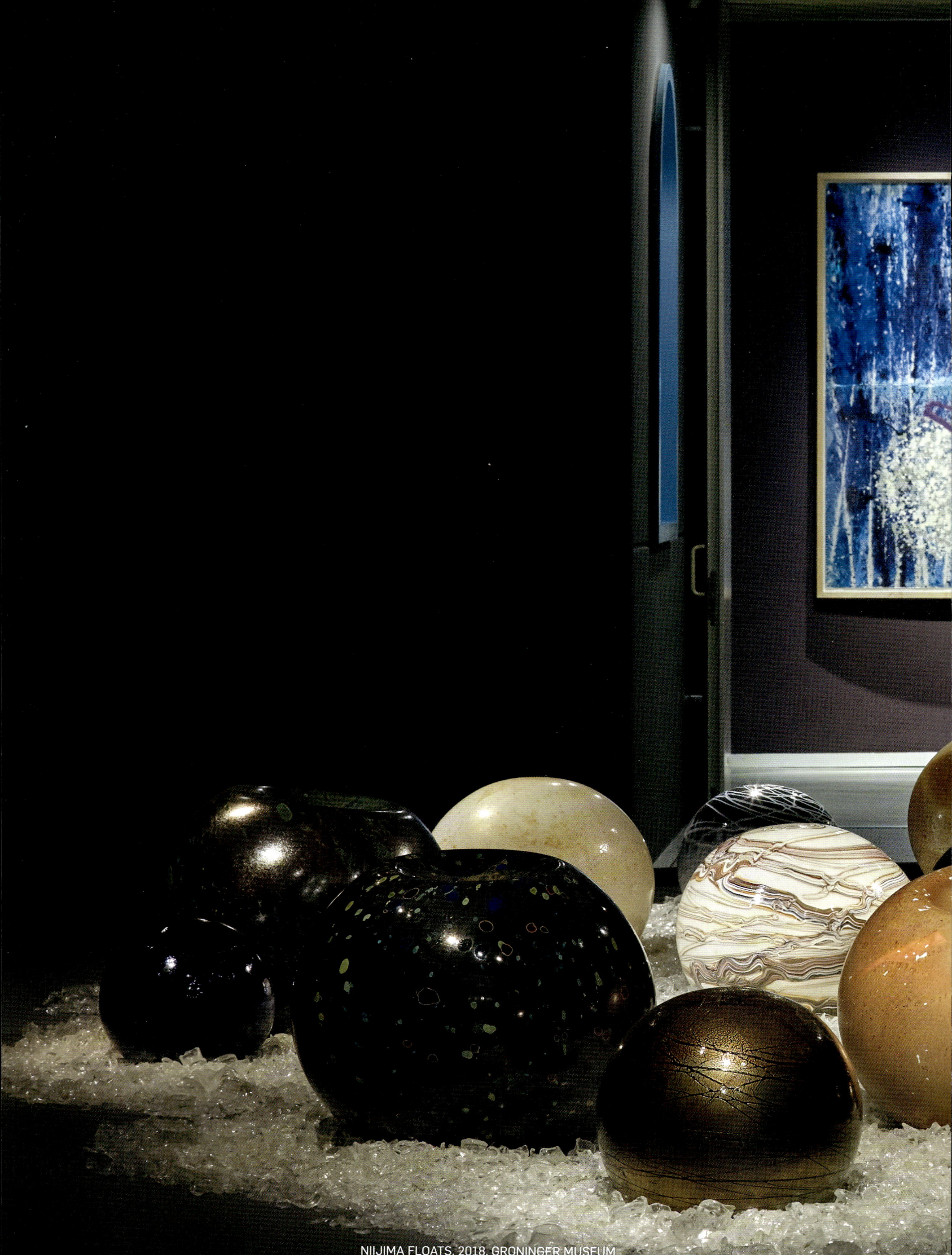

NIIJIMA FLOATS, 2018, GRONINGER MUSEUM

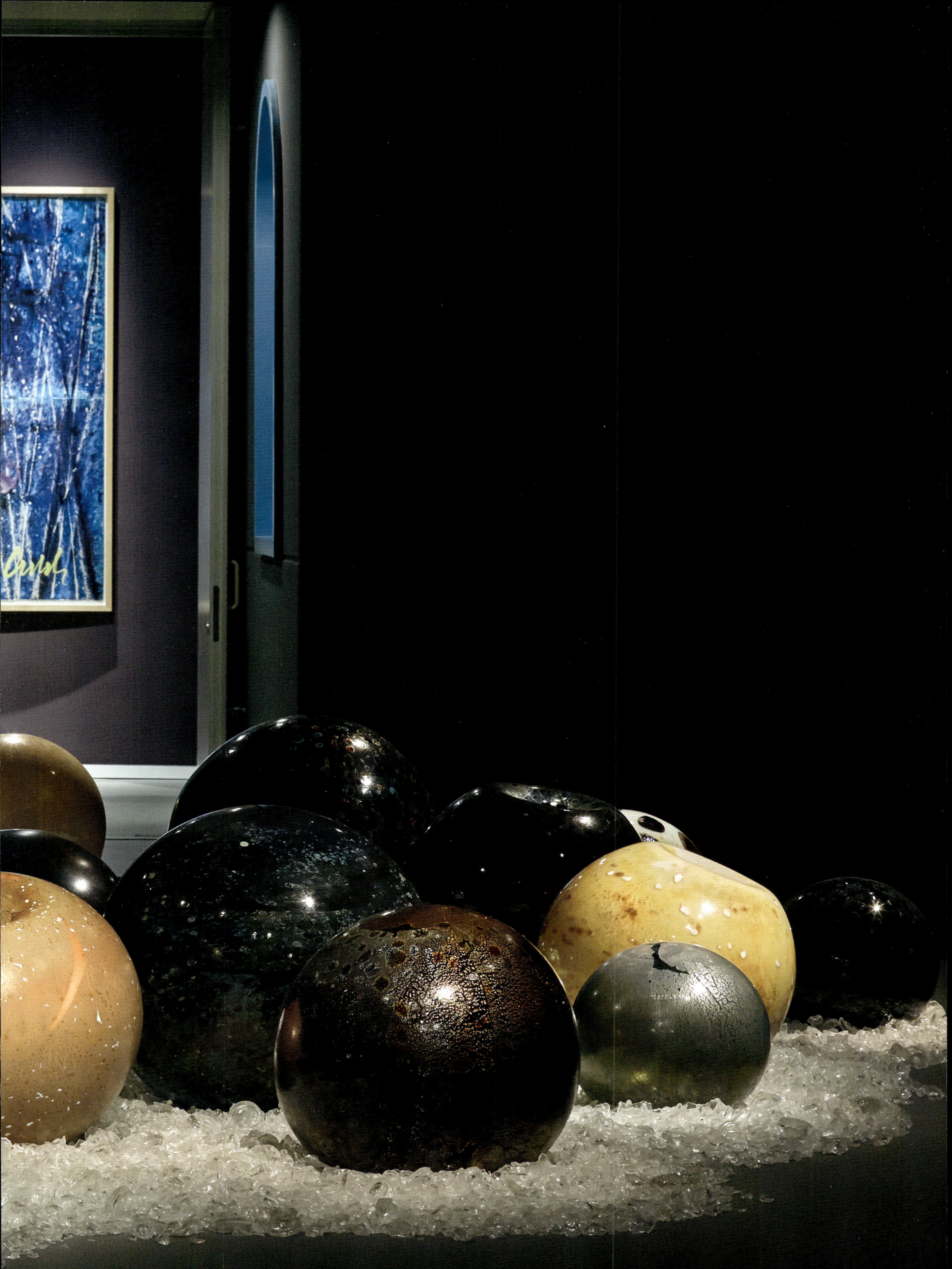

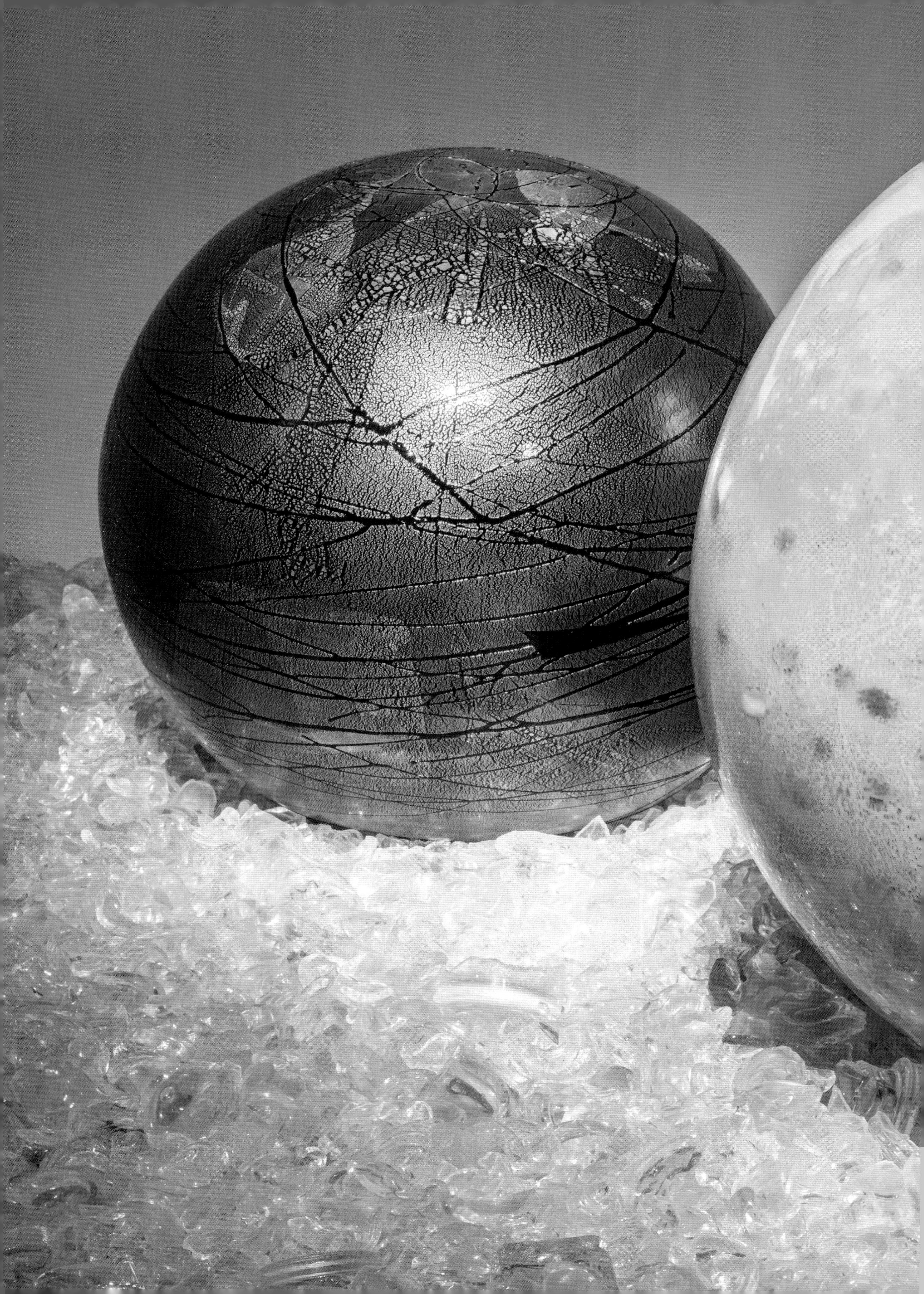

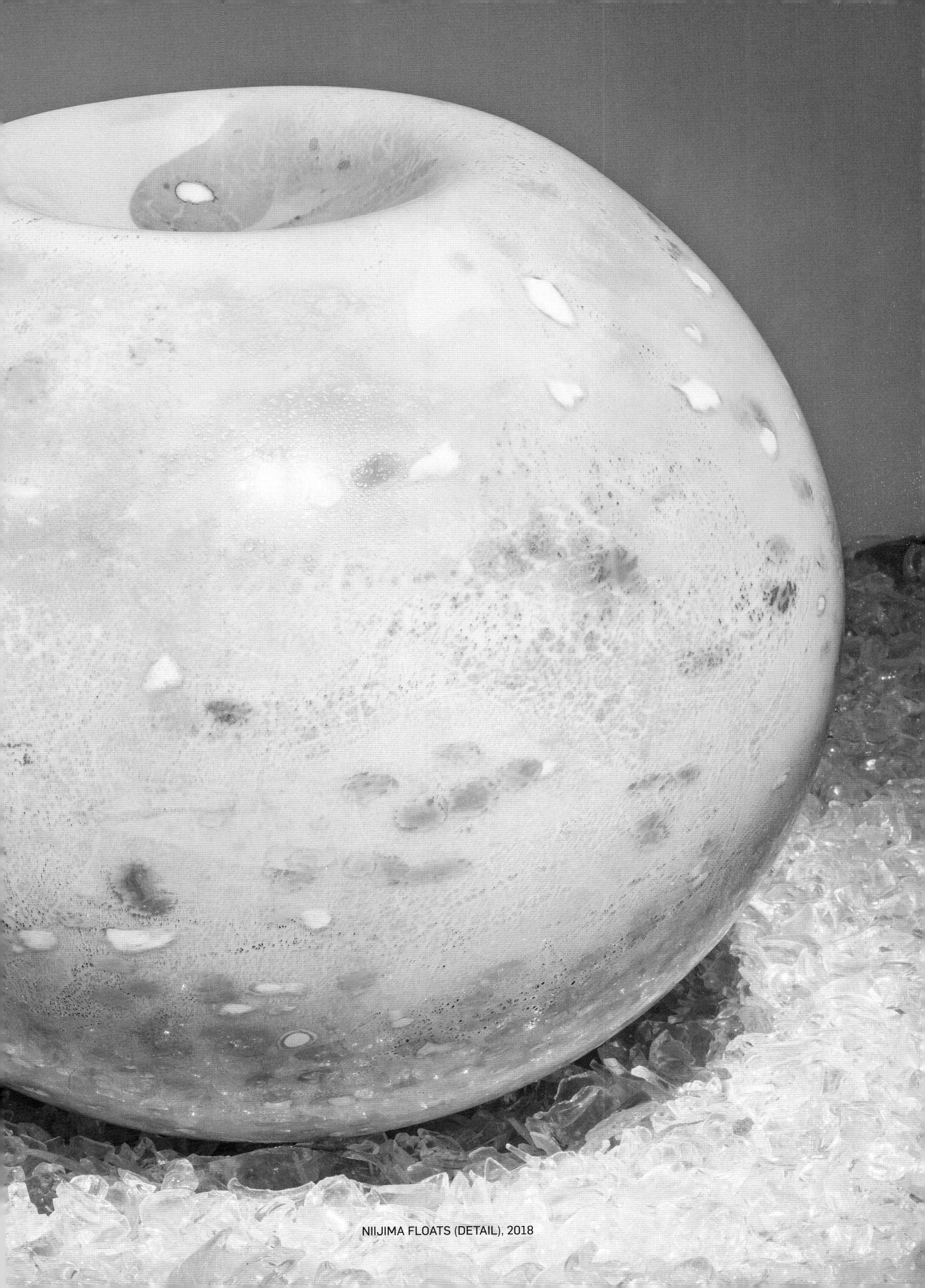

NIIJIMA FLOATS (DETAIL), 2018

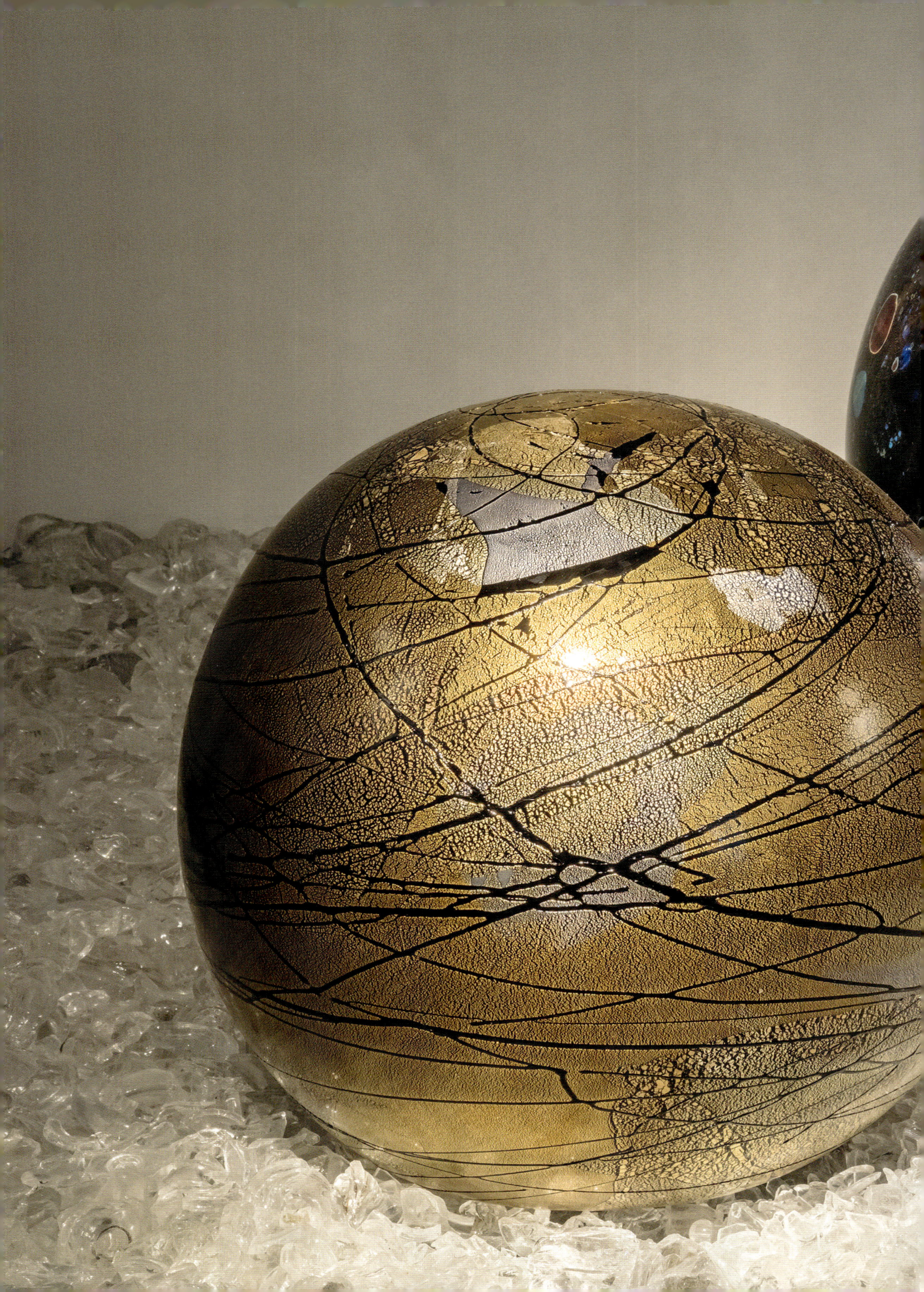

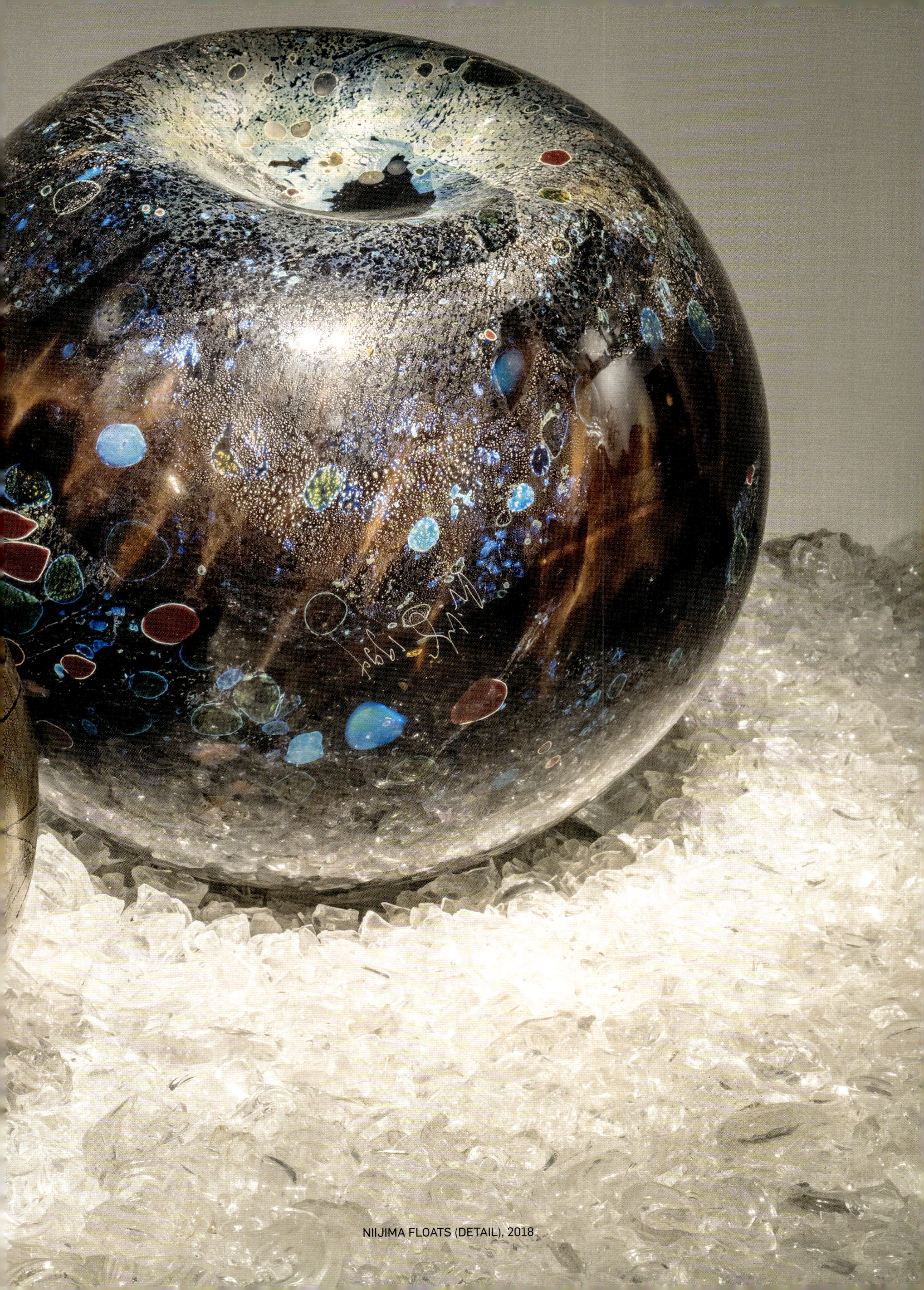

NIIJIMA FLOATS (DETAIL), 2018

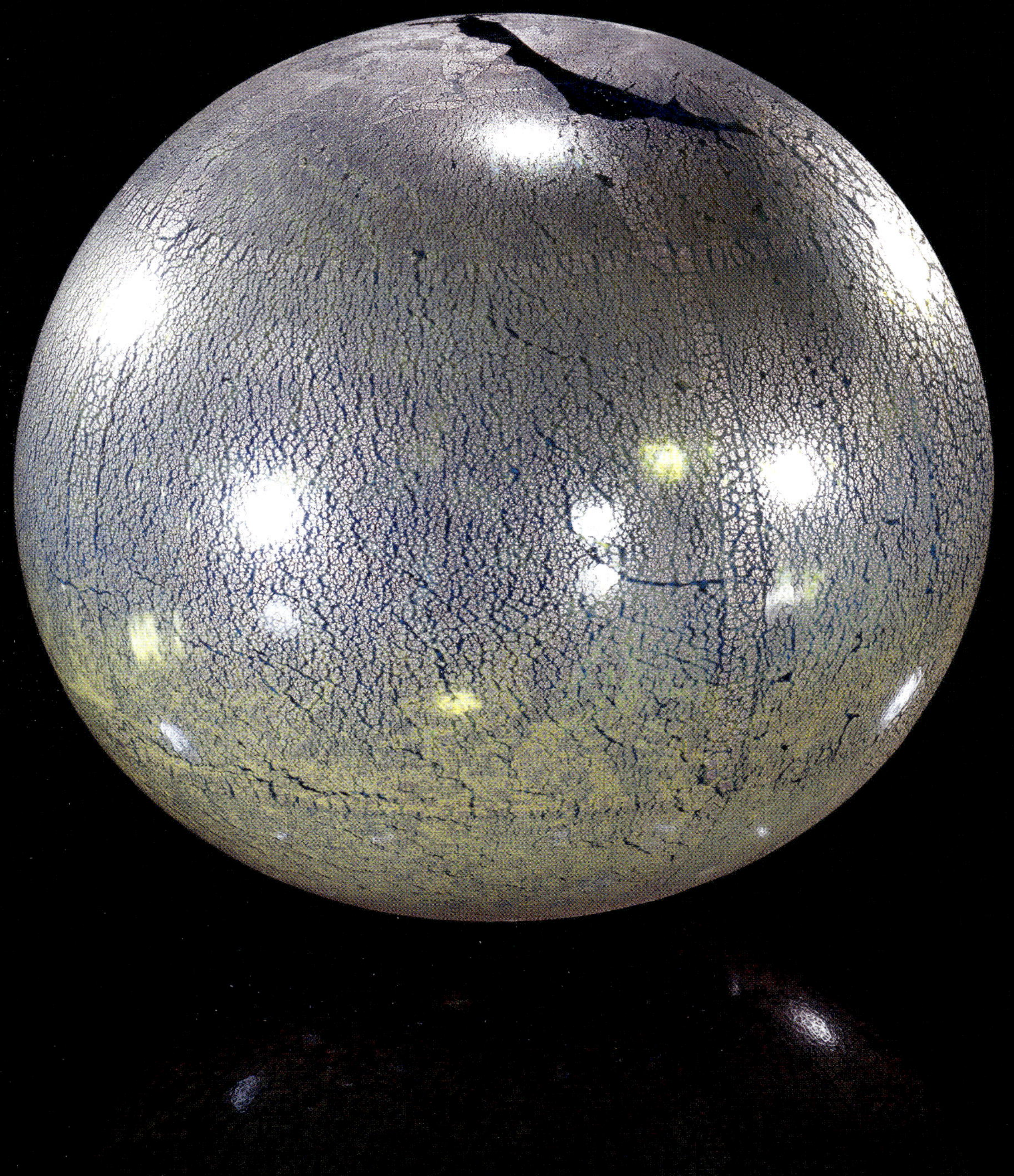

SILVER OVER BLUE BLACK FLOAT, 1992

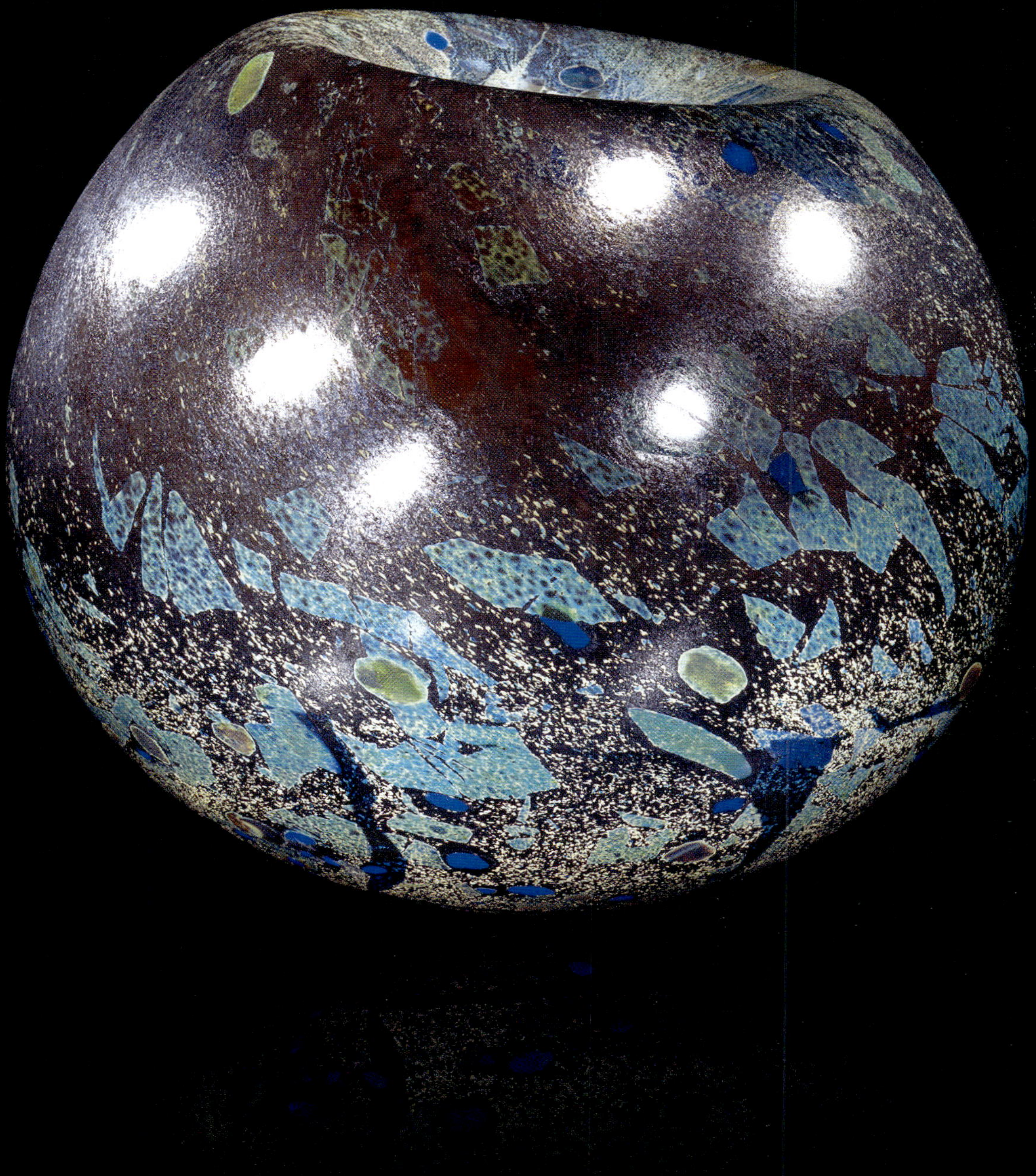

SLATE GREY FLOAT WITH IRIDESCENT ISLANDS, 1992

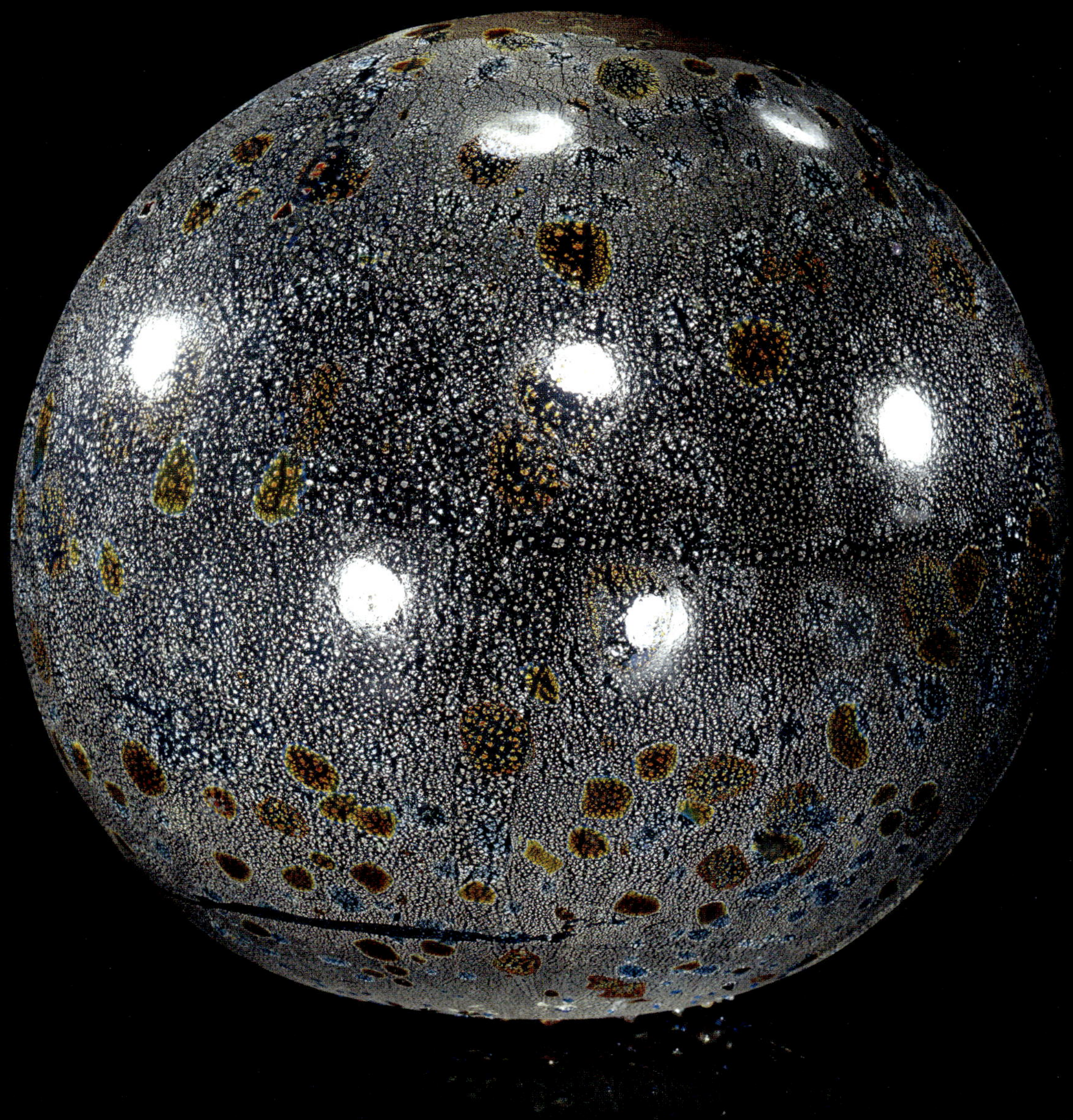

GILDED CHARCOAL NIIJIMA FLOAT WITH MULTICOLOR SPOTS, 1996

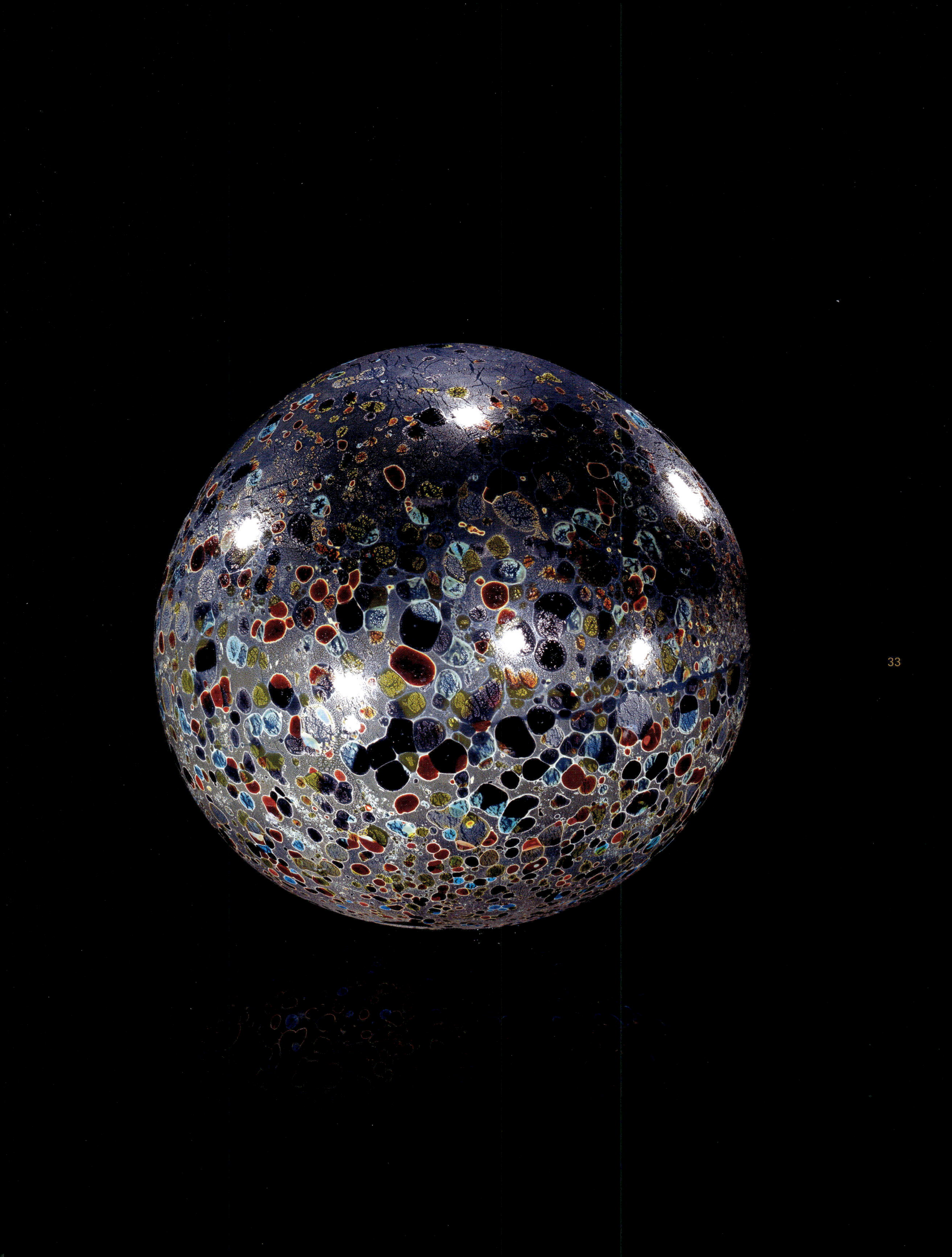

TERRAZZO SILVERED FLOAT, 1996

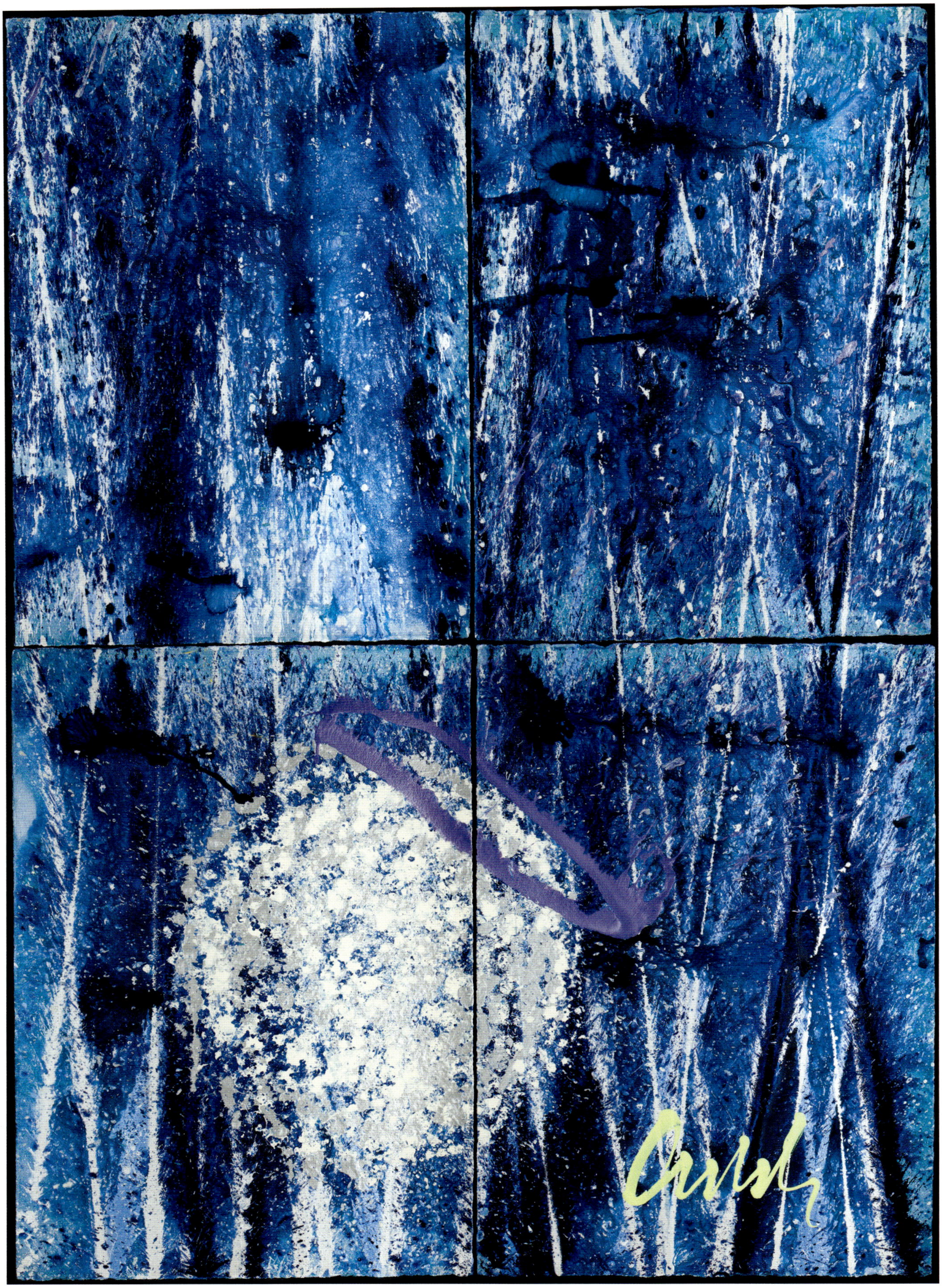

BASKET AND REED QUAD DRAWING, 2008

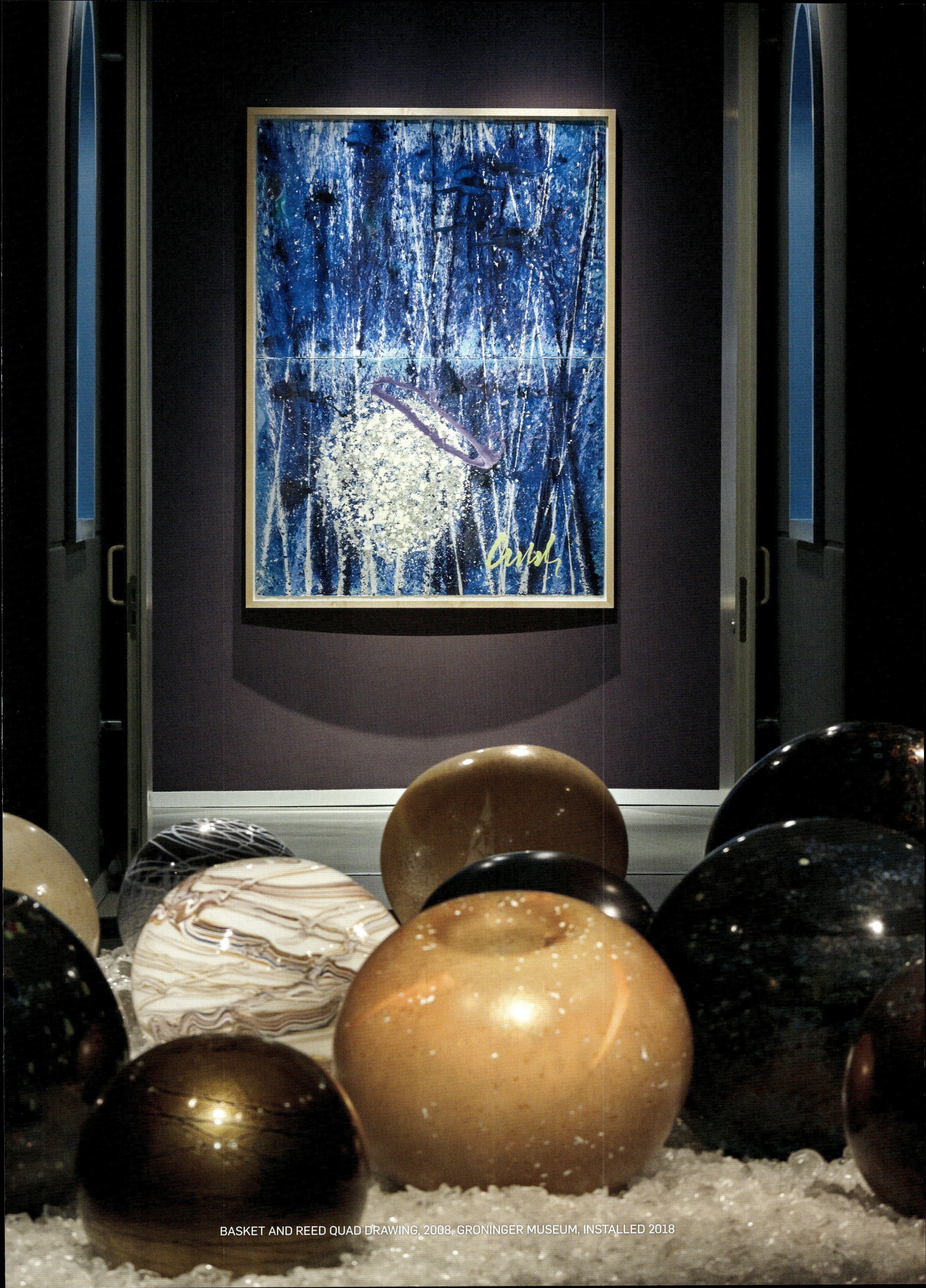

BASKET AND REED QUAD DRAWING, 2008, GRONINGER MUSEUM, INSTALLED 2018

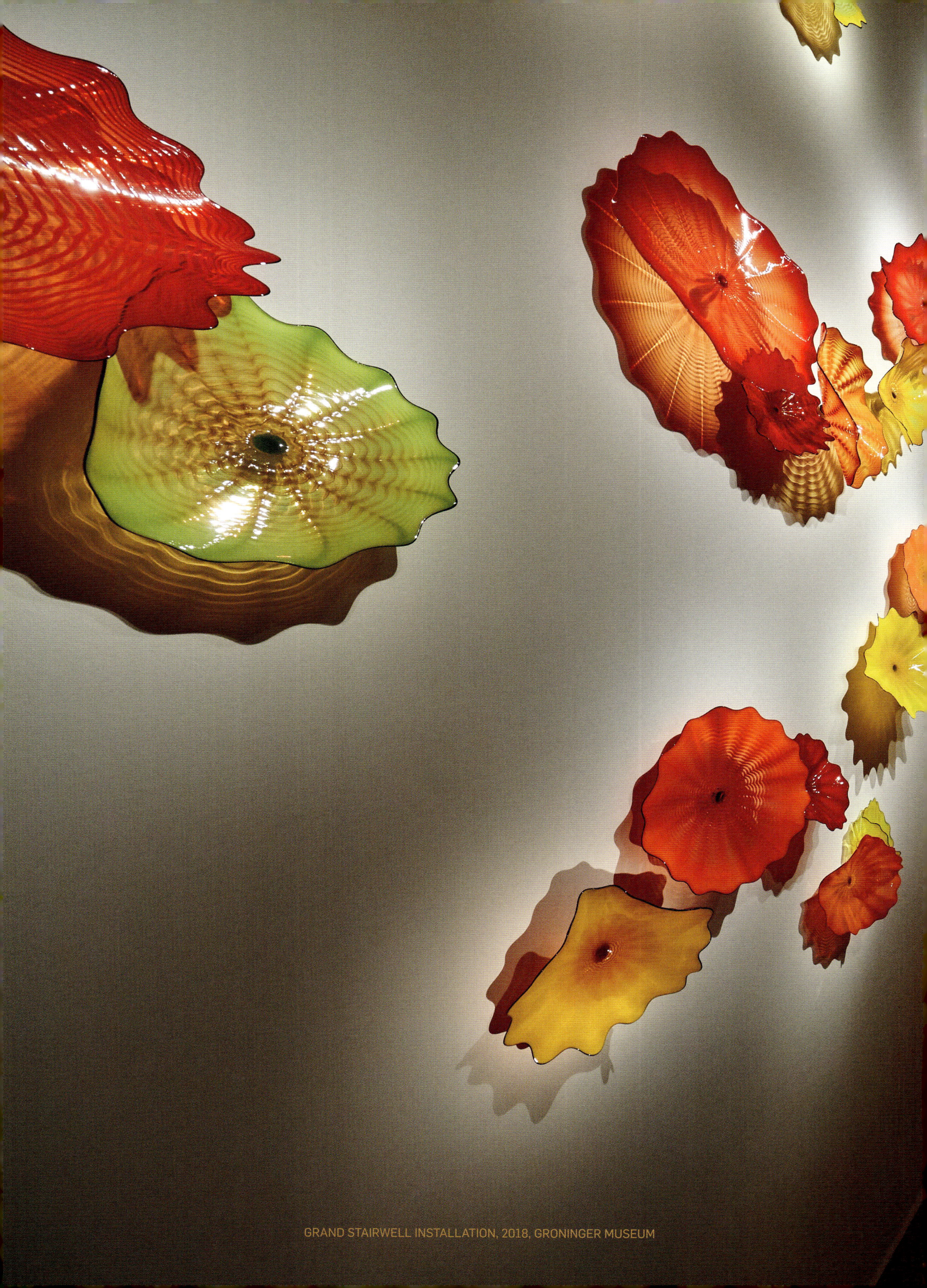

GRAND STAIRWELL INSTALLATION, 2018, GRONINGER MUSEUM

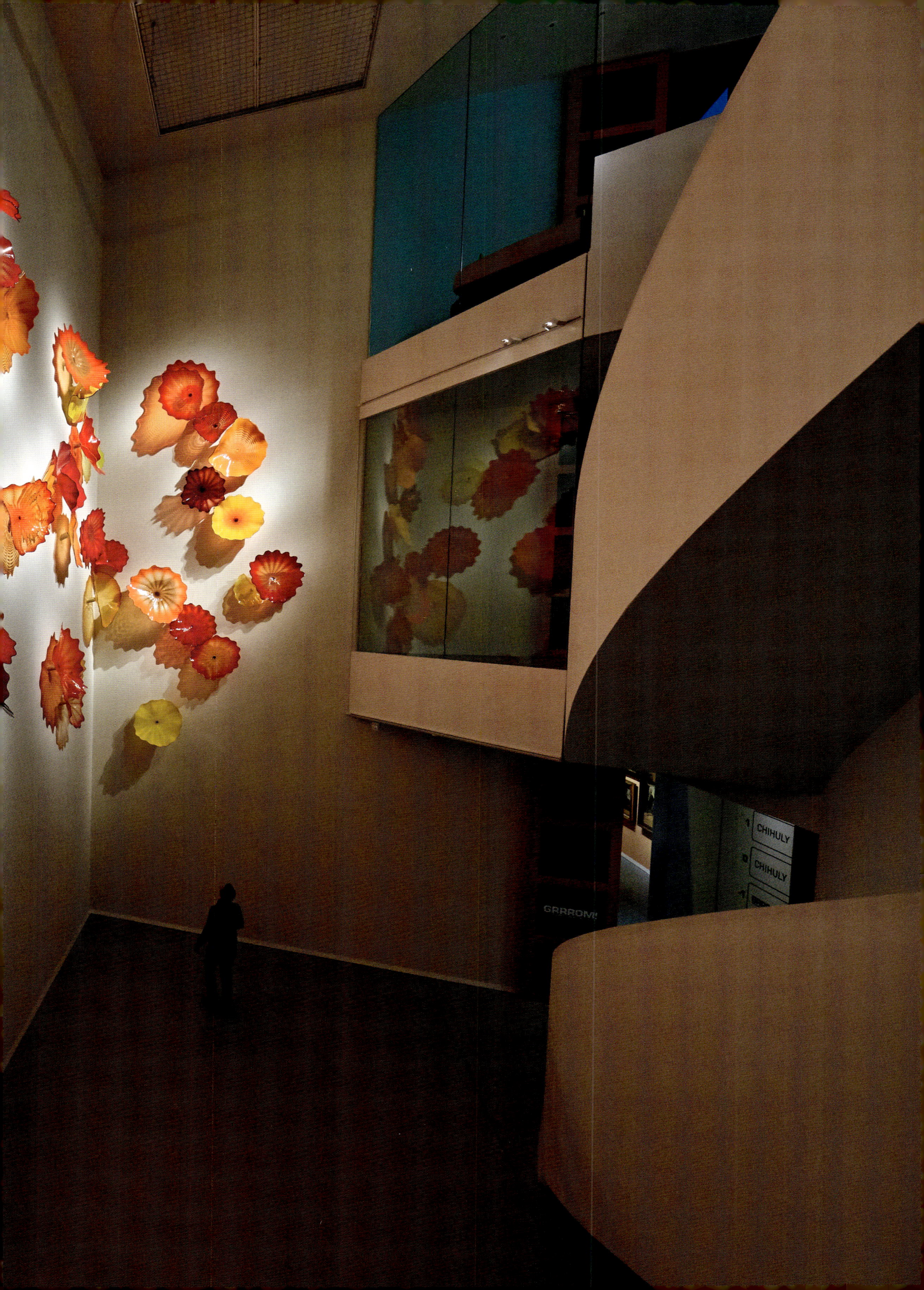
CHIHULY
CHIHULY

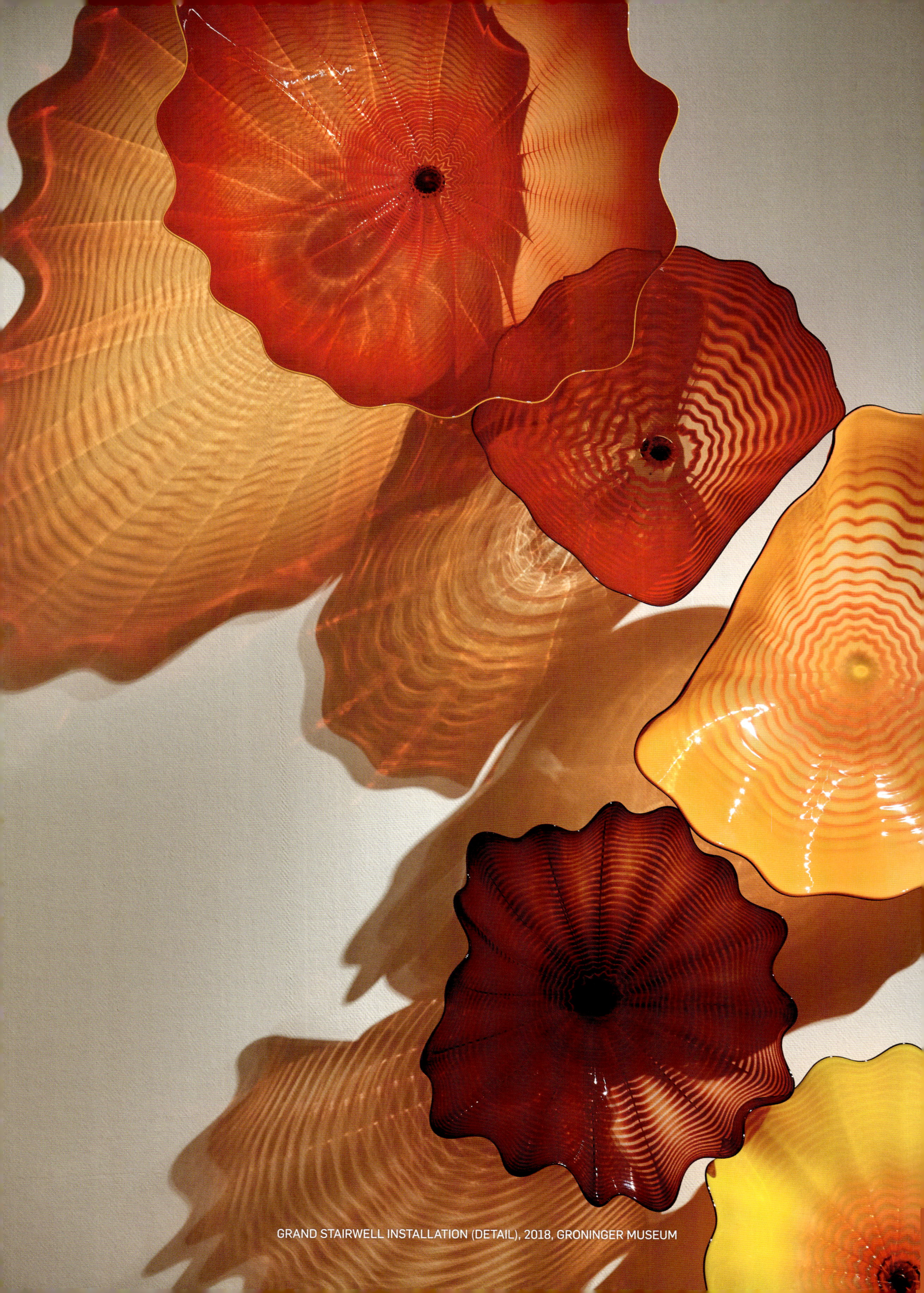

GRAND STAIRWELL INSTALLATION (DETAIL), 2018, GRONINGER MUSEUM

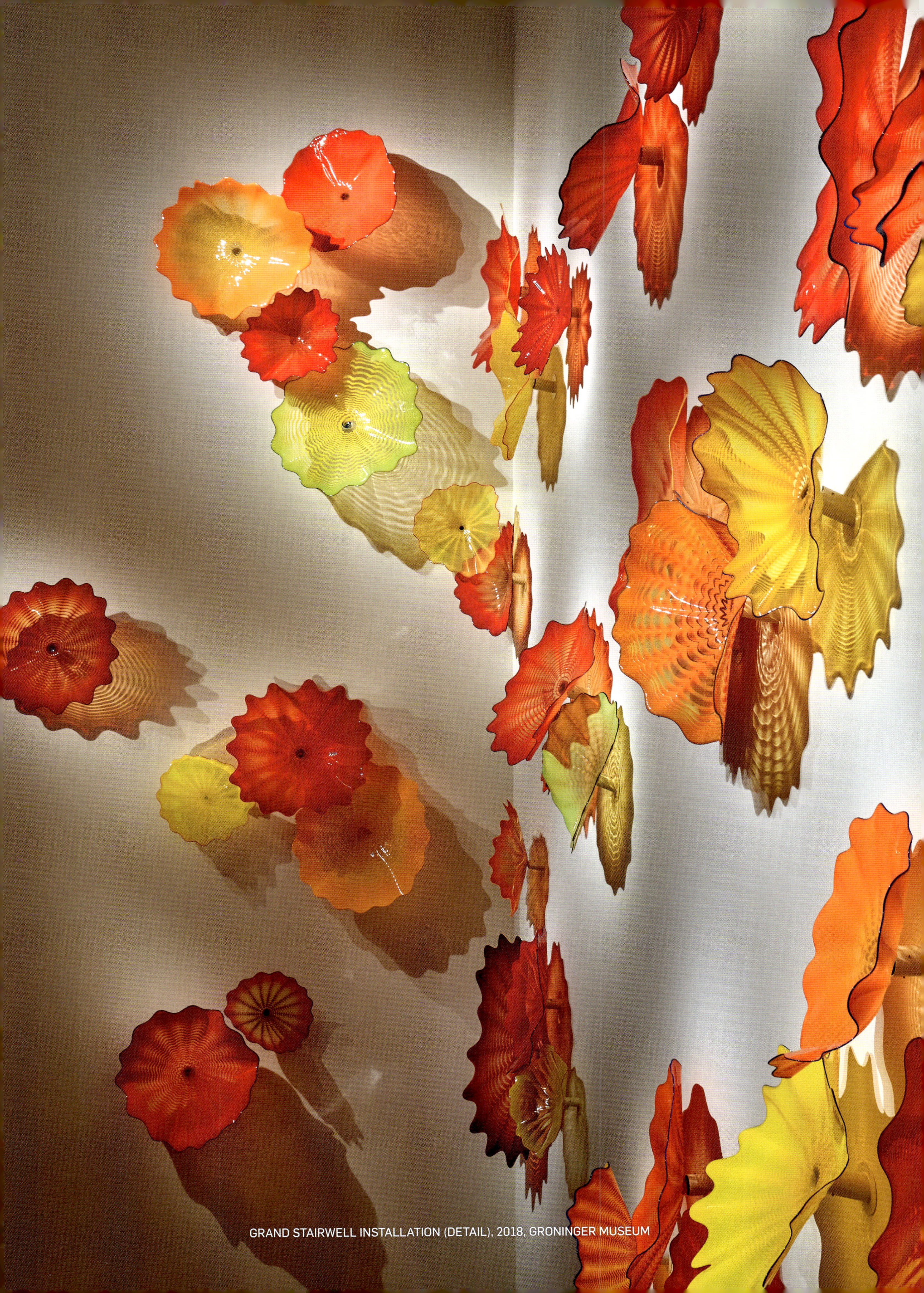

GRAND STAIRWELL INSTALLATION (DETAIL), 2018, GRONINGER MUSEUM

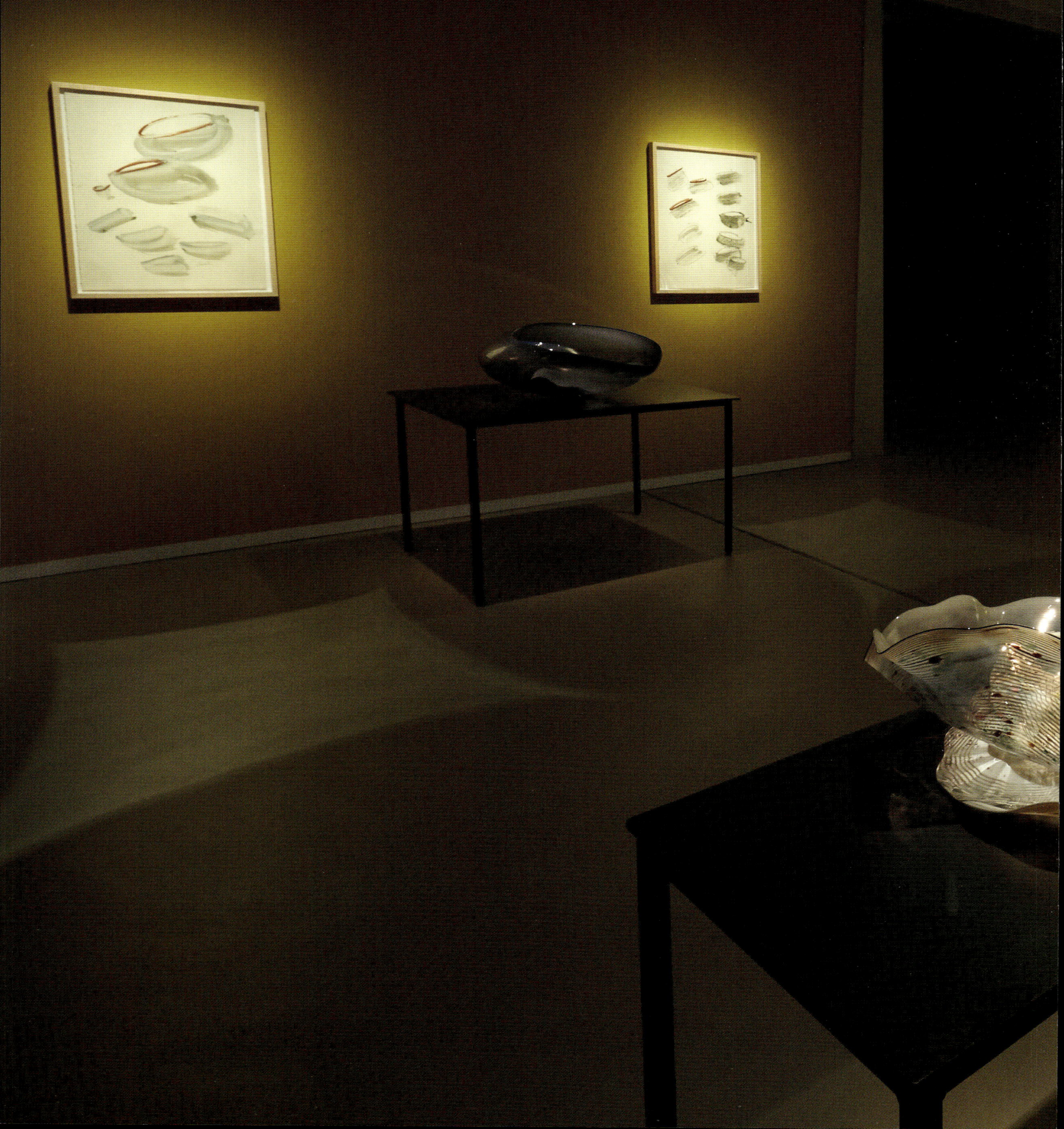

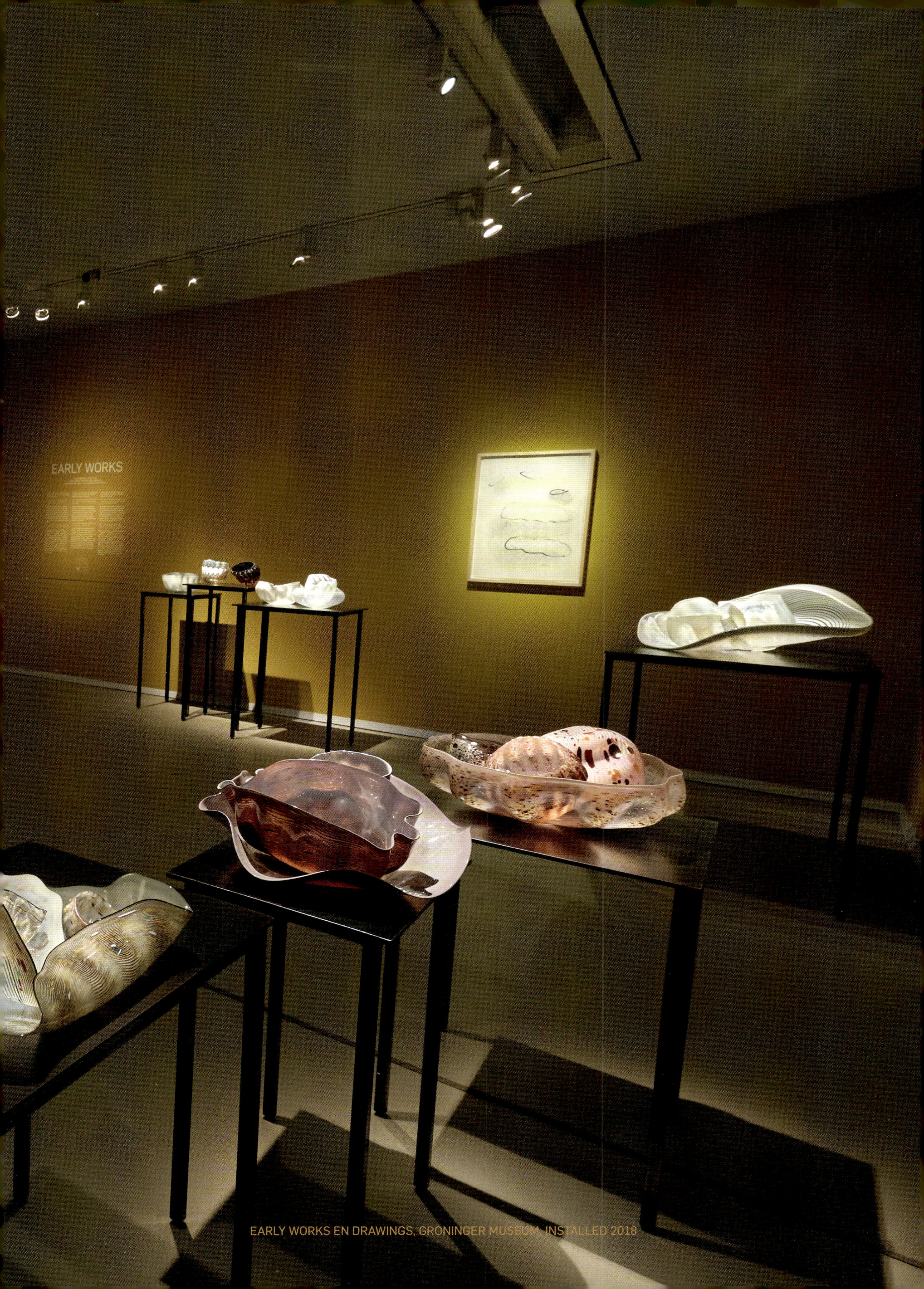

EARLY WORKS EN DRAWINGS, GRONINGER MUSEUM, INSTALLED 2018

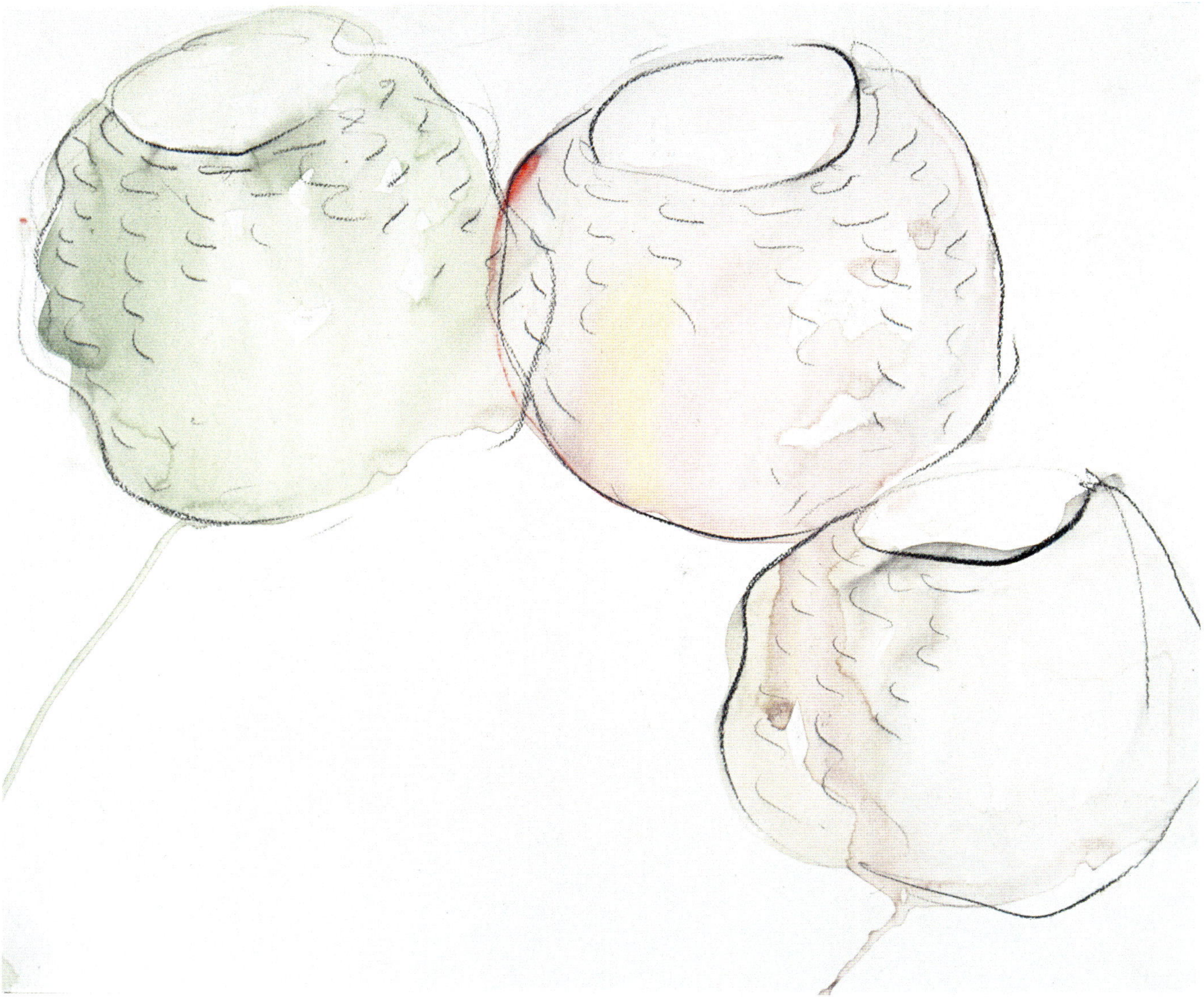

SEAFORM/BASKET DRAWING, 1980

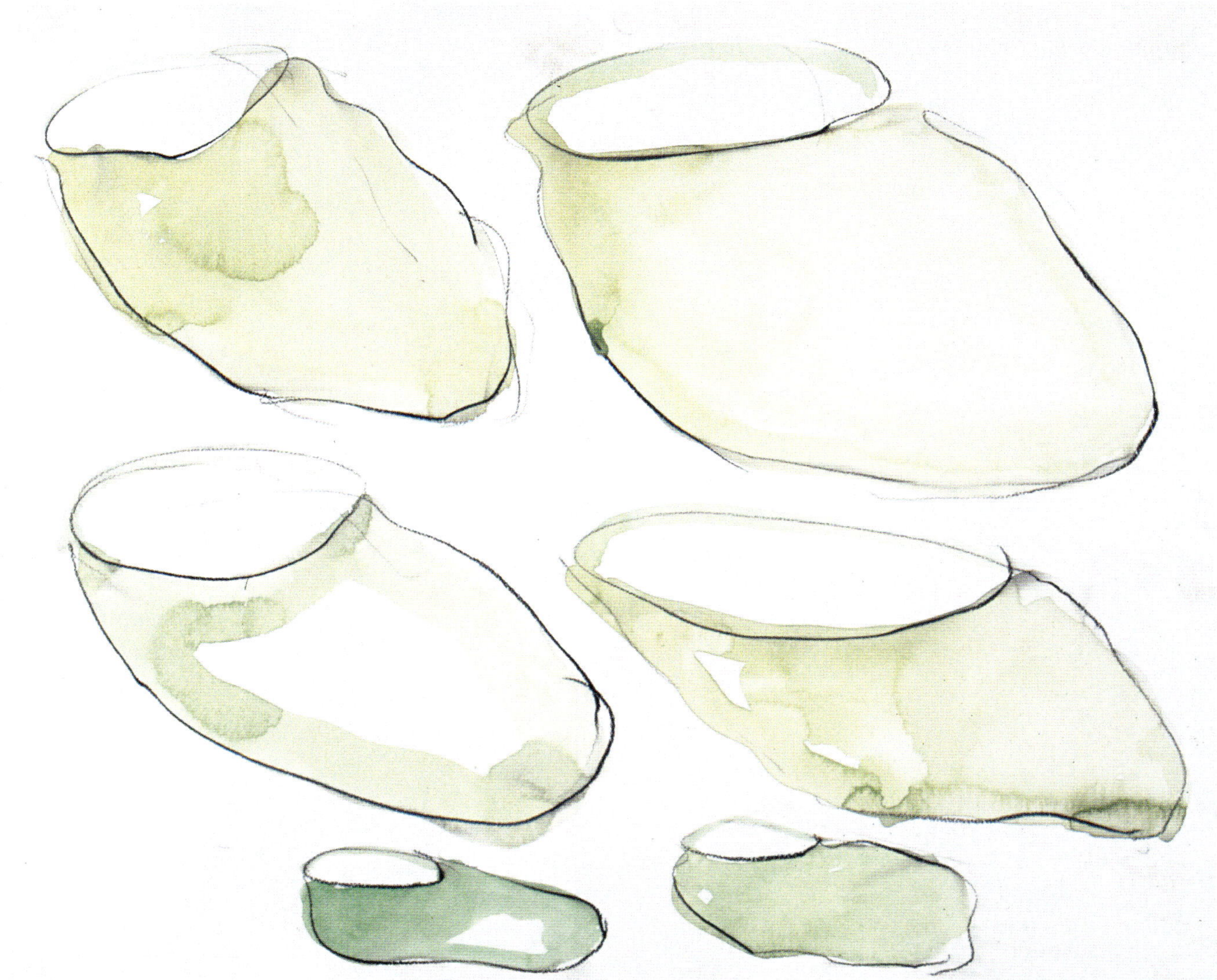

BASKET/CYLINDER DRAWING, 1980

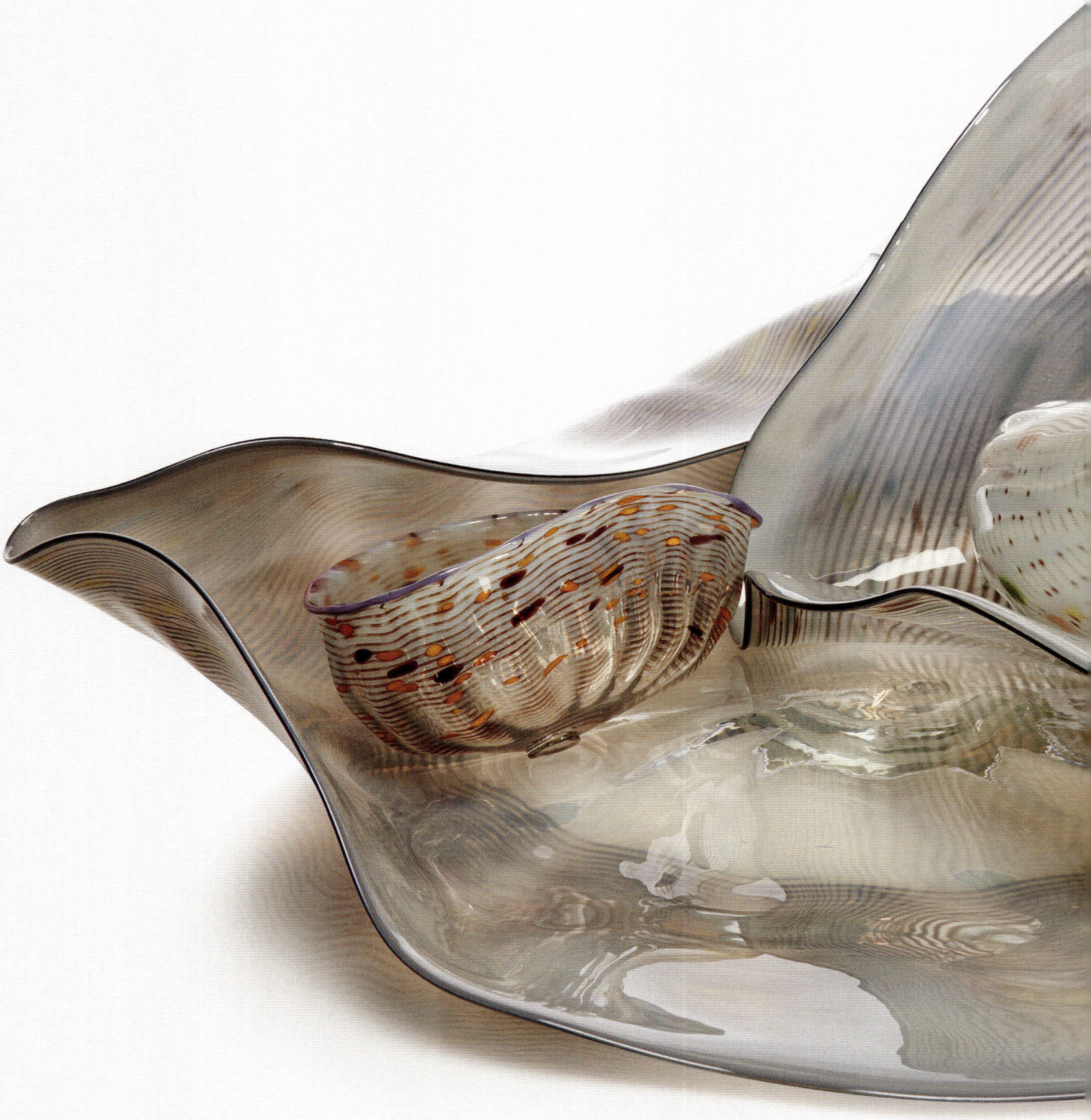

FRENCH GRAY MACCHIA SET WITH CHARCOAL LIP WRAPS, 1984

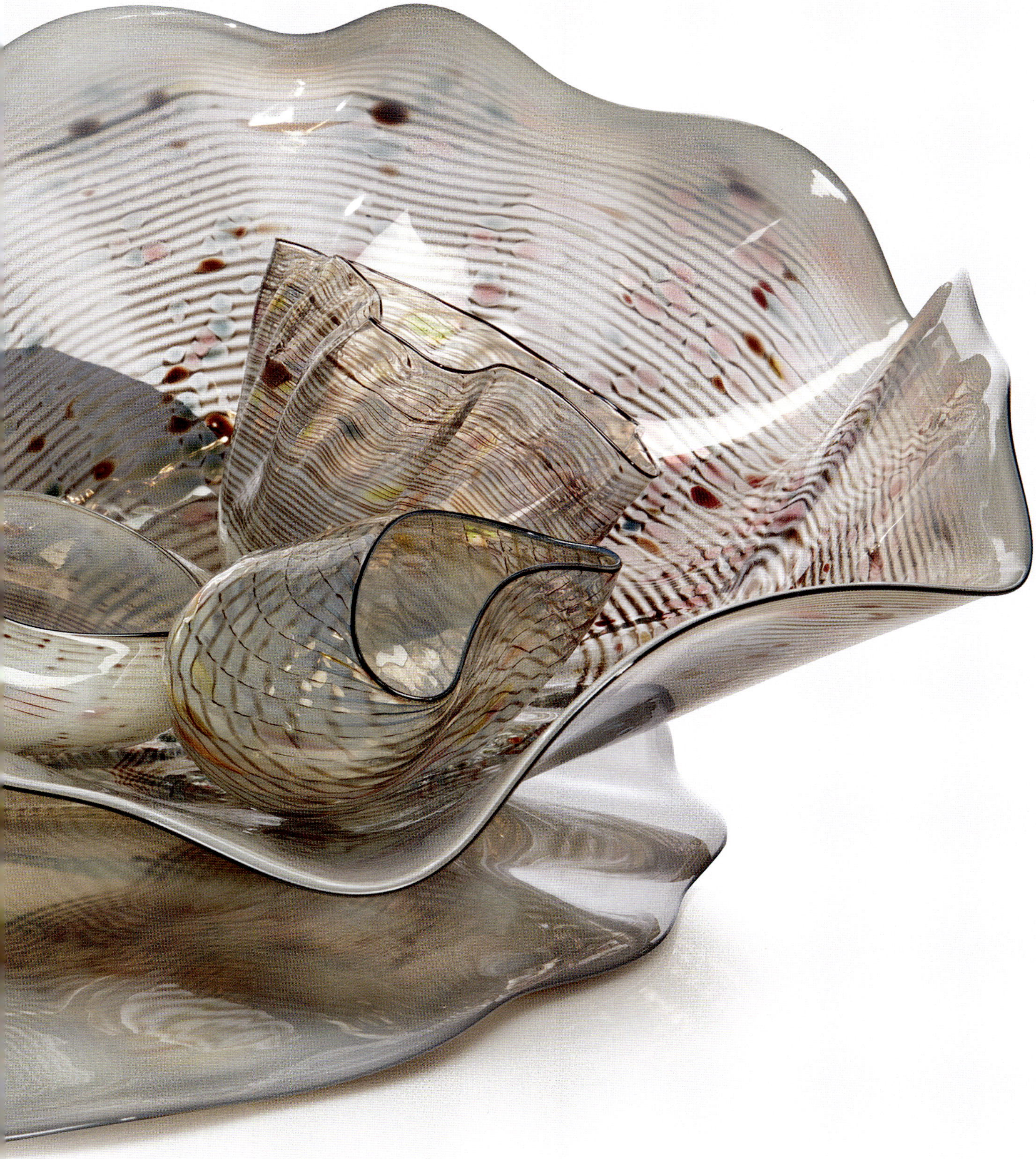

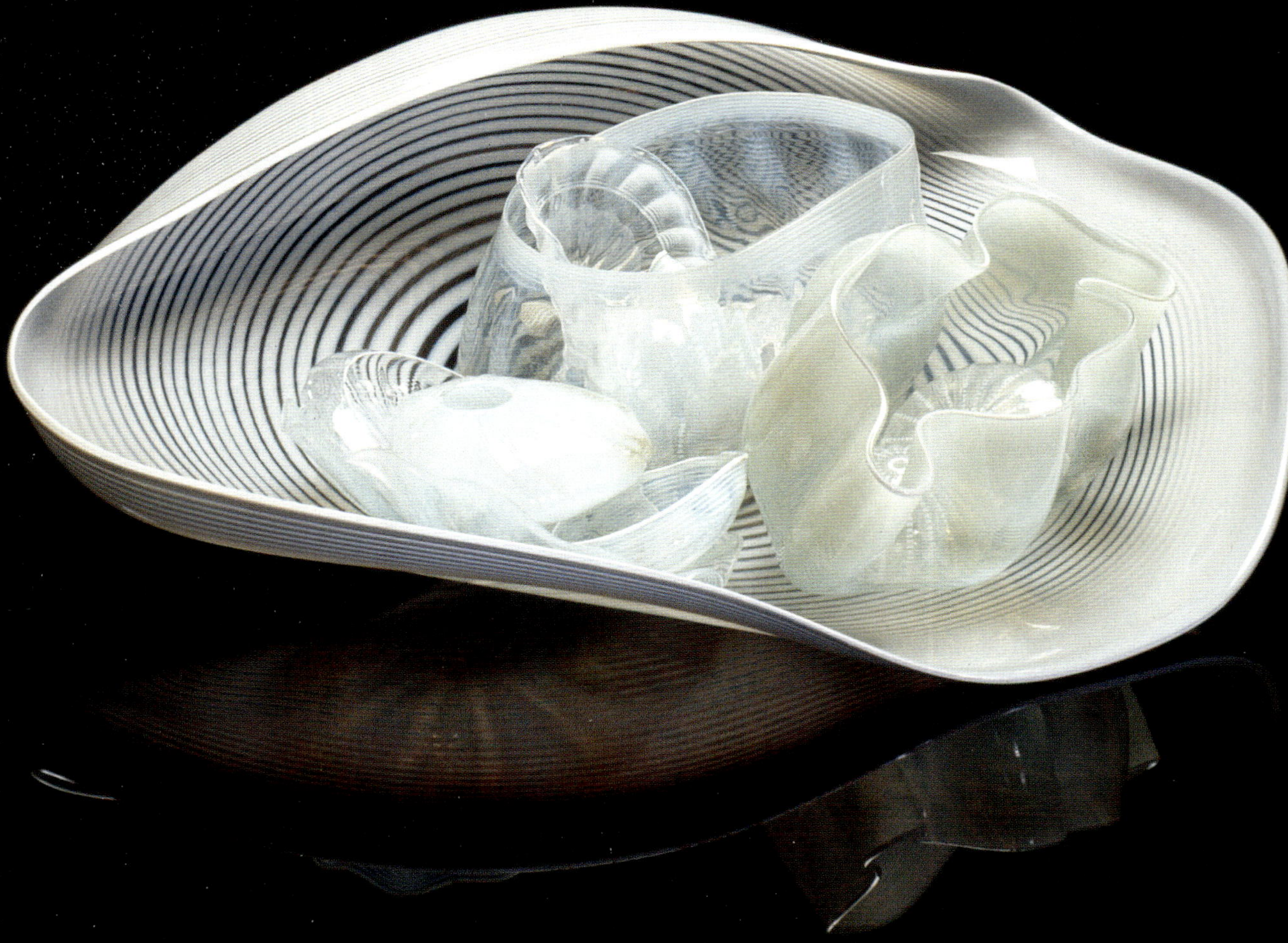

OYSTER GRAY SEAFORM SET WITH FOAM WHITE LIP WRAPS, 1981

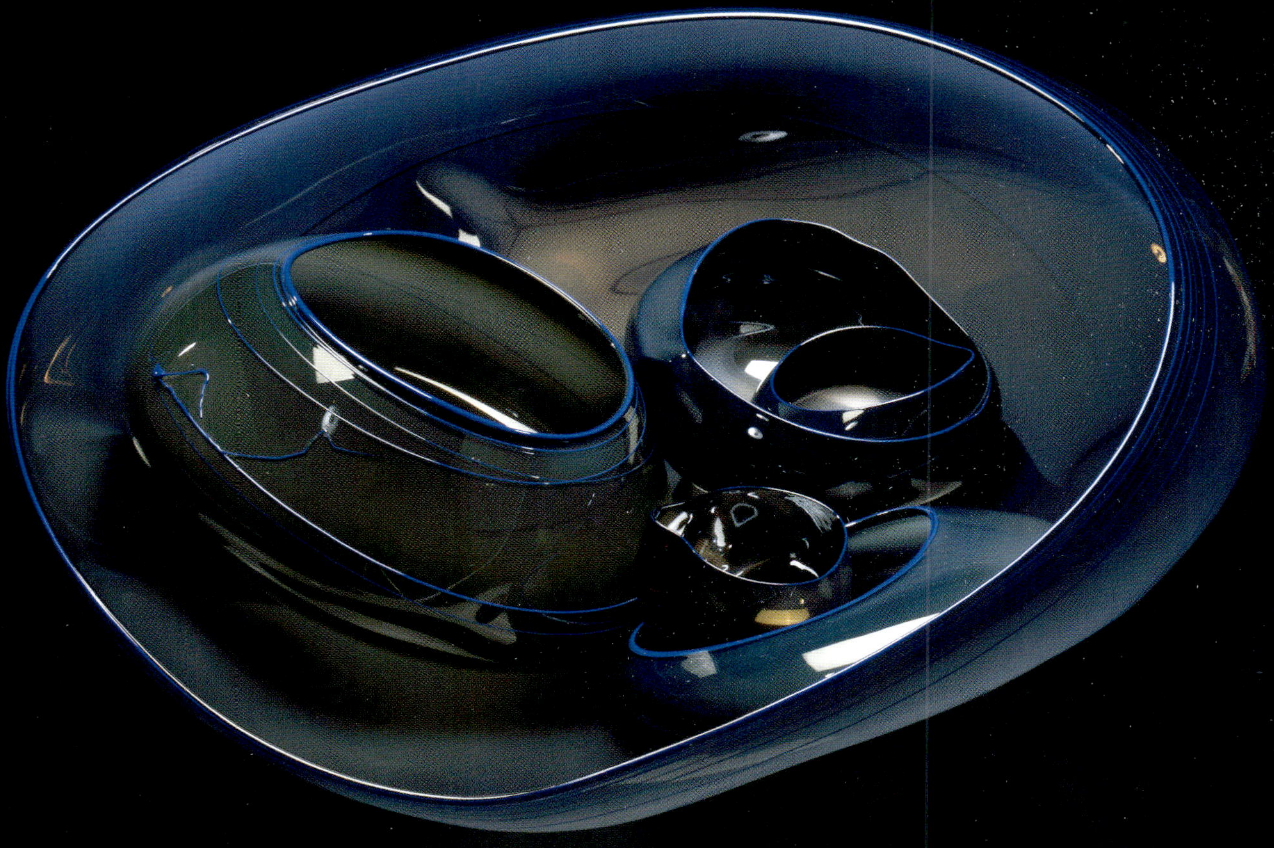

GRAPHITE BASKET SET WITH COBALT BLUE LIP WRAPS, 1980

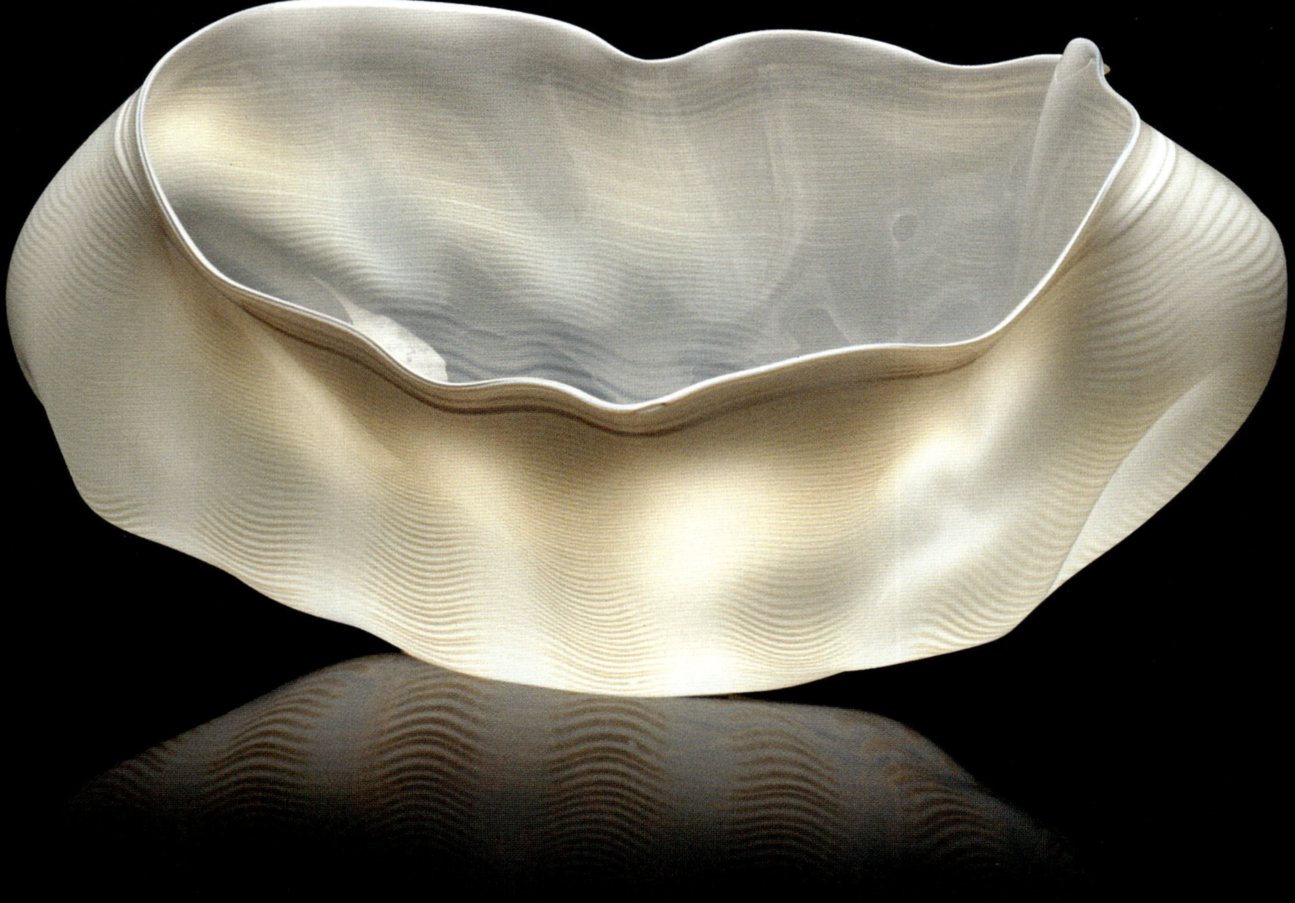

RUSSIAN IVORY SEAFORM WITH PEARLY LIP WRAP, 1981

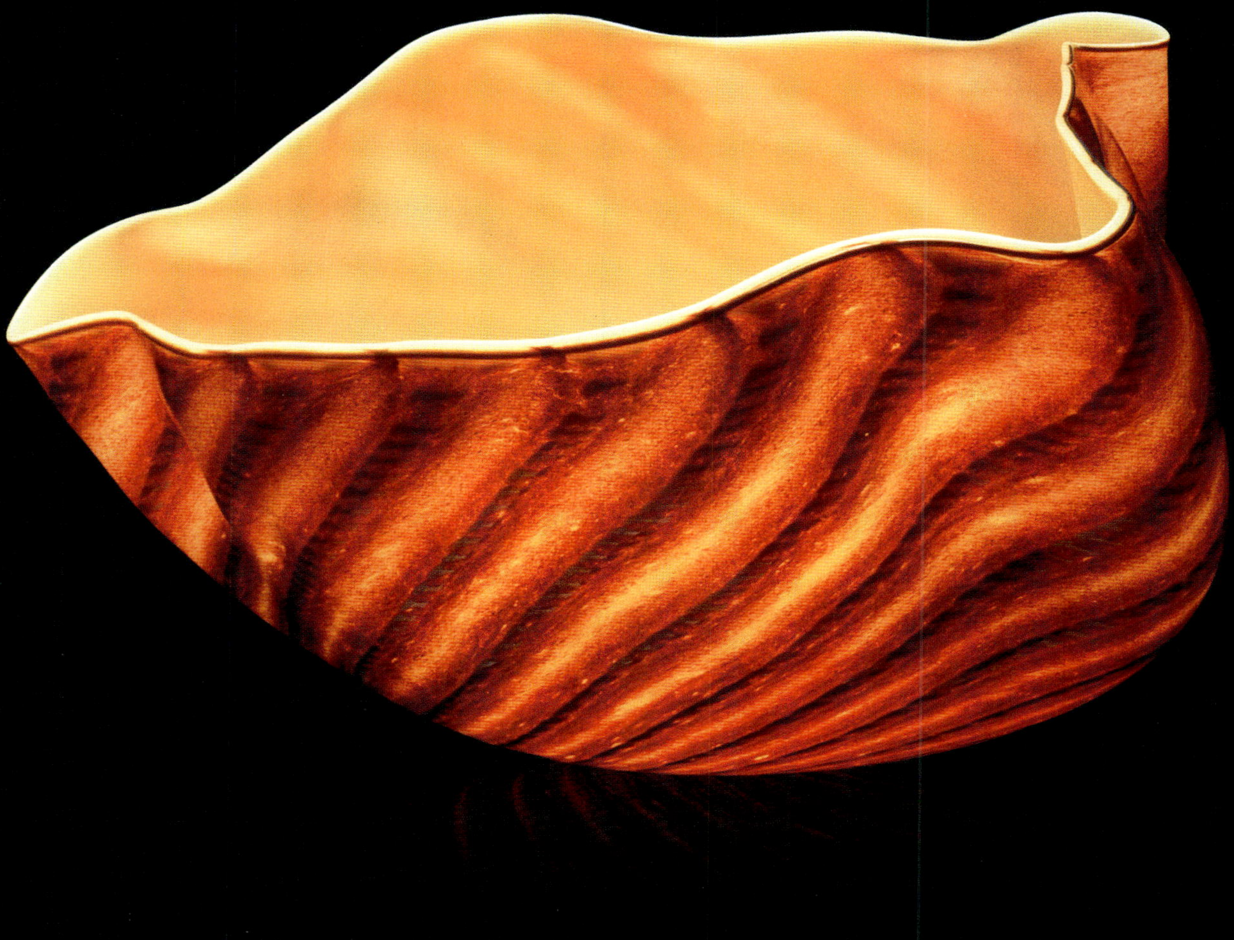

BURNT CRÈME SEAFORM WITH STEEL BLUE LIP WRAP, 1981

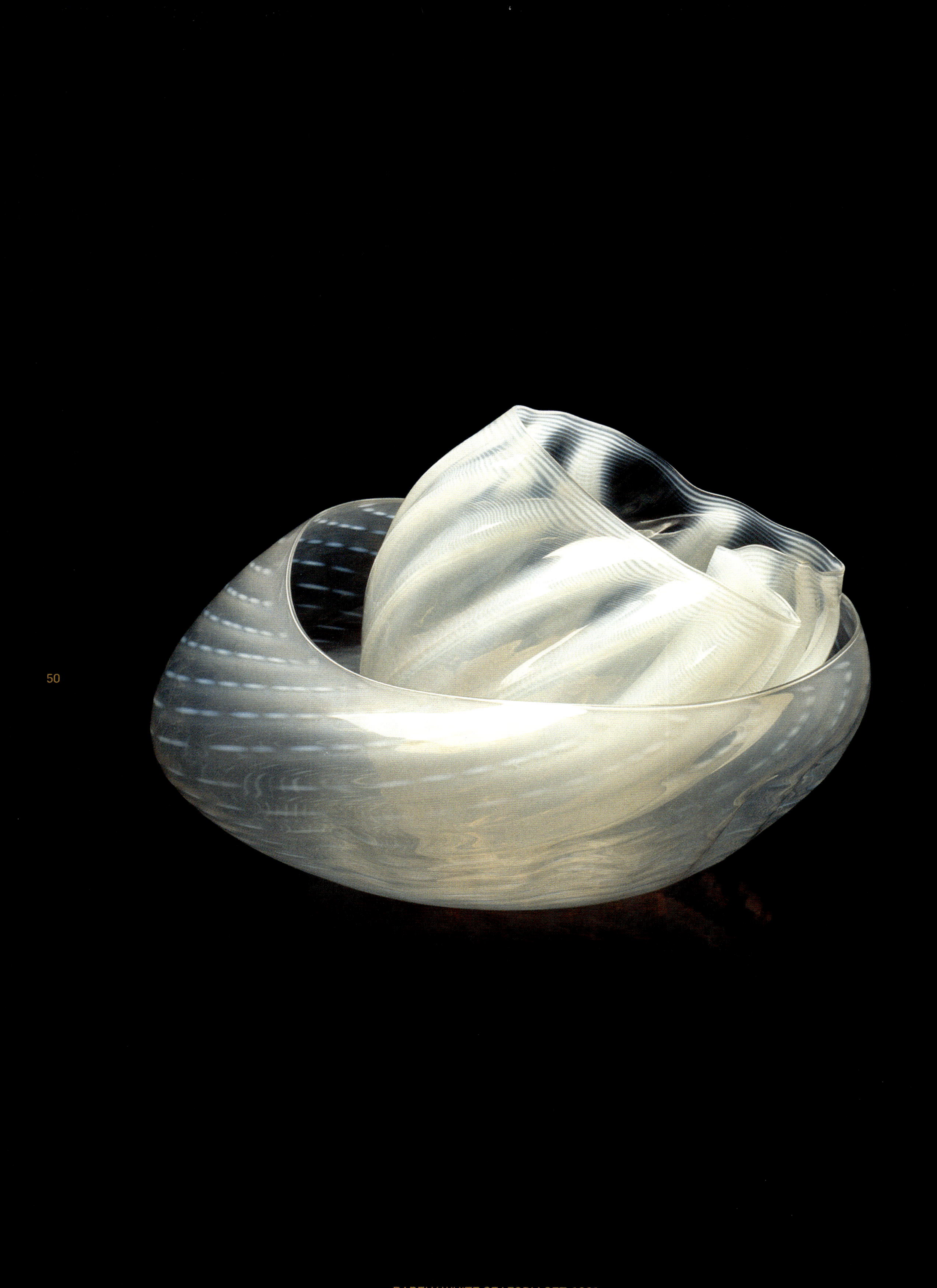

BARELY WHITE SEAFORM SET, 1981

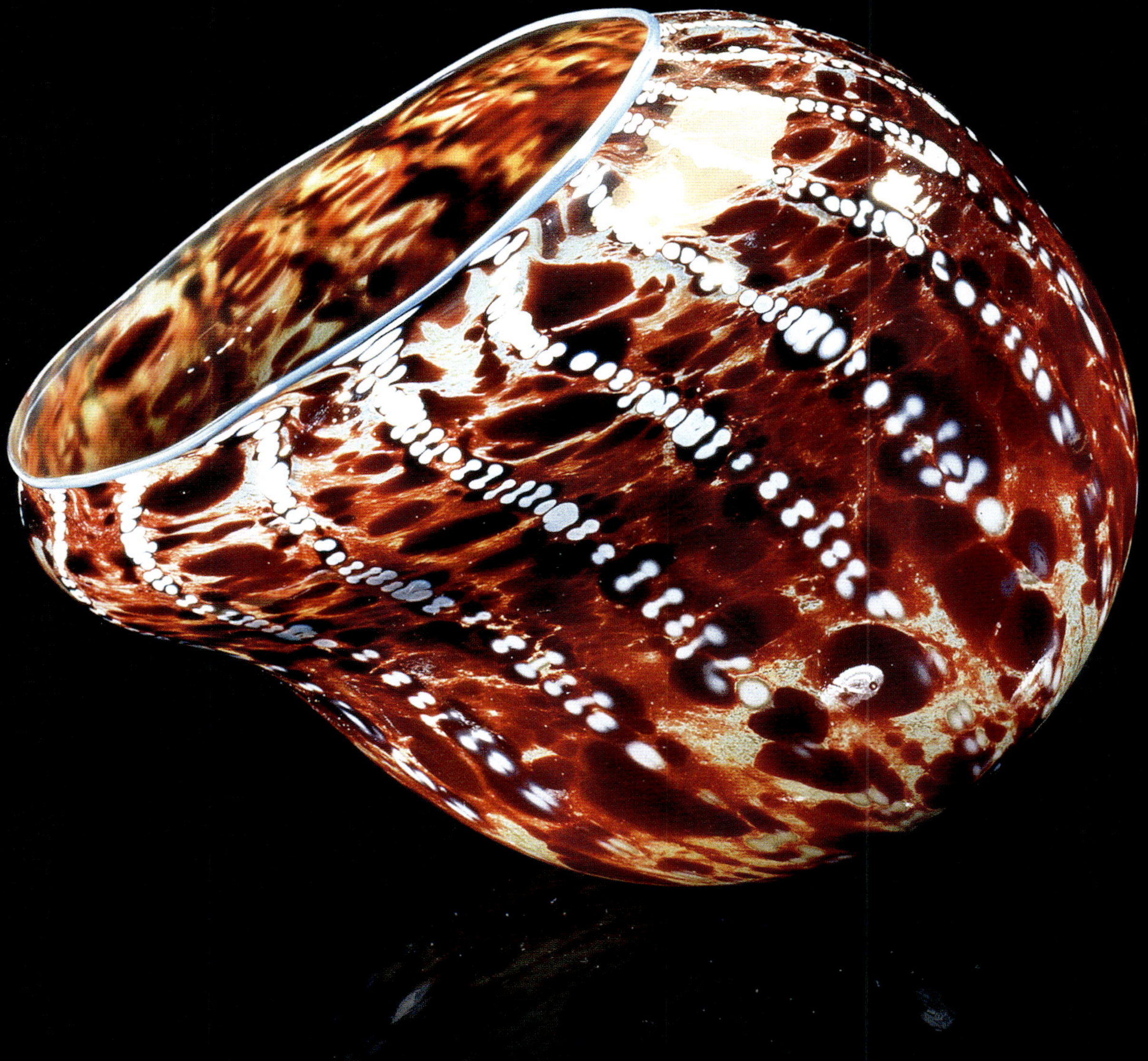

DAPPLED CHESTNUT SEAFORM WITH WHITE MARKINGS AND BLUE LIP WRAP, 1980

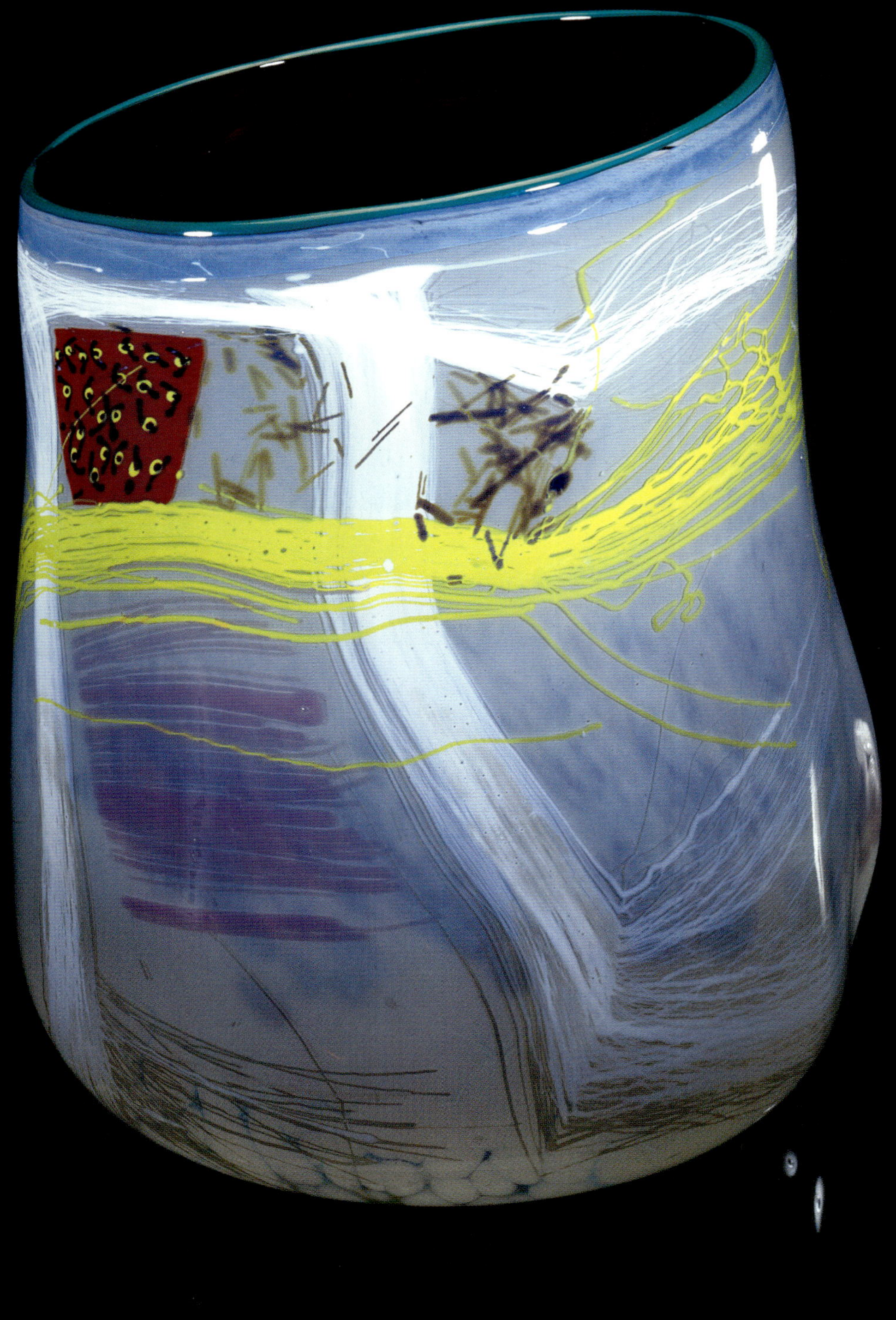

RUSSET SOFT CYLINDER WITH INDIAN RED DRAWING, 1986

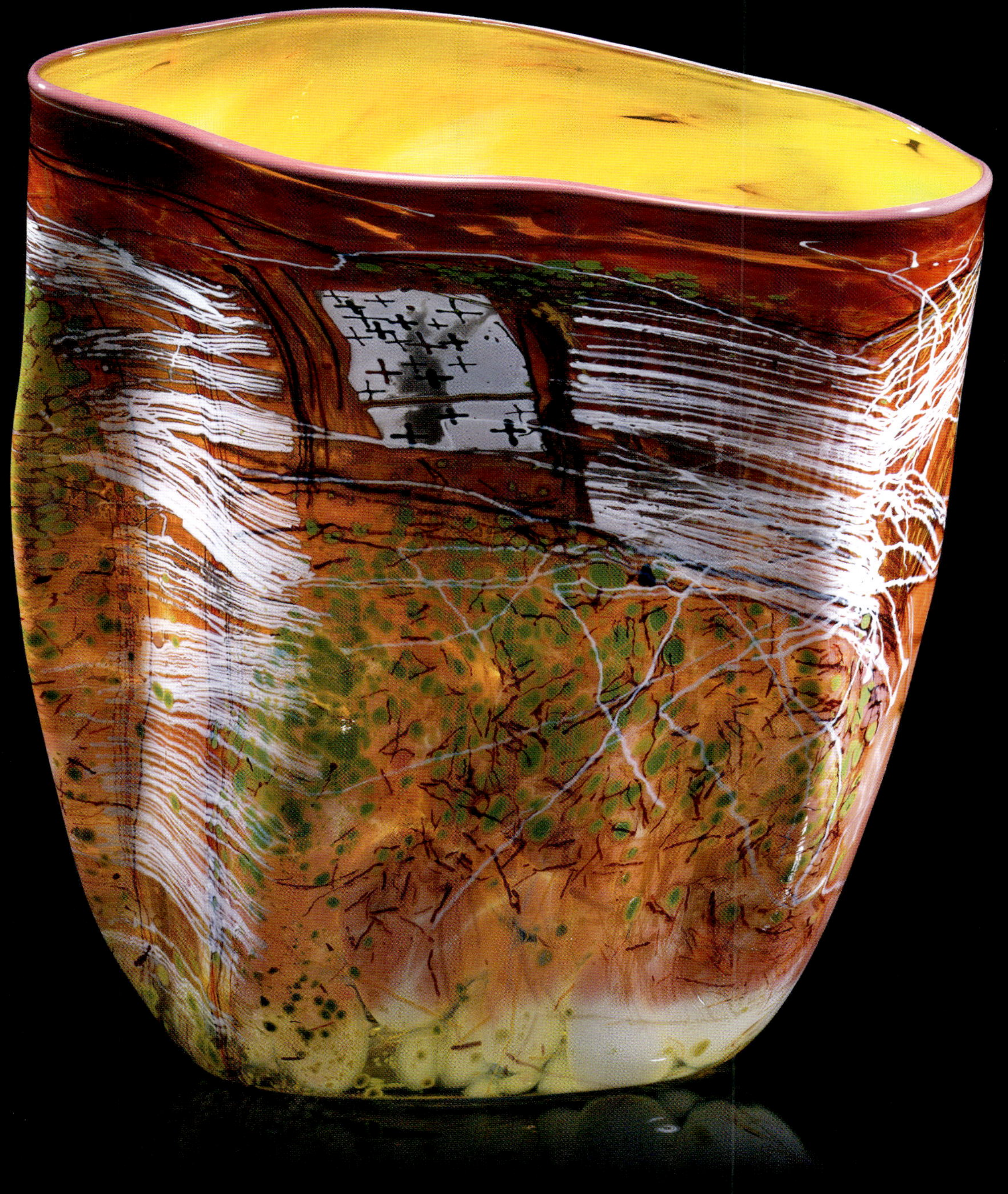

INDIAN YELLOW SOFT CYLINDER WITH WHITE DRAWINGS, 1988

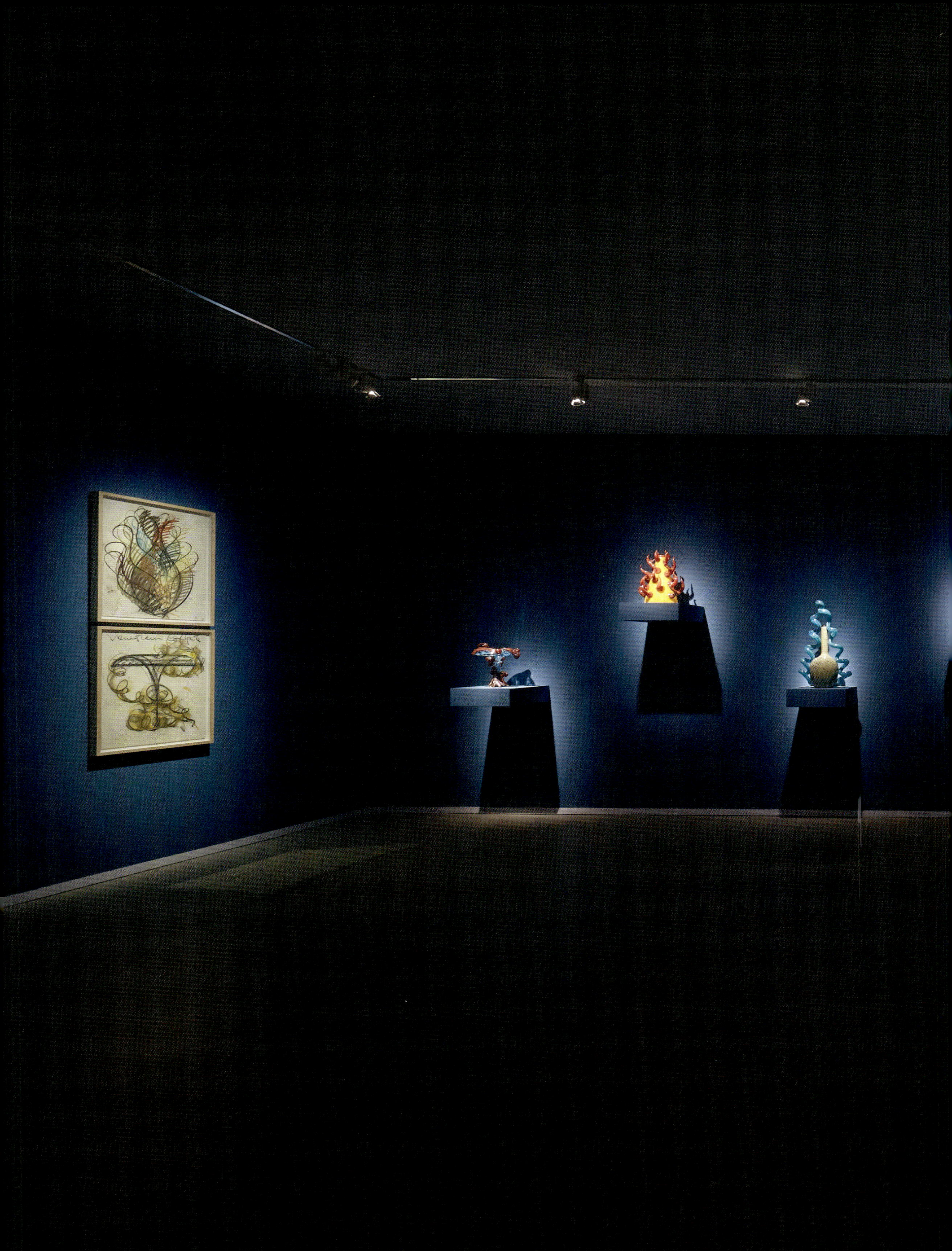

VENETIANS EN VENETIAN DRAWINGS, GRONINGER MUSEUM, INSTALLED 2018

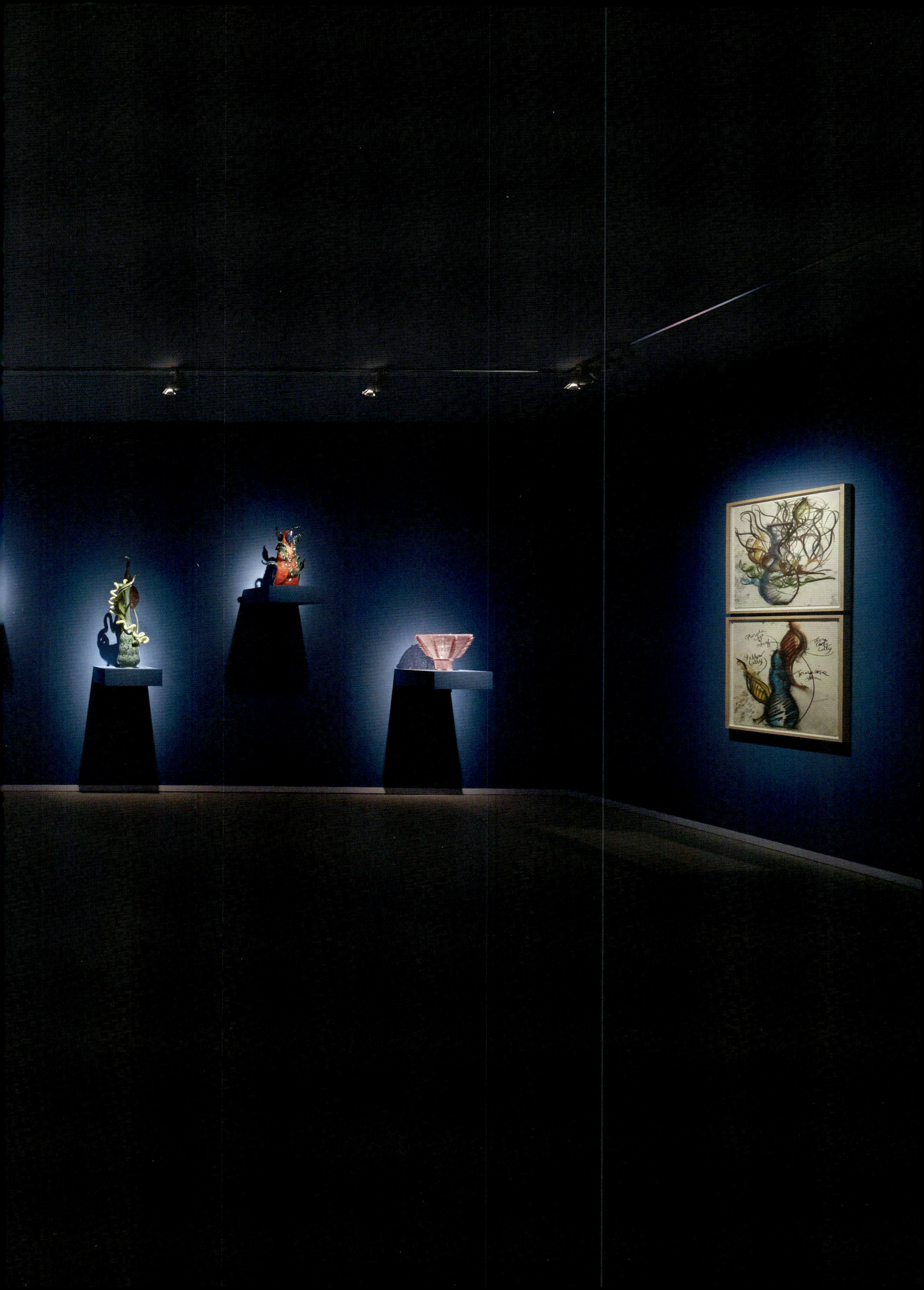

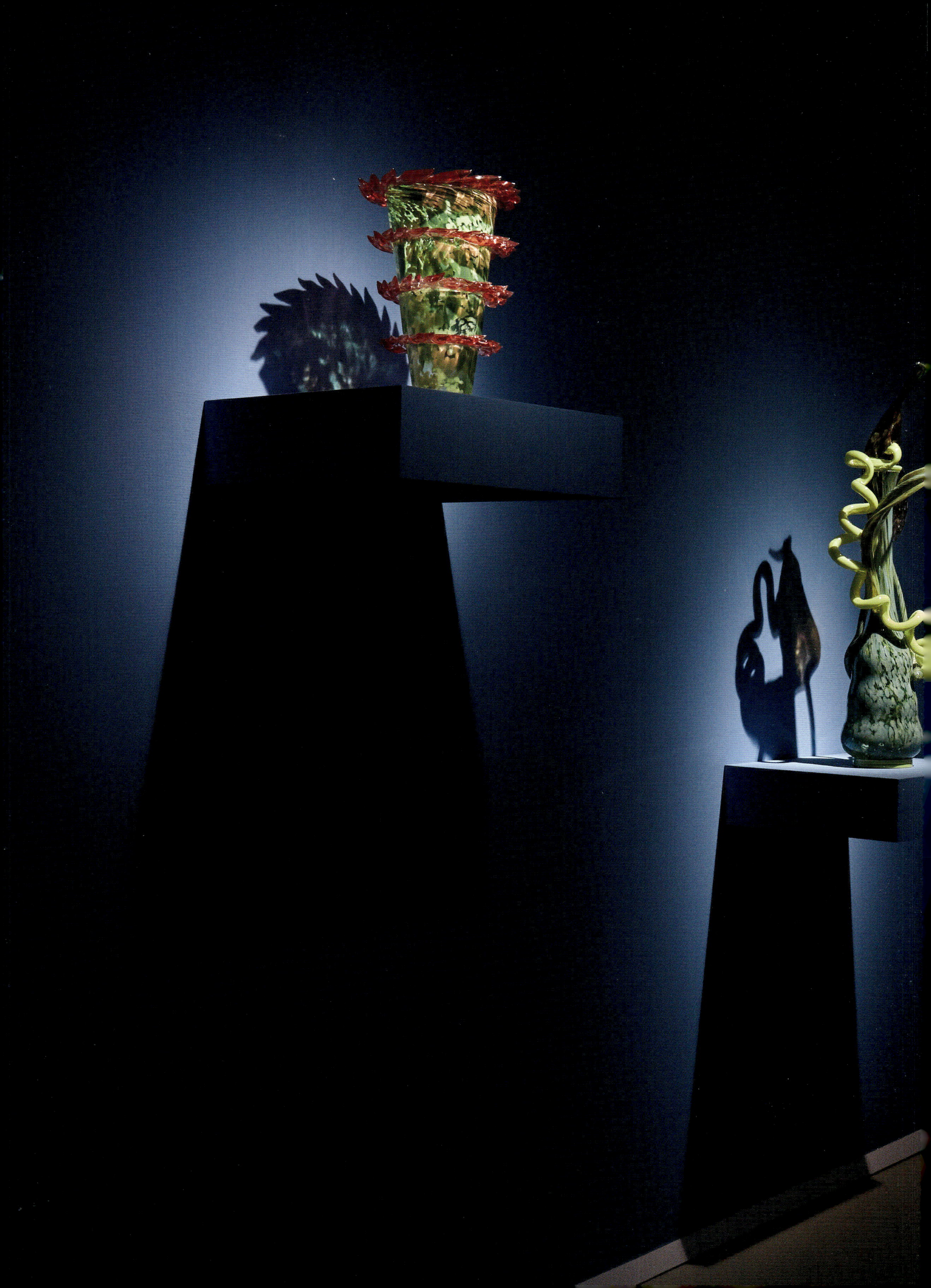

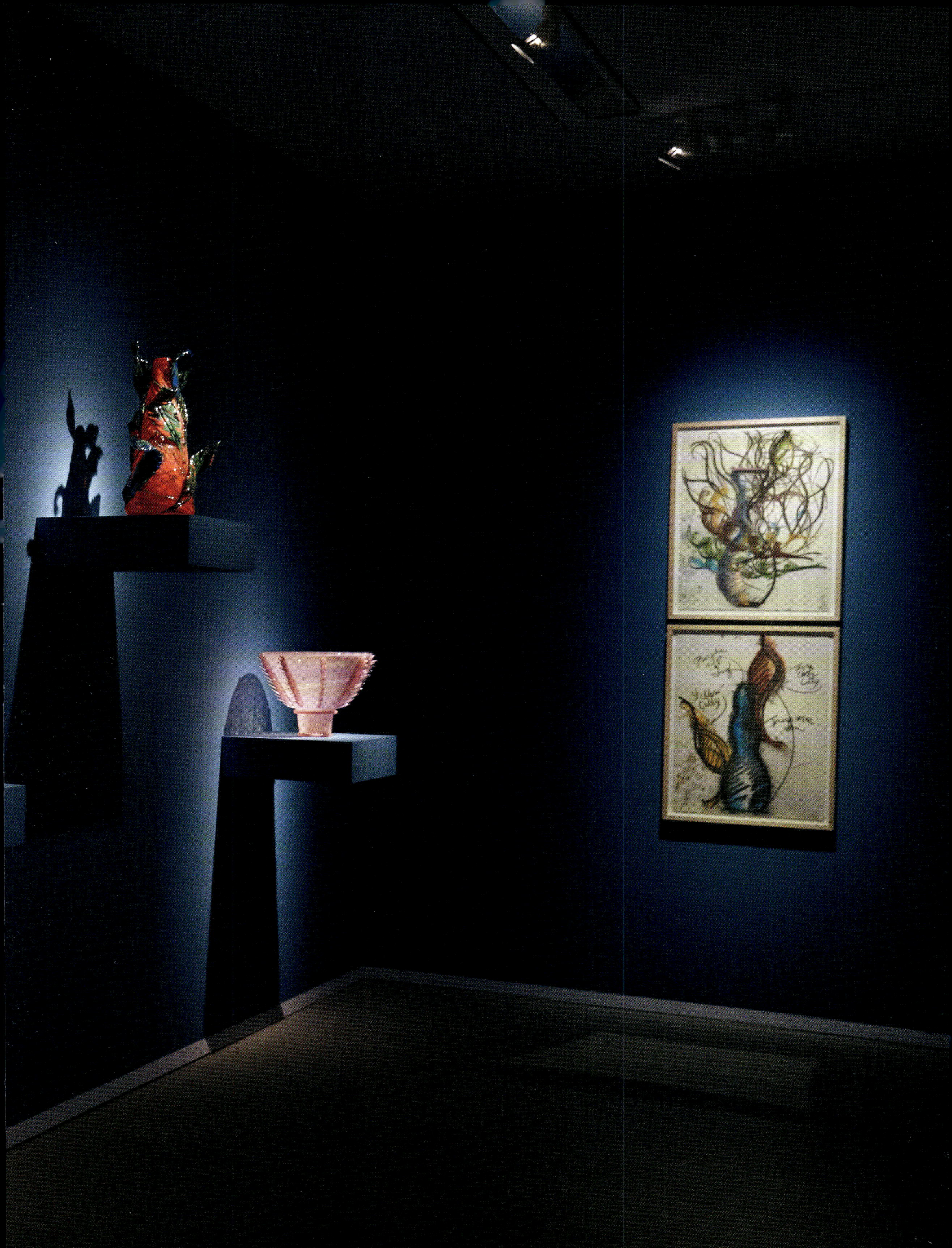

VENETIANS EN VENETIAN DRAWINGS, GRONINGER MUSEUM, INSTALLED 2018

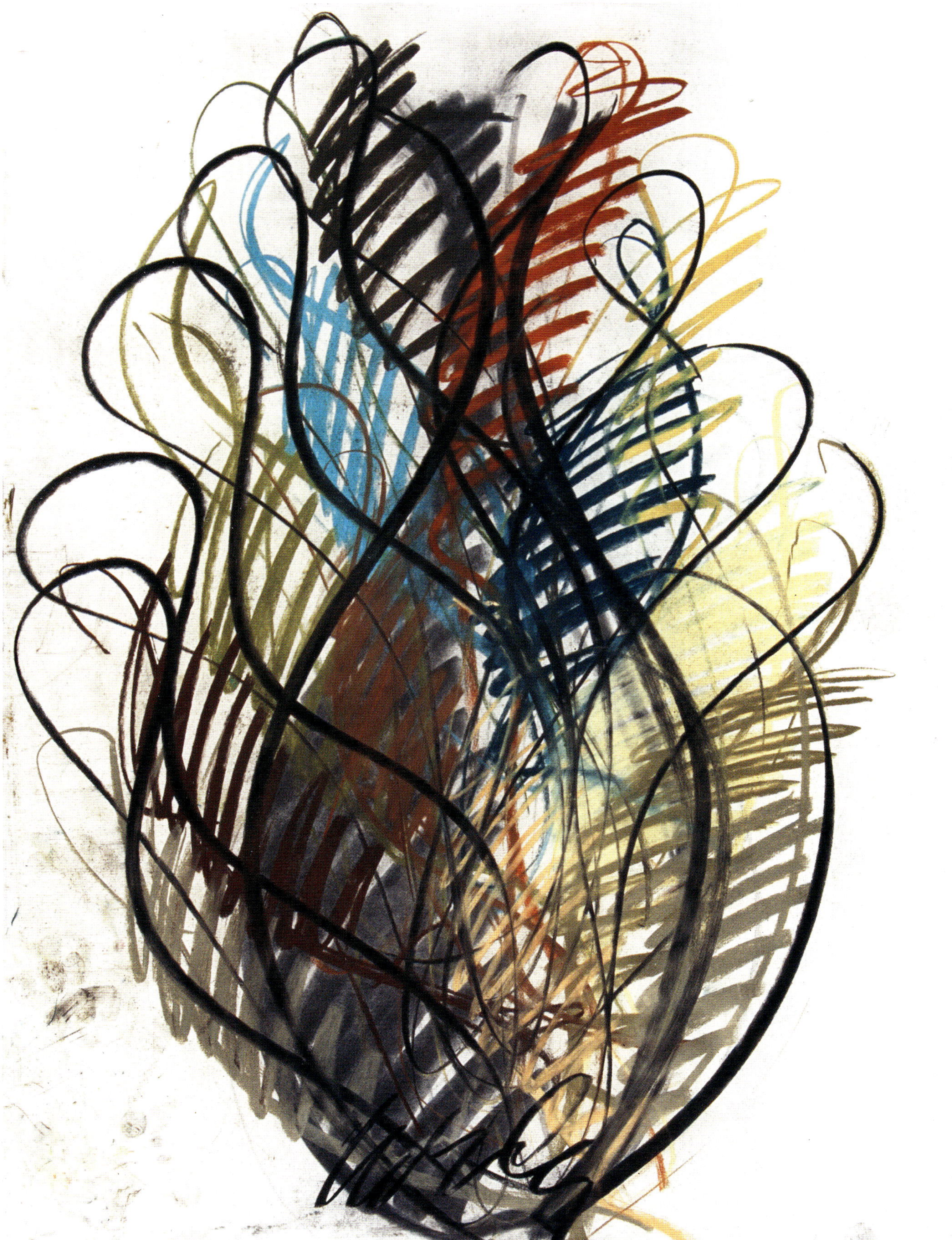

VENETIAN DRAWING, 1990

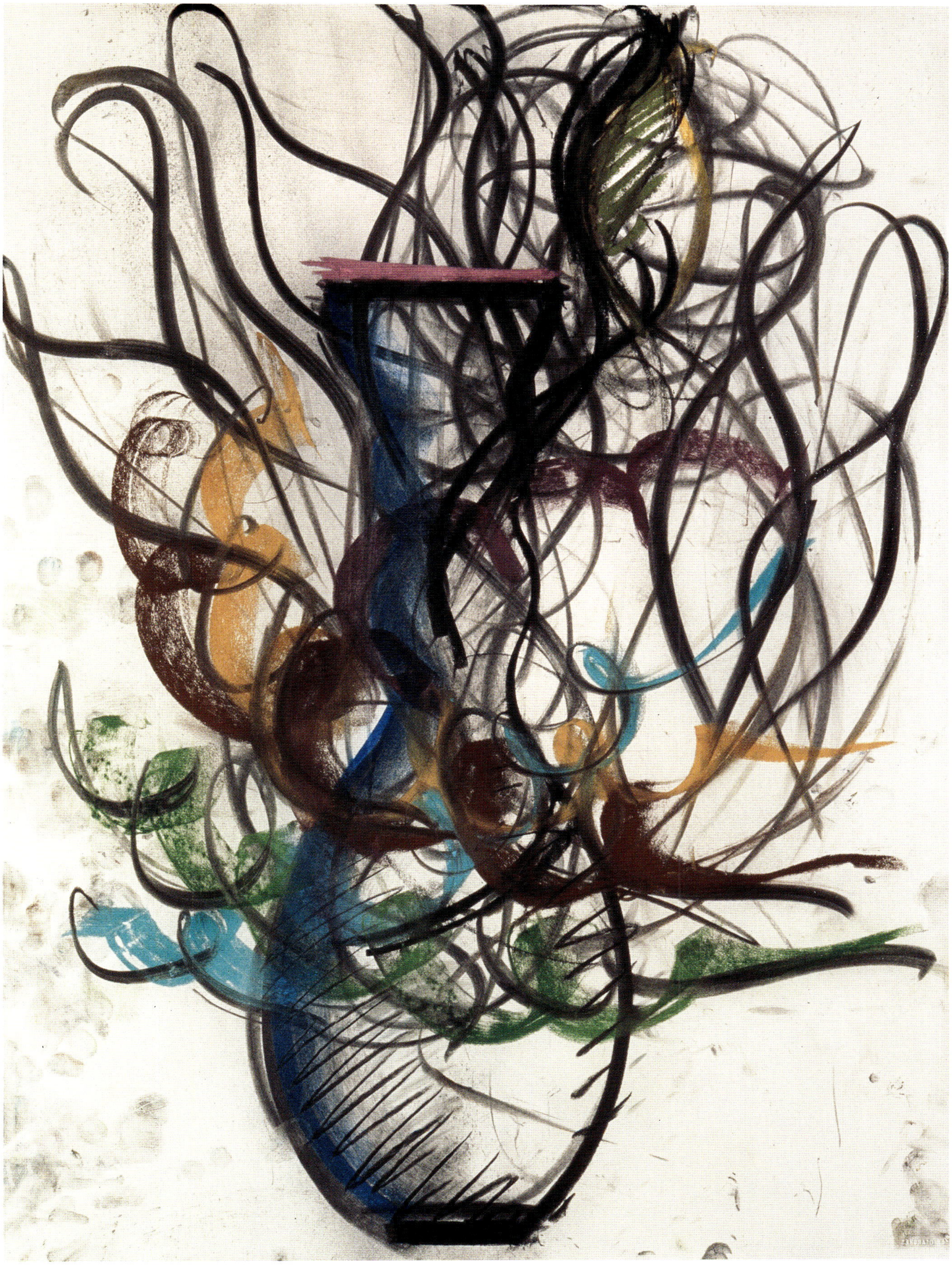

VENETIAN DRAWING, 1989

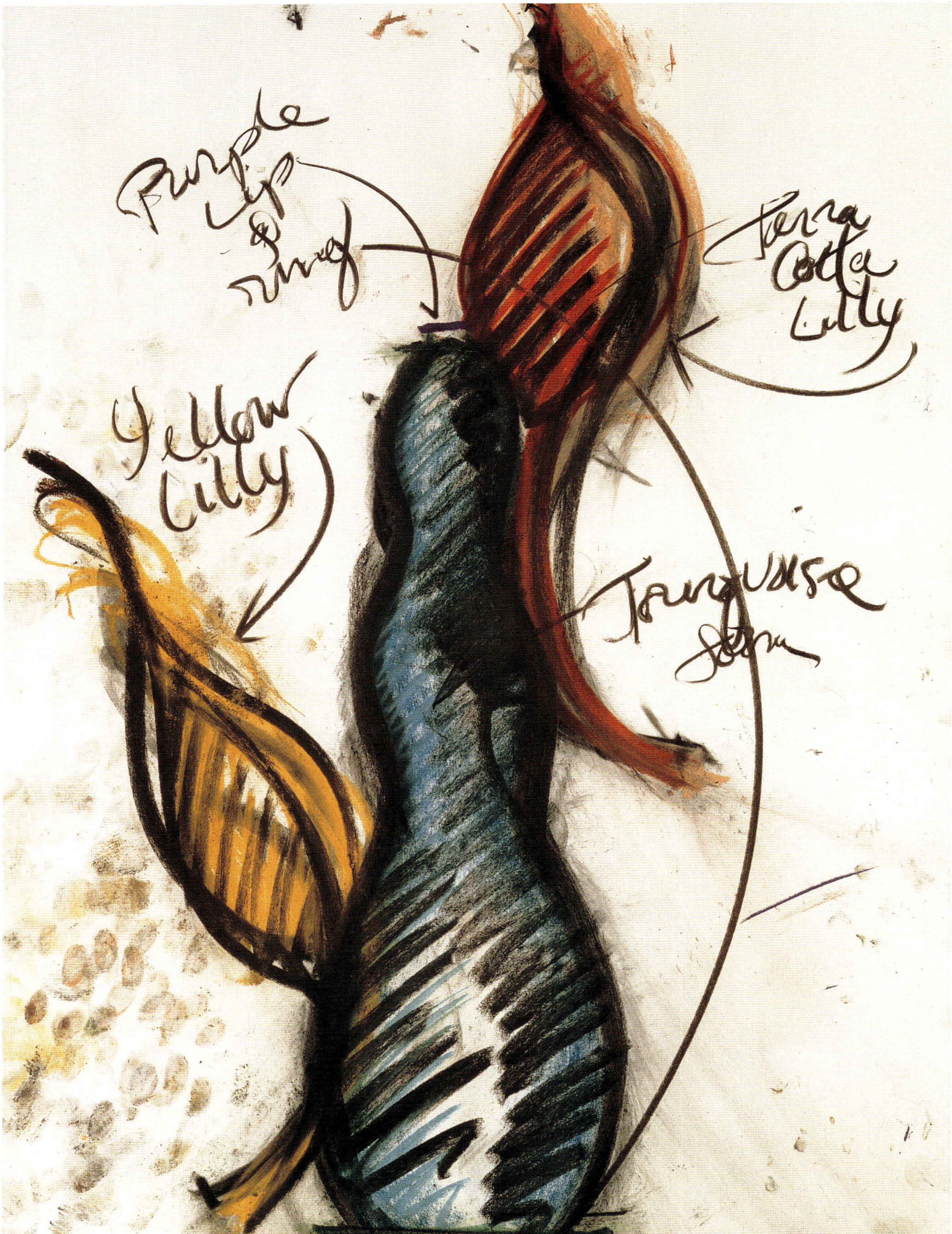

VENETIAN DRAWING, 1989

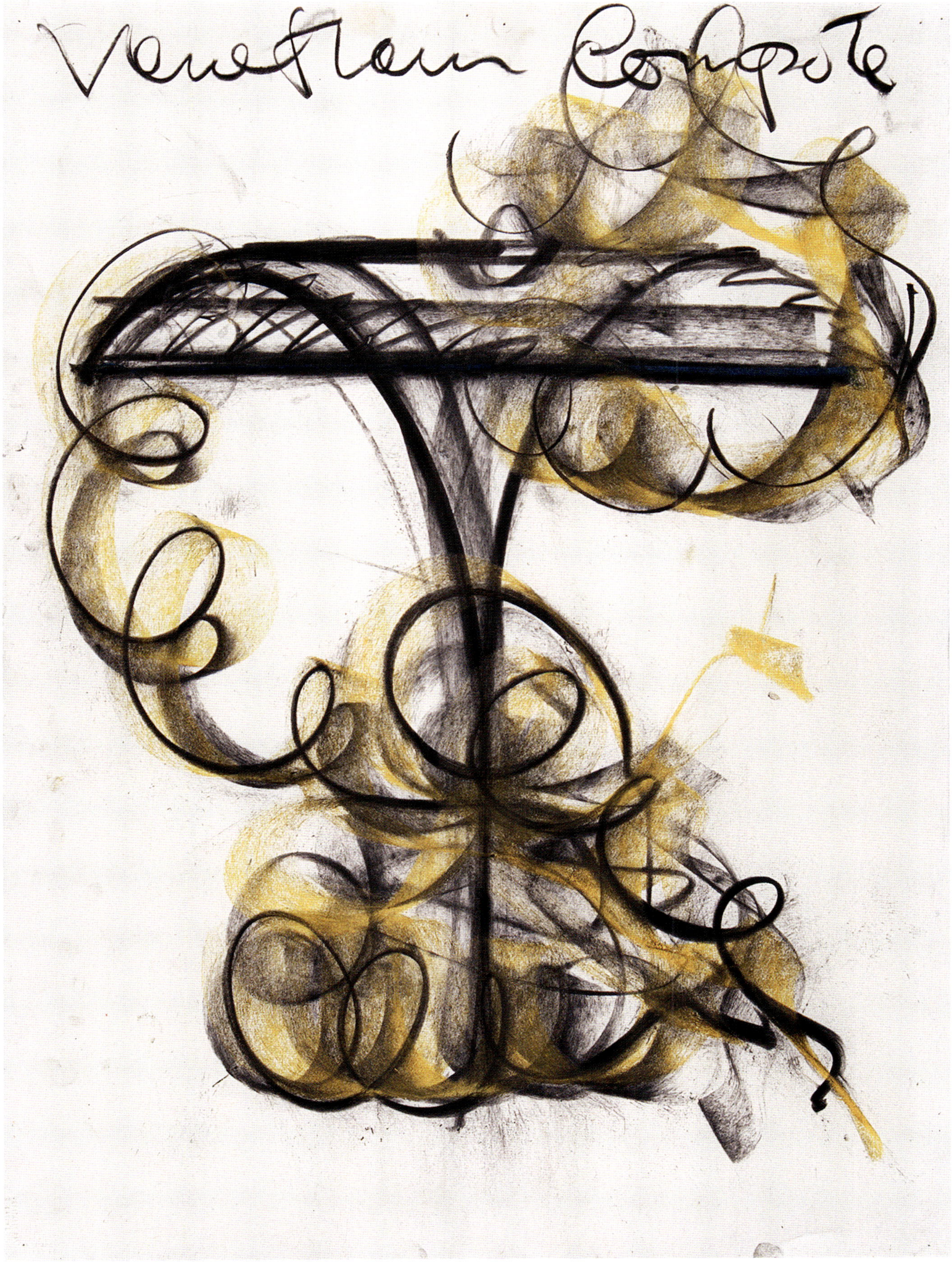

L.A. VENETIAN DRAWING #7, 1990

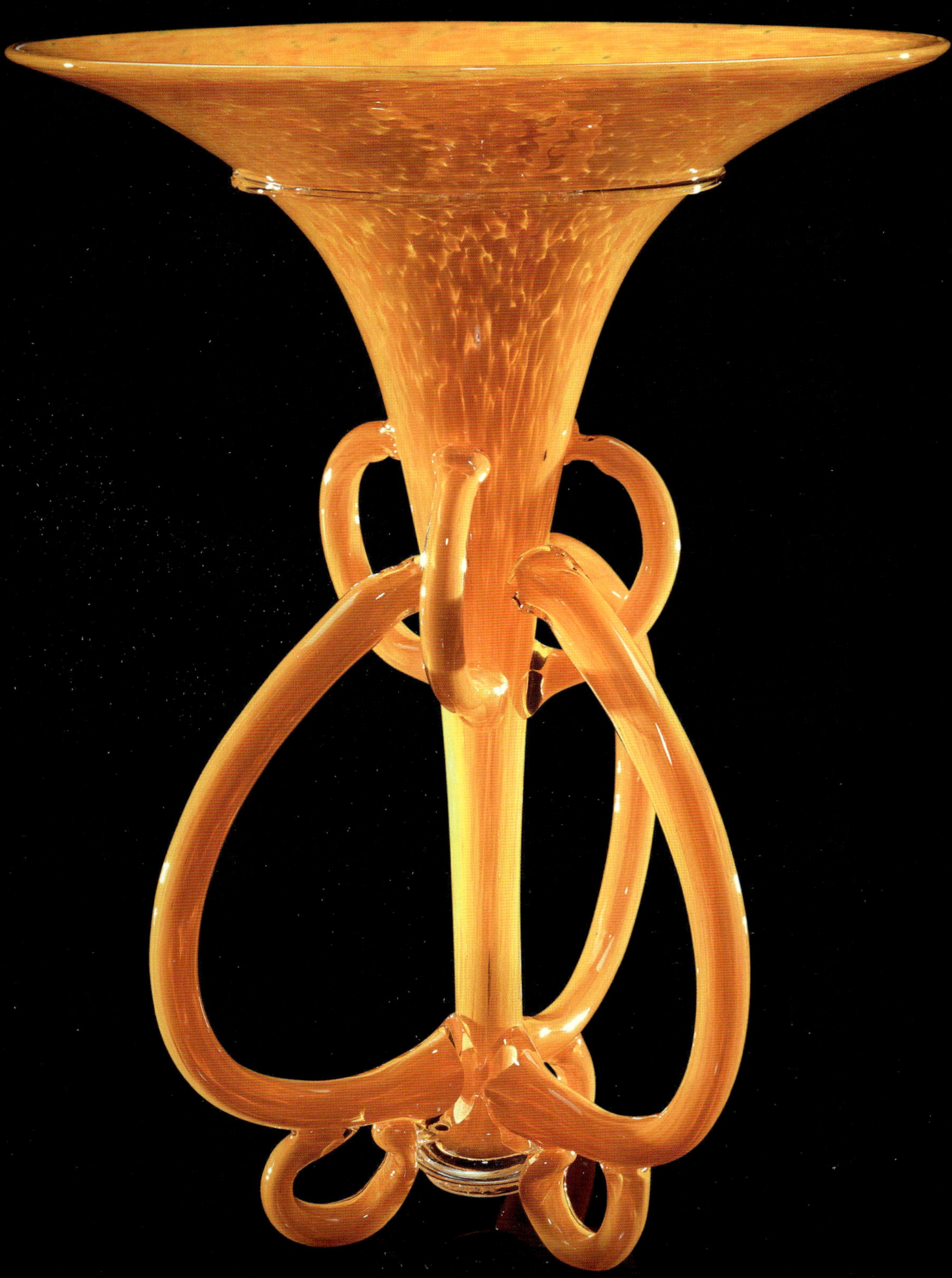

CHROME ORANGE VENETIAN, 1991

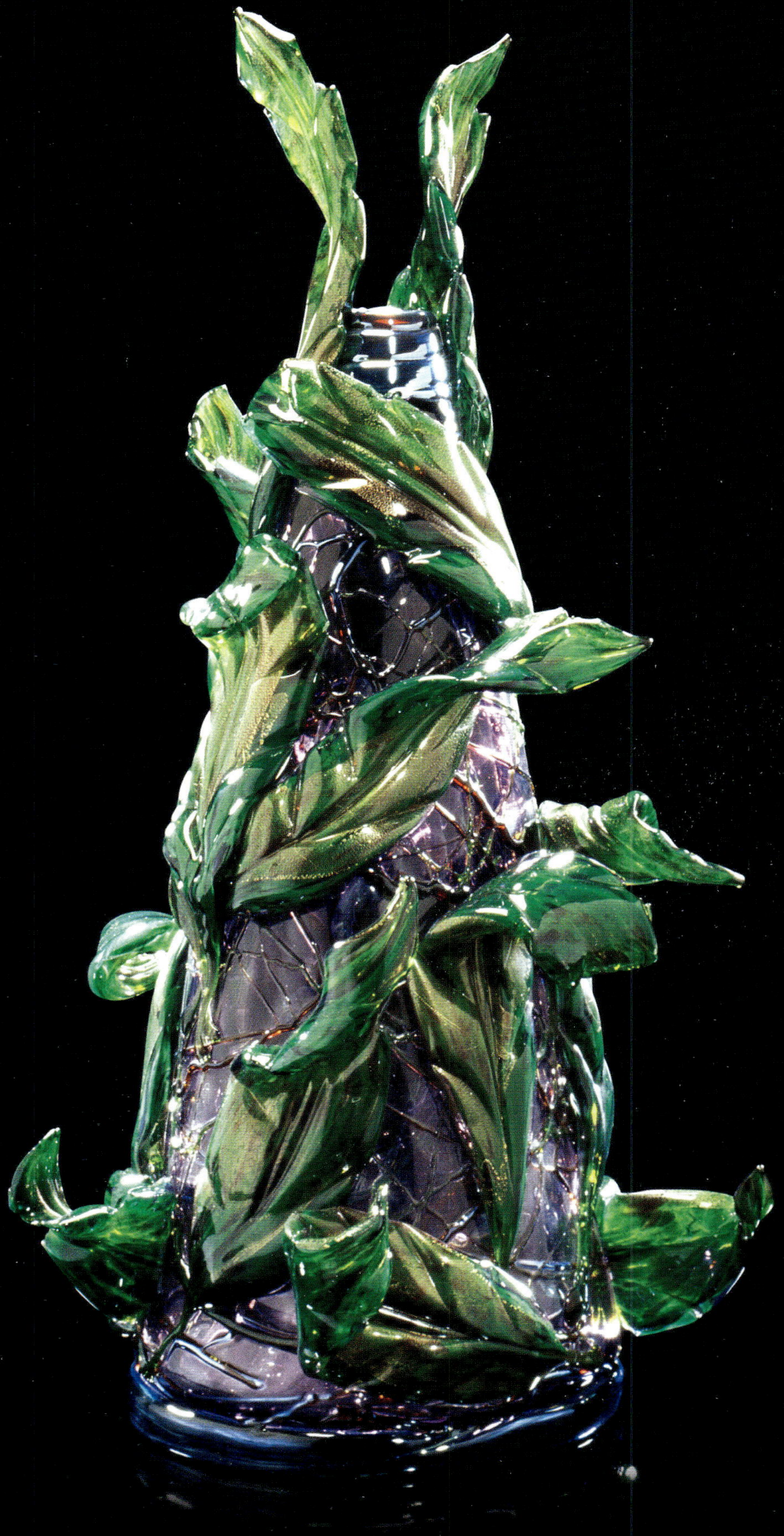

AMETHYST VENETIAN WITH GREEN LEAVES, 1989

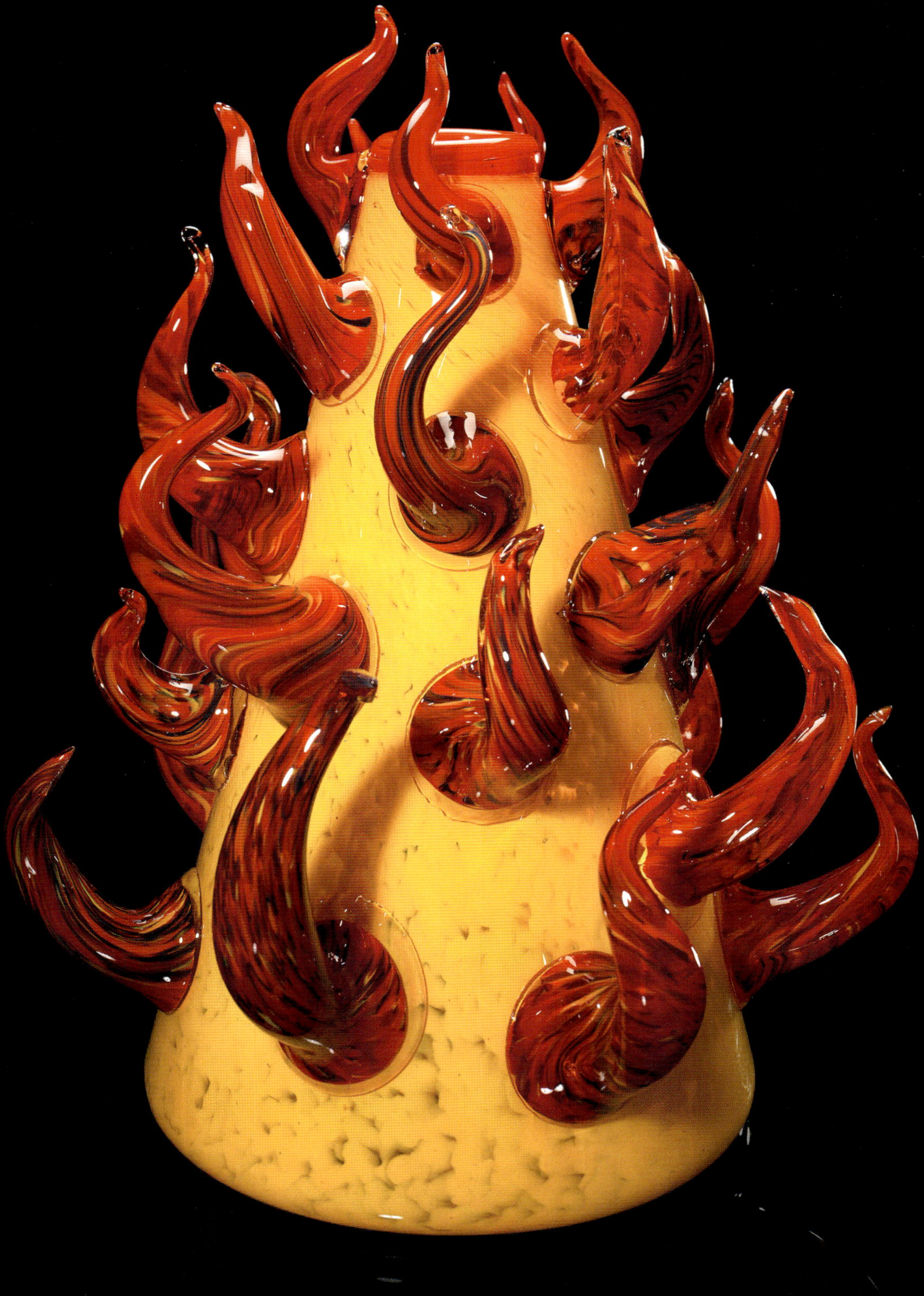

OLYMPIC TORCH YELLOW VENETIAN WITH FLAME RED PRUNTS, 1996

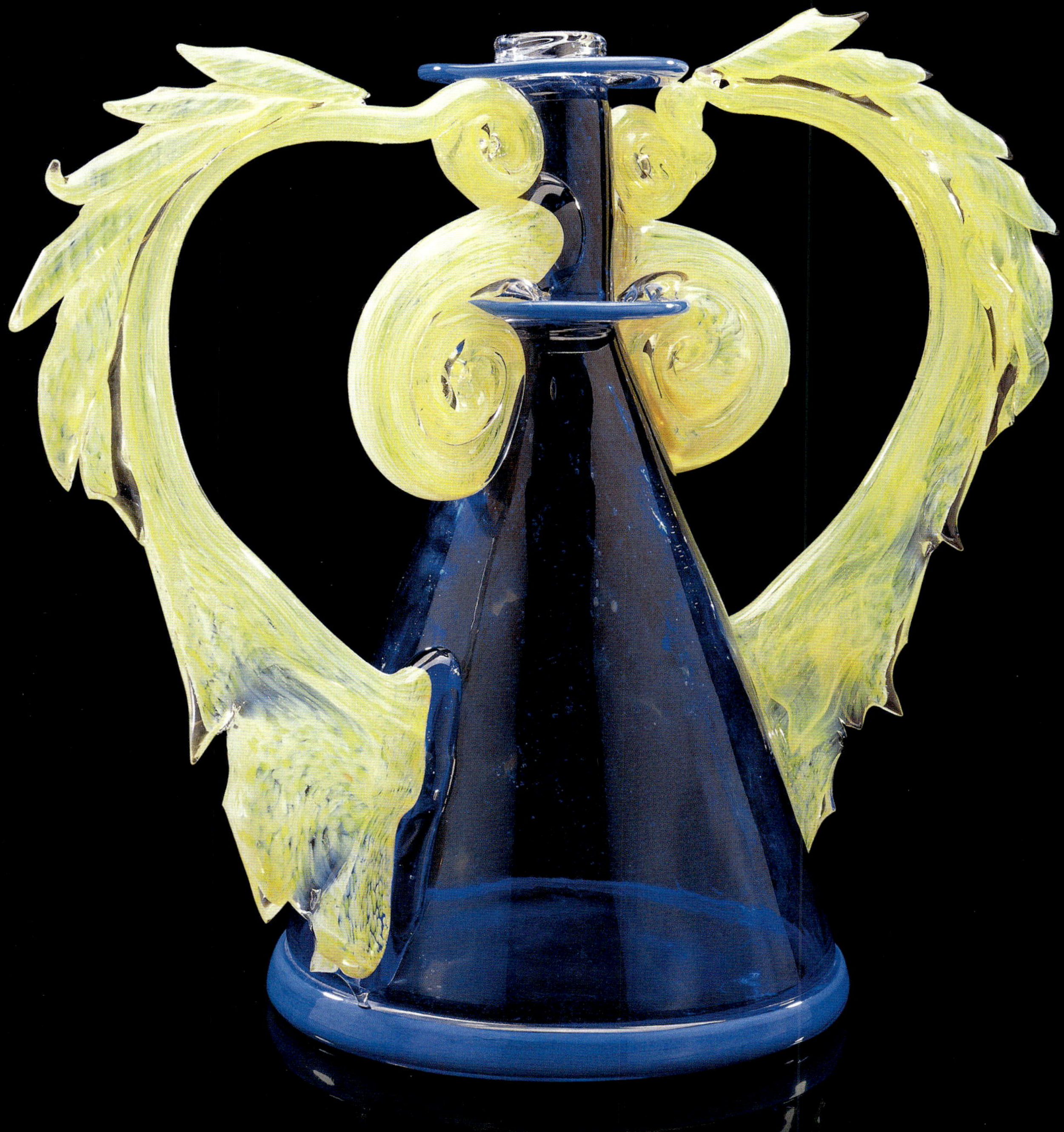

COBALT BLUE AND NAPLES YELLOW VENETIAN, 1988

66

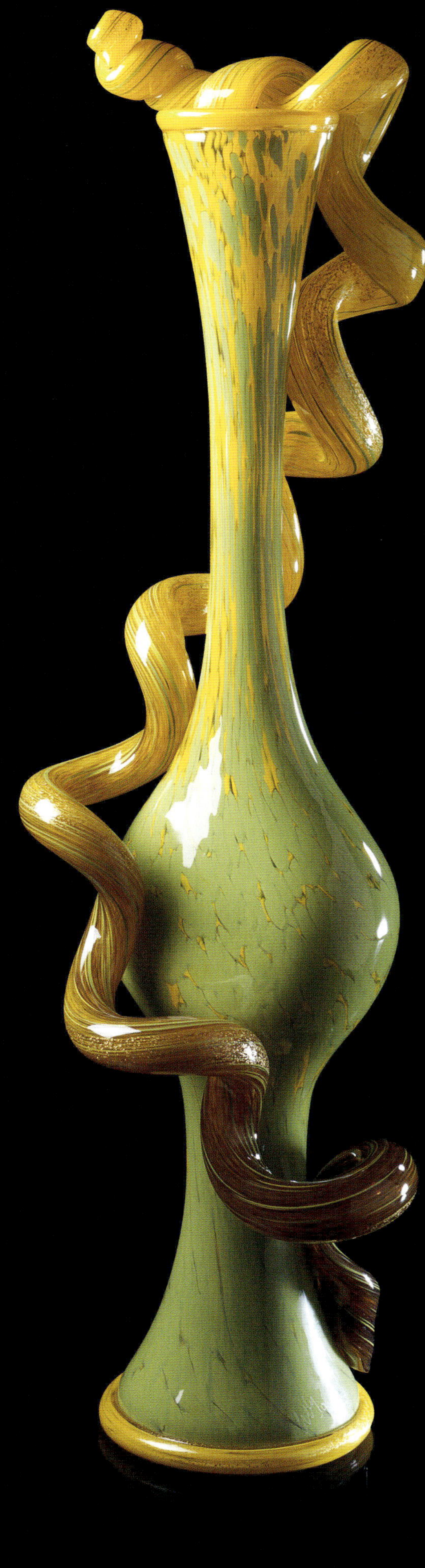

PALE GREEN VENETIAN WITH YELLOW COIL, 1990

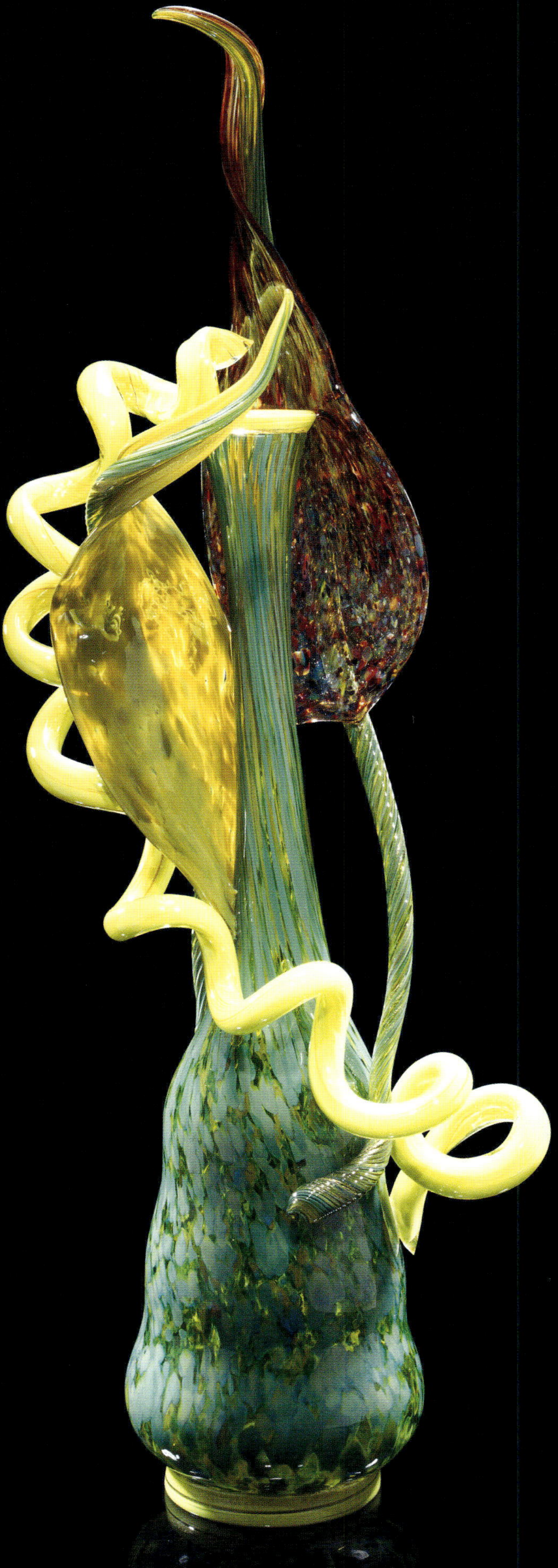

TERRE VERTE VENETIAN, 1990

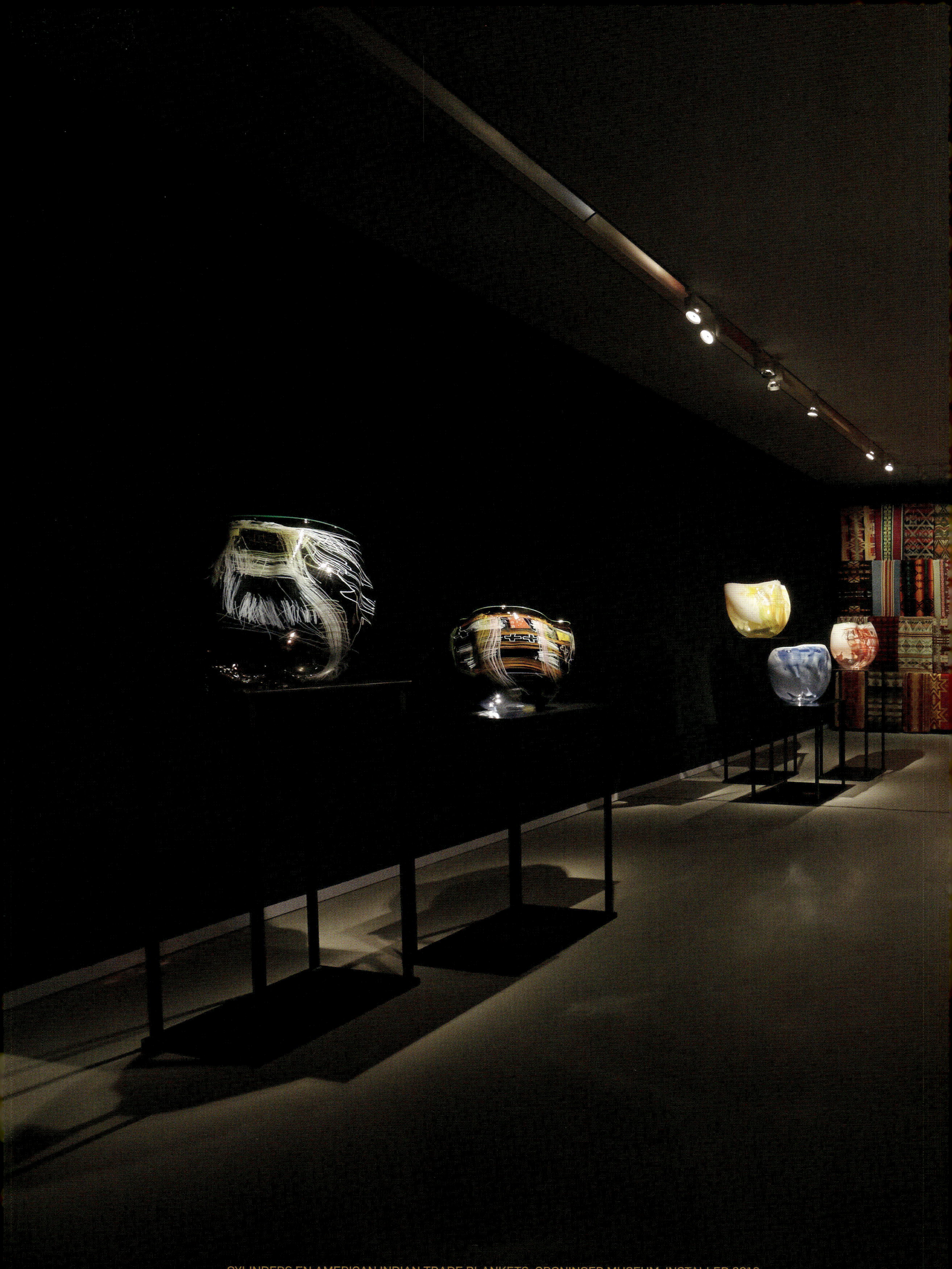

CYLINDERS EN AMERICAN INDIAN TRADE BLANKETS, GRONINGER MUSEUM, INSTALLED 2018

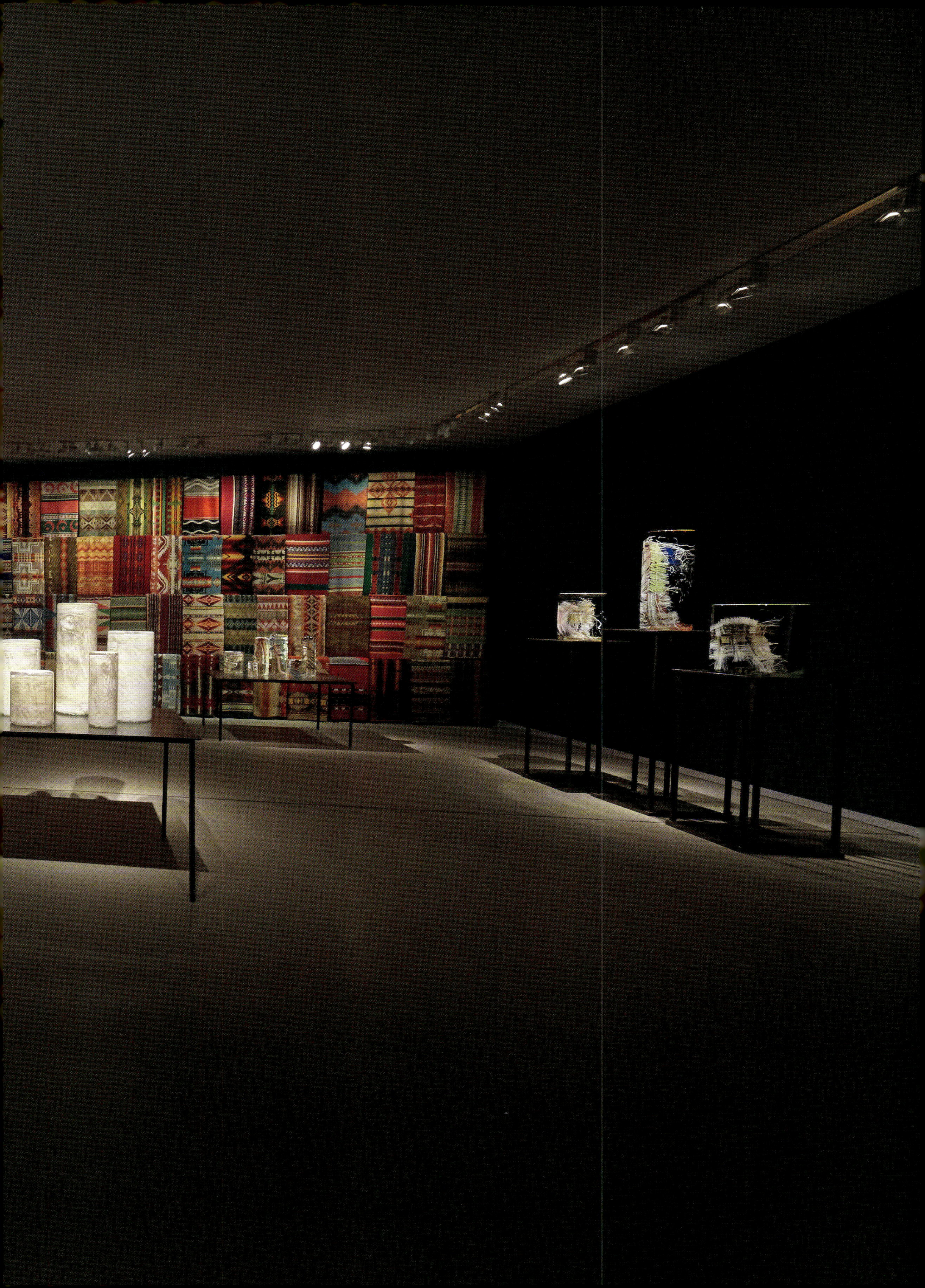

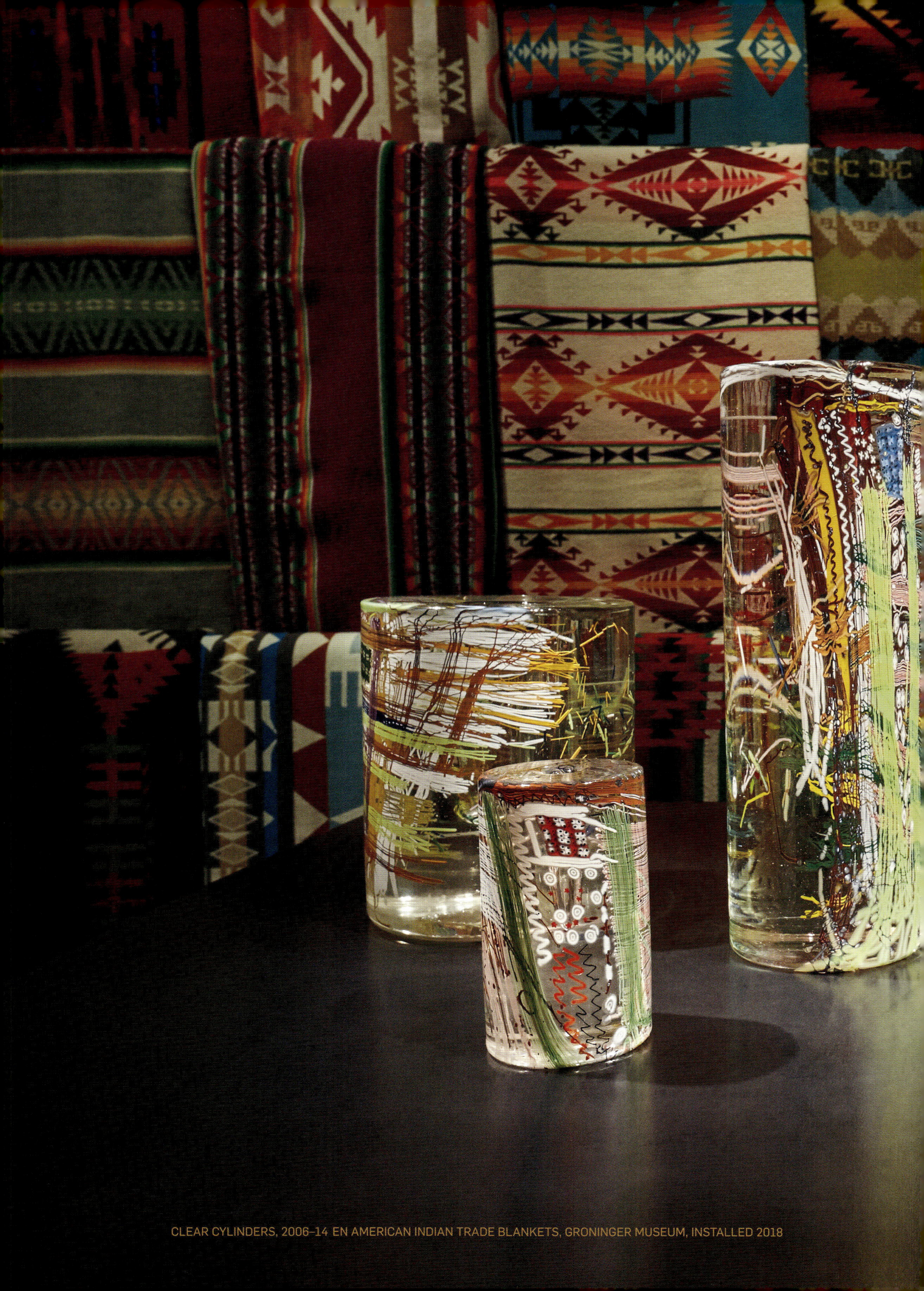

CLEAR CYLINDERS, 2006–14 EN AMERICAN INDIAN TRADE BLANKETS, GRONINGER MUSEUM, INSTALLED 2018

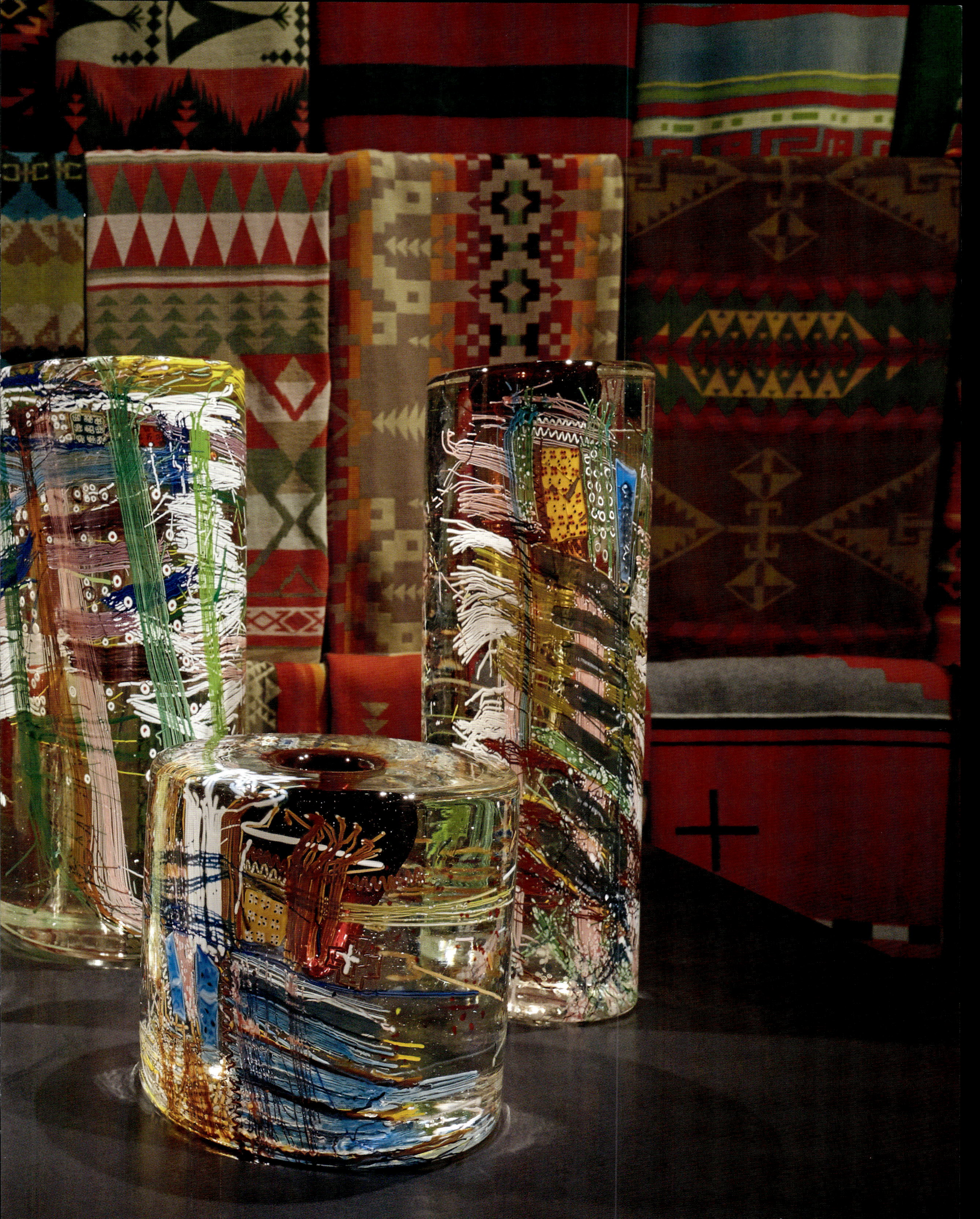

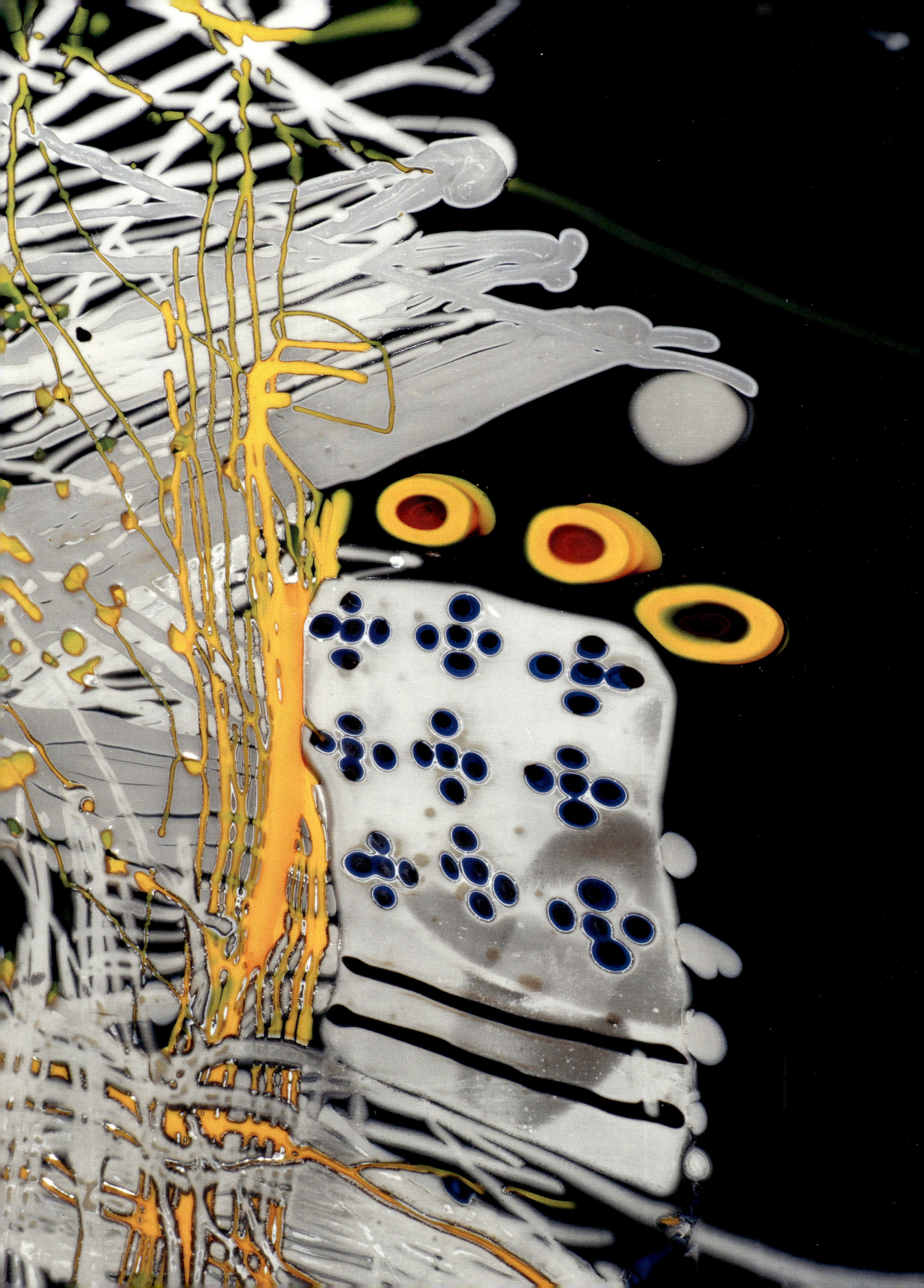

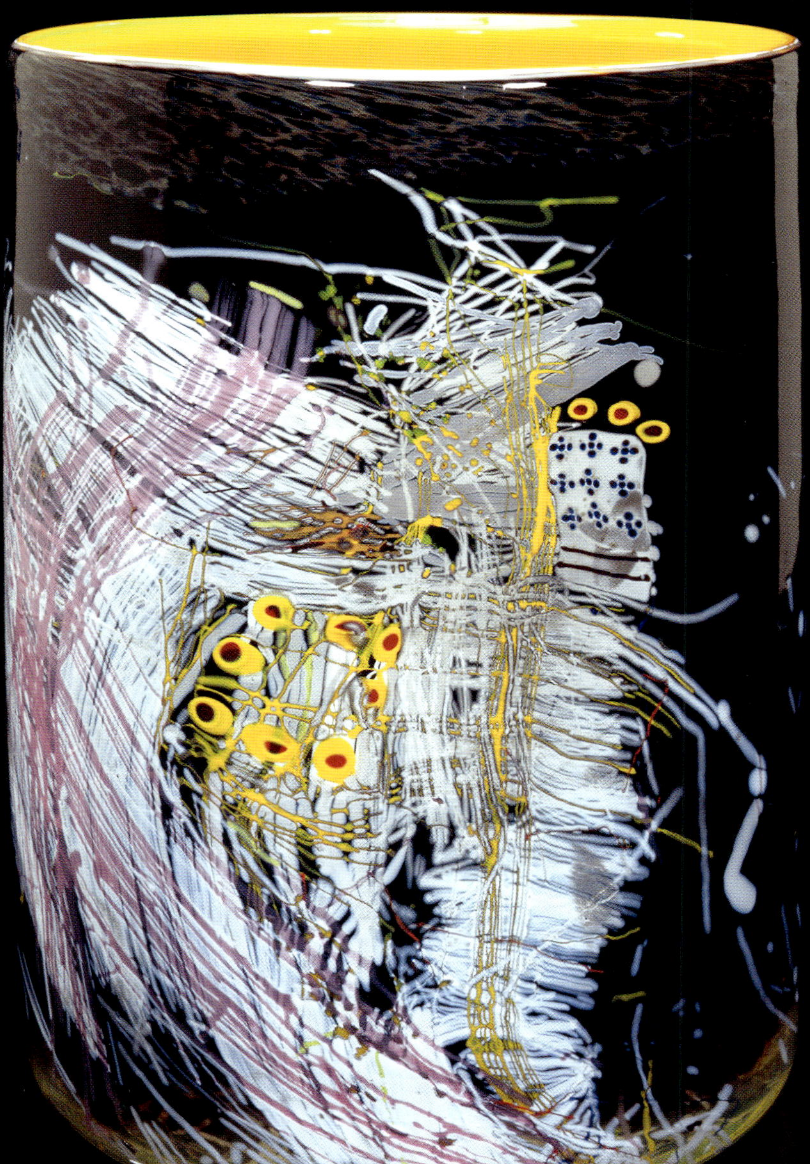

BLACK CYLINDER #2, 2006

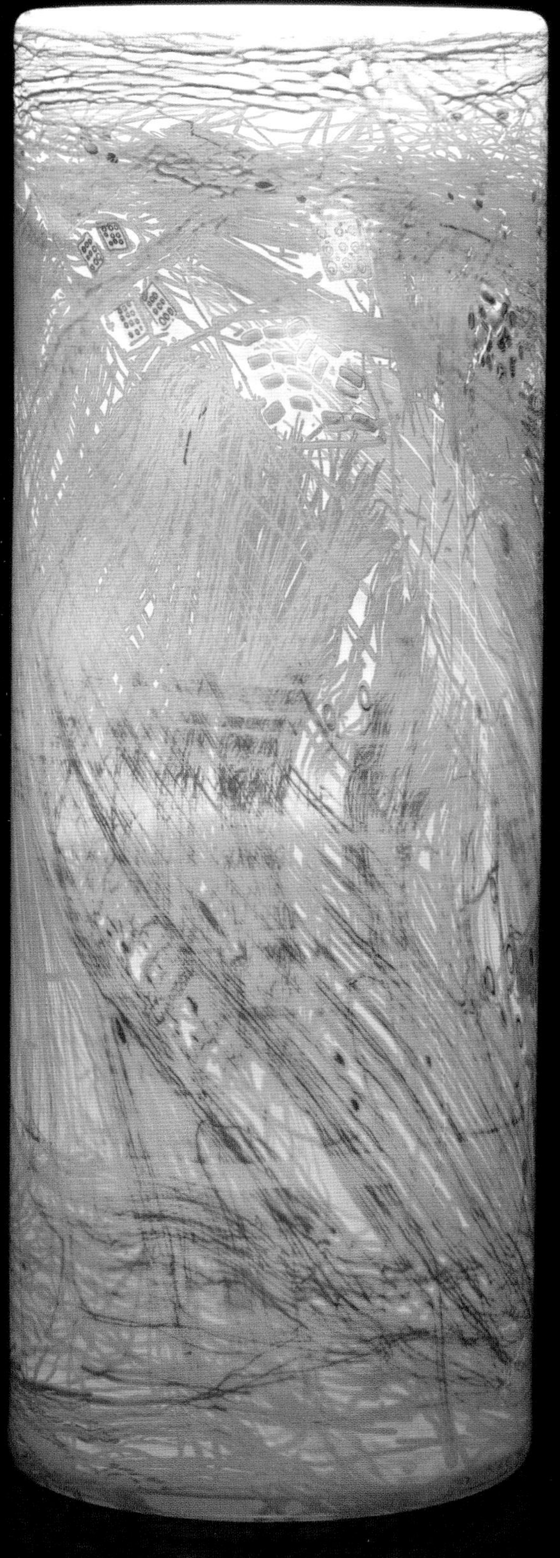

WHITE CYLINDER, 2010

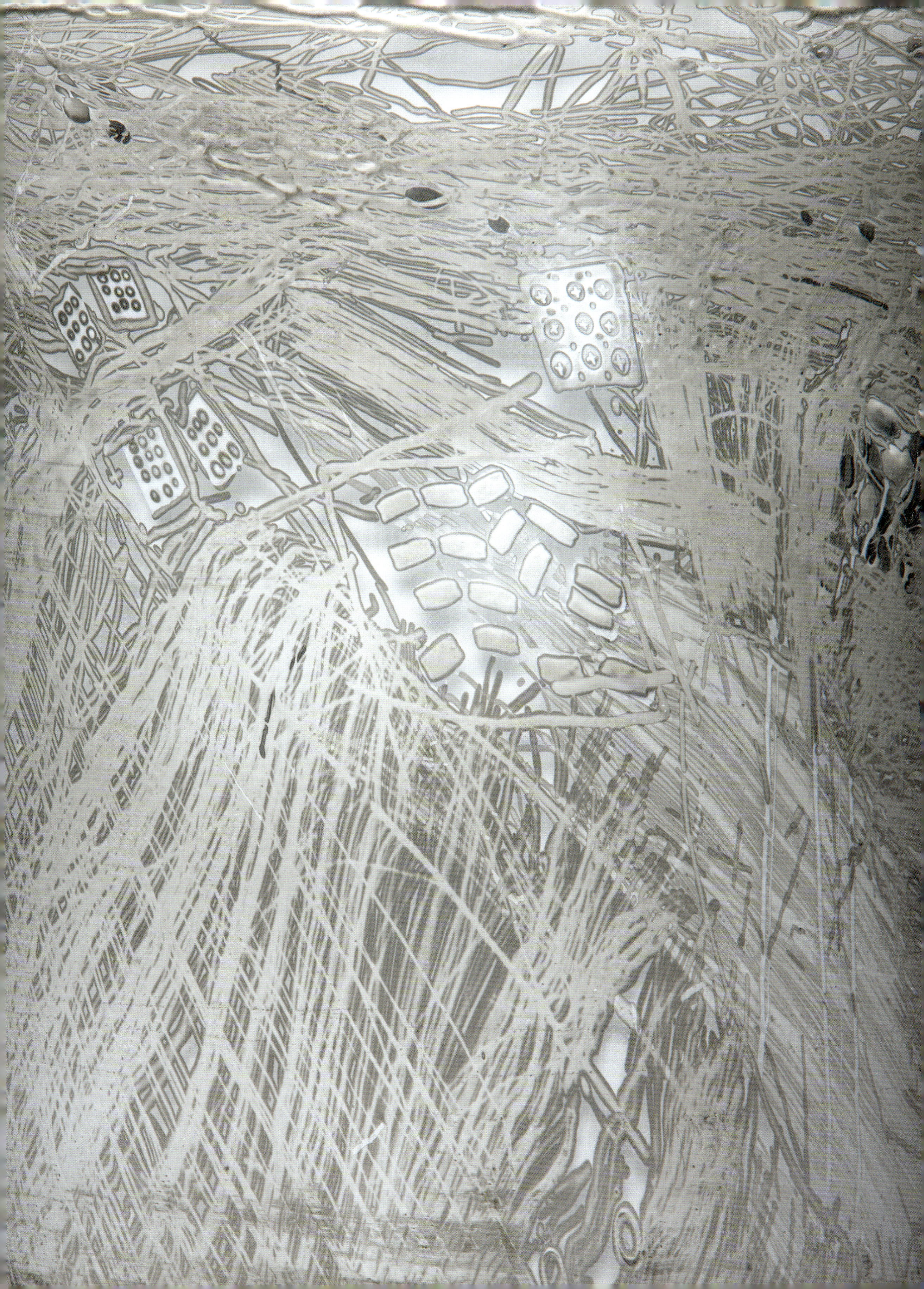

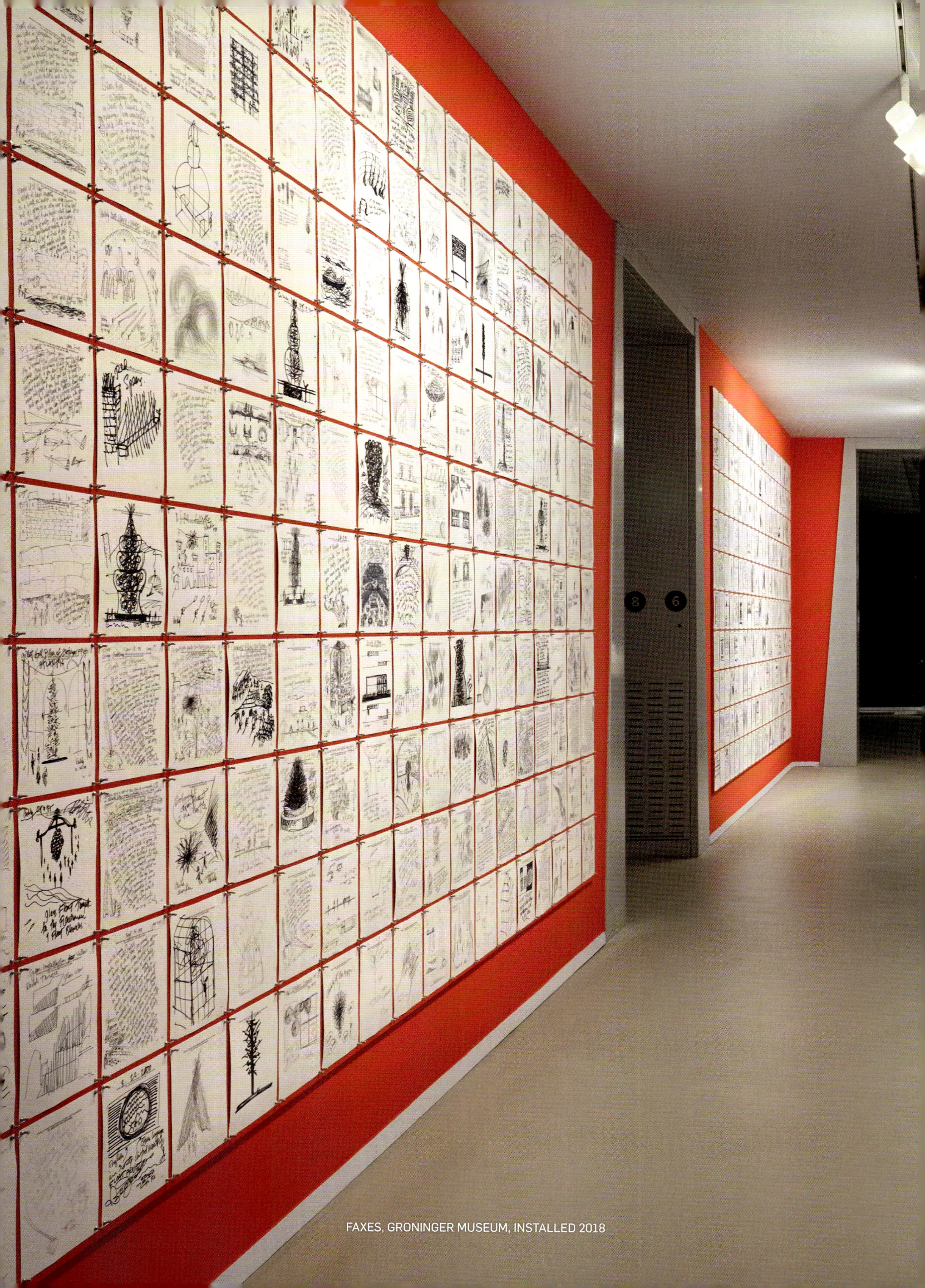

FAXES, GRONINGER MUSEUM, INSTALLED 2018

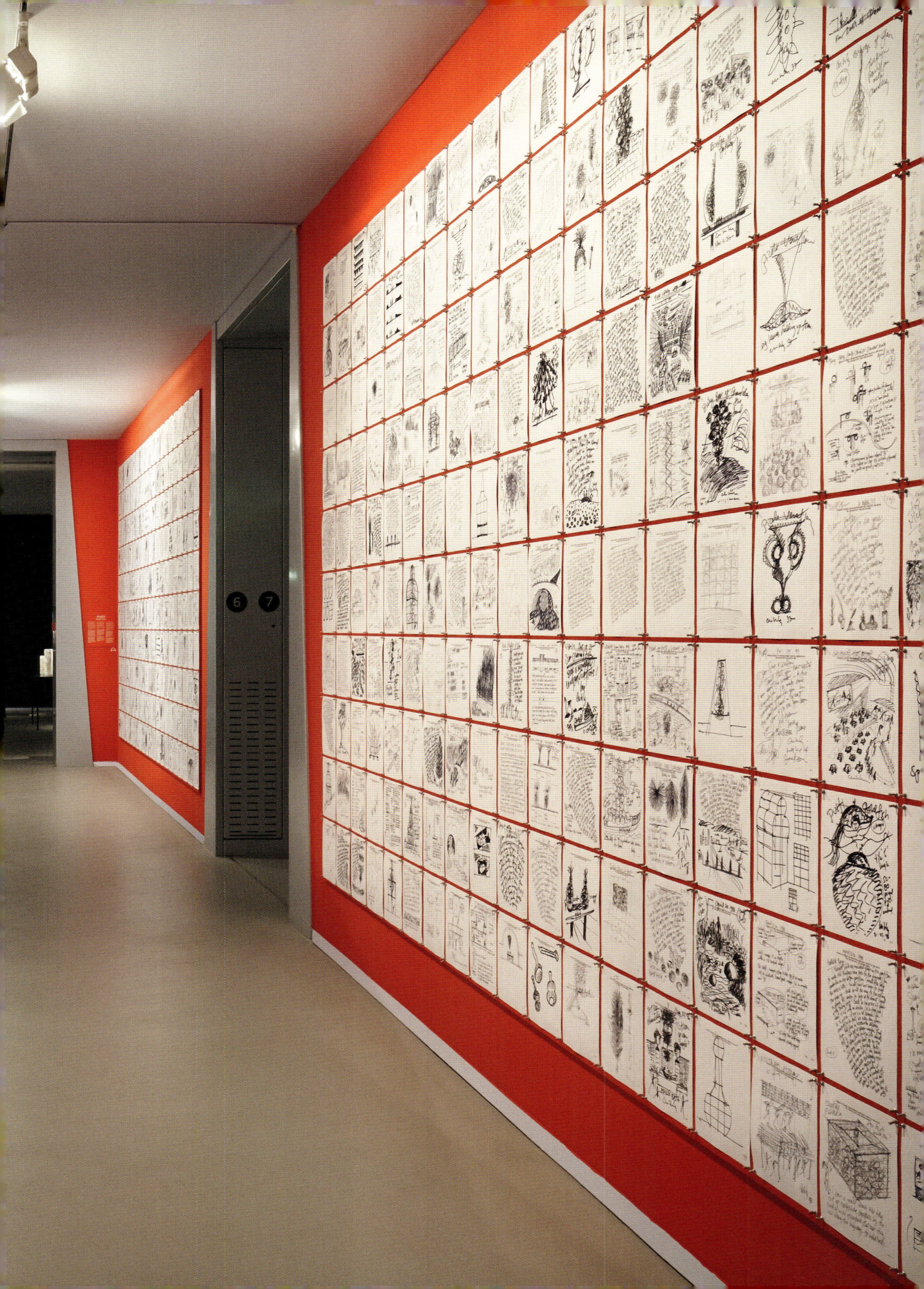
6
7

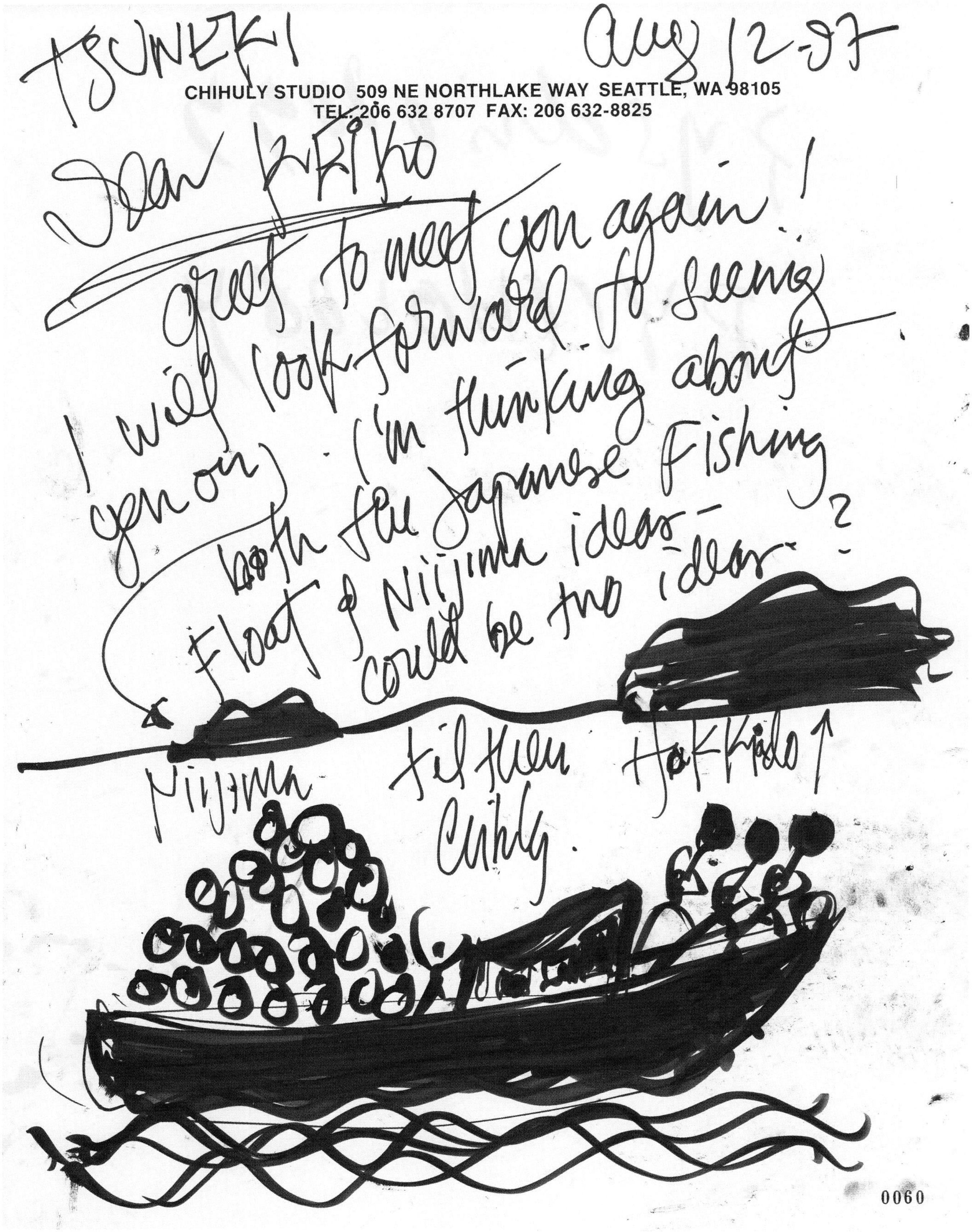
TSUNEKI Aug 12-97

CHIHULY STUDIO 509 NE NORTHLAKE WAY SEATTLE, WA 98105
TEL: 206 632 8707 FAX: 206 632-8825

Dear Keiko

Great to meet you again!

I will look forward to seeing you on. I'm thinking about both the Japanese Fishing Float & Niijima ideas— could be two ideas?

Niijima

til then
Chihuly

Hokkaido ↑

0060

FAX OF NIIJIMA FLOAT PROJECT, 1997

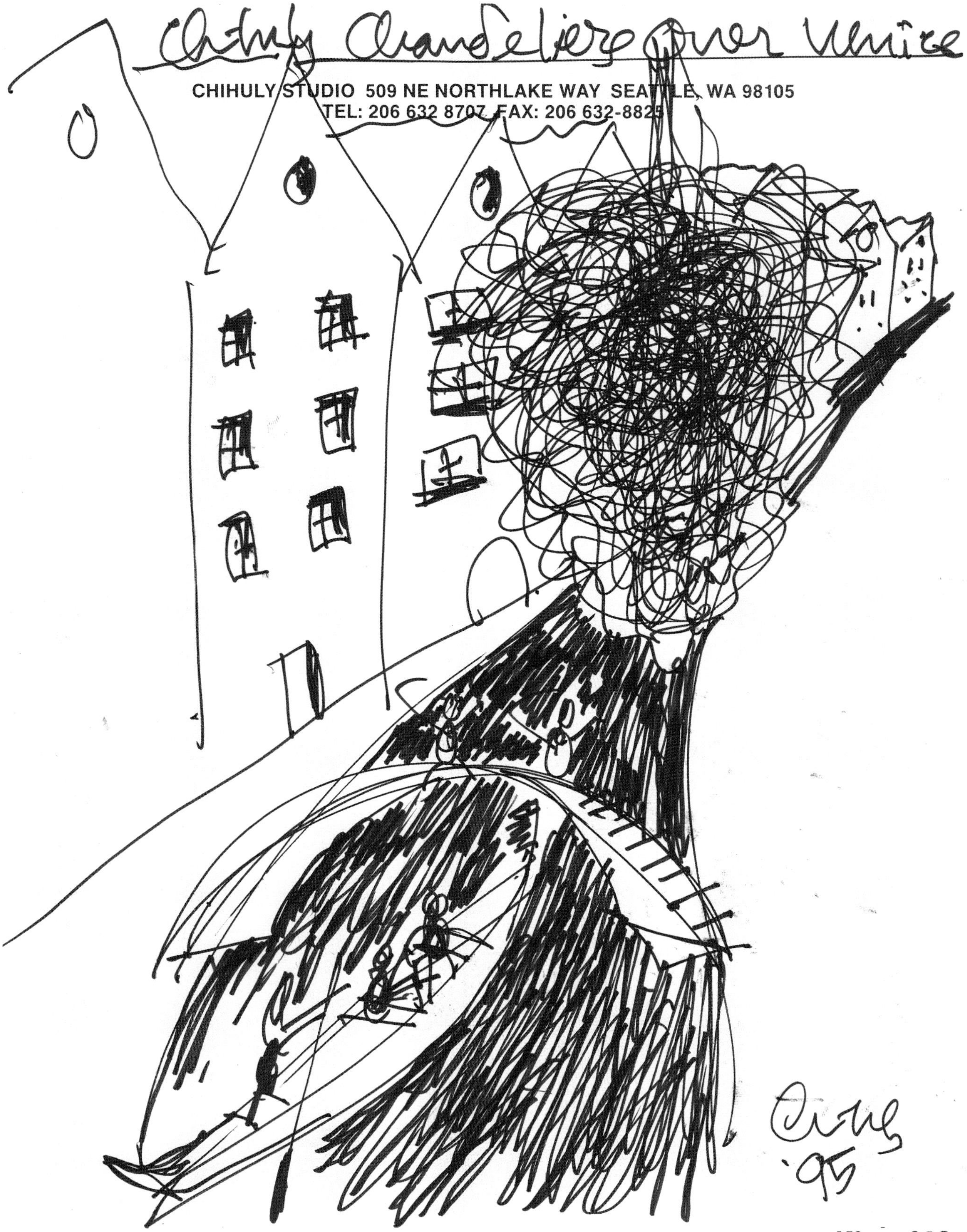

FAX OF CHANDELIER IN CANALS OF VENICE, 1995

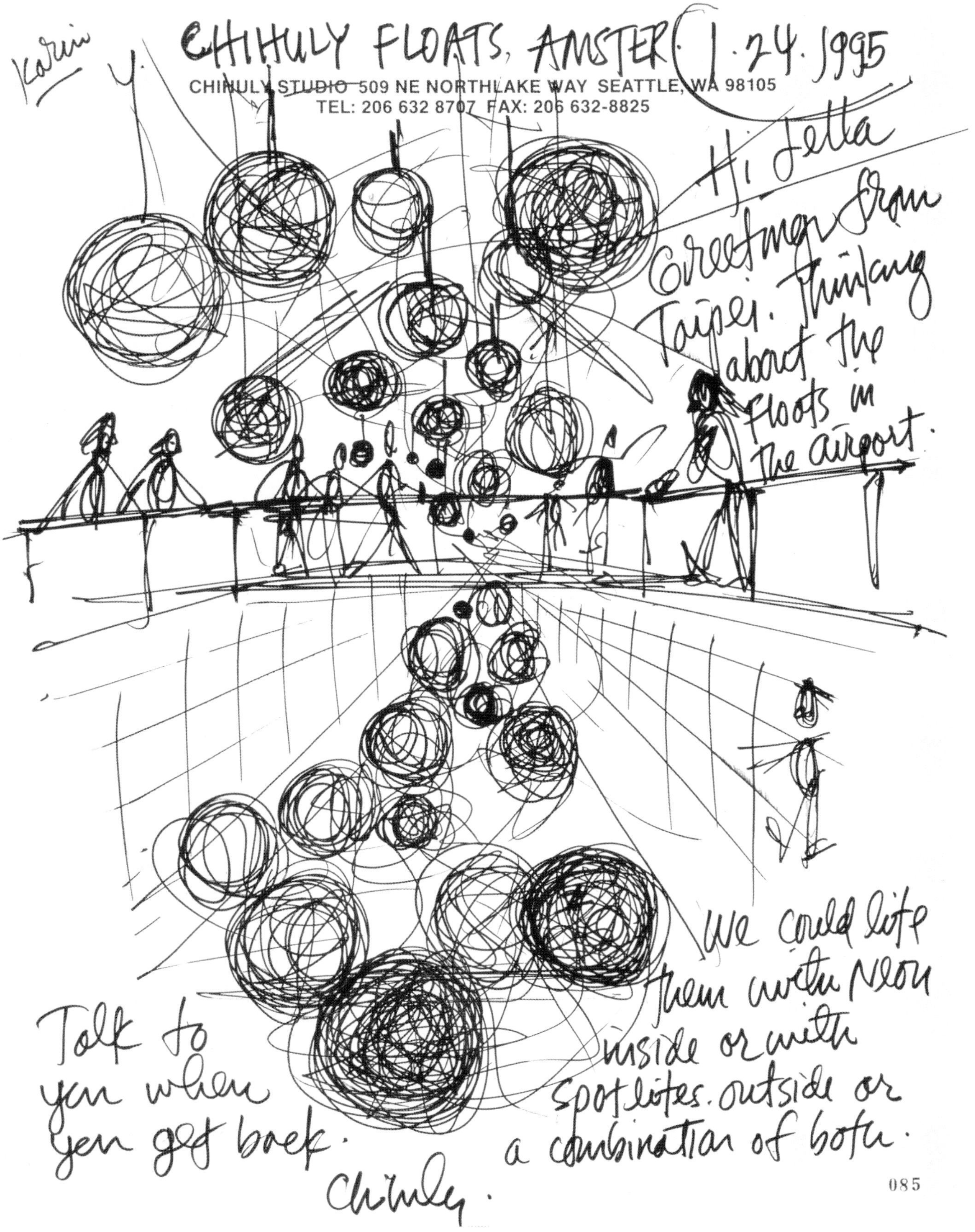

FAX OF NIIJIMA FLOAT INSTALLATION FOR AMSTERDAM AIRPORT, 1995

Dale Chihuly

1111 NW 50th Street
Seattle, WA 98107
Tel 206 781 8707
Fax 206 781 1906
dale@chihuly.com
www.chihuly.com

ROTOLO = COIL
in Italian

6-22-13

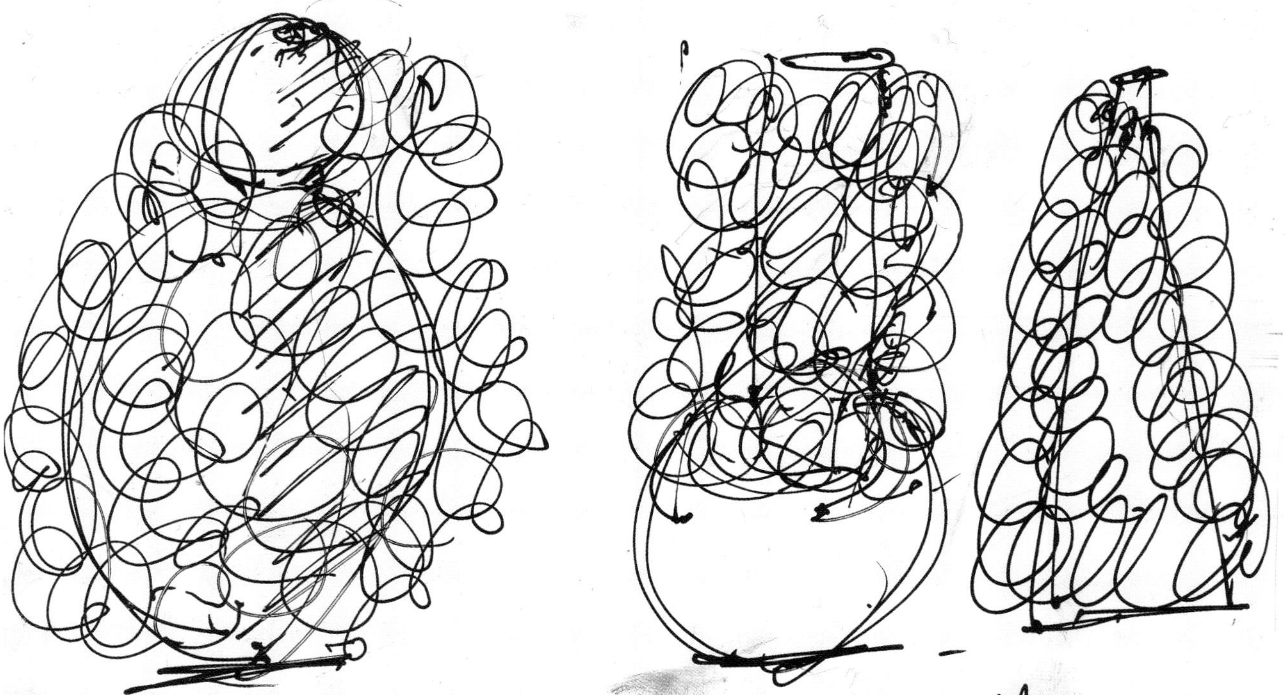

Jimmie
ROTOLO PIECES with a
hole on the top - Maybe make
some of them with the
ROTOLO going all over?
Til then
Chihuly

No. 058

FAX OF ROTOLO, 2013

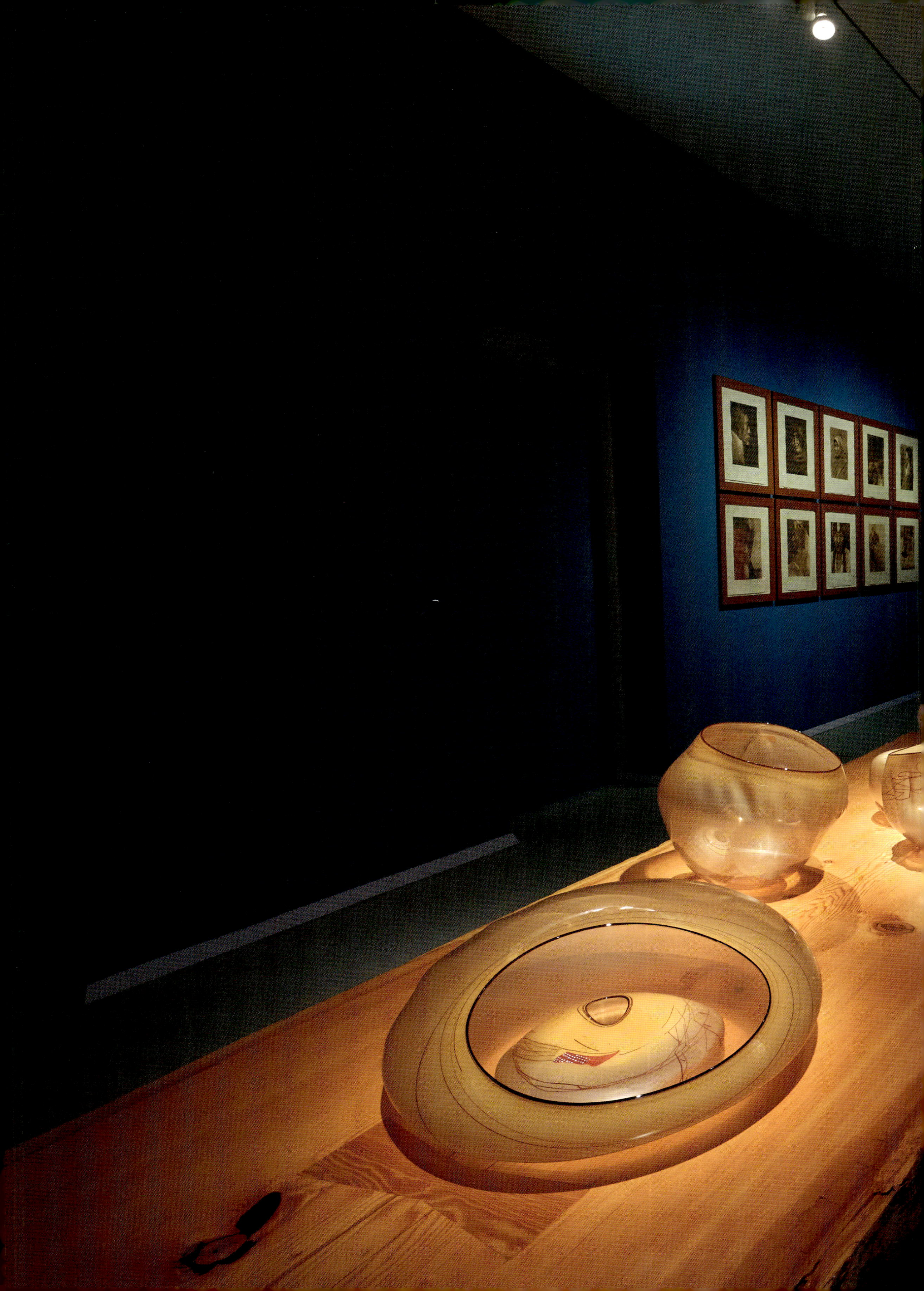

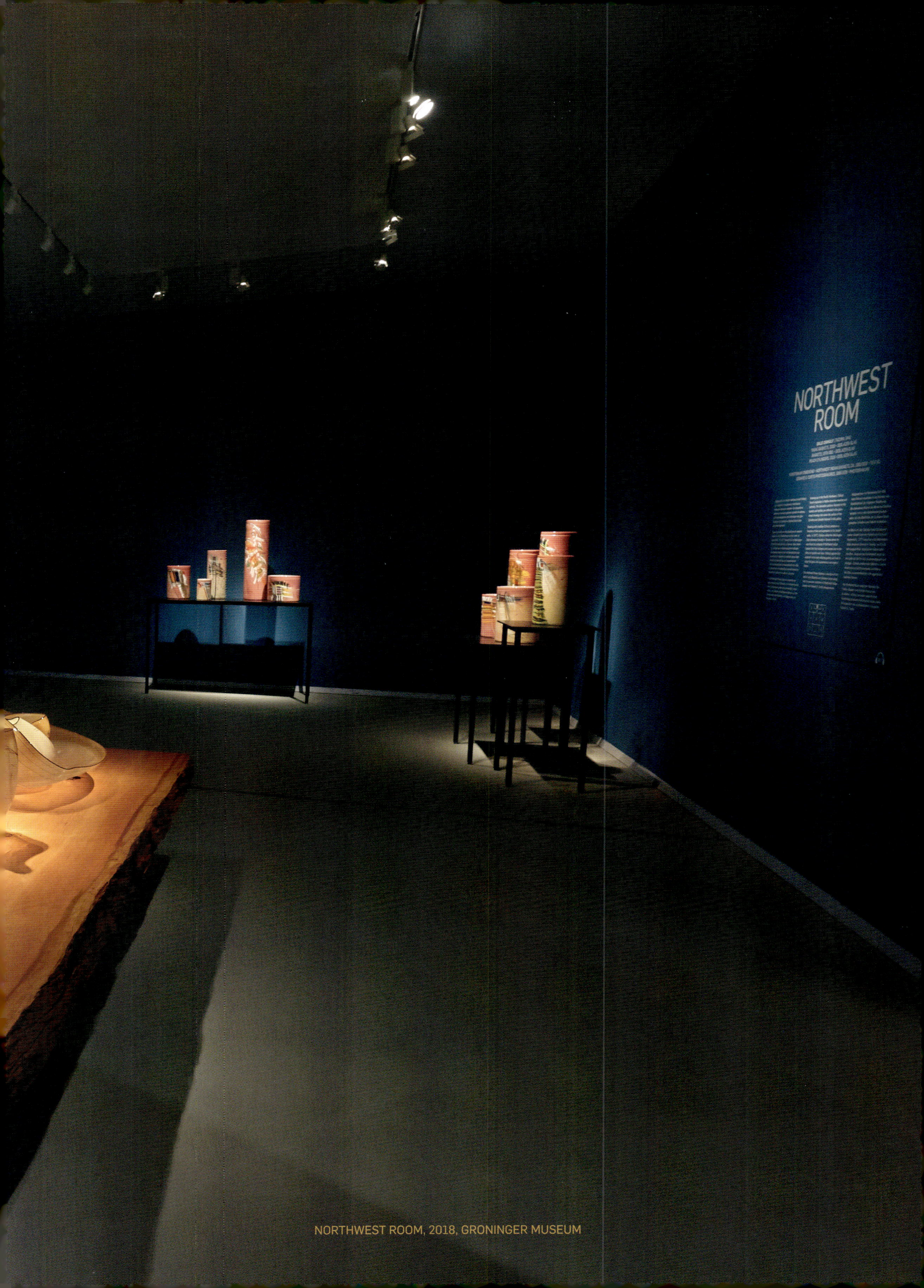

NORTHWEST ROOM, 2018, GRONINGER MUSEUM

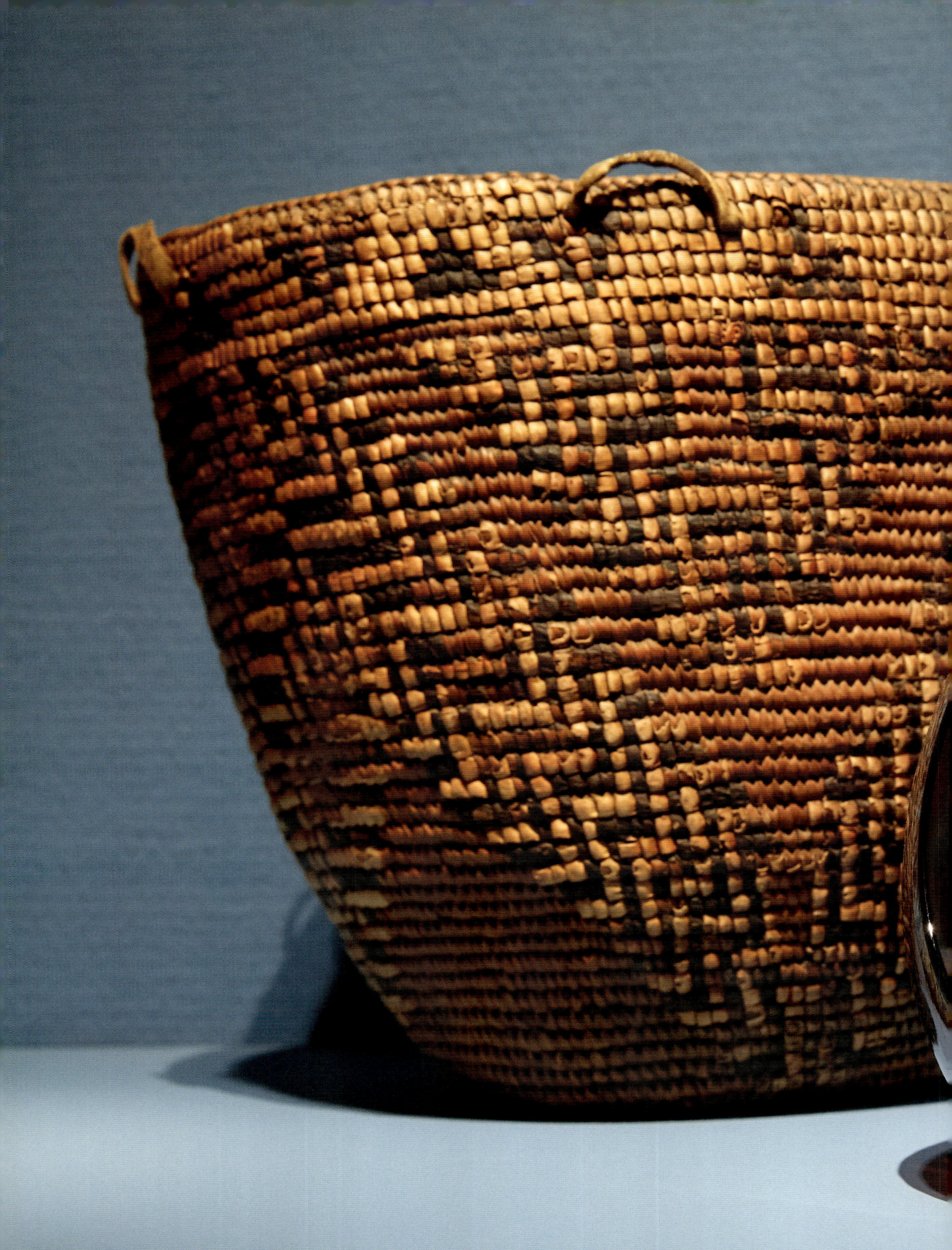

NORTHWEST ROOM BASKETS (DETAIL), 2017, GRONINGER MUSEUM, INSTALLED 2018

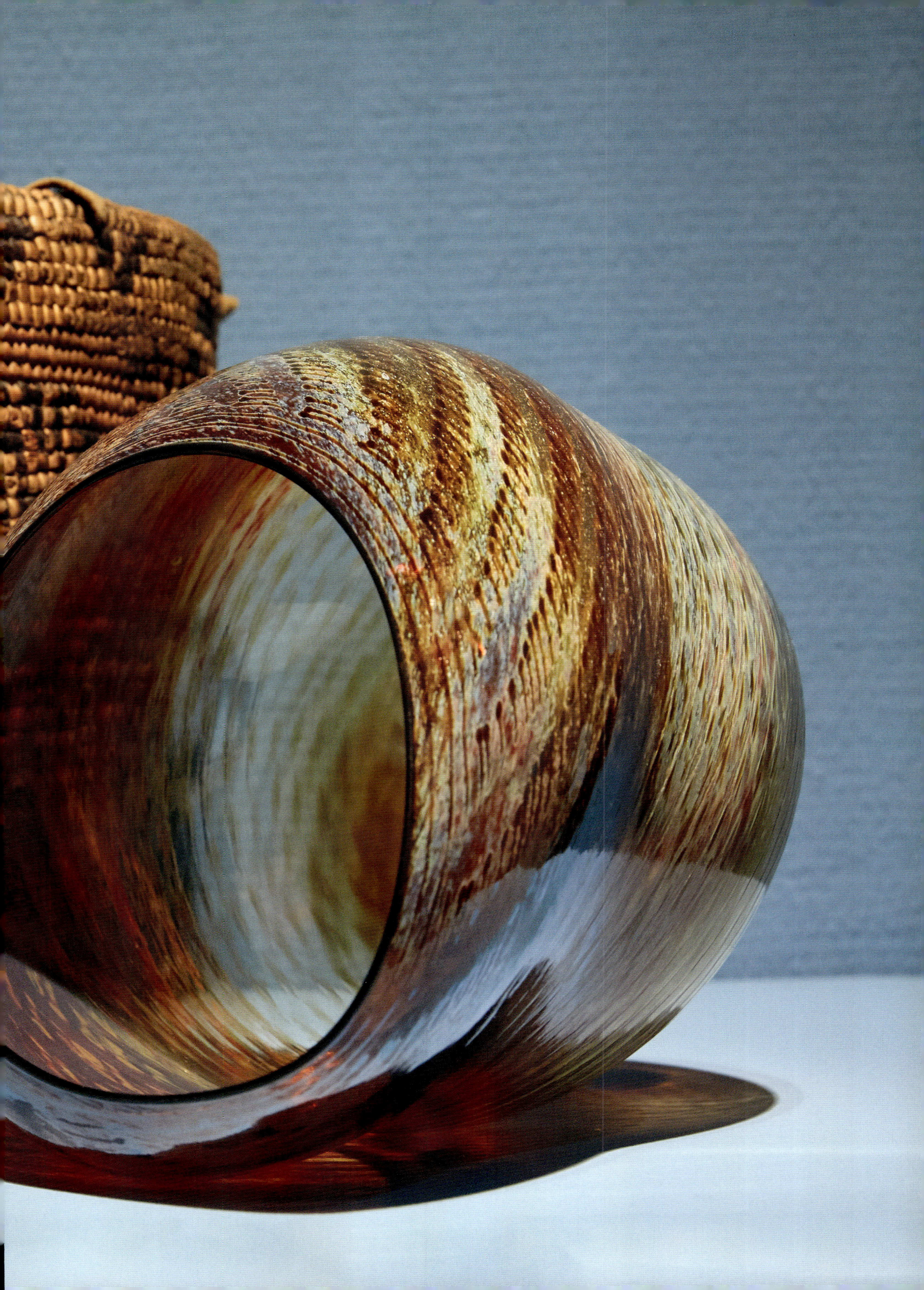

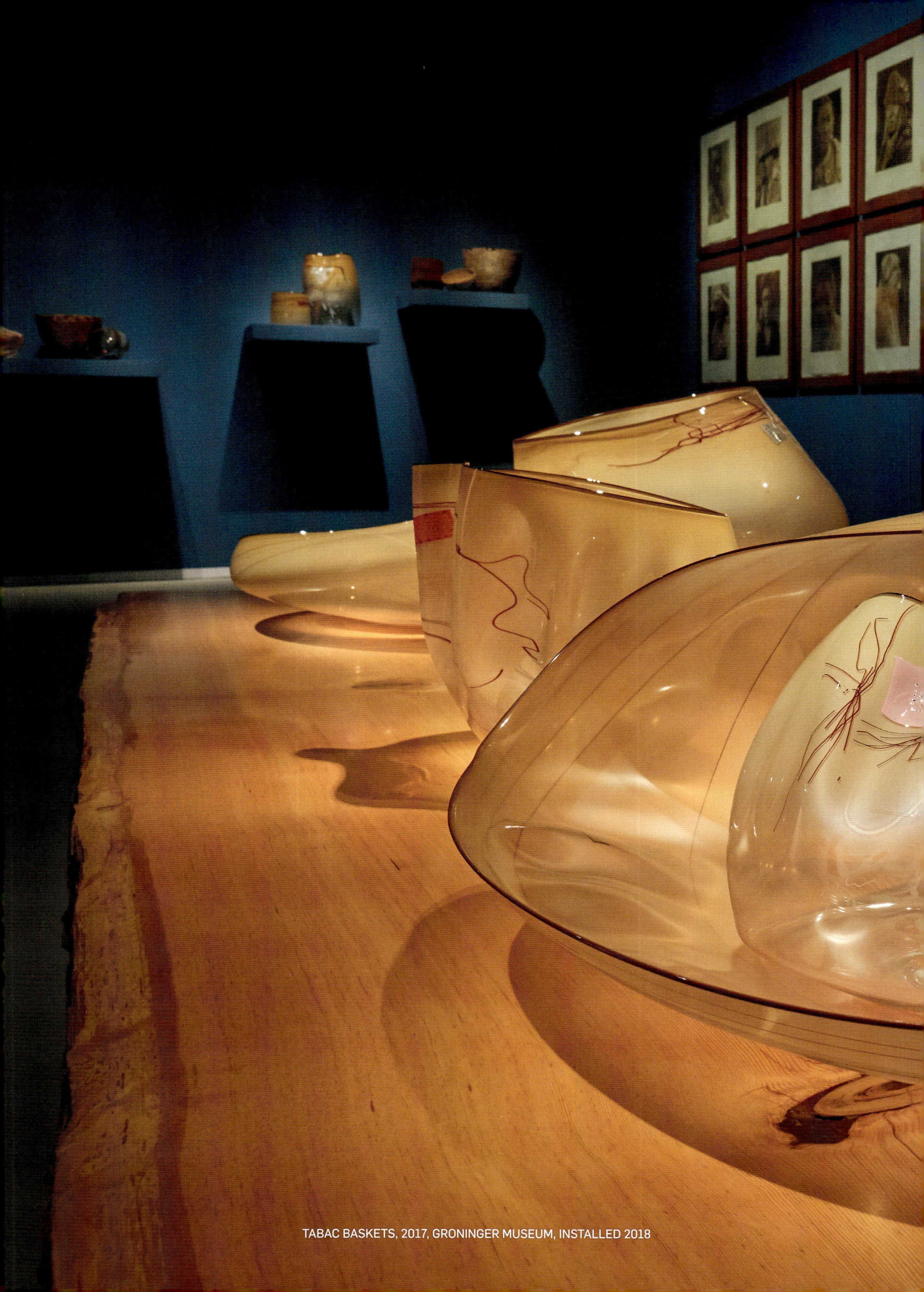

TABAC BASKETS, 2017, GRONINGER MUSEUM, INSTALLED 2018

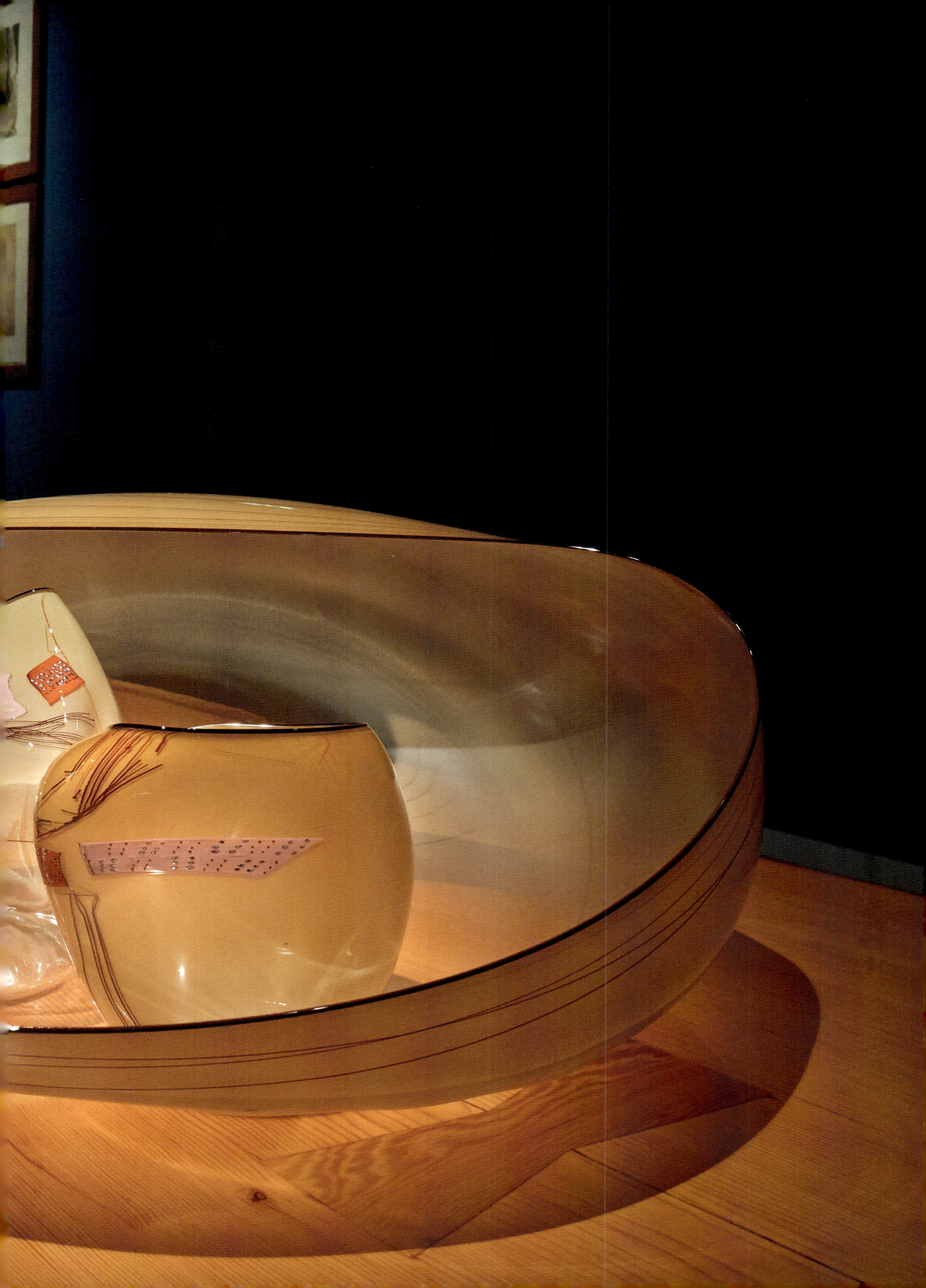

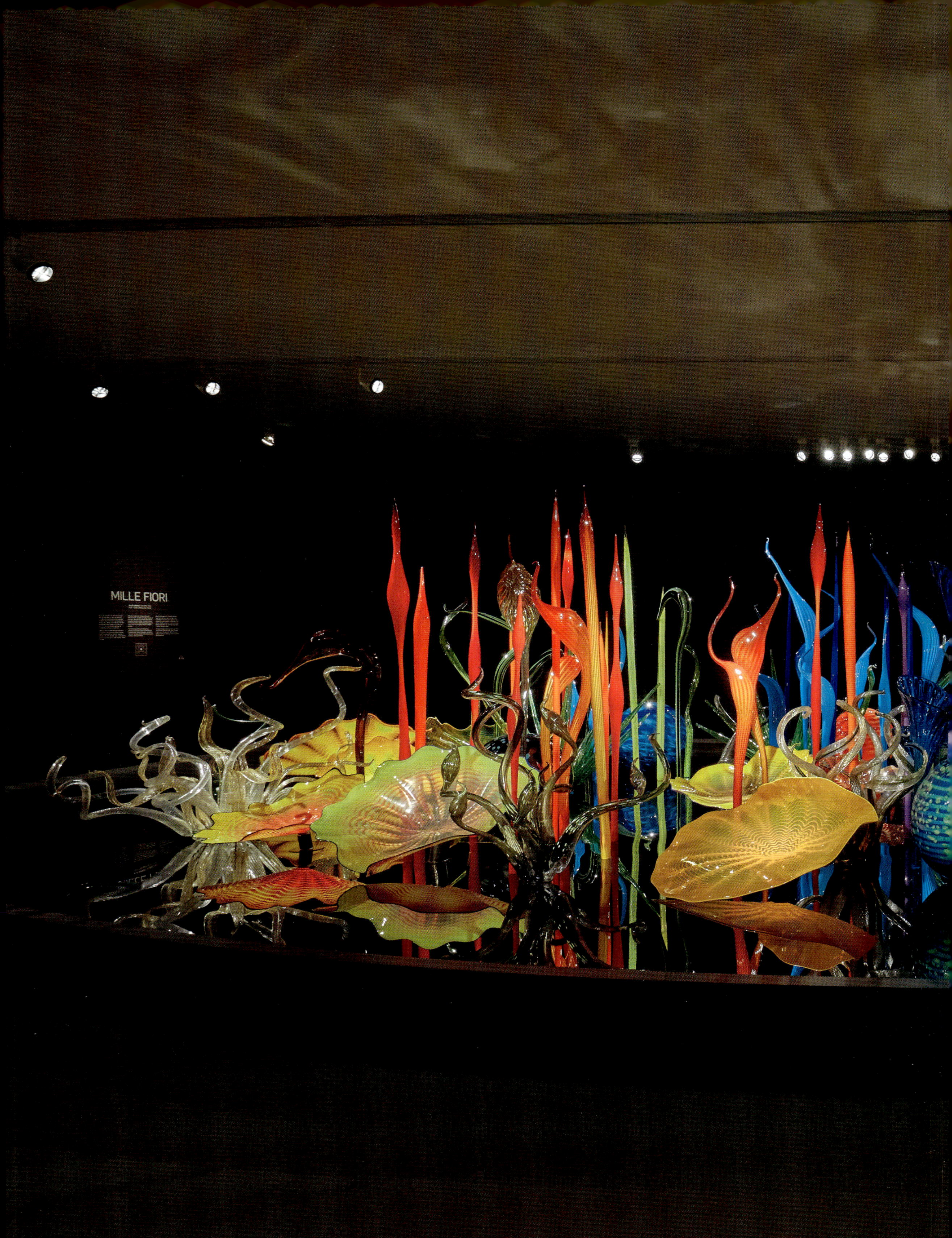

MILLE FIORI, 2018, GRONINGER MUSEUM

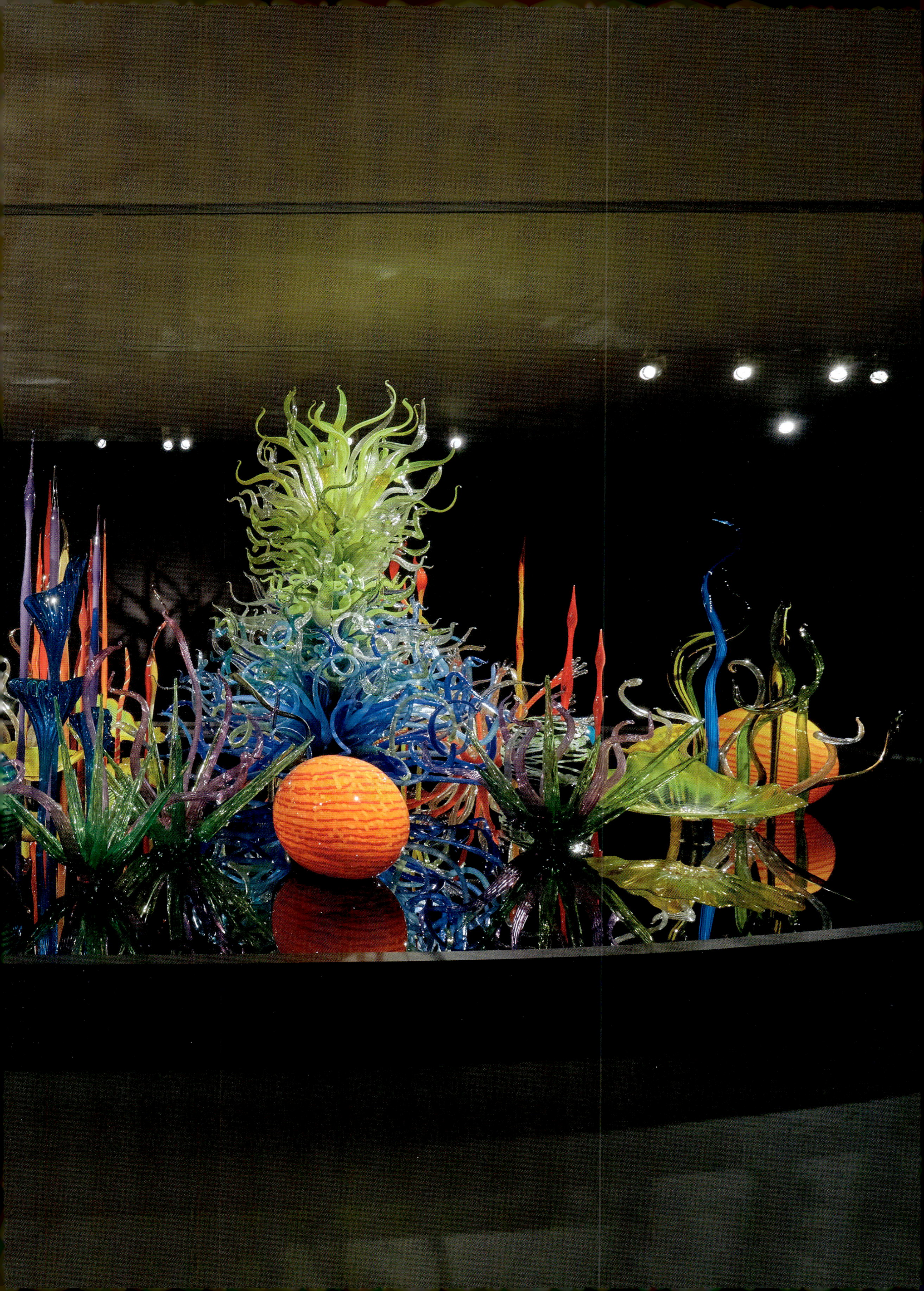

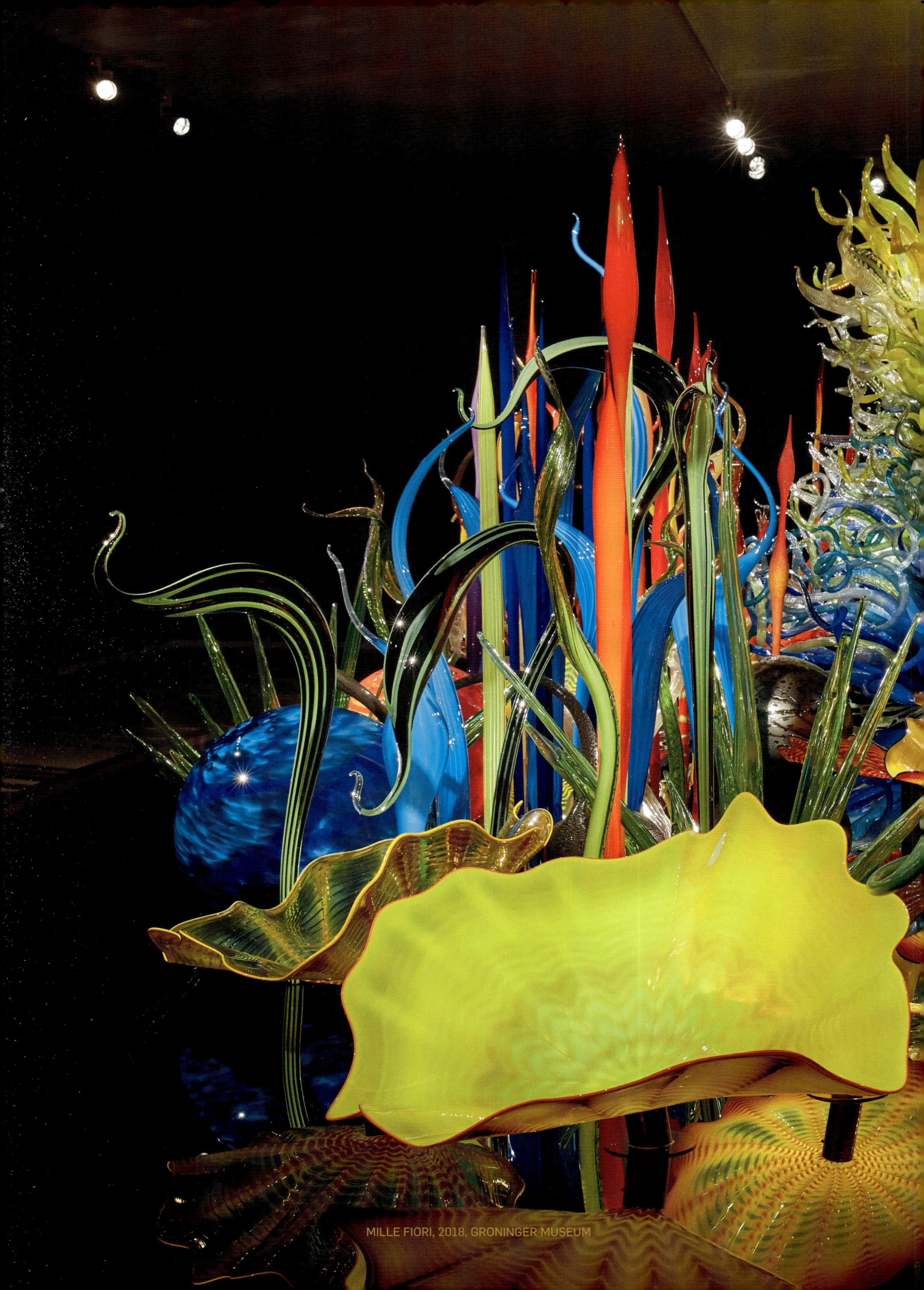

MILLE FIORI, 2018, GRONINGER MUSEUM

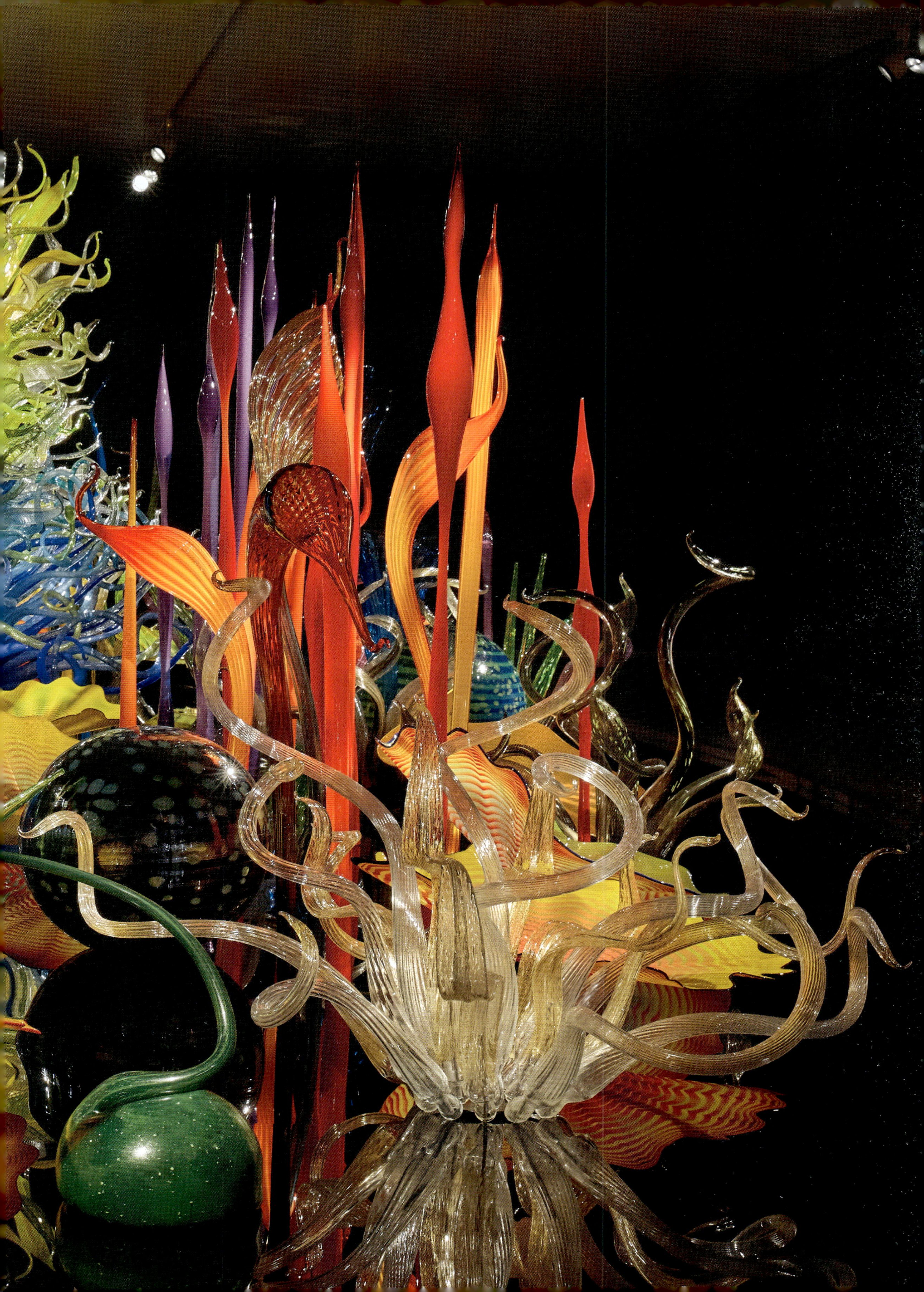

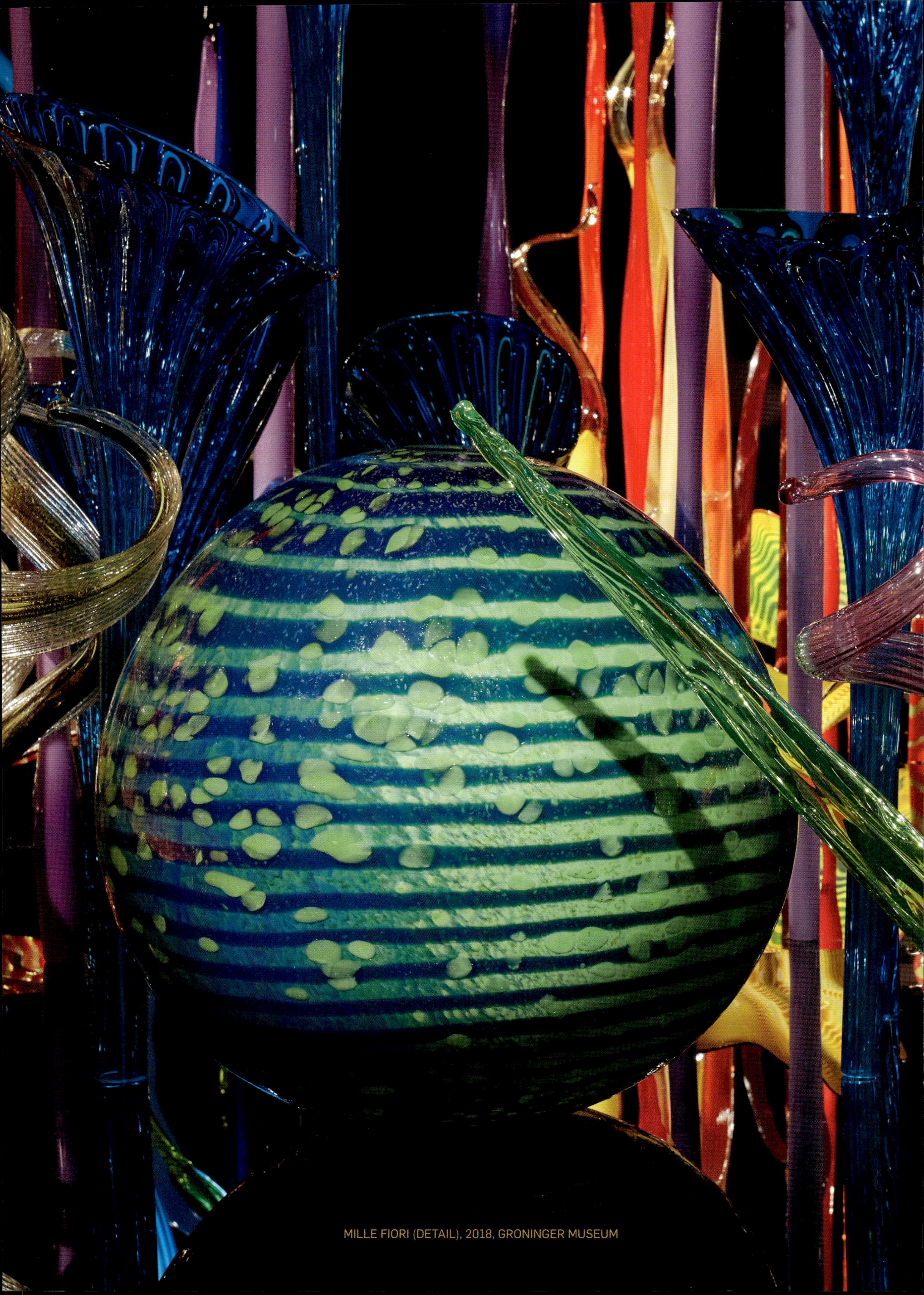

MILLE FIORI (DETAIL), 2018, GRONINGER MUSEUM

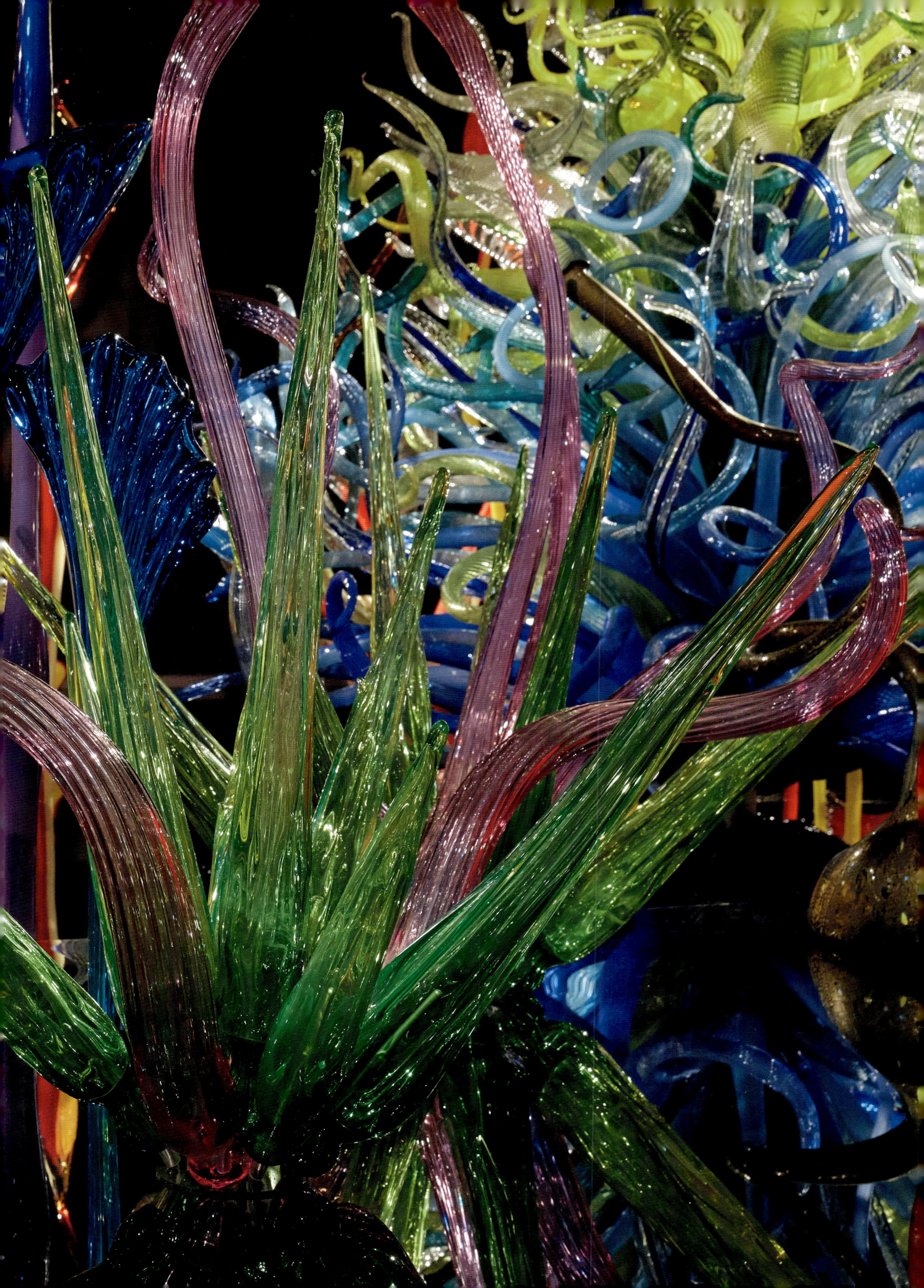

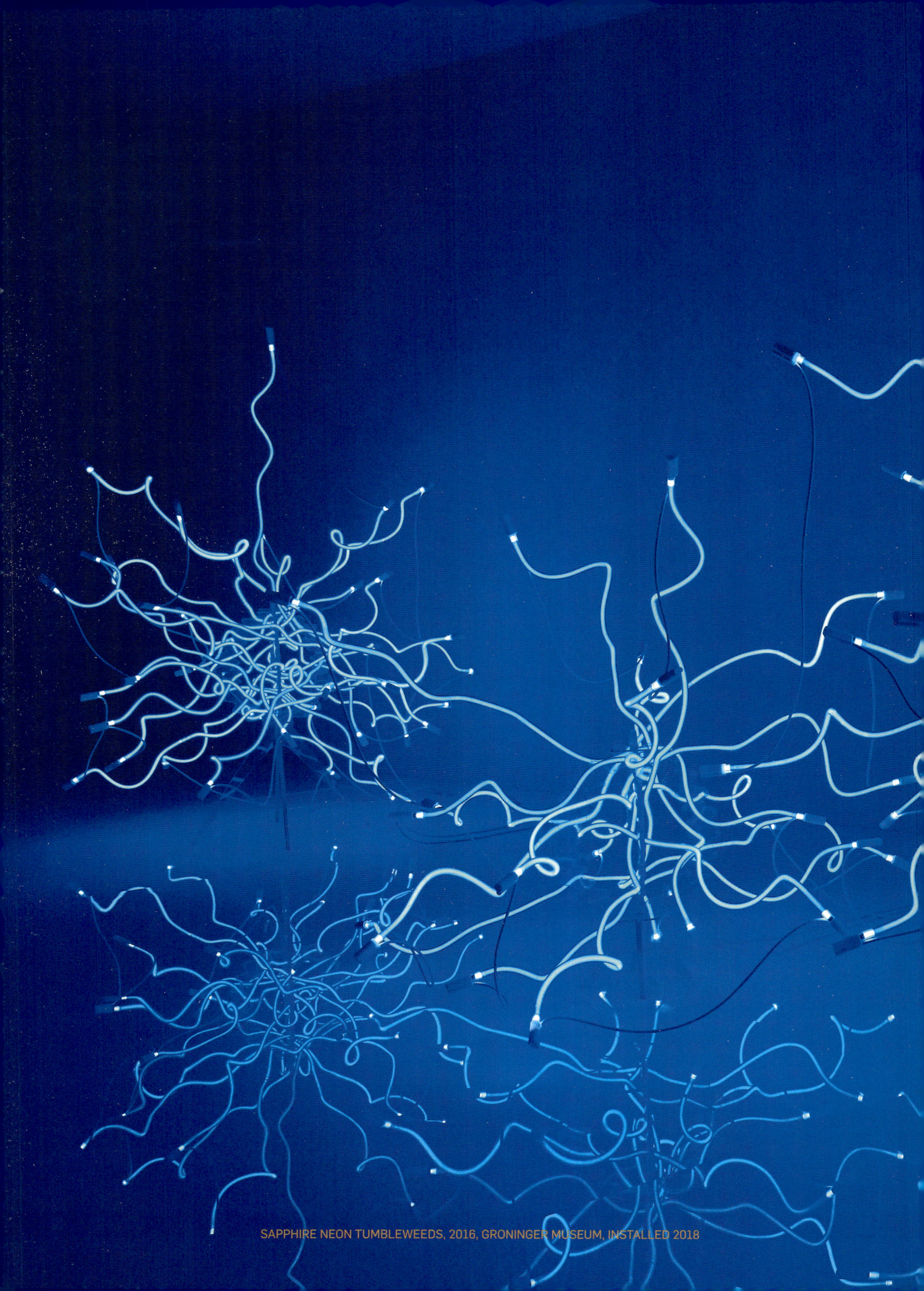

SAPPHIRE NEON TUMBLEWEEDS, 2016, GRONINGER MUSEUM, INSTALLED 2018

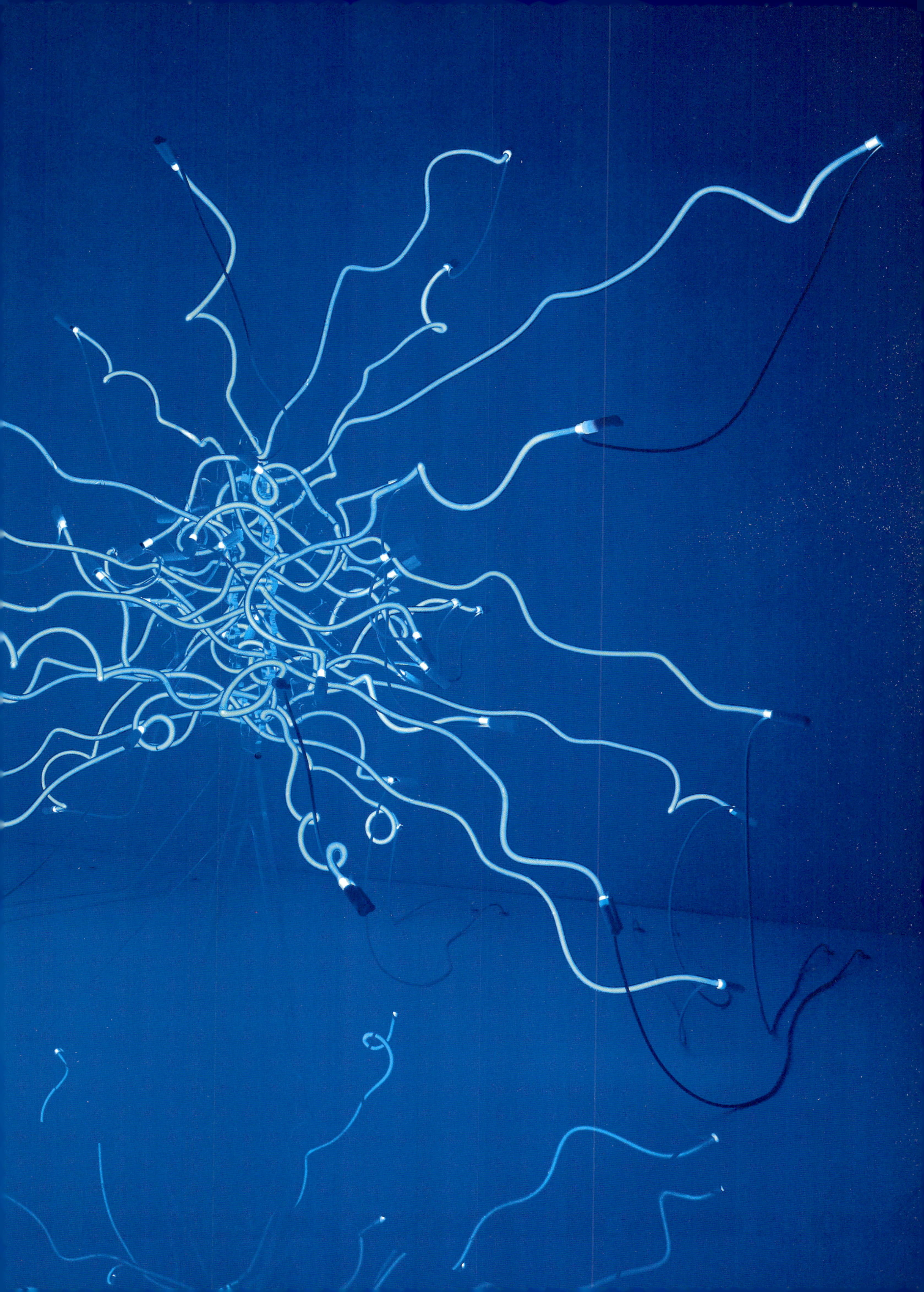

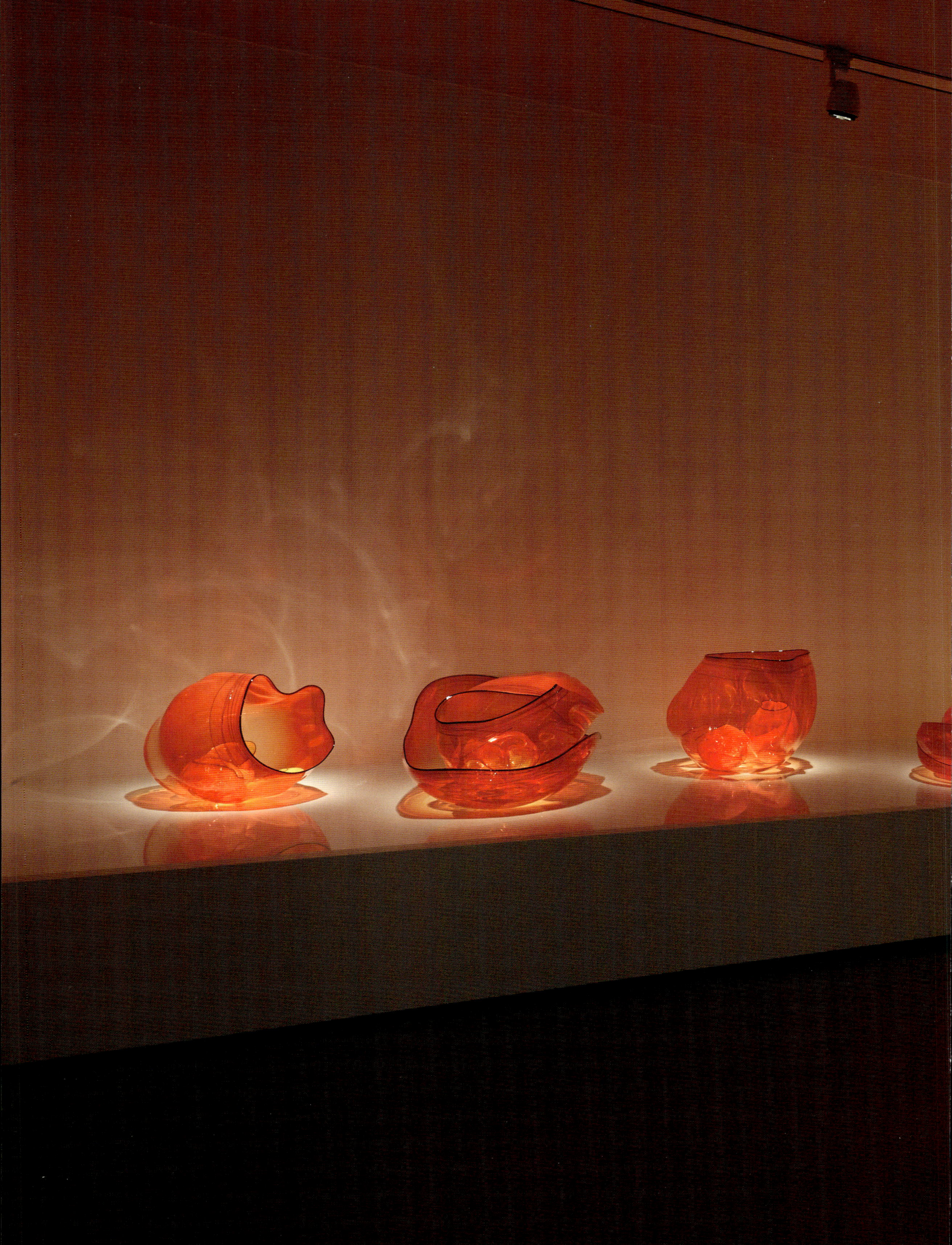

FIRE ORANGE BASKETS, GRONINGER MUSEUM, INSTALLED 2018

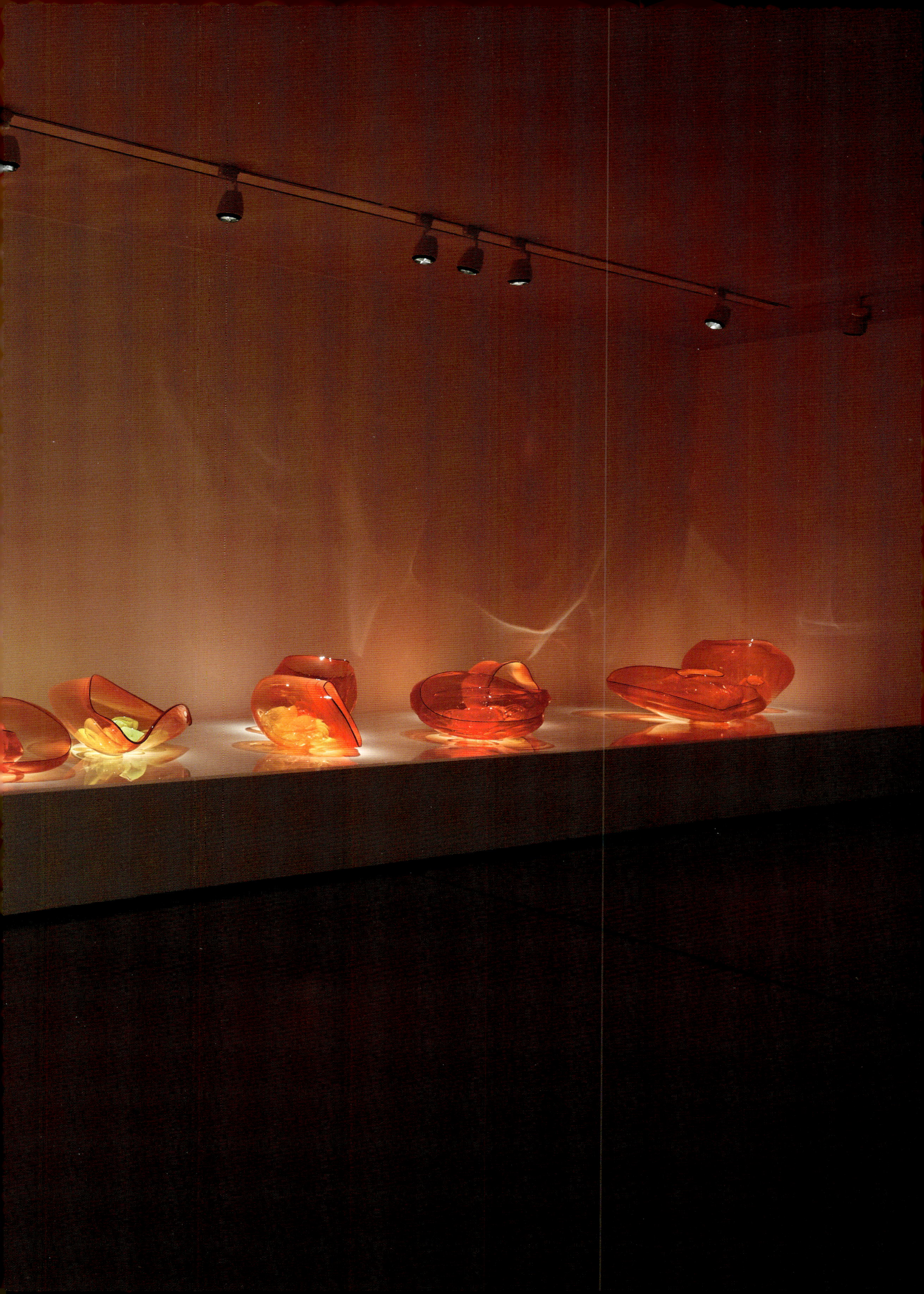

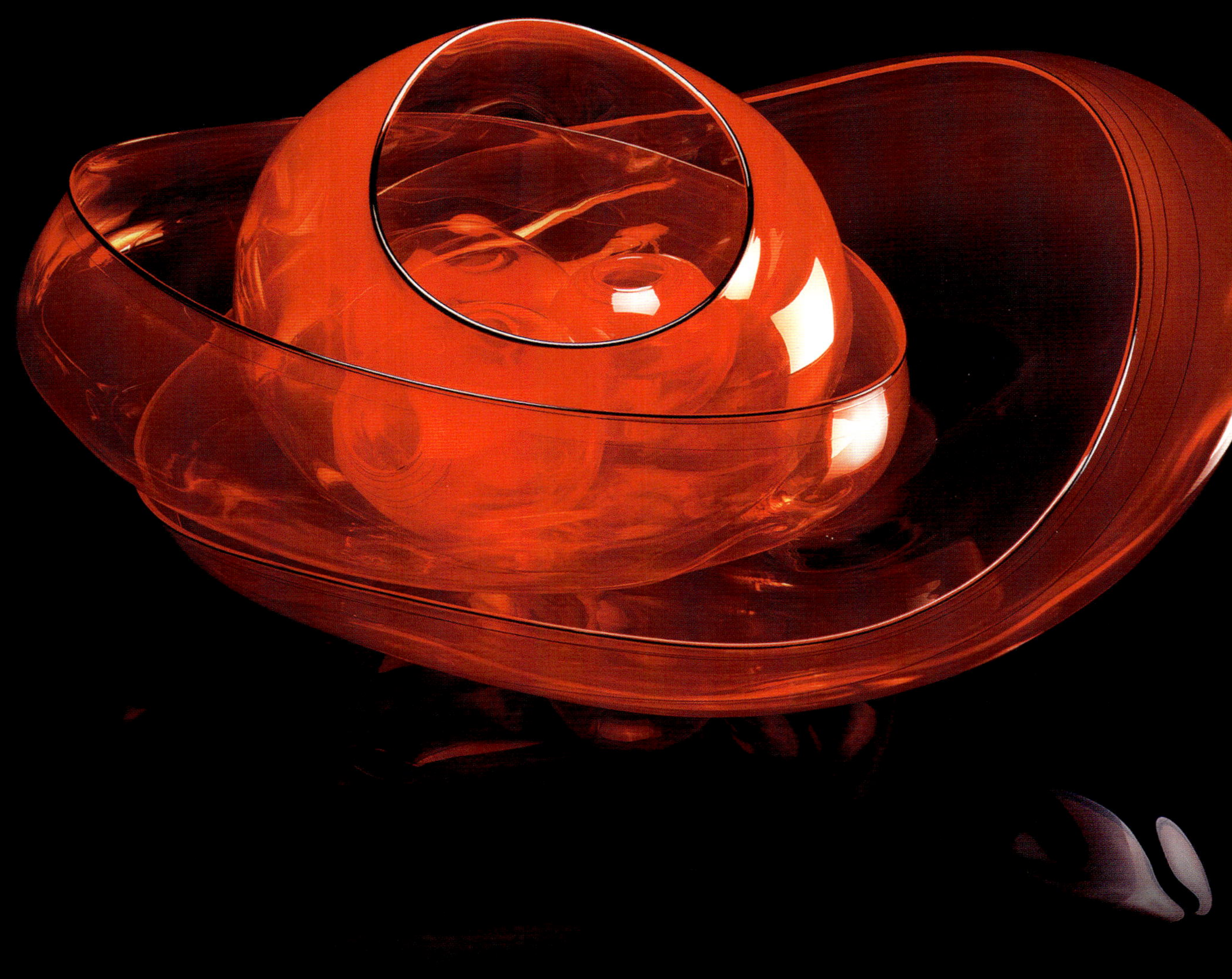

SATURN RED BASKET SET WITH DARK MINERAL RED LIP WRAPS, 2002

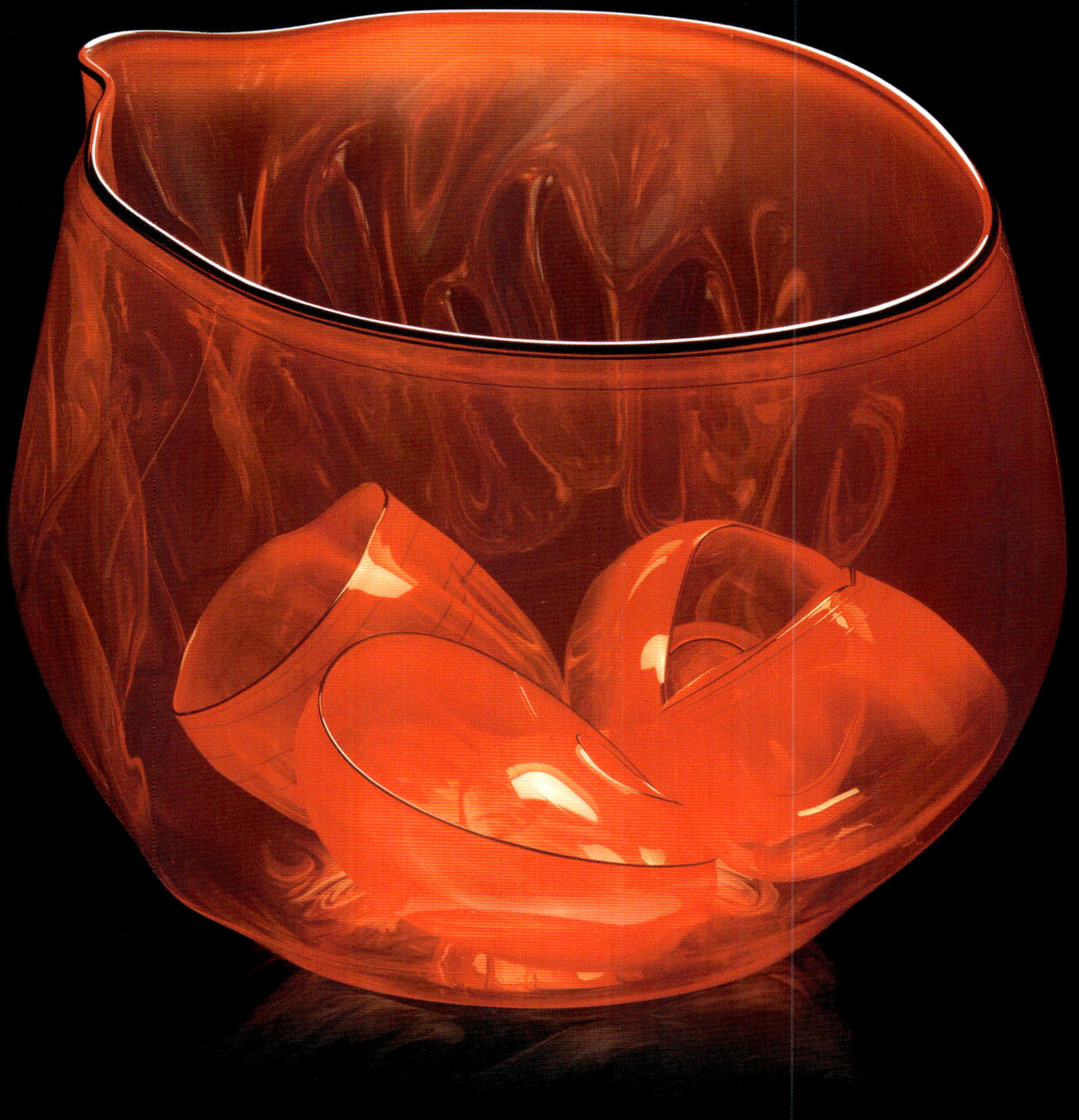

DEEP RED BASKET SET WITH CORDOVAN LIP WRAPS, 2003

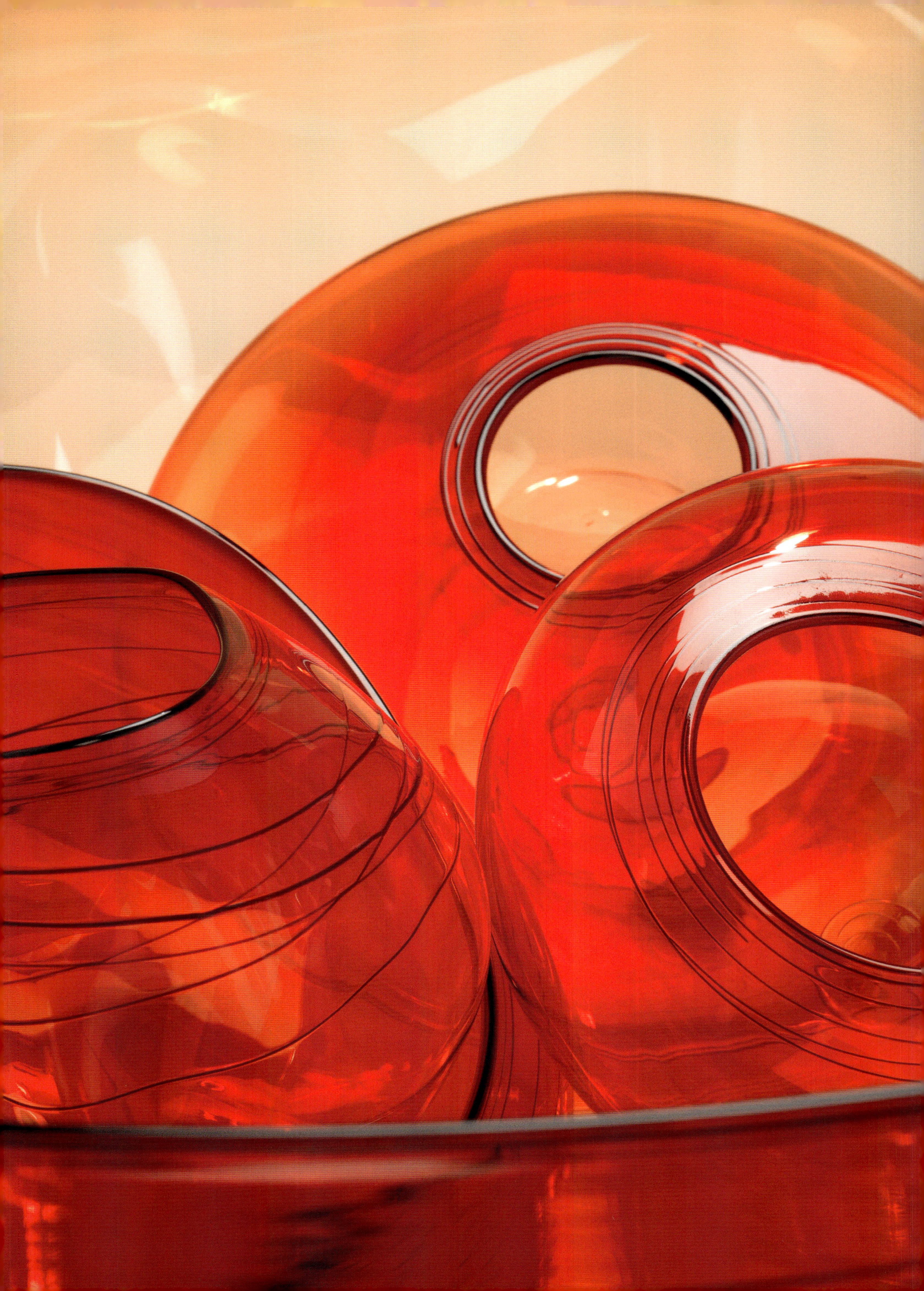

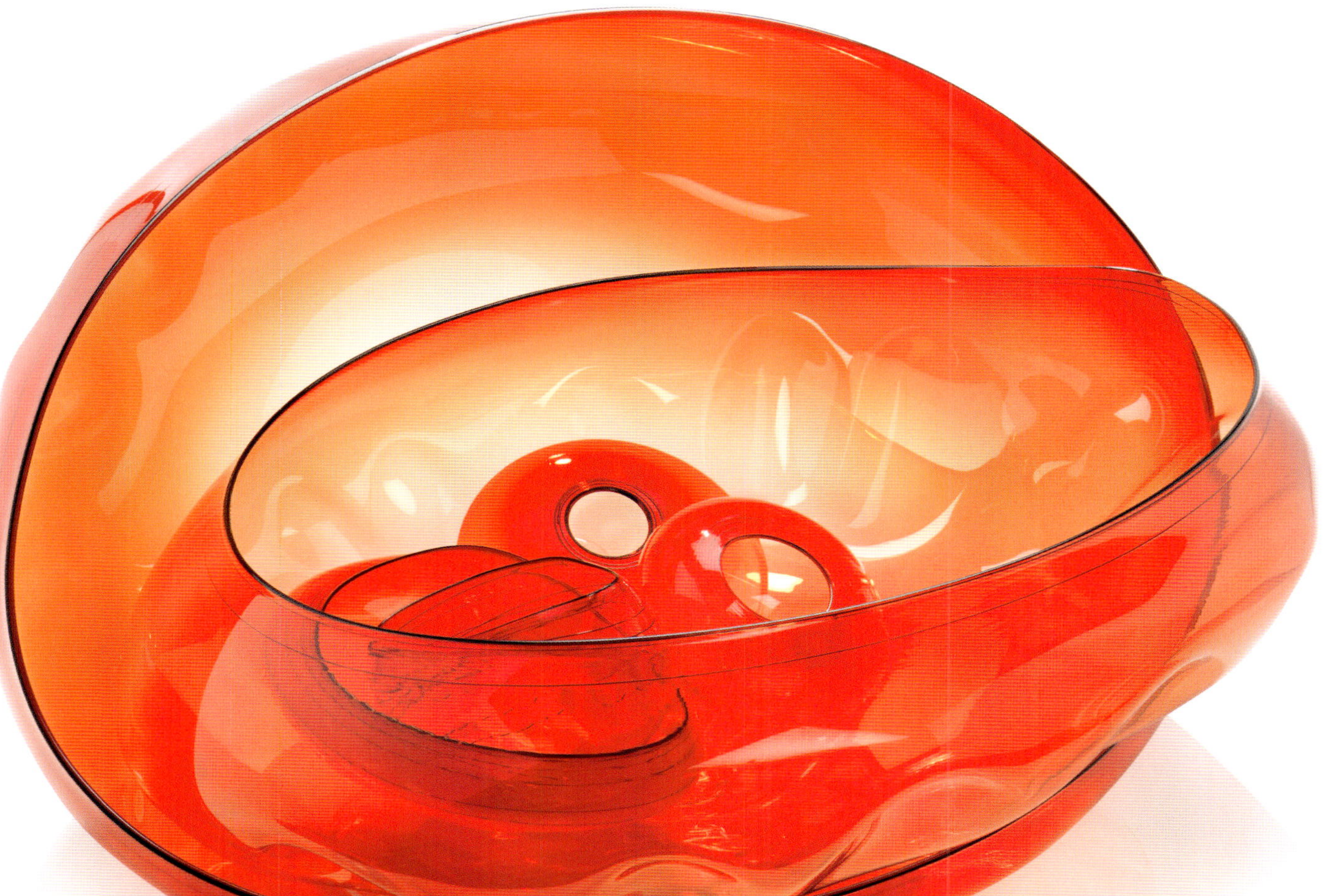

RED FEATHER BASKET SET WITH OBSIDIAN LIP WRAPS, 2003

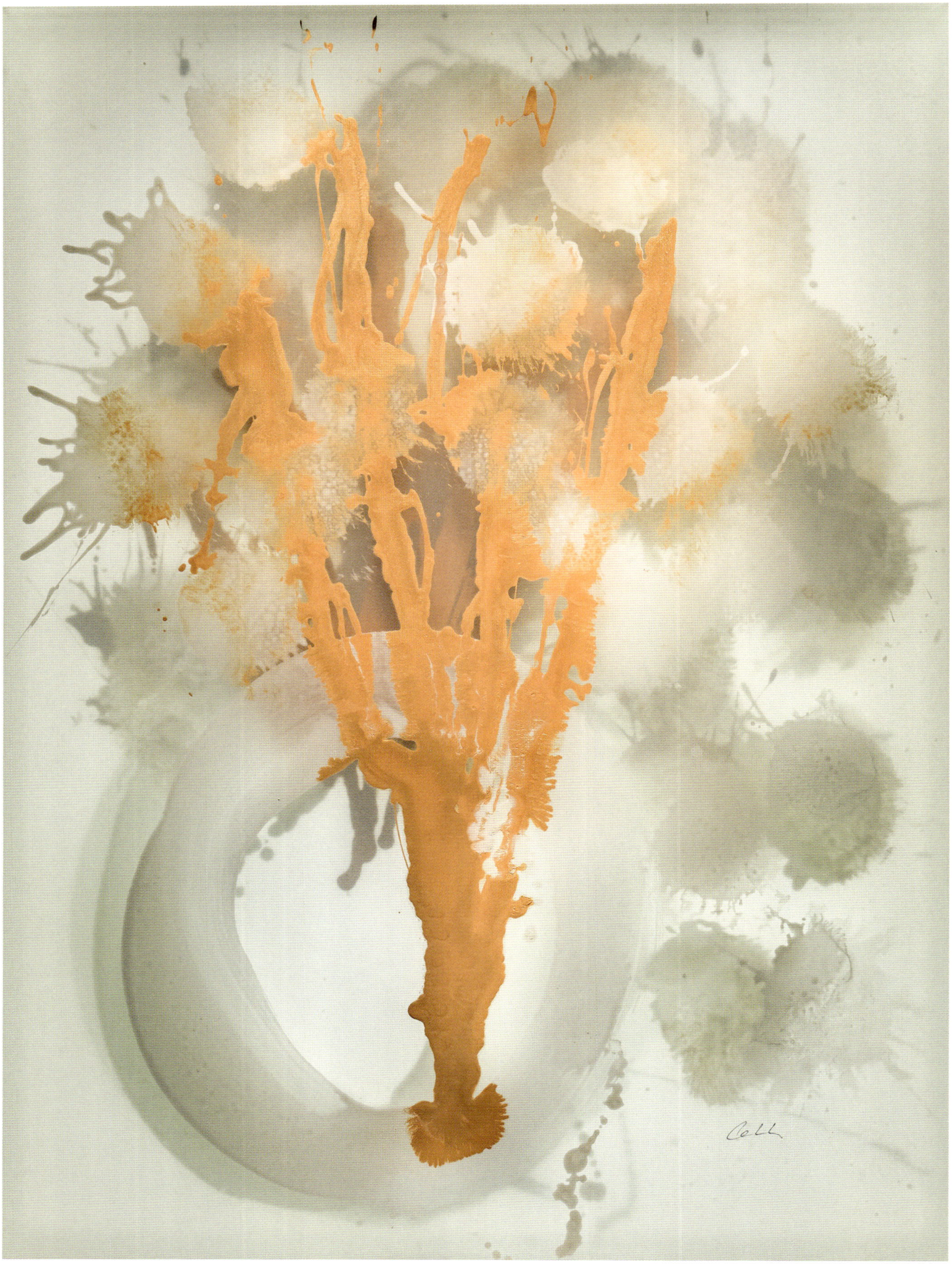

IKEBANA GLASS ON GLASS PAINTING, 2017

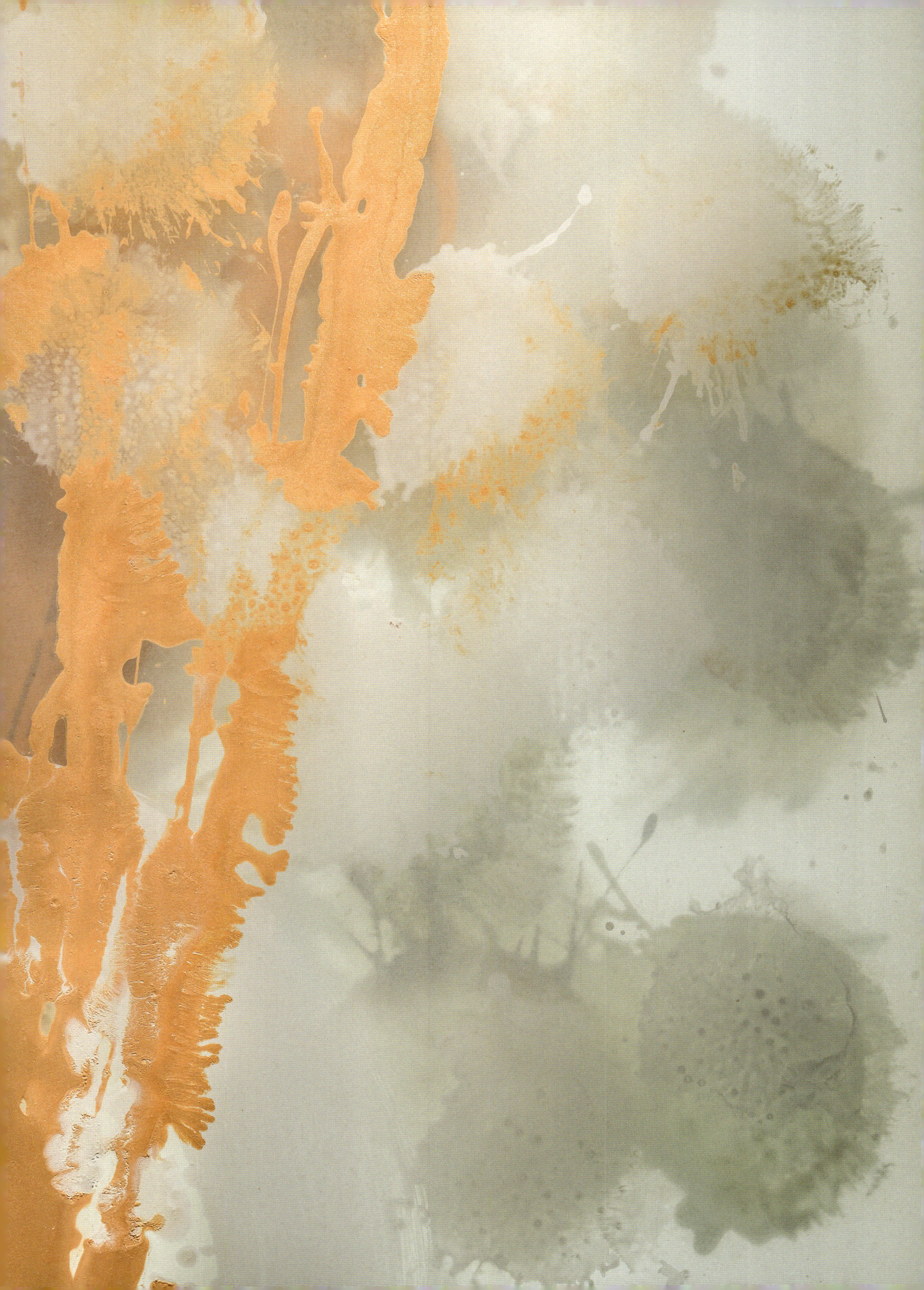

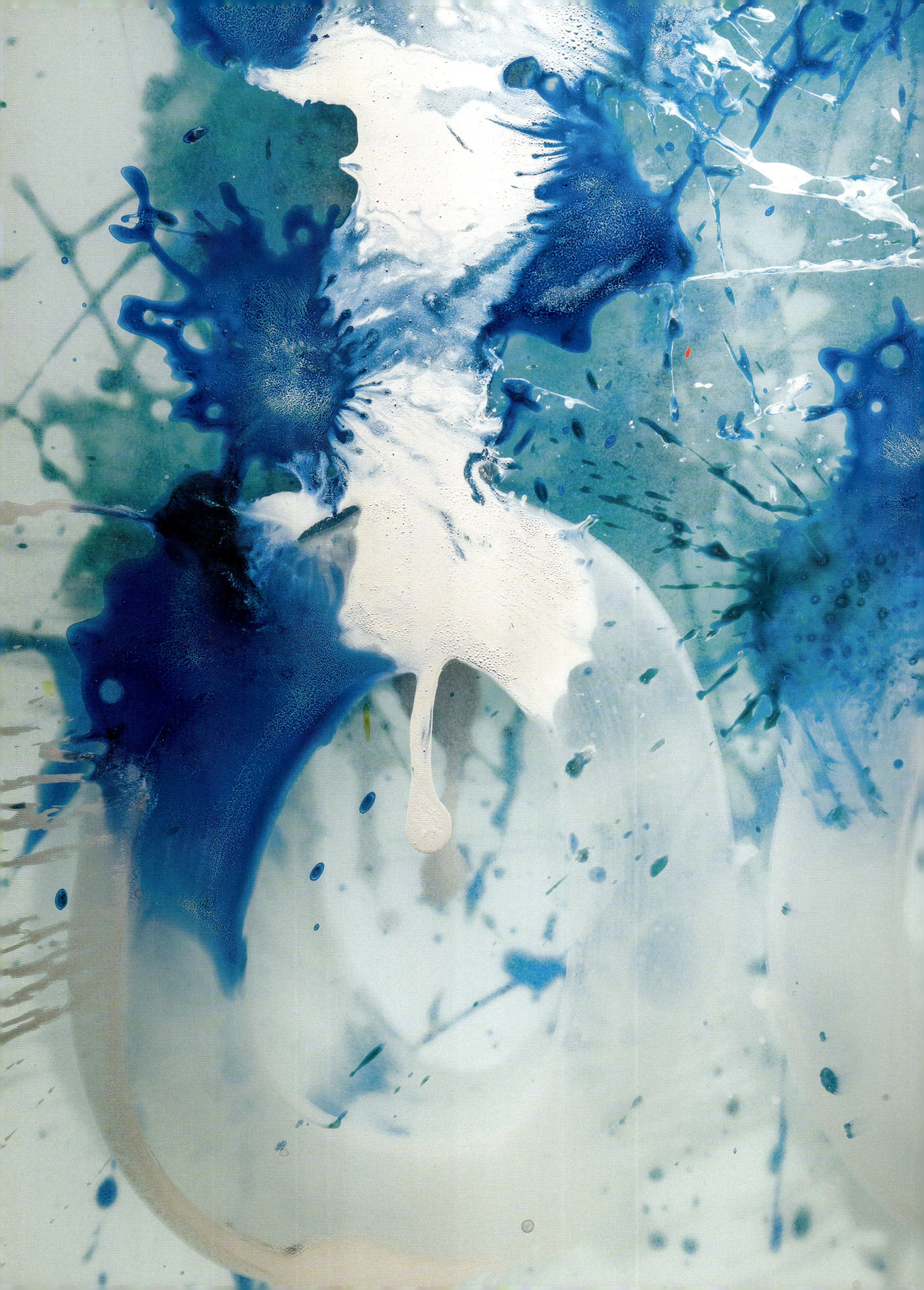

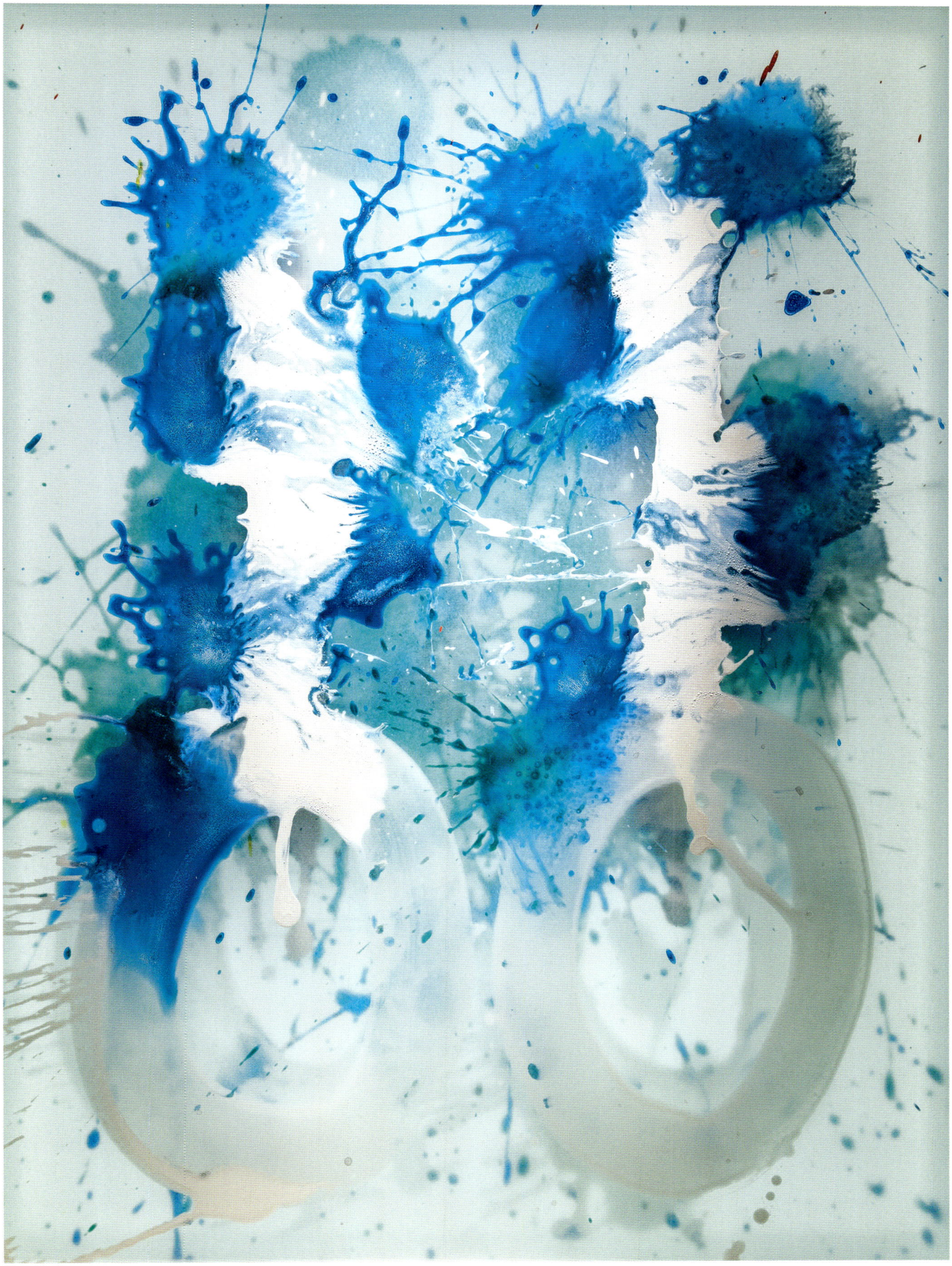

IKEBANA GLASS ON GLASS PAINTING, 2017

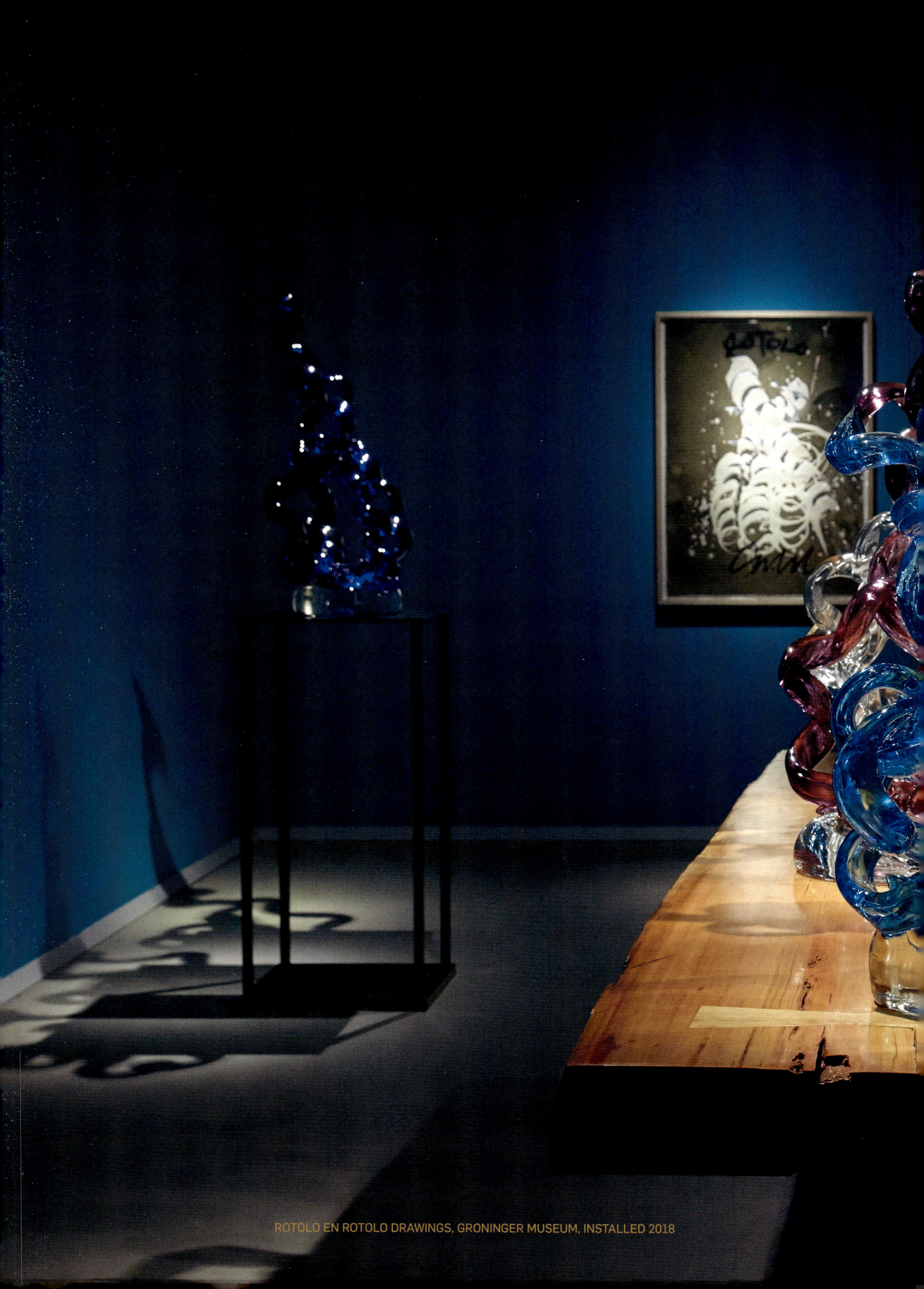

ROTOLO EN ROTOLO DRAWINGS, GRONINGER MUSEUM, INSTALLED 2018

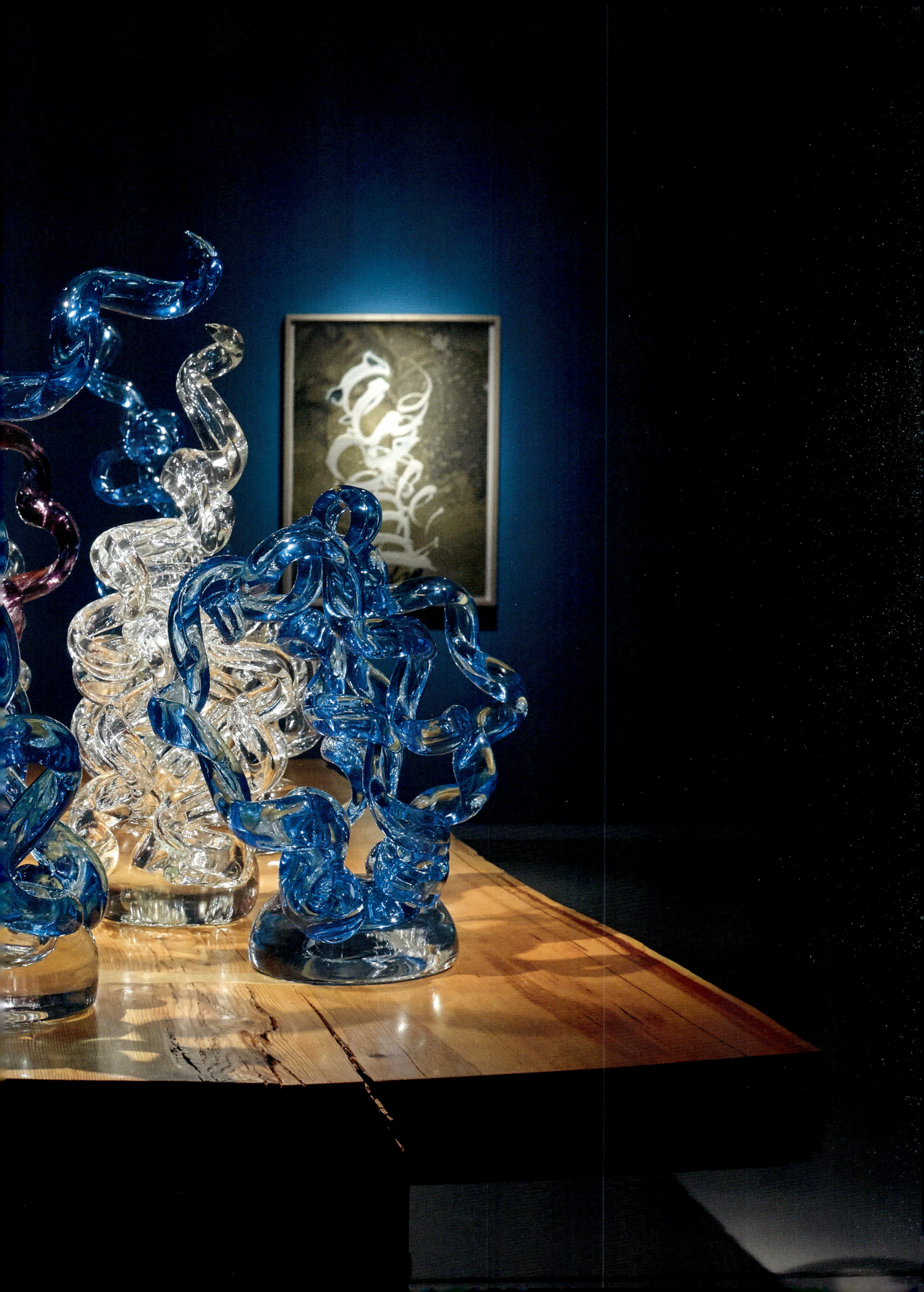

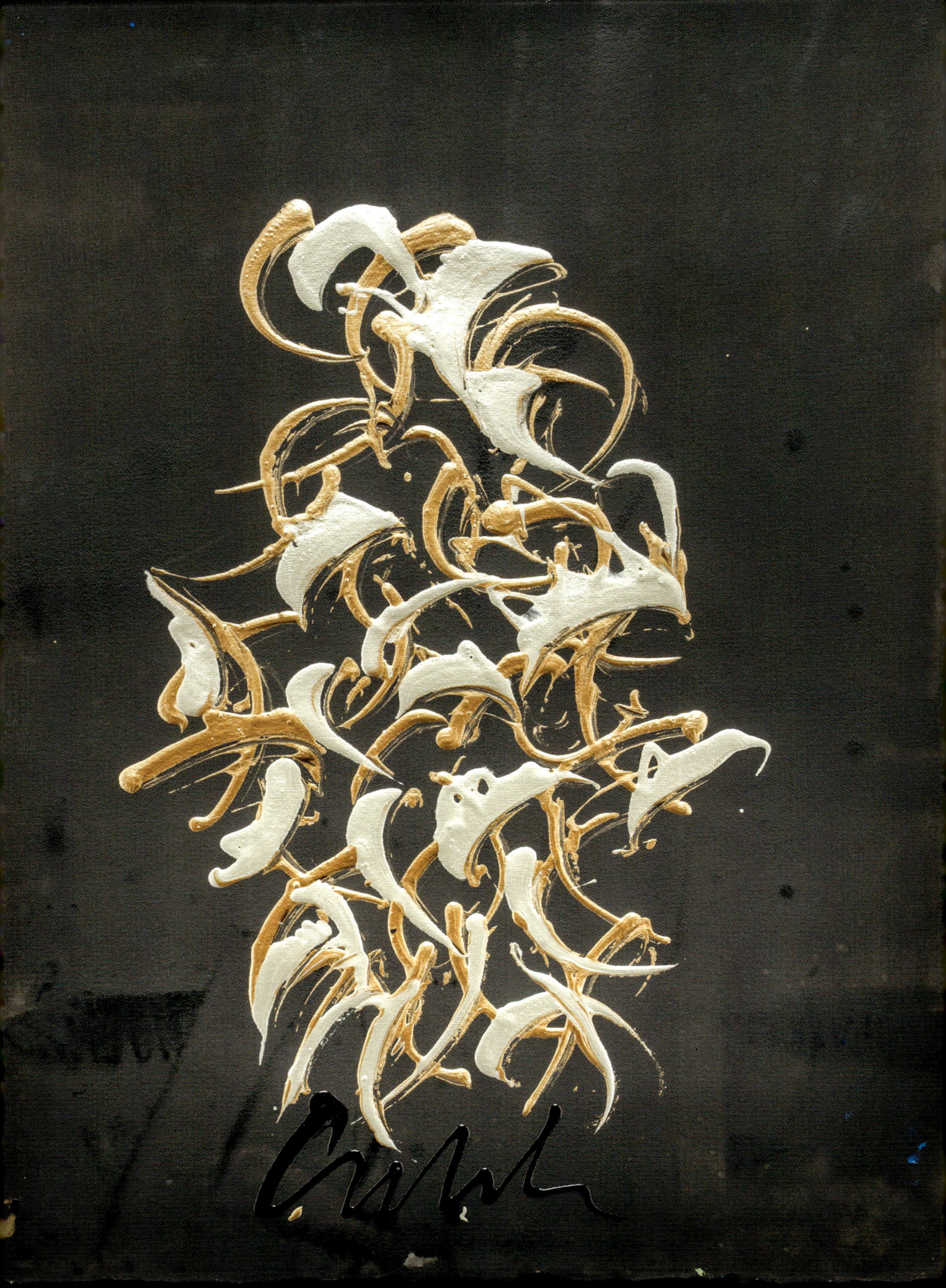

ROTOLO DRAWING, 2013

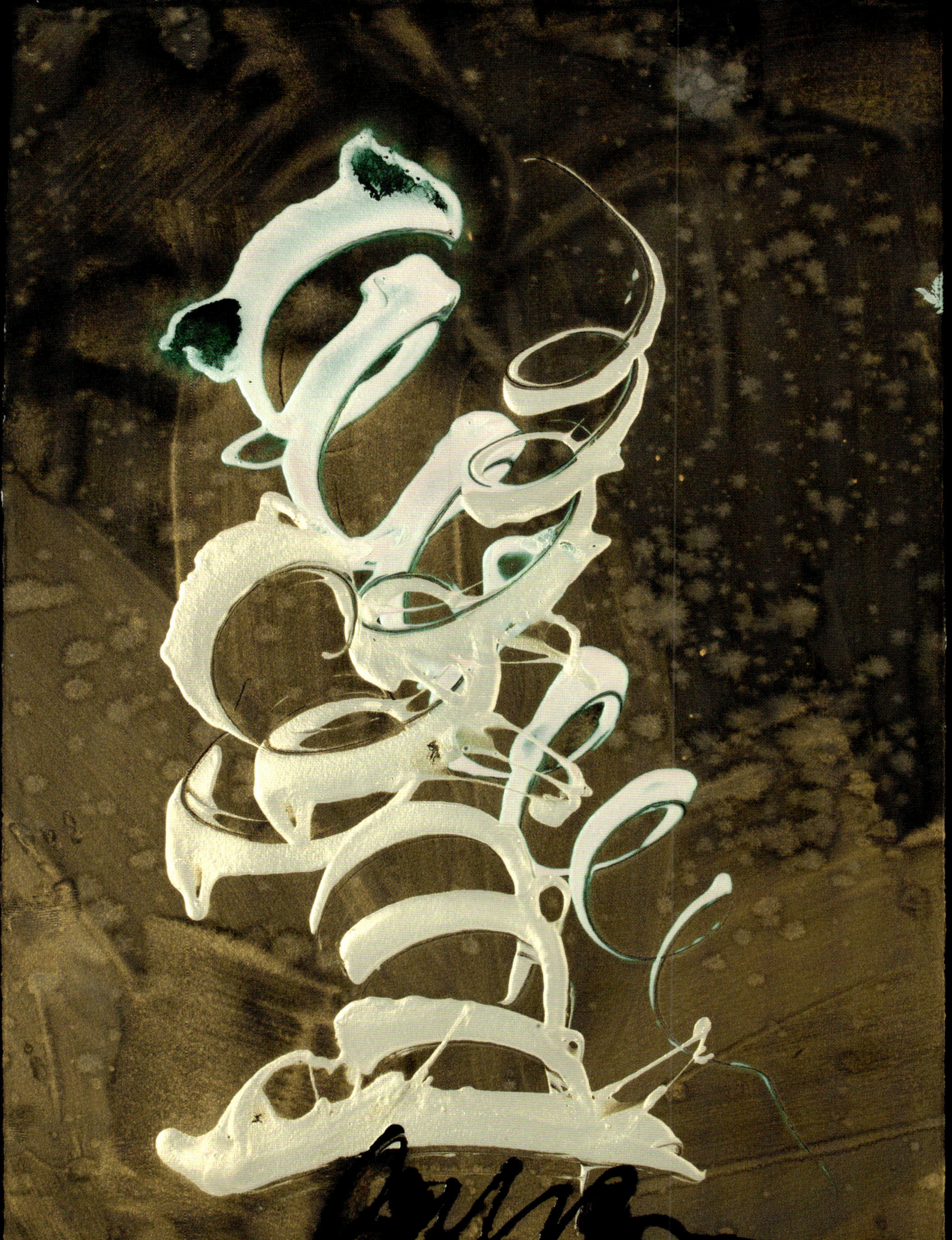

ROTOLO DRAWING, 2013

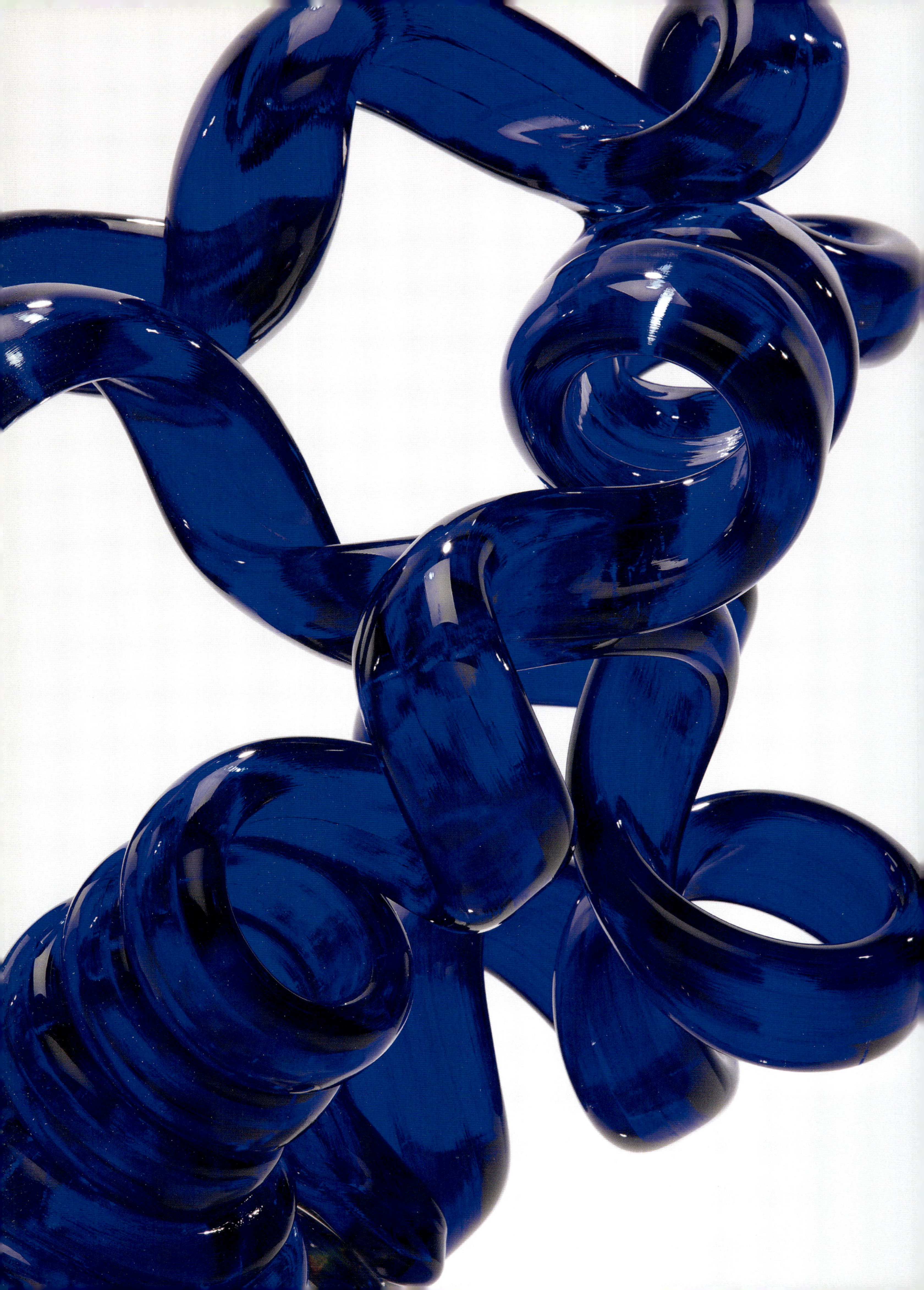

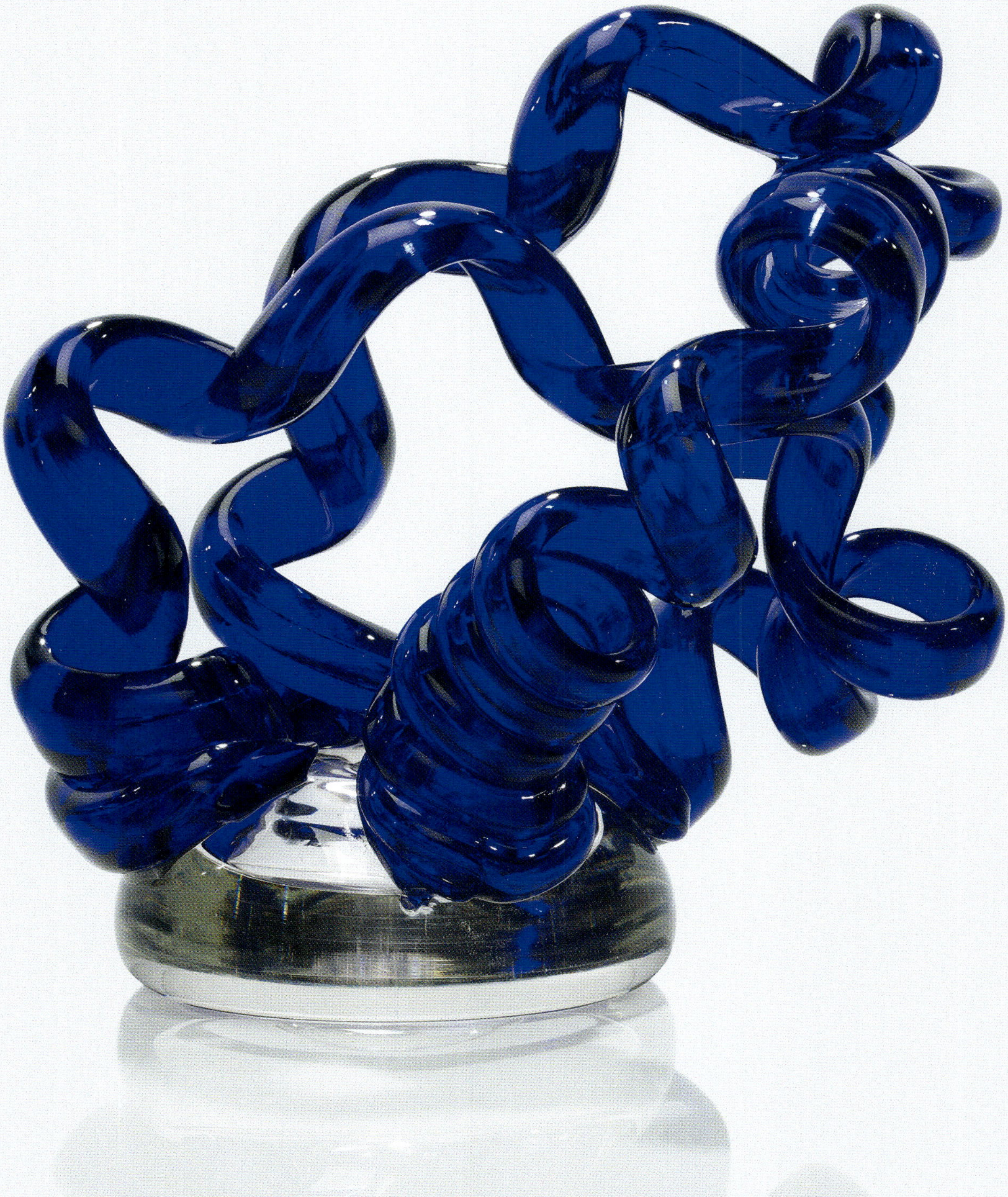

ROTOLO 69, 2016

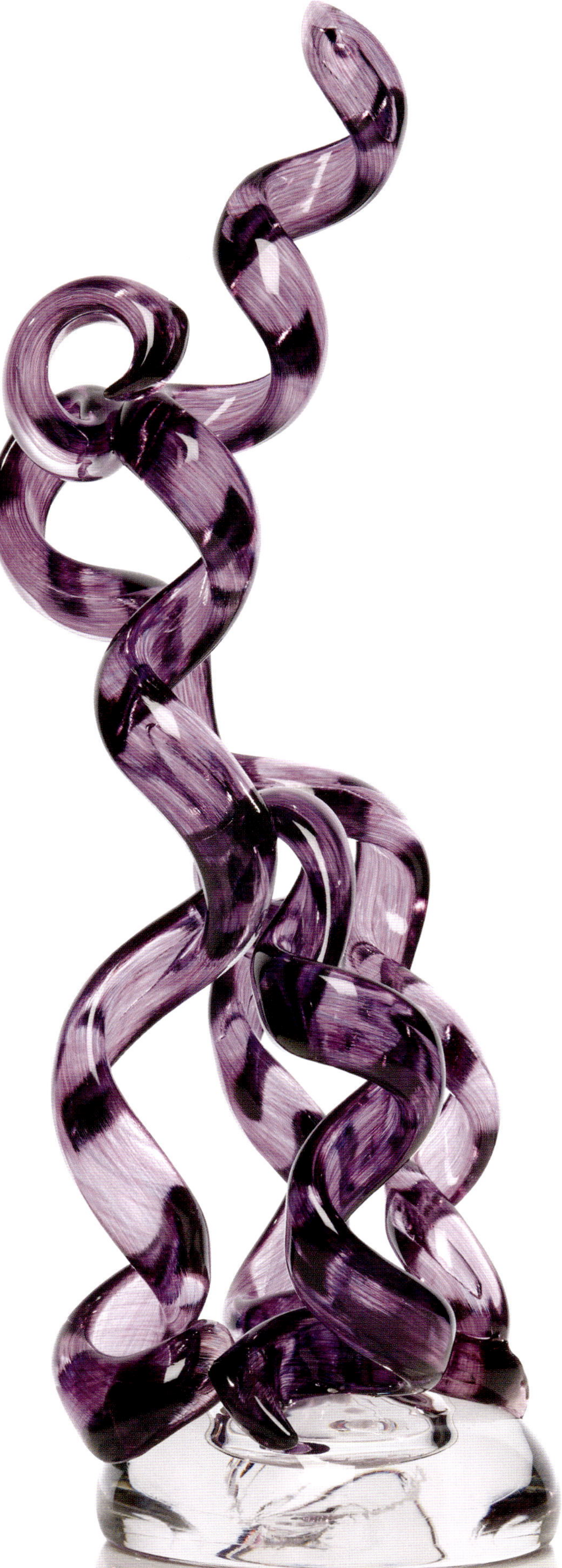

ROTOLO 81, 2018

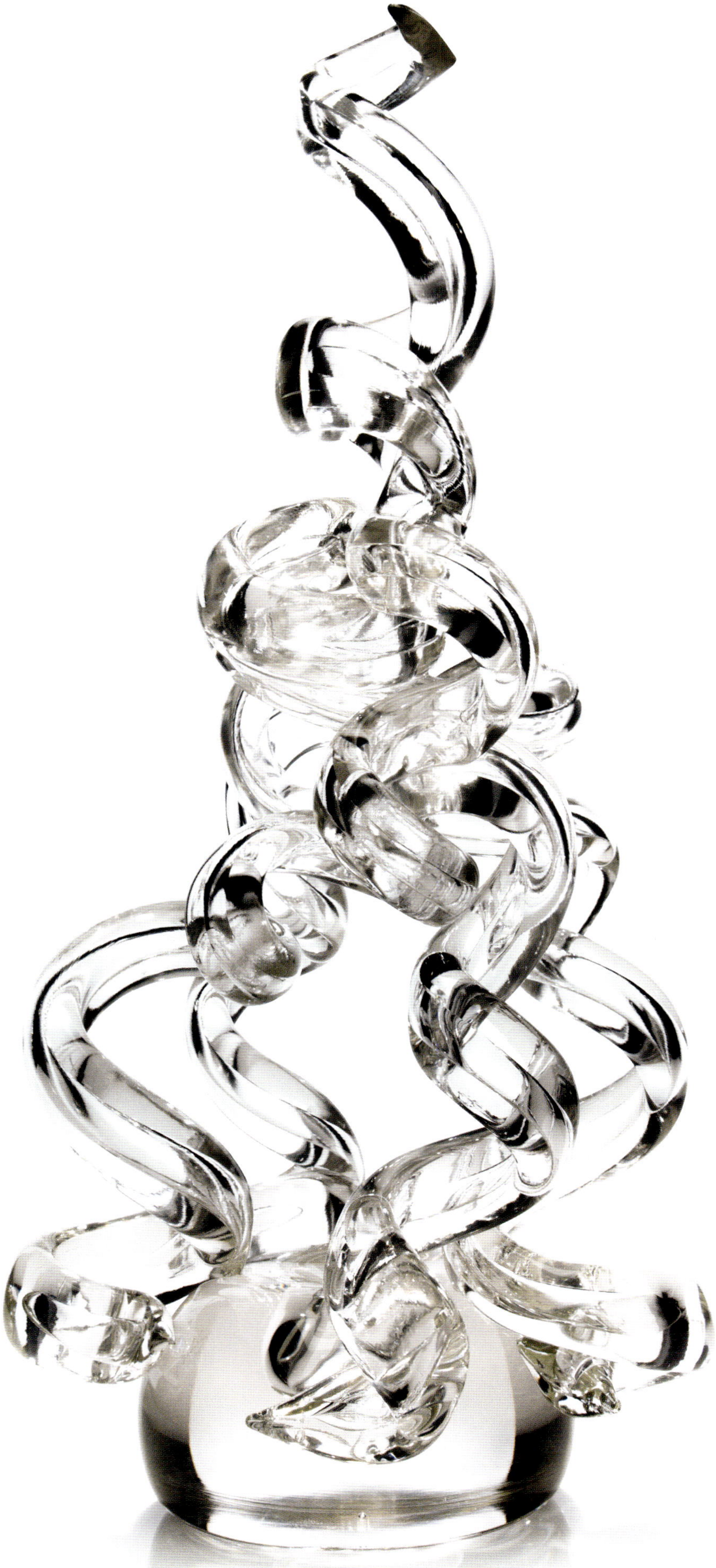

ROTOLO 92, 2015

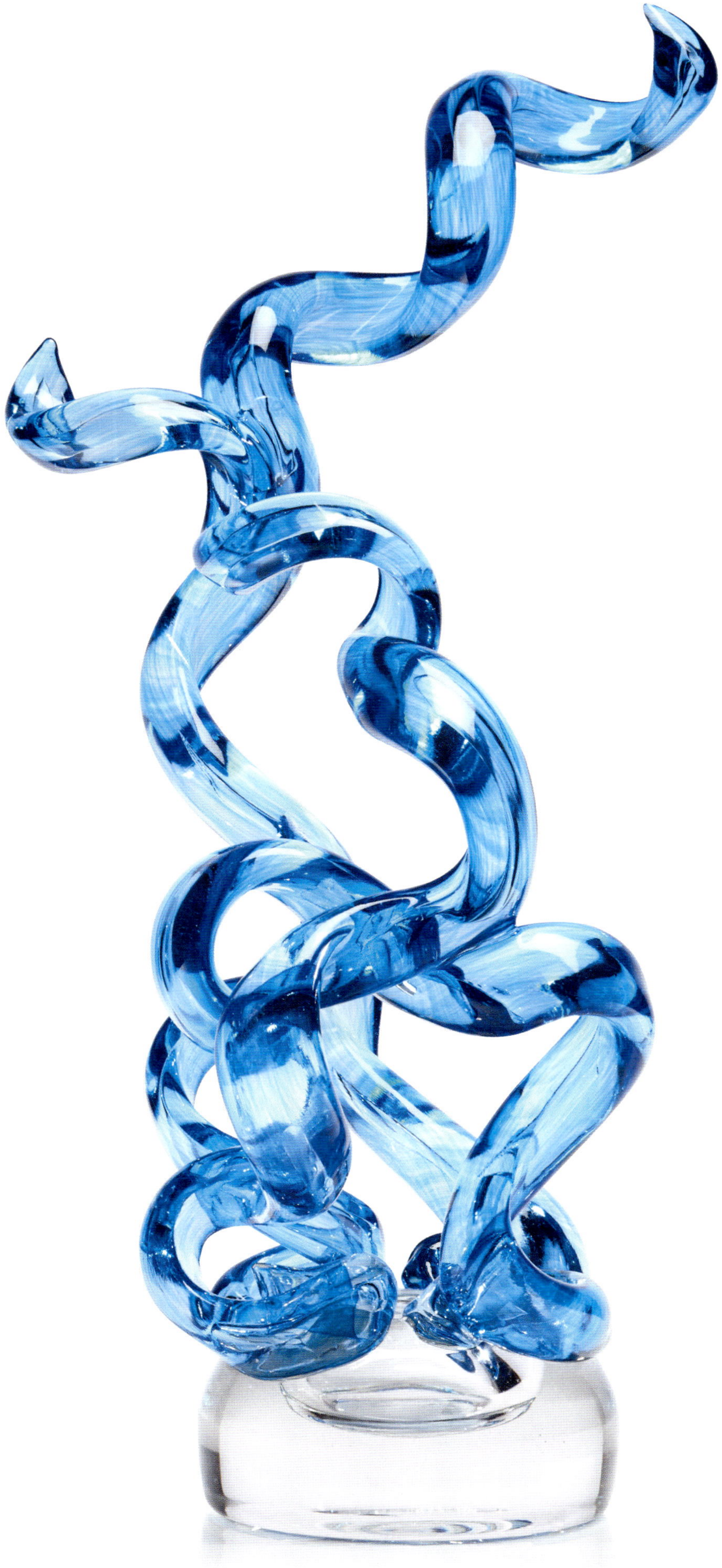

ROTOLO 85, 2018

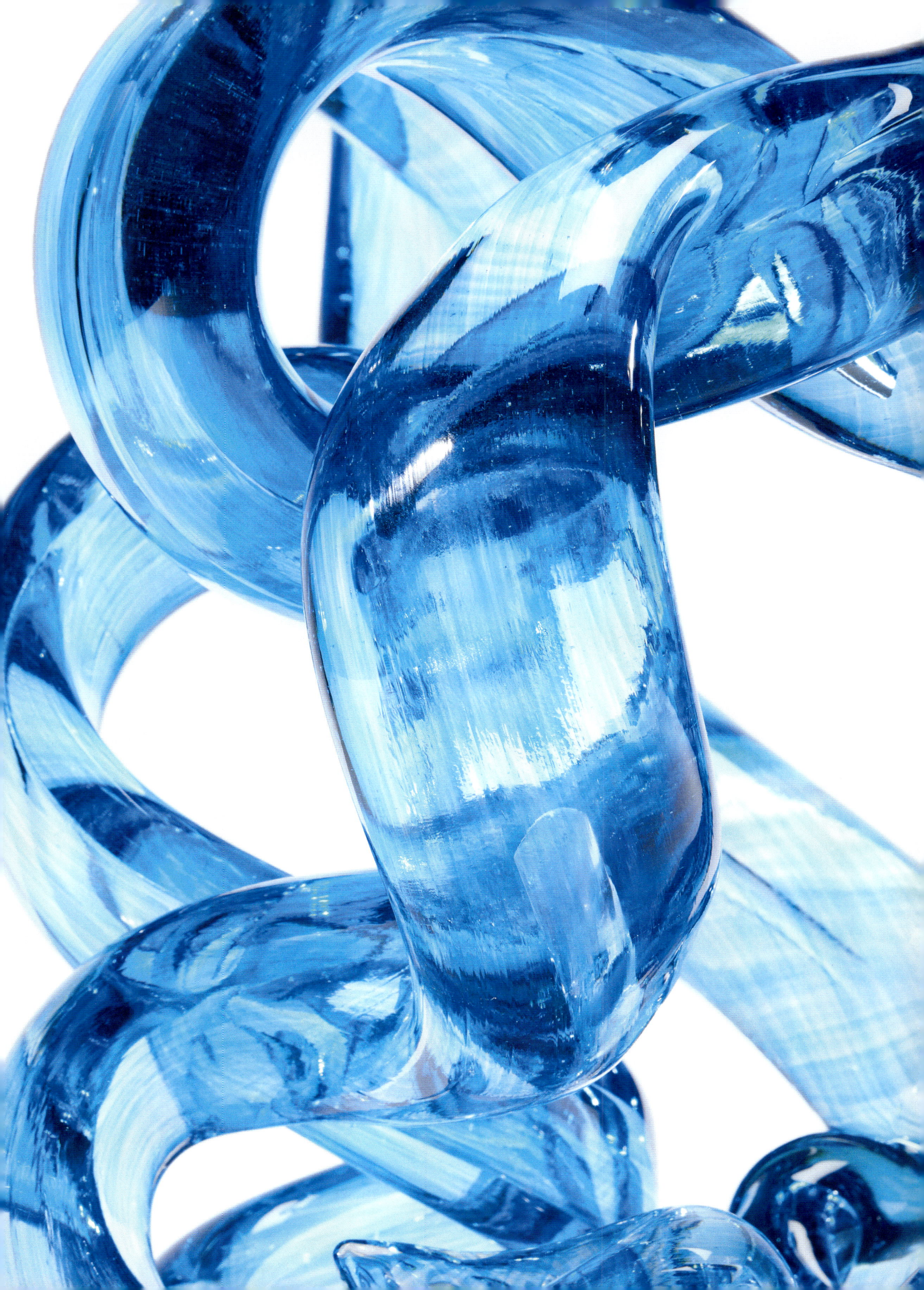

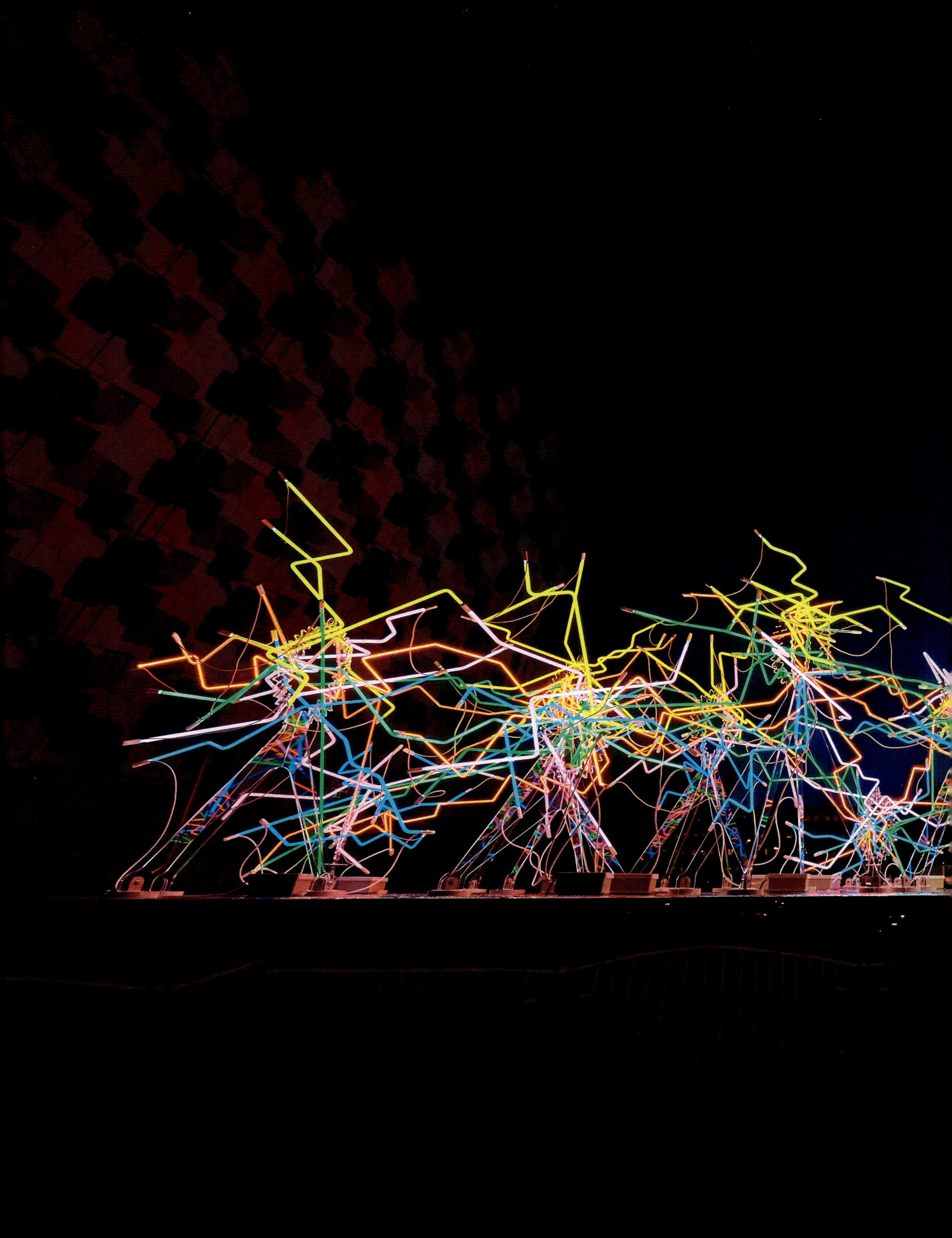

NEON 206, 2017, GRONINGER MUSEUM, INSTALLED 2018

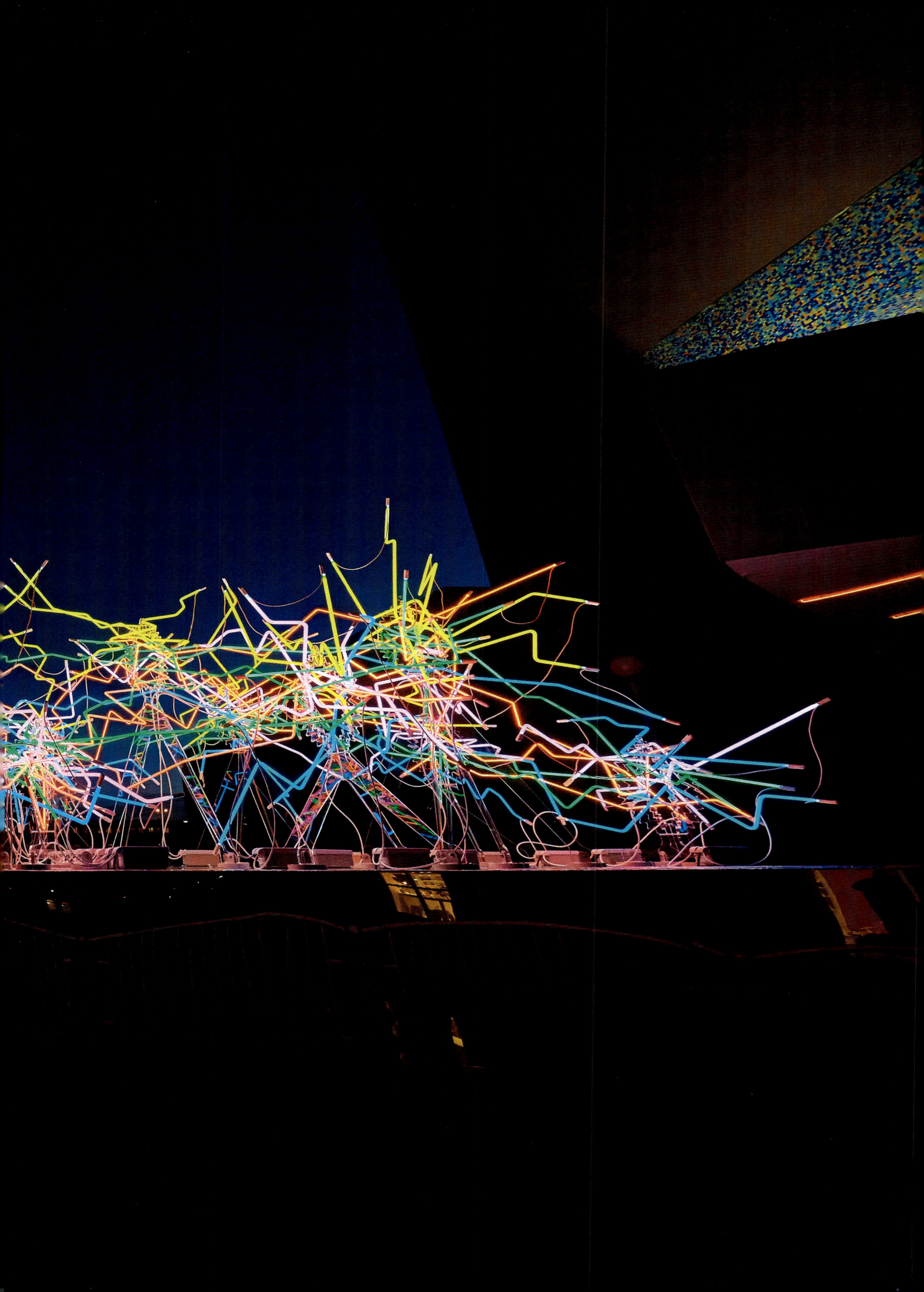

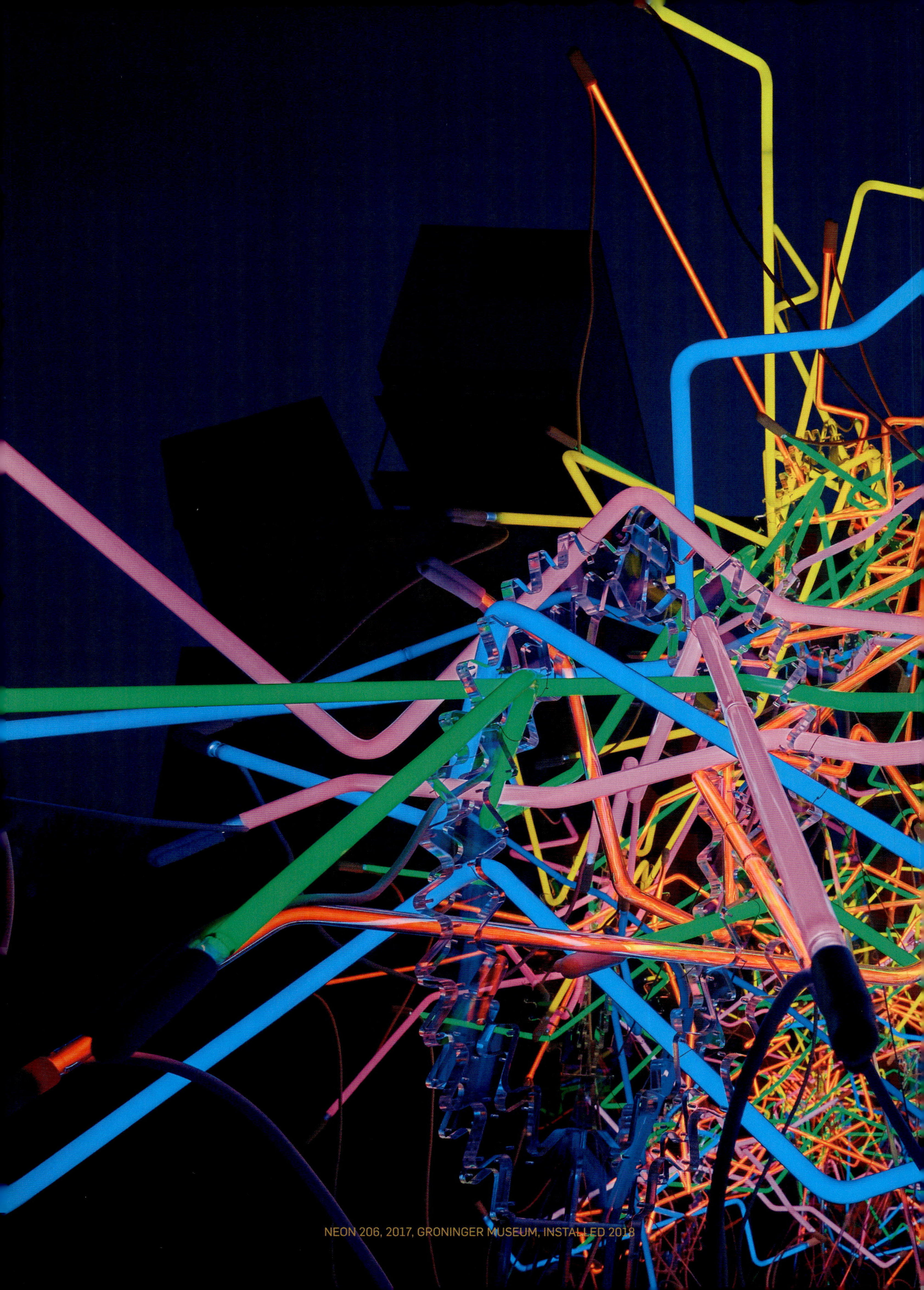

NEON 206, 2017, GRONINGER MUSEUM, INSTALLED 2018

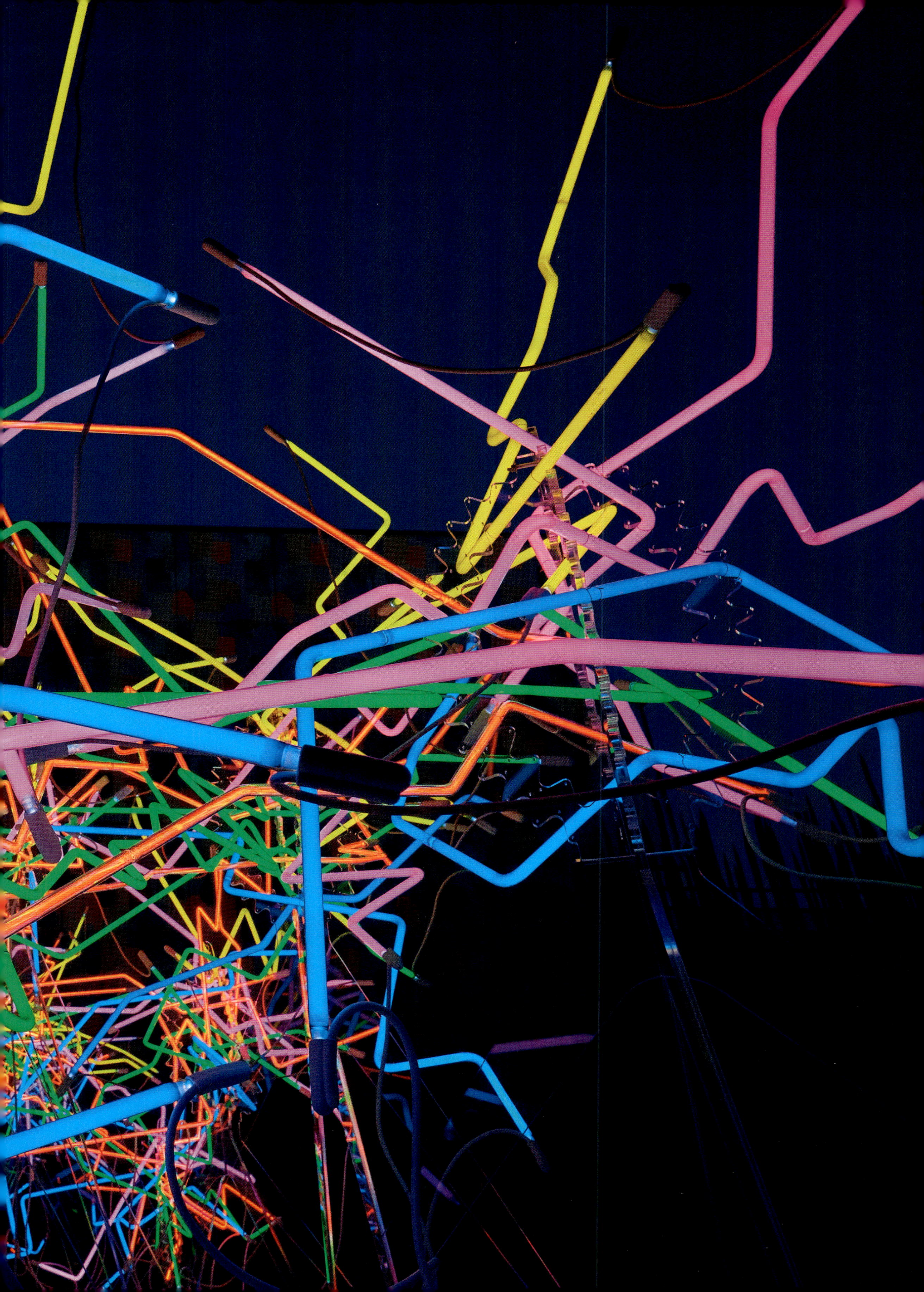

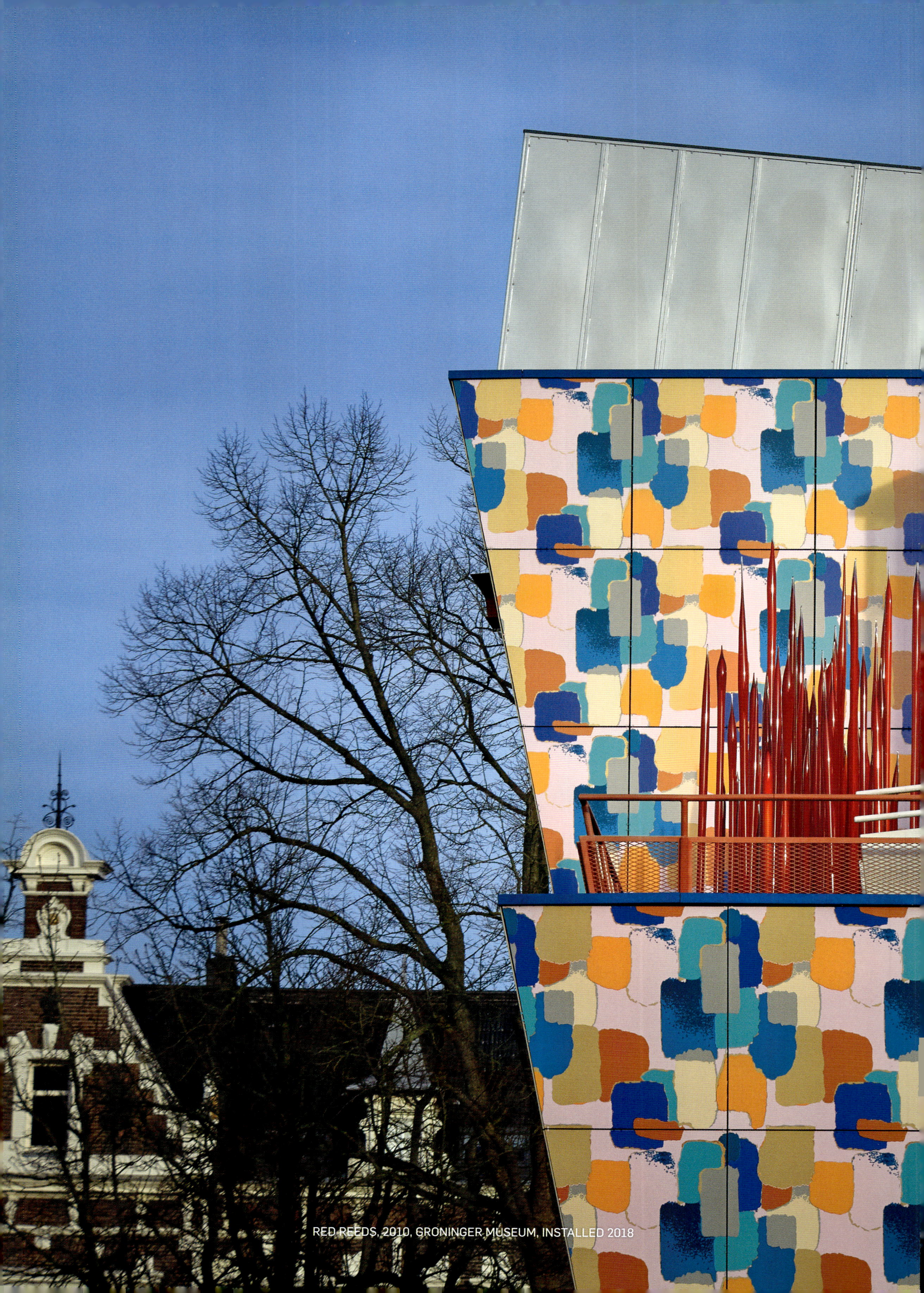

RED REEDS, 2010, GRONINGER MUSEUM, INSTALLED 2018

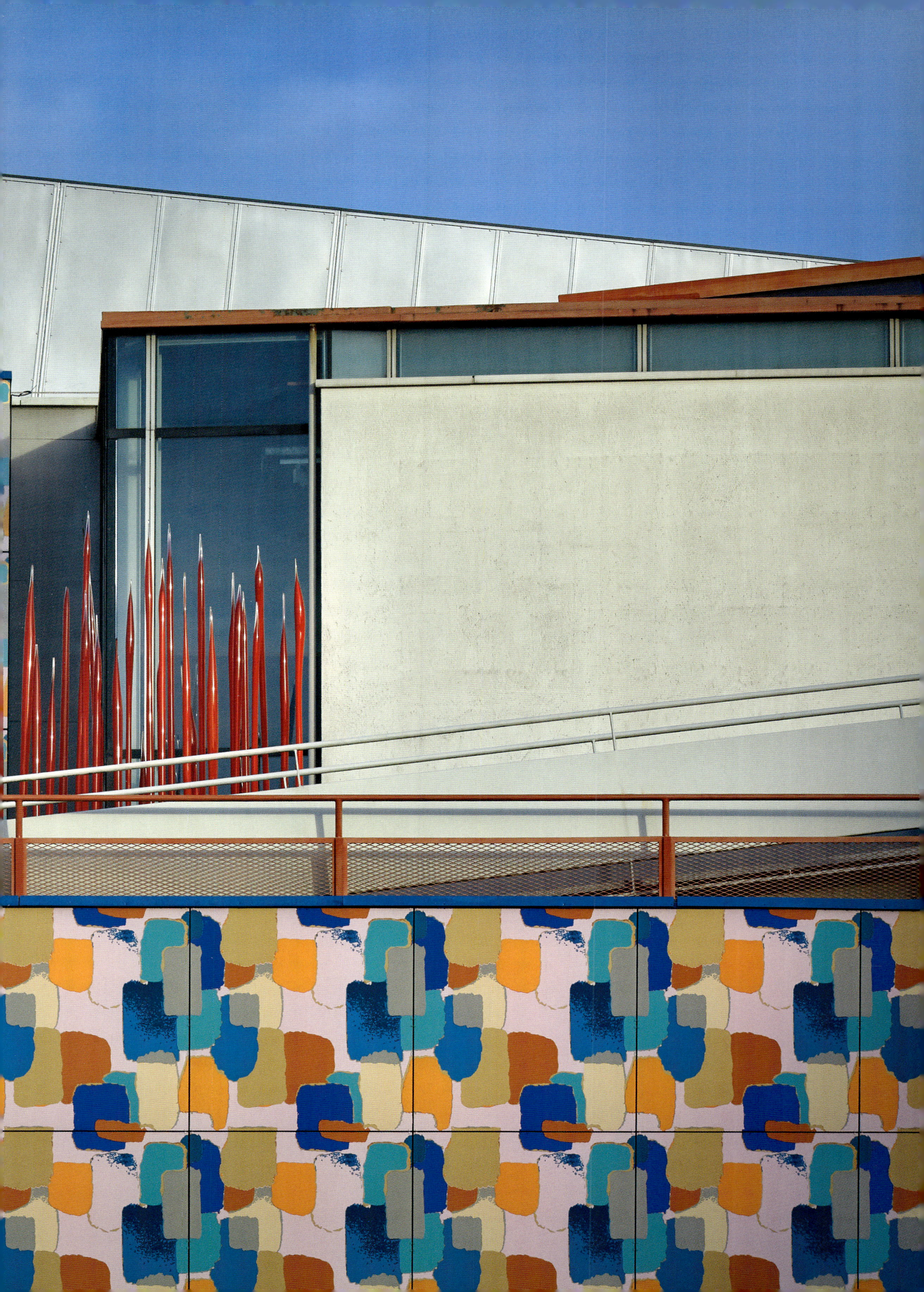

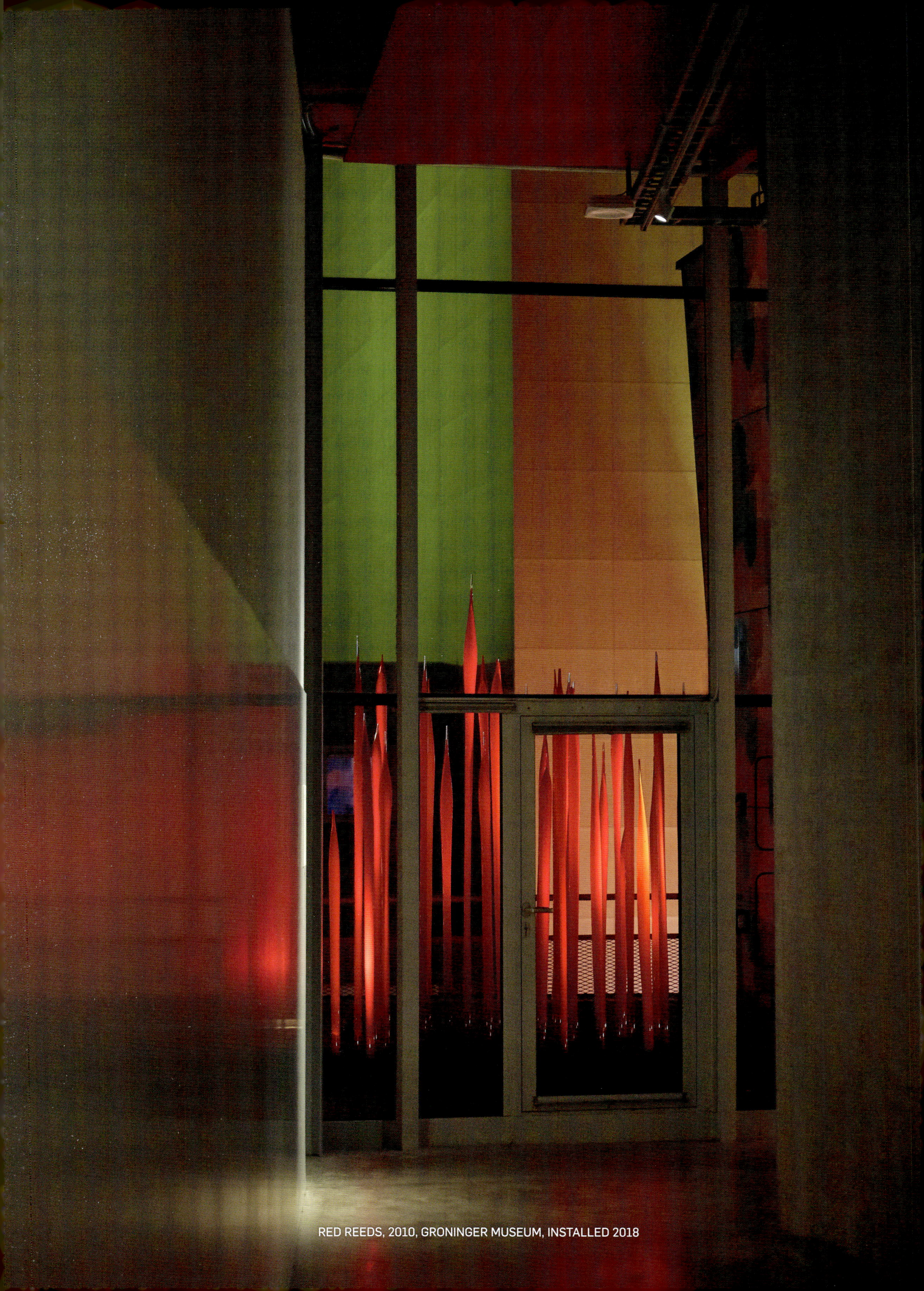

RED REEDS, 2010, GRONINGER MUSEUM, INSTALLED 2018

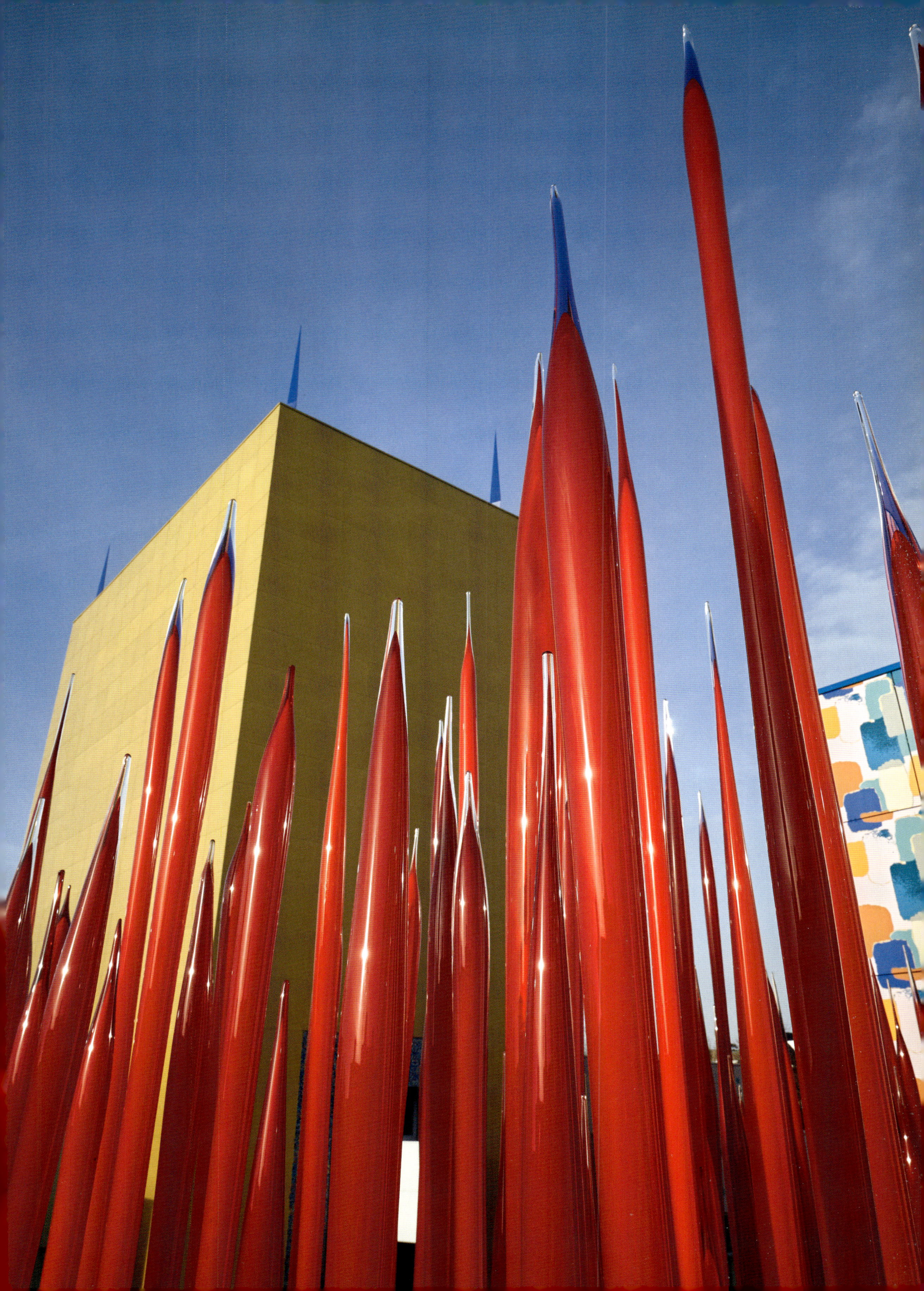

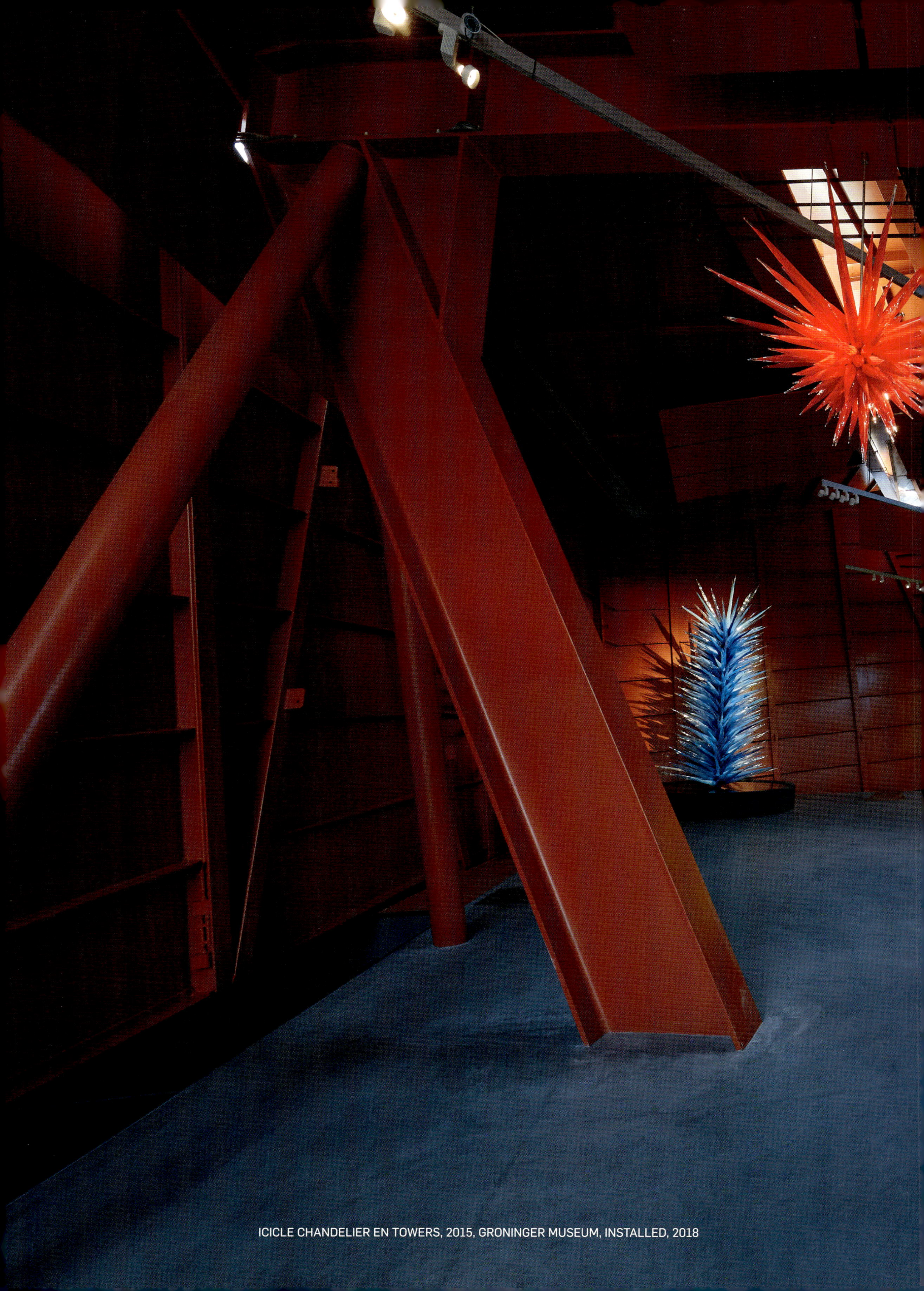

ICICLE CHANDELIER EN TOWERS, 2015, GRONINGER MUSEUM, INSTALLED, 2018

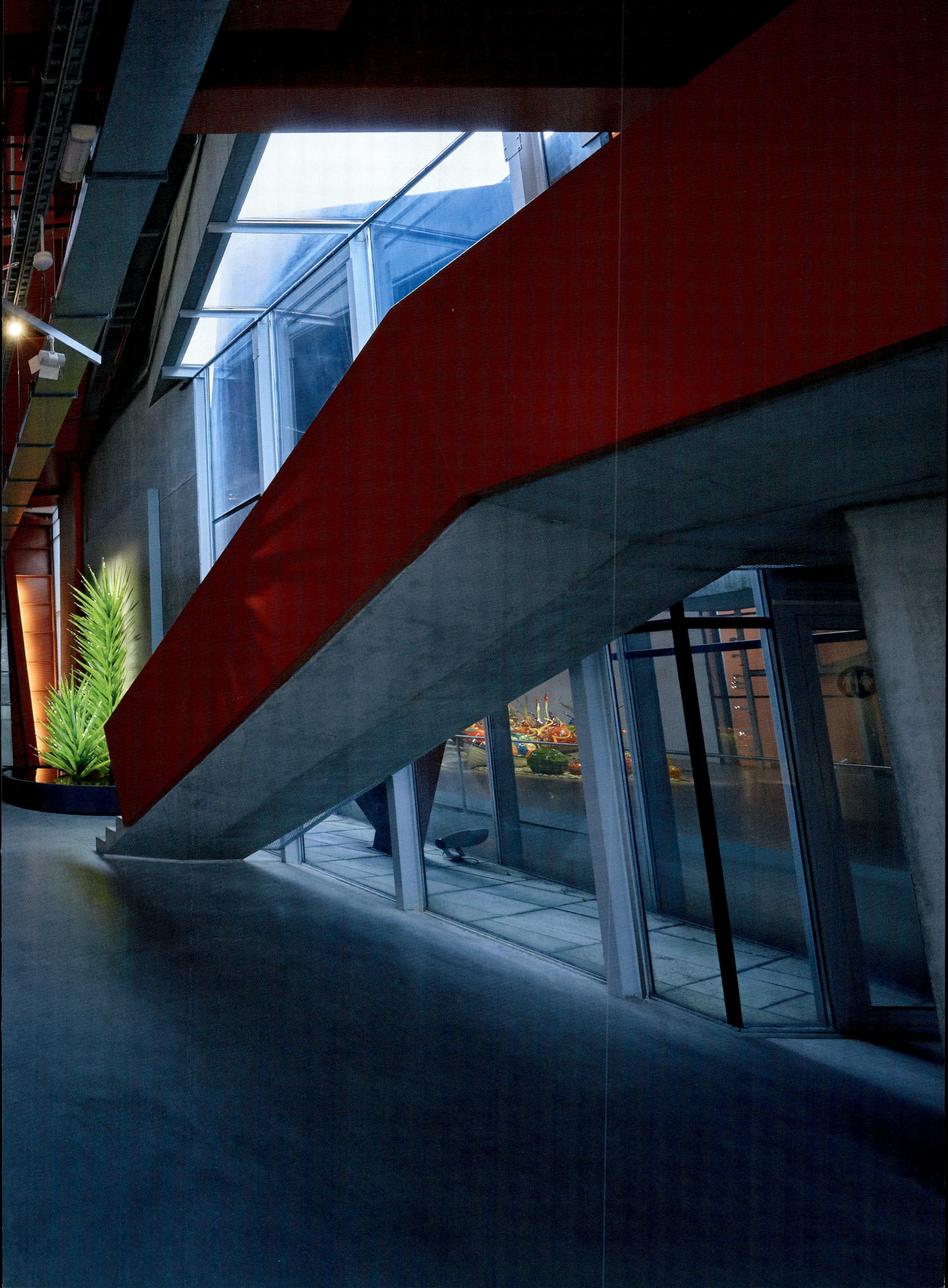

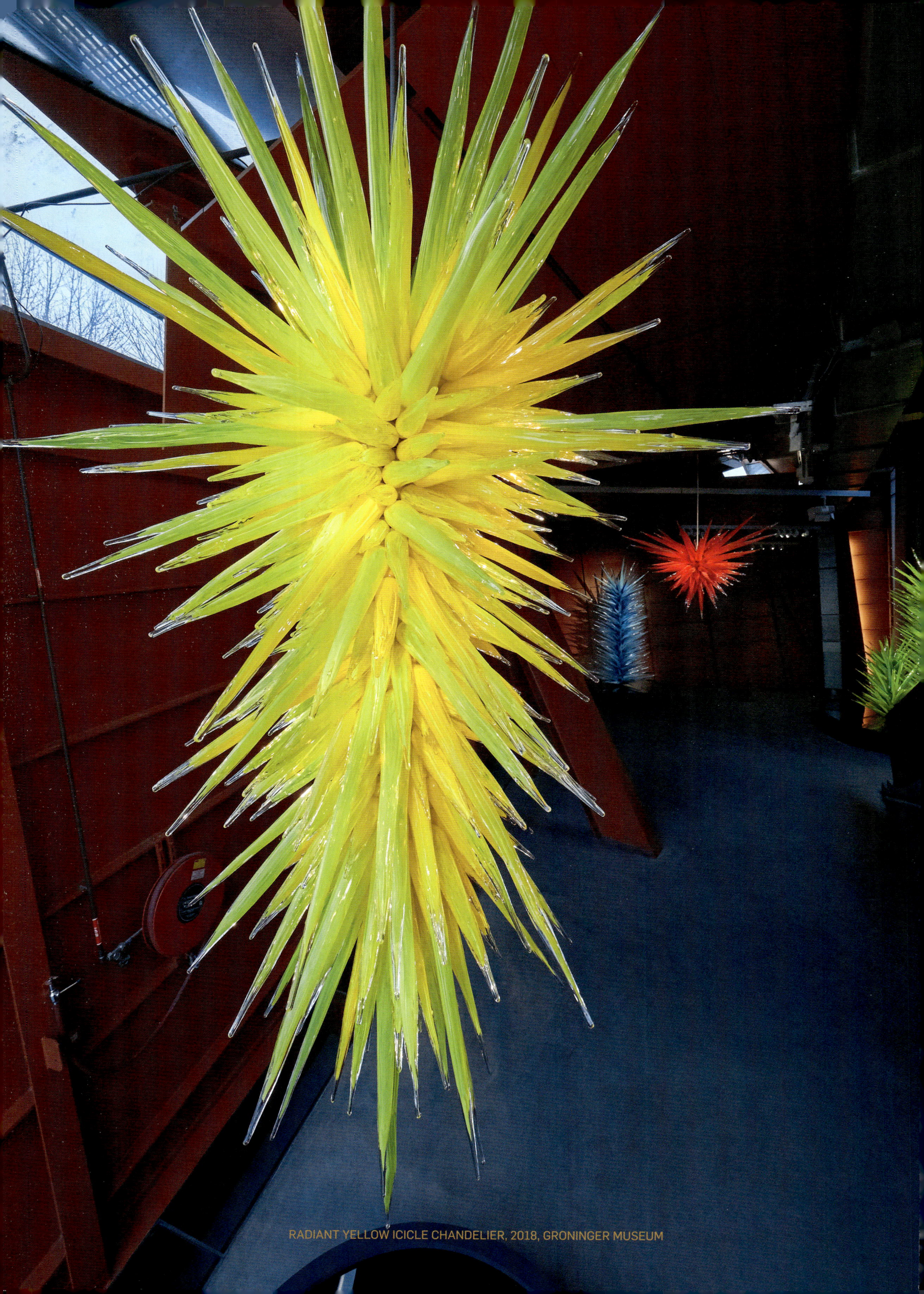

RADIANT YELLOW ICICLE CHANDELIER, 2018, GRONINGER MUSEUM

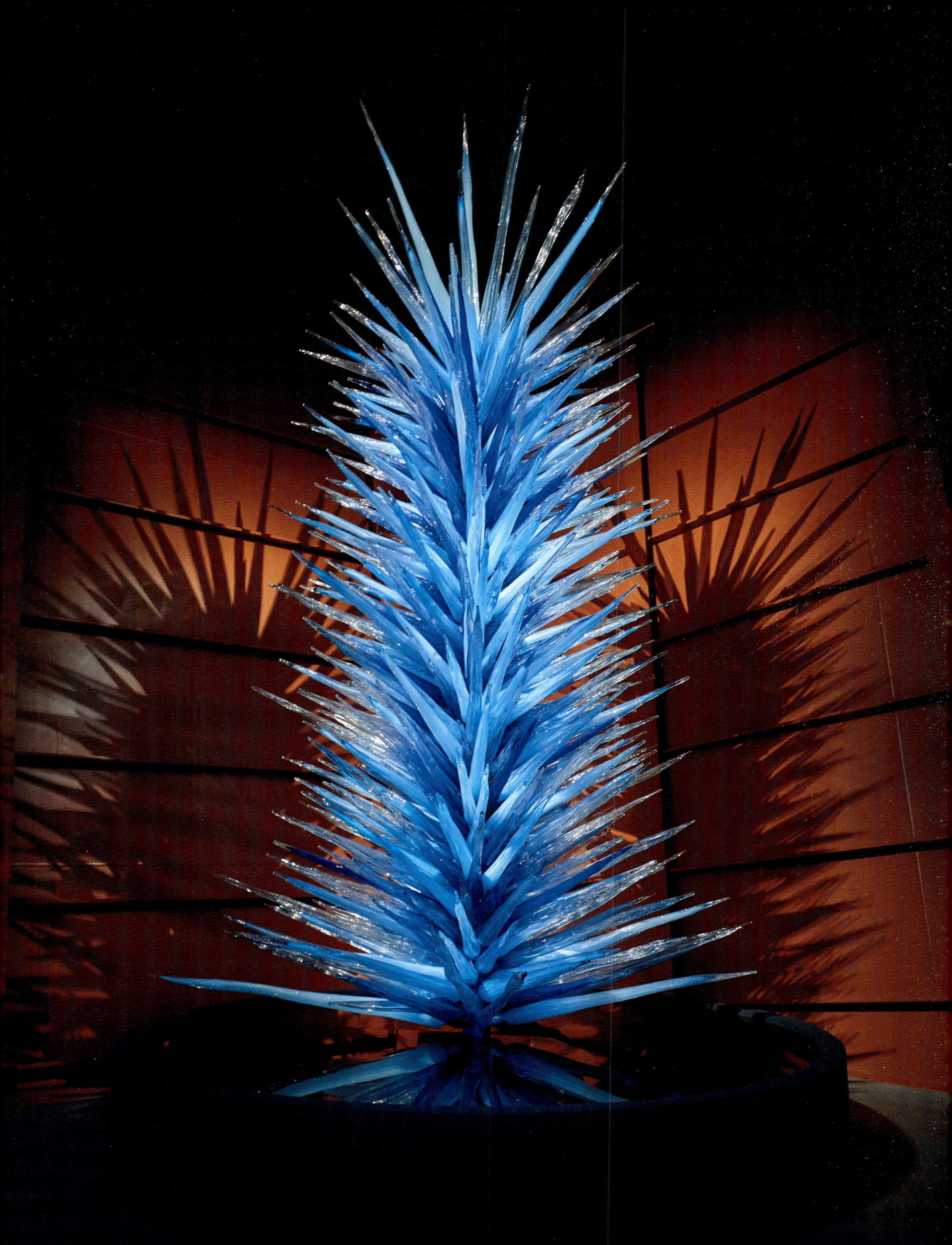

ROYAL BLUE ICICLE TOWER, 2015, GRONINGER MUSEUM, INSTALLED 2018

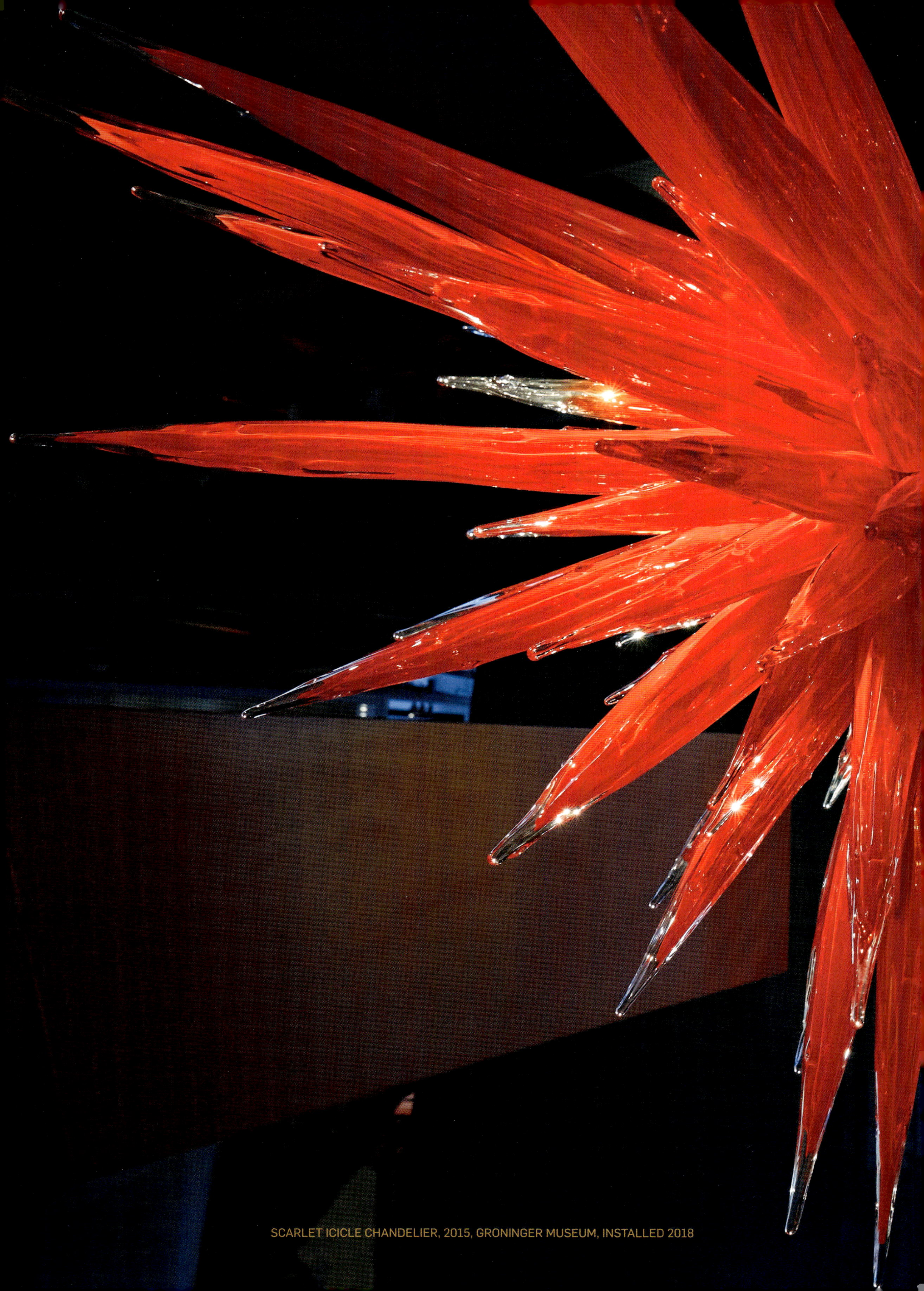

SCARLET ICICLE CHANDELIER, 2015, GRONINGER MUSEUM, INSTALLED 2018

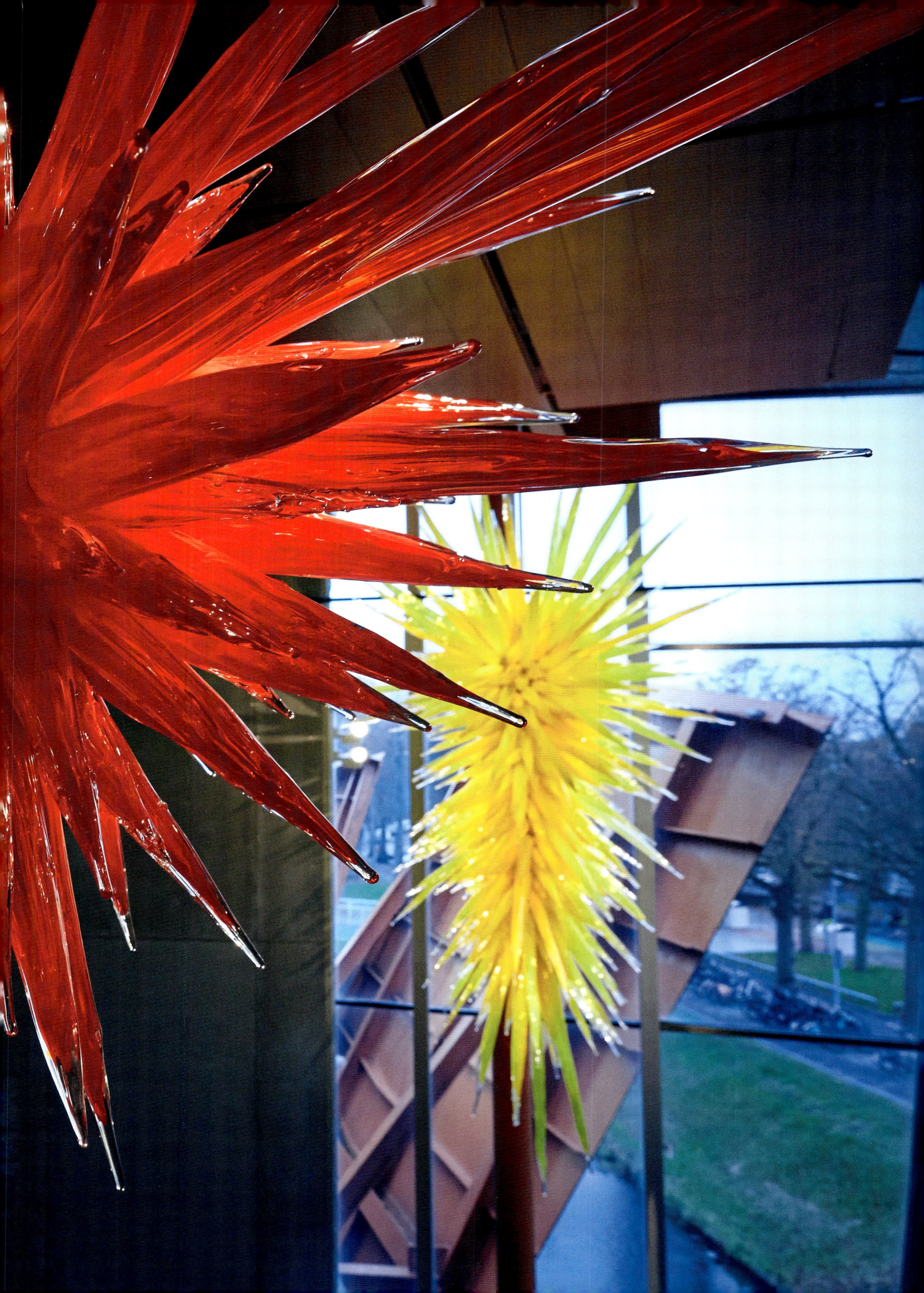

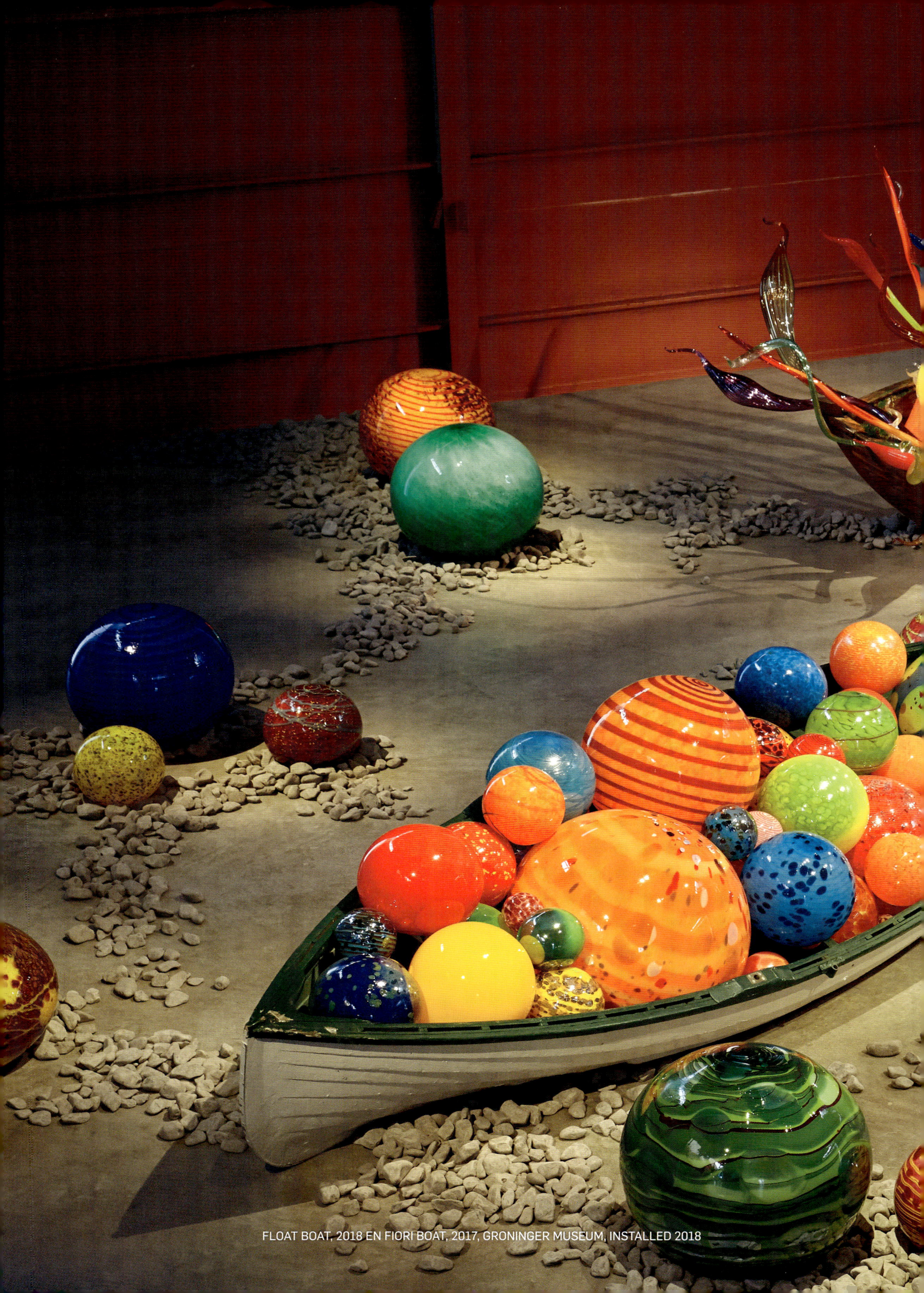

FLOAT BOAT, 2018 EN FIORI BOAT, 2017, GRONINGER MUSEUM, INSTALLED 2018

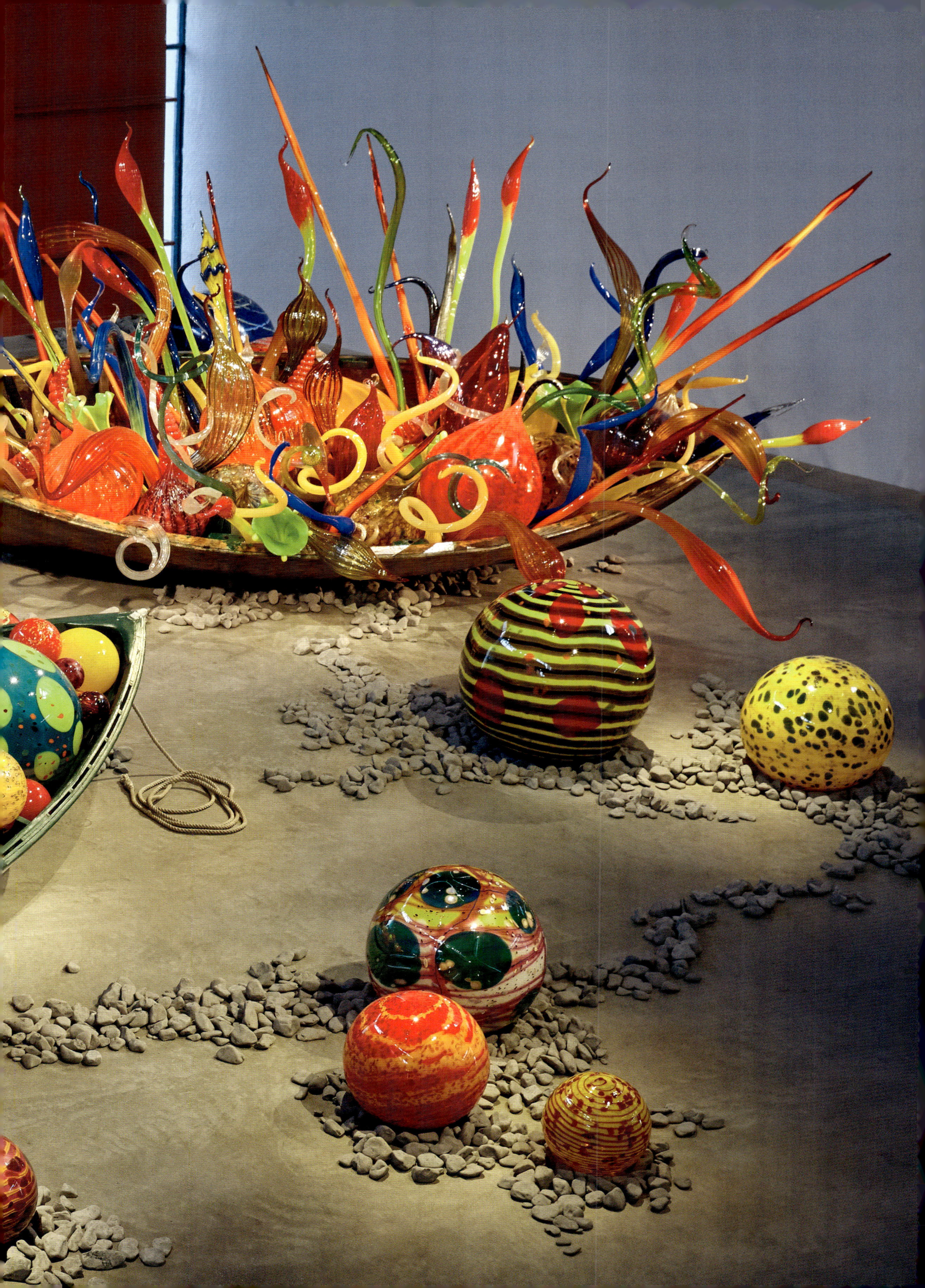

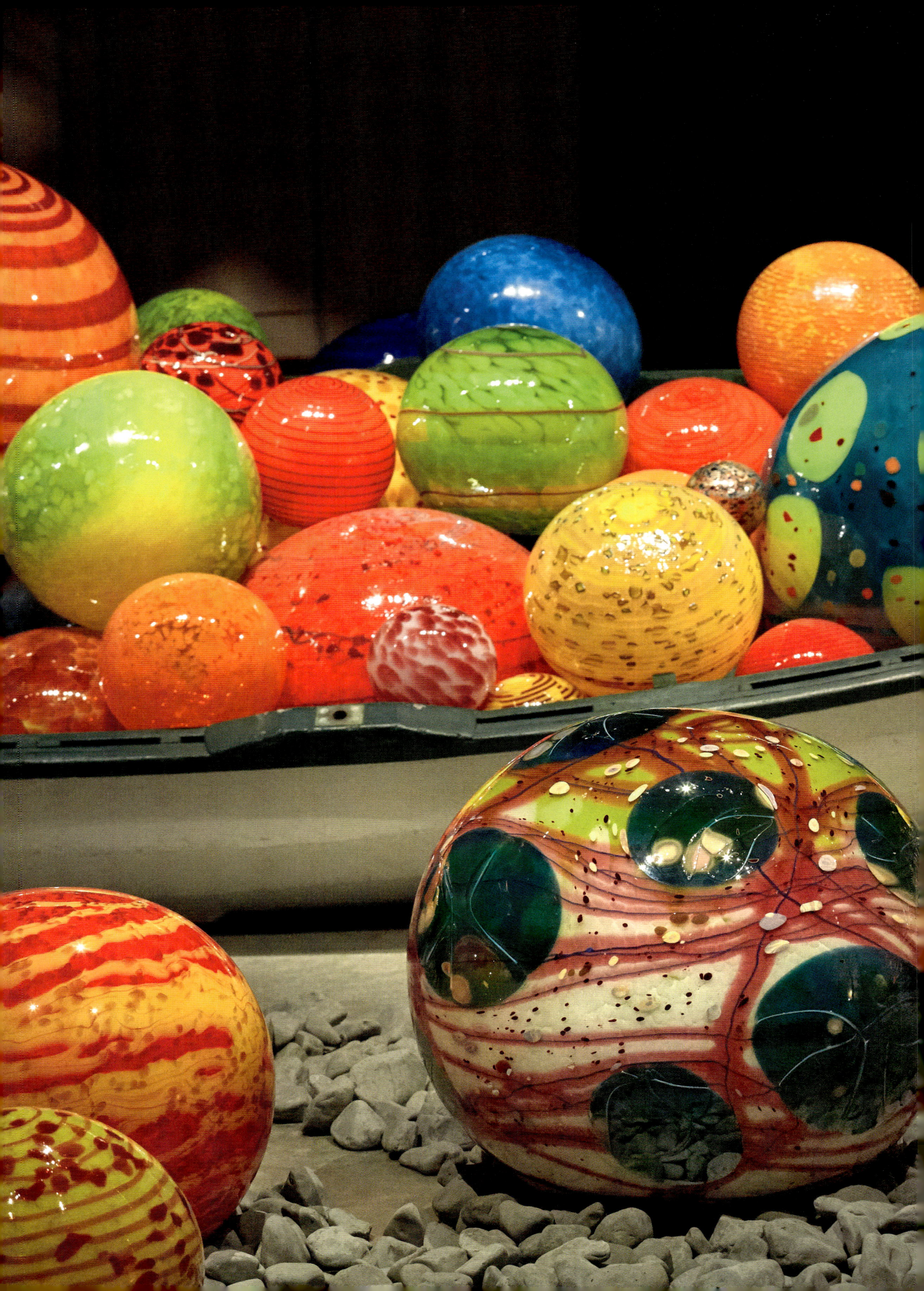

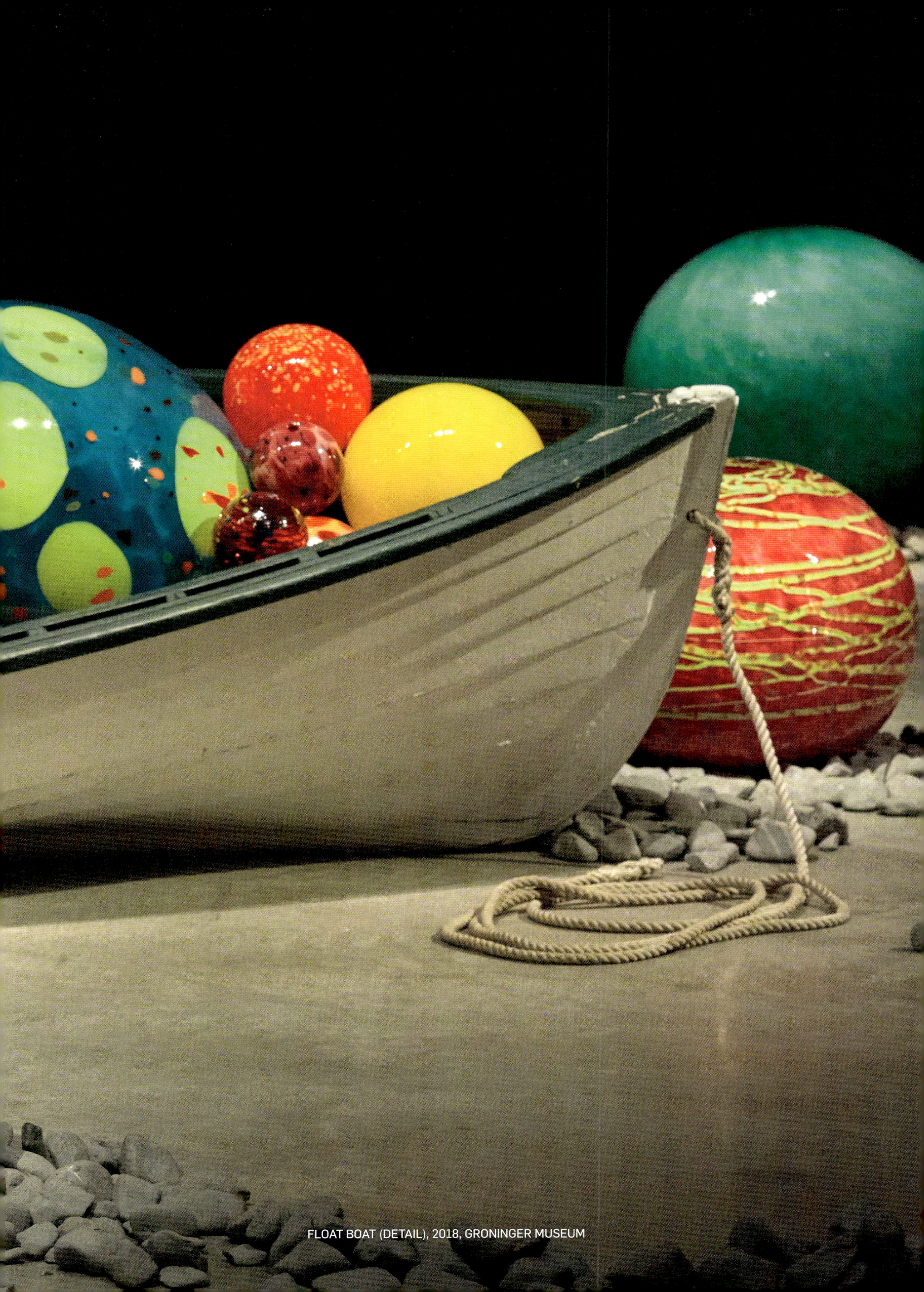

FLOAT BOAT (DETAIL), 2018, GRONINGER MUSEUM

CHIHULY IN HET GRONINGER MUSEUM

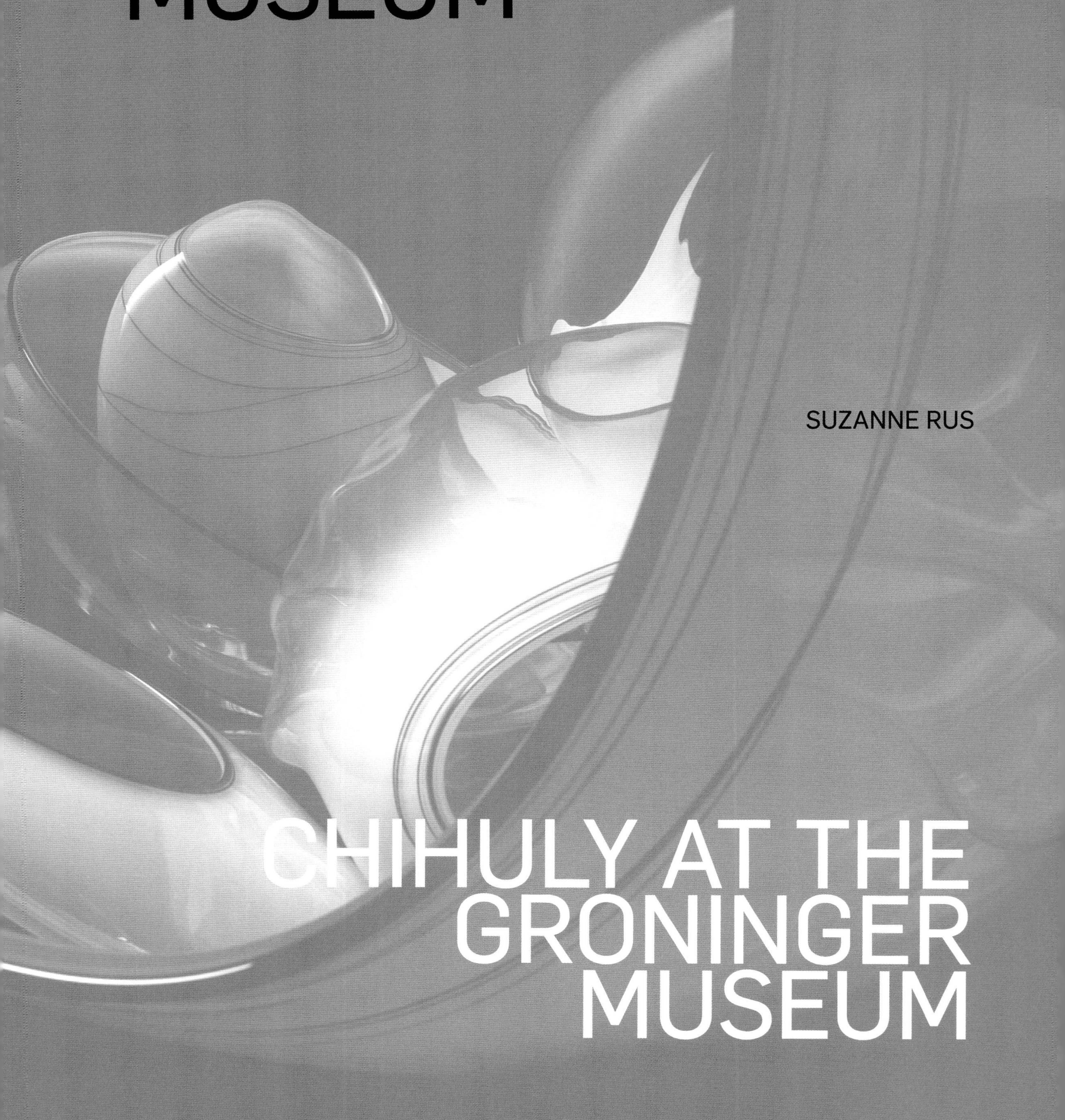

SUZANNE RUS

CHIHULY AT THE GRONINGER MUSEUM

Door kleur, licht, vorm en ruimte samen te brengen, creëert Dale Chihuly over de hele wereld locatie-specifieke sculpturen van glas en neon. Zijn ambitieuze, architecturale installaties staan in openbare ruimtes en musea, maar ook in privéwoningen en tuinen. Eén van de belangrijkste bijdragen aan de installatiekunst van de late twintigste eeuw zijn de *Chandeliers*. Deze glassculpturen, die in tegenstelling tot 'gewone kroonluchters' geheel niet functioneel zijn, worden met meerdere geblazen glaselementen opgehangen aan stalen armaturen die aan het plafond zijn bevestigd. Chihuly's eerste *Chandelier*, gemaakt voor een tentoonstelling in het Seattle Art Museum in 1992, weerspiegelt zijn grote interesse in architectuur in combinatie met glas (afb. 1).[1] Chihuly's interesse in tijdelijke, locatie-specifieke installaties uitte zich een jaar later in de creatie van het werk *100.000 Pounds of Ice and Neon* (afb. 2). Deze installatie, gesitueerd op een ijsbaan in de Tacoma Dome, bestond uit ijsvormige blokken en ballen, met daarin neonbuizen verwerkt.[2] Beide installaties illustreren het begin van Chihuly's zoektocht naar nieuwe presentatiemogelijkheden. Tevens begon hij met het ontwikkelen van een nieuw oeuvre om te gebruiken in grootschalige projecten.

Het project *Chihuly Over Venice* in 1996, waarin hij veertien grote *Chandeliers* op verschillende plekken in de stad plaatste, introduceerde hem als installatiekunstenaar aan een groter publiek (afb. 3). Barbara Rose beschrijft de kunstenaar in haar artikel als volgt: "Chihuly is, misschien op Robert Rauschenberg na, de enige kunstenaar die daadwerkelijk de droom van de jaren zestig over het maken van environments en het samenbrengen van groepen in gemeenschappelijke situaties heeft laten voortbestaan."[3] Chihuly verwijst zelf naar de invloed van installatiekunstenaars Christo en Jean-Claude. In 1995 pakten ze het Rijksdaggebouw in Berlijn in met stof, met als doel mensen met andere ogen te laten kijken naar hun omgeving. Een jaar later begon Chihuly aan zijn ambitieuze installatie in Venetië:

"Christo en Jean-Claude zijn twee van de kunstenaars die me het meest hebben geïnspireerd. Hun projecten en de manier waarop ze werken spreken me zeer aan. Een tijd geleden heb ik een documentaires gezien over een van hun eerste grote projecten, genaamd *Rifle Gap* in Colorado. Hun concepten leken zulke unieke ondernemingen. We zijn naar Berlijn gegaan toen ze het Rijksdaggebouw inpakten. Daar werkten wel 1.200 mensen aan mee... Op een bepaalde manier is mijn kunst een voortzetting van hun kunst, maar dan op kleinere schaal."[4]

De kunst van Chihuly is alomvattend in zijn doelen en reikwijdte en gaat veel verder dan het succesvol creëren van objecten en het maken van installaties. Alles komt samen door zijn onophoudelijke interesse in de betekenis van kleur, licht, ruimte en sfeer, die inherent zijn aan de

By bringing together color, light, form and space, Dale Chihuly has created location-specific sculptures of glass and neon all over the world. His ambitious architectural installations can be found in public spaces and museums, as well as private homes and gardens. One of the most important contributions to installation art of the late twentieth century are his *Chandeliers*. These glass sculptures that, unlike 'ordinary chandeliers', are not in any way functional, are hung up with multiple blown glass elements on steel armatures attached to the ceiling. Chihuly's first *Chandelier*, made for an exhibition at the Seattle Art Museum in 1992, reflects his great interest in architecture combined with glass (Fig. 1).[1] Chihuly's interest in temporary, location-specific installations was expressed a year later in the creation of the work *100,000 Pounds of Ice and Neon* (Fig. 2). This installation, situated on an ice rink in the Tacoma Dome, consisted of ice blocks and balls, with incorporated neon tubes.[2] Both installations illustrate the beginning of Chihuly's search for new possibilities for presentation. He also began to develop a new oeuvre for use in large-scale projects.

The *Chihuly Over Venice* project from 1996, during which he placed fourteen major *Chandeliers* at various locations in the city, introduced him as an installation artist to a larger audience (Fig. 3). In her article, Barbara Rose describes the artist as follows: "Chihuly is the only artist, outside of Robert Rauschenberg perhaps, who manages actually to live out the sixties dream of making environmental art for the people and of connecting groups in communal situations."[3] Chihuly himself refers to the influence of installation artists Christo and Jean-Claude. In 1995, they wrapped the Berlin Reichstag building in fabric, with the aim of making people look differently at their surroundings. A year later Chihuly started his ambitious installation in Venice:

"Christo and Jean-Claude are among the artists that inspired me the most. I really connect with their projects and the way they do them. Some time ago, I saw one of the documentary films about one of their first big projects, called *Rifle Gap* in Colorado. The concepts seemed like such a unique undertaking. We went to Berlin when they wrapped the Reichstag. They had 1,200 people working on it... In many ways what I do is a smaller version of what they do."[4]

The art of Chihuly is all-encompassing in its goals and scope, it goes far beyond the successful creation of objects and the making of installations. Everything comes together because of his incessant interest in the meaning of color, light, space and atmosphere, elements that are inherent in the spectator's viewing experience. This essay looks at the way in which Chihuly incorporates his work into the environment, embracing nature and architecture, whereby light and color play a very important role. In this kijkervaring van de toeschouwer. In dit essay wordt gekeken naar de manier waarop Chihuly zijn werk onderdeel maakt van de omgeving, door natuur en architectuur te omarmen, waarbij licht en kleur een zeer belangrijke rol spelen. Tevens worden in deze context verschillende installaties uit de tentoonstelling in het Groninger Museum besproken.

De kunstenaar
Dale Chihuly groeide op in Tacoma, Washington. Al tijdens zijn jeugd werd hij geïnspireerd door de natuur. De tuin van zijn moeder, met een gazon omringd door azalea's en rododendrons, en ook het strand vlakbij, zorgde op latere leeftijd voor veel inspiratie voor zijn glassculpturen en installaties.[5] Chihuly's interesse in de natuur komt niet alleen voort uit een diepgewortelde waardering voor de natuurlijke wereld. Ook zijn opleiding Interior Design en zijn interesse in architectuur hebben de kunstenaar gebracht waar hij nu staat:

"Ik ben naar de universiteit een eindje verderop in de straat gegaan, waar ik dat eerste jaar een vak over weven heb gevolgd. Toen heb ik ook de kelder van mijn moeder verbouwd, en de zitkamer, en ik heb van die jaren vijftigen Frank Lloyd Wright-gordijnen gemaakt, en ik maakte ook mijn eigen meubelstukken. Dus vond ik mezelf al een hele ontwerper. Nu ik erover nadenk waren de gordijnen in de zitkamer van mijn moeder echt een geval van Frank Lloyd Wright-weven. De vrouw van Frank Lloyd Wright was wever. Daarom zijn stoffen altijd zo belangrijk voor Wright geweest, en Wright is altijd een van mijn helden geweest, nu nog steeds."[6]

In 1965 ontvangt hij zijn bachelordiploma en krijgt hij de kans om als designer voor John Graham & Company te werken. In datzelfde jaar blaast Chihuly – al experimenterend in zijn souterrain studio – zijn eerste glasbubbel door middel van gesmolten glas en een metalen pijp. Zijn kennismaking met glasblazen is een feit.

"Je kunt je alleen maar afvragen wat voor geniaal persoon ooit heeft ontdekt dat je met je eigen adem via een metalen buisje een luchtbel in een klompje gesmolten glas kunt blazen. En dan moet je je ook nog voorstellen dat zo'n klompje gemaakt is van alleen maar silica of zand, de meest voorkomende materialen ter wereld, dat met slechts een beetje vuur van solide materiaal tot een vloeibare substantie kan worden omgetoverd. Voor mij is glas nog steeds een van de meest mysterieuze en magische uitvindingen en materialen die de mens ooit heeft uitgevonden of ontdekt. Sinds mijn jeugd ben ik al gek op glas. En 24 jaar later stak ik een keer een pijpje in een klompje gekleurd glas dat ik in mijn kelder heb gesmolten, en blies ik er een bel in. Sindsdien heb ik het tot mijn levensdoel gemaakt om nieuwe manieren te ontdekken om met glas vormen, kleuren en installaties te

context, various installations from the exhibition in the Groninger Museum will also be discussed.

The artist
Dale Chihuly grew up in Tacoma, Washington. During his youth he was already inspired by nature. His mother's garden, with a lawn surrounded by azaleas and rhododendrons, together with the nearby beach, provided a great deal of inspiration for his glass sculptures and installations later in life.[5] Chihuly's interest in nature does not only come from a deep-rooted appreciation for the natural world; his training in interior design and interest in architecture have brought the artist to where he is today:

"I went to college up the street, and did take a weaving course that first year. And that year I also remodelled my mother's basement, the rec room, and I did a lot of fifties modern and Frank Lloyd Wright drapes and I made my own furniture. And so, I thought I was this cool designer. I'm sure that the weaving class had a lot to do with my wanting to be an interior designer. Because now that I think about it, the drapery in my mother's rec room was this Frank Lloyd Wright weaving. Frank Lloyd Wright's wife was a weaver. Fabric was always important to Wright, and Wright was always a big hero of mine and still is."[6]

In 1965 he received his bachelor's degree, and he had the opportunity to work as a designer for John Graham & Company. In the same year, Chihuly – while experimenting in his basement studio – blew his first glass bubble, by means of molten glass and a metal pipe. His introduction to glass blowing was thus a fact.

"One can only wonder what kind of genius thought of blowing human breath down a metal tube, forming a bubble inside a molten blob of glass. And to think that this molten blob is made only of silica or sand, the most common material in the world, that can be transformed from a solid to a liquid to a solid just from fire. For me it's the most mysterious and magical of all the inventions or materials that mankind has invented or discovered. Since I was a little boy I always loved glass. And 24 years later I put a pipe into some stained glass that melted in my basement, and blew a bubble. Since that moment I have spent my life as an explorer searching for new ways to use glass and glassblowing to make forms and colors and installations that no one has ever created before – that's what I love to do."[7]

Since the beginning of his acquaintance and involvement with glass in the sixties, Chihuly has concentrated on the sculptural qualities of this material, using the blown object as a means to discover color and shape and to develop it further:

"The technology hasn't really changed... We use the same tools they used 2000 years ago. The difference is that maken die niemand ooit eerder heeft gemaakt – dat vind ik het mooiste wat er is."[7]

Vanaf het begin van zijn kennismaking en betrokkenheid met glas in de zestiger jaren, concentreert Chihuly zich op de sculpturale kwaliteiten van het materiaal, waarbij hij het geblazen object als middel gebruikt om kleur en vorm te ontdekken en verder te ontwikkelen:

"De technologie is nauwelijks veranderd... We maken nog steeds gebruik van hetzelfde gereedschap dat we 2000 jaar geleden ook al inzetten. Het verschil is alleen dat toen ik met het werk begon iedereen controle wilde krijgen over het blaasproces. Ik liet me juist meeslepen. De natuurlijke elementen van vuur, beweging, zwaartekracht en centrifugale kracht zijn er altijd al geweest, en zullen ook altijd bij ons blijven. Het enige verschil is dat ik op deze abstracte wijze werkte en deze natuurkrachten een grotere rol heb gegeven in het maken van de ultieme vorm."[8]

In 1968 krijgt Chihuly zijn masterdiploma aan de Rhode Island School of Design. Juist in die periode verzetten veel kunstenaars zich tegen de kunst als handelswaar. Ze verwierpen het idee dat musea en galeries de enige plaatsen waren om kunst tentoon te stellen. Tegelijkertijd ontstonden er nieuwe stromingen als performance kunst, happenings, conceptuele kunst en land-art. Kunstenaars

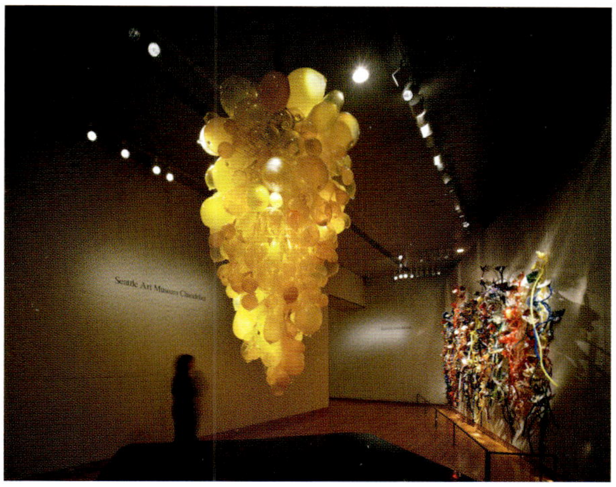

1 Dale Chihuly, *Seattle Art Museum Chandelier*, 1992.
© Chihuly Studio (foto John Gaines)

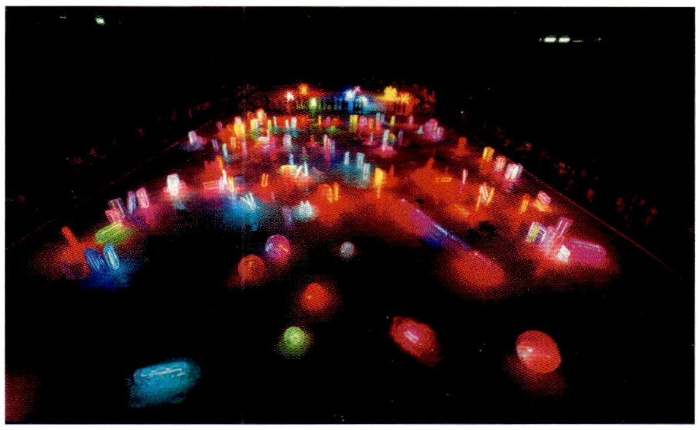

2 Dale Chihuly, *100,000 Pounds of Ice and Neon*, 1993, Tacoma Dome, Tacoma, Washington.
© Chihuly Studio (foto Russell Johnson)

when I started, everyone wanted to control the blowing process. I just went with it. The natural elements of fire, movement, gravity and centrifugal force were always there, and are always with us. The difference was that I worked in this abstract way and could let the forces of nature have a bigger role in the ultimate shape."[8]

In 1968, Chihuly received his master's degree at the Rhode Island School of Design. This is the exact moment when many artists started to resist the concept of art as a commercial commodity. They rejected the thought that museums and galleries should be the only places where art should be exhibited. At the same time, new trends emerged, such as performance art, happenings, conceptual art and land-art. Artists worked in the natural environment, using materials that were found on-site. Photographs were sometimes the only means used for the documentation of the work created. The idea of transience in art, and the role of photography in the documentation of new artworks, deeply touched Chihuly.[9] In later installations, of which *Chihuly Over Venice* is a good example, he uses films and publications to document his projects.

Team Chihuly

Today, Chihuly himself rarely blows glass. Due to a major car accident in 1976, he lost sight in one eye. In the Boathouse in Seattle, the artist is the conductor

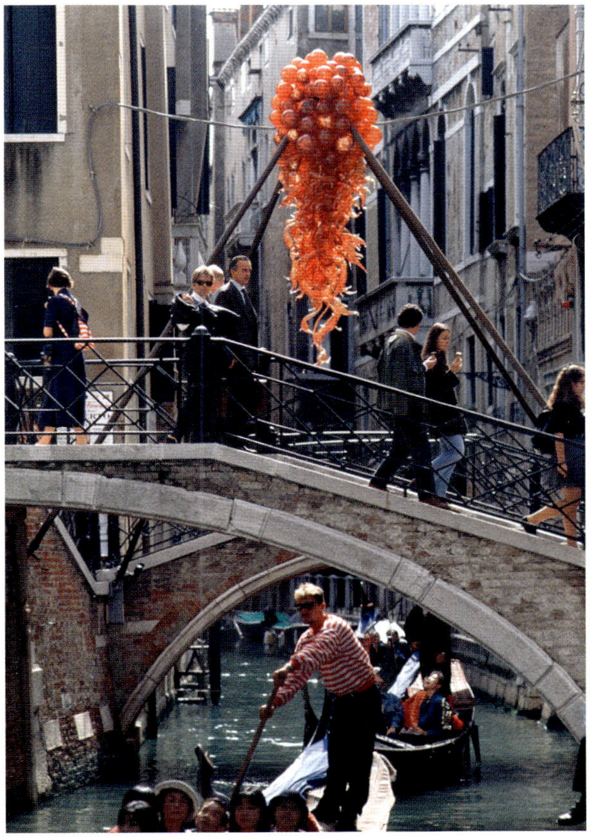

3 Dale Chihuly, *Ponti Duodo e Barbarigo Chandelier*, 1996, Venetië.
© Chihuly Studio (foto Russell Johnson)

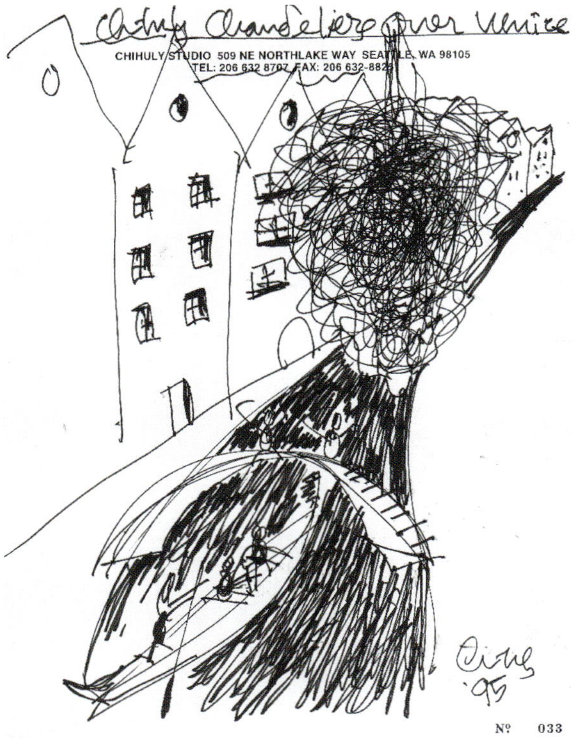

4 Fax van *Chandelier* in kanalen van Venetië, 1995.
© Chihuly Studio

werkten in de natuur met materialen die on-site werden gevonden. Foto's waren soms de enige documentatie van het gecreëerde werk. Het idee van vergankelijkheid in de kunst, en de rol van fotografie in het documenteren van nieuwe kunstwerken, raakte Chihuly diep.[9] In latere installaties, waarvan *Chihuly Over Venice* een goed voorbeeld is, gebruikt hij films en publicaties om zijn projecten te documenteren.

Team Chihuly
Chihuly zelf blaast nauwelijks meer glas; door een zwaar auto-ongeluk in 1976 verloor hij het zicht aan één oog. In de Boathouse in Seattle is de kunstenaar de dirigent en stuurt hij een team van maximaal zeventien glasblazers en assistenten aan. Daarnaast werkt hij nauw samen met onder andere schilders assistenten, timmermannen en metaalbewerkers. Samen worden ze 'Team Chihuly' genoemd. De sleutel tot het creatieve proces van Chihuly zijn de schetsen en notities van zijn hand (afb. 4). Chihuly noemt deze schetsen 'faxes'; waar ook ter wereld kan hij zijn ideeën op elk moment van de dag via fax versturen.

"Ik schrijf graag brieven. Gemiddeld zo'n enkele duizend faxen per jaar. Ik maak wel duizenden faxen om mijn ideeën te kunnen verspreiden. Als je een brief schrijft, denk je natuurlijk na. Het is gewoon een manier om je hersenen aan het werk te zetten. Niets is daar beter voor dan het schrijven van een brief. Ik bedoel, als je een idee

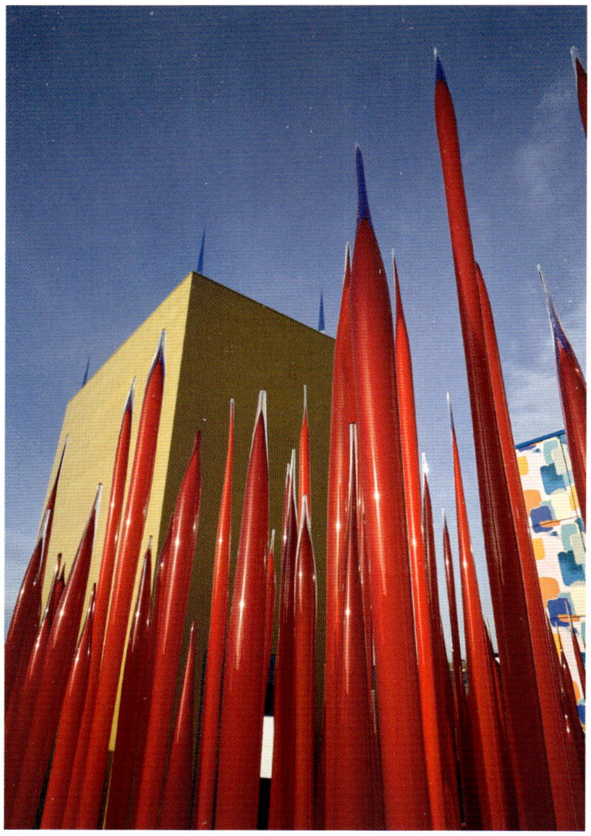

5 *Red Reeds*, 2010, installatie in het Groninger Museum, 2018.
© Chihuly Studio (foto Scott Mitchell Leen)

and directs a team of as many as seventeen glassblowers and assistants. He also works closely with painters, assistants, carpenters and metalworkers, among others. Together they are called 'Team Chihuly'. One key to Chihuly's creative process are his sketches and hand-written notes (Fig. 4), which the artist sends to his team from anywhere in the world at any time of the day.

"I also like to write letters. So I average, several thousand faxes a year. I need to make thousands of faxes to sort of distribute my ideas. Because as you write a letter, of course, you're thinking. It's simply a way to make your mind work. Nothing works better that writing a letter. I mean, if you have an idea... What I'm always stunned about is that it's not the method most people use. For some reason, they make a few notes about an idea, but they don't write the letter. It's the letter, the writing of a letter that formulates the idea. It's the leaving... it's my putting what I'm doing here today, talking to the camera, that helps formulate and structure the idea or the thought."[10]

In a number of cases, these sketches map out his plans and ideas for new installations or sculptures. More frequently, they describe projects that, due to their size, level of difficulty or ambition, require a high degree of cooperation and communication between Chihuly, his clients and his employees working in his hotshop in Seattle. The sketches thus reflect a feeling of design that is not only hebt... Ik verbaas me er altijd over dat niet meer mensen deze methode gebruiken. Andere mensen noteren om de een of andere reden slechts een paar punten van hun idee, maar de brief zelf schrijven ze niet. Het is juist die brief, het schrijven ervan, waardoor het idee vorm krijgt. Het neerleggen... de manier waarop ik onder woorden breng wat ik hier vandaag kom doen, pratend tegen de camera, waardoor ik vorm en structuur kan geven aan het idee of de gedachte."[10]

In een aantal gevallen brengen deze schetsen zijn plannen en ideeën voor nieuwe installaties of sculpturen in kaart. Veel vaker beschrijven ze projecten die, vanwege hun omvang, moeilijkheidsgraad en ambitie, een grote mate van samenwerking en communicatie vereisten tussen Chihuly, de opdrachtgevers en zijn medewerkers in zijn studio in Seattle. De schetsen weerspiegelen daarmee een ontwerpgevoel dat niet alleen instinctief is, maar ook een zeer geoefende hand laat zien. Voorop staat dat de schetsen ten alle tijden uitgevoerd kunnen worden door zijn team. Deze intense en ingewikkelde manier van teamwork stelt Chihuly in staat om al ruim vijftig jaar op grote schaal sculpturaal glas te maken:

"Het kan bijzonder lonend zijn om op de steun en expertise van een groot team te mogen rekenen. Ik ben er dankbaar voor dat ik samen met een team van getalenteerde glasblazers mag werken, zeker nu ik bezig ben met zulke grote bouwkundige projecten en installaties. Glasblazen is een erg spontaan, snel medium, waarbij men snel moet reageren. Door mijn team lukt me dat ook."[11]

In de totstandkoming van de tentoonstelling in het Groninger Museum is er niet alleen op afstand nagedacht over de geëxposeerde glassculpturen. Een aantal mensen uit het Team Chihuly heeft meerdere keren het museum bezocht om zich te buigen over het vinden van een balans tussen het glas en de tentoonstellingsruimtes. Hieruit ontstond al vroeg het idee om ook aan de buitenkant van het museum installaties te plaatsen; de *Red Reeds* en *Neon 206* gaan tijdelijk deel uit maken van het museumgebouw en gaan een dialoog aan met de omringende architectuur (afb. 5).

Het succes van de installaties van Chihuly heeft voor een groot deel te maken met de zorg die eraan wordt besteed. In de voorbereiding op de tentoonstelling worden in Seattle verschillende ruimtes van het Groninger Museum op ware schaal nagebouwd om vast te stellen of er geen disbalans tussen glas en ruimte ontstaat. De kleuren op de wanden zijn met zorg uitgekozen; niet eerder werkte Chihuly met gekleurde tentoonstellingszalen. Dit gebeurt met de hulp van een groot team van projectmanagers, architecten, ingenieurs, fabrikanten, lichtontwerpers, installateurs, verpakkers en transporteurs. Een dergelijke

instinctive, but also shows a very experienced hand. The most important thing is that the sketches can be realized by his team at all times. This intense and complex form of teamwork has enabled Chihuly to make sculptural glass on a large scale for over fifty years:

"Having the support and skills of a large team can be tremendously gratifying. I feel fortunate to work with a very skilled and talented team of glassblowers, especially now that I do such large architectural projects and installations. Glassblowing is a very spontaneous, fast medium, and one has to respond very quickly. My team allows me to do that."[11]

During the realization of this exhibition in the Groninger Museum, it was not only remote reflections on the exposed glass sculptures that were considered. A number of people from Team Chihuly visited the museum several times, in order to find and establish a balance between the glass and the exhibition spaces. This quickly prompted the idea of creating installations on the outside of the museum: the *Red Reeds* and *Neon 206* have temporarily become part of the museum building and thus enter into a dialogue with the surrounding architecture (Fig. 5).

The successes of the Chihuly installations are largely due to the care that is put into them. In preparation for the exhibition, different spaces within the Groninger Museum have been recreated at full scale in Seattle, in order to determine that there is no imbalance between glass and space. The colors on the walls have been chosen with care; never before has Chihuly worked with colored exhibition halls. This has been accomplished with the help of a large team of project managers, architects, engineers, manufacturers, lighting designers, installers, packers and transporters. Such advanced preparation will always play a crucial role in the success of an exhibition.

The museum

Alessandro Mendini is the architect responsible for the realization of the Groninger Museum, a high point of postmodern architecture. The museum consists of three building sections that are connected to each other by means of a central corridor on the lower level. The central part is designed by Mendini and includes such facilities as a restaurant, Info Center, children's workshop, auditorium and offices. Towering over all of this, the gold-yellow storage – the treasury of the museum – stands out. The two other building components contain the actual exhibition spaces and consist of a combination of two pavilions, each of which designed by a different architect.[12]

The Mendini Pavilions consist of a large, rectangular central hall, surrounded by smaller rooms with passageways set out in a row: a classic shape for a museum. The walls are painted with colors from a special color palette eerste voorbereiding speelt een cruciale rol in het succes van een tentoonstelling.

Het museum

Alessandro Mendini is de architect van het gebouw van het Groninger Museum, een hoogtepunt van postmoderne architectuur. Het museum bestaat uit drie gebouwdelen die op de onderste laag door middel van een centrale gang met elkaar zijn verbonden. Het centrale deel is door Mendini zelf ontworpen en bevat voorzieningen als restaurant, Info Center, kinderatelier, auditorium en kantoren. Boven alles uit steekt de goudgele depottoren, de schatkamer van het museum. De twee overige bouwdelen bevatten de eigenlijke museumzalen en bestaan uit een stapeling van twee paviljoens. Elk paviljoen is ontworpen door een andere architect.[12]

De Mendinipaviljoens bestaan uit een grote rechthoekige zaal in het midden, omgeven door kleinere zalen met doorgangen op één rij: een klassiek museumtype. De wanden zijn beschilderd met kleuren uit een speciaal kleurenpalet dat Peter Struycken ontwierp voor het museum.

Het paviljoen van Coop Himmelb(l)au bevat drie grote binnenruimtes, opgebouwd uit staalplaten en glas. Dwars door deze ruimtes voert een loopbrug. Het ontwerp is ontstaan vanuit een surrealistische techniek (automatisch tekenen), vertaald in driedimensionale maquettes en uiteindelijk gebouwd op een scheepswerf. Op enkele wanden zijn sterk uitvergrote details van de tekening aangebracht.[13]

Waar glas en architectuur samenkomen

De diversiteit van de zalen in het Groninger Museum maakt het mogelijk om op verschillende manieren de creaties van Chihuly tot hun recht te laten komen. Chihuly heeft een manier gevonden om met een zeer fragiel materiaal enorme omgevingen (*environments*) en theatrale gebeurtenissen te creëren. Door zijn affiniteit met interieur en architectuur, en zijn eerdere opleiding als interieur designer, is Chihuly gewend om mét architecten te werken in plaats van tegen ze. Op deze manier weet hij ruimtes te omarmen en te vullen met kunstwerken die een maximale stimulatie en verrassing bieden aan het publiek. Elke ruimte is specifiek uitgezocht op het te tonen object en andersom. De wisselwerking tussen architectuur en het geblazen glas staat daarin boven alles. Waar de klassieke tentoonstellingszalen van Mendini zich automatisch lenen voor de kleinere glassculpturen als *Seaforms*, *Macchia* en *Venetians*, zijn de ruimtes op Coop Himmelb(l)au een uitdaging voor de grotere installaties van Chihuly.

Chihuly's installaties zijn intens aanwezig door hun kleuren en dramatische formaten. Ze nodigen de bezoeker uit om zich volledig over te geven en zich te laten onderdompelen in hun vreemde schoonheid. In zijn fantasierijke

designed for the museum by Peter Struycken.
The Coop Himmelb(l)au pavilion contains three large interior spaces, constructed from steel plates and glass, with a walkway running across these spaces. The design originated from a surreal technique (automatic drawing), translated into three-dimensional models and finally built in a shipyard. Largely magnified details of the sketches have been applied to some walls.[13]

Where glass and architecture come together

The diverse halls within the Groninger Museum offer an opportunity to exhibit Chihuly's creations in various ways. Chihuly has found a method to create enormous environments and theatrical events with very fragile material. Because of his affinity with interior design and architecture, and his earlier education as an interior designer, Chihuly is used to working with architects rather than against them. In this way he knows how to embrace spaces and fill them with works of art that offer maximum stimulation and surprise to the public. Each space is specifically selected for the presentation of particular objects, and vice versa. This clearly demonstrates the importance of interaction between architecture and blown glass. While Mendini's classic exhibition halls automatically lend themselves to smaller glass sculptures such as *Seaforms*, *Macchia* and *Venetians*, the spaces at Coop Himmelb(l)au are a challenge for Chihuly's larger installations.

Chihuly's installations are intensely present due to their colors and dramatic forms. They invite visitors to completely surrender to and immerse themselves in their strange beauty. Through his imaginative installations, Chihuly creates a so-called 'Gesamtkunstwerk', in which one is to be overwhelmed upon entry by a combination of light, color and form.

Grand Stairwall Installation

The *Grand Stairwall Installation* has been specially designed for the Groninger Museum. This installation consists of approximately 65 yellow, red and orange *Persians*, which together cover three, 13 meters high walls (Fig. 6). Each glass sculpture weighs between 8 to 15 kilos. The *Persians* started as an exploration of form and color. Inspired by cultures from the near and Middle East, they have been made in various shapes and sizes since 1986. Since the 1990s, the *Persians* have been an essential part of Chihuly's increasingly theatrical installations. They are mounted on walls, windows and ceilings in multiples, where they enter into a direct dialogue with the environment. The sight is both mysterious and enchanting. A very well-known example of this work is the *Fiori di Como* installation at the Bellagio Resort in Las Vegas. More than 2000 glass flowers, weighing over 20,000 kilos, shine up on the ceiling in the hotel lobby. Chihuly has also used the *Persians* in wetlands, such as in the Lap Pool in his Boathouse in Seattle. Combined installaties creëert Chihuly een totale wereld, een zogeheten ‘Gesamtkunstwerk’, waarin men binnentreedt om overweldigd te worden door een combinatie van licht, kleur en vorm.

Grand Stairwall Installation

De *Grand Stairwall Installation* is speciaal voor het Groninger Museum ontworpen. Deze installatie bestaat uit ongeveer 65 gele, rode en oranje *Persians*, die samen drie wanden van 13 meter hoog bedekken (afb. 6). Elke sculptuur heeft een gewicht van tussen de 8 en 15 kilo aan glas. De *Persians* zijn ontstaan vanuit een verkenning van vorm, model en kleur. Geïnspireerd door culturen uit het Verre Oosten worden ze sinds 1986 nog steeds in diverse vormen en formaten gemaakt. Vanaf de jaren 1990 zijn de *Persians* een essentieel onderdeel geworden van de steeds meer theatrale installaties van Chihuly. In veelvoud worden ze op muren, ramen en plafonds gemonteerd en gaan ze een directe dialoog met de omgeving aan. Het geheel doet mysterieus en betoverend aan. Een zeer bekend voorbeeld is de installatie *Fiori di Como* in het Bellagio Resort in Las Vegas. Meer dan 2000 glazen bloemen met een gewicht van over de 20.000 kilo schitteren aan het plafond in de lobby van het hotel. Chihuly heeft de *Persians* ook gebruikt in waterrijke omgevingen, zoals bijvoorbeeld in de Lap Pool in zijn Boathouse in Seattle. Gecombineerd met *Seaforms* en *Putti* bedekken de sculpturen de bodem van het zwembad.

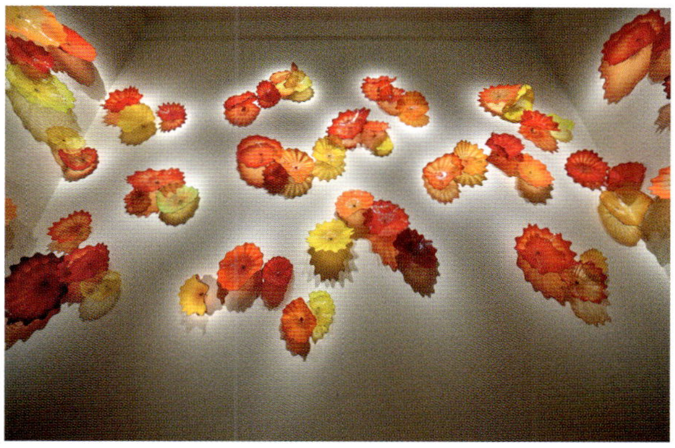

6 Grand Stairwell Installation, 2018, Groninger Museum.
© Chihuly Studio (foto Scott Mitchell Leen)

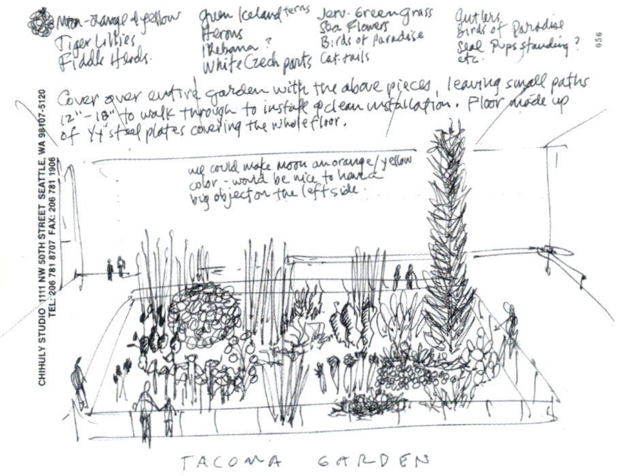

7 Fax van *Mille Fiori* voor Tacoma Art Museum, 2003.
© Chihuly Studio

with *Seaforms* and *Putti*, the sculptures cover the bottom of the pool.

Mille Fiori

The *Mille Fiori* installation is one of Chihuly’s most innovative combinations of different glass sculptures, reflecting a sublime interplay of color and shape. *Mille Fiori* (Italian for ‘a thousand flowers’) shows a garden of glass full of bold and unexpected forms, rich and lively in color. Chihuly started working on his *Fiori* series in 2003. The first *Mille Fiori* installation was created for the opening of the new building of the Tacoma Art Museum (Fig. 7 and 8). A wide range of Chihuly’s brilliantly colored, flora-like forms, including *Reeds, Fiddleheads, Seal Pups* and *Herons*, are closely packed, interspersed with earlier series including *Persians, Towers* and numerous *Floats*.

Chihuly’s work has always been marked by its engagement with nature. In 2001 he brought the two worlds of nature and glass together in his installation in the Chicago Garfield Park Conservatory. The glass space made the interaction and experience between his own aesthetics and nature possible. A garden of blown glass was a logical continuation of the Garfield Park Conservatory exhibition – from glass within a garden to a garden made of glass.

Since the nineties, the installations have grown in size, and the organic glass arrangements have started to

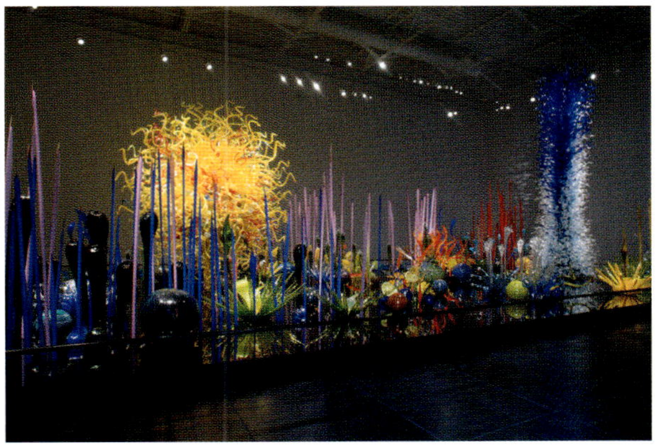

8 Dale Chihuly, *Mille Fiori*, 2003, Tacoma Art Museum, Tacoma, Washington.
© Chihuly Studio (foto Teresa Nouri Rishel)

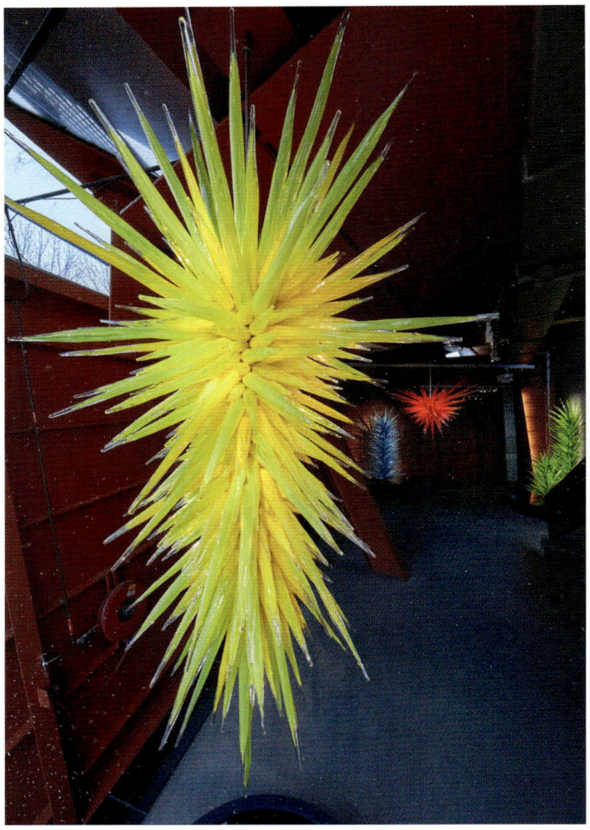

9 *Radiant Yellow Icicle Chandelier*, 2018, Groninger Museum.
© Chihuly Studio (foto Scott Mitchell Leen)

Mille Fiori

De installatie *Mille Fiori* is een van Chihuly's vernieuwende combinaties van verschillende glassculpturen, die een subliem samenspel van kleur en vorm weerspiegelen. *Mille Fiori* (Italiaans voor 'duizend bloemen') toont een tuin van glas met gewaagde en onverwachte vormen, rijk en levendig van kleur. De *Fiori*-serie is een van Chihuly's meer recente series, waar hij in 2003 aan begon. De eerste *Mille Fiori* installatie is gemaakt voor de opening van het nieuwe gebouw van het Tacoma Art Museum (afb. 7 en 8). Dicht opeengepakt wordt een breed scala van Chihuly's briljant gekleurde, flora-achtige vormen getoond, waaronder *Reeds*, *Fiddleheads*, *Seal Pups* en *Herons*, afgewisseld met eerdere series waaronder *Persians*, *Towers* en talloze *Floats*.

Het werk van Chihuly kenmerkt zich door zijn sterke verbinding met natuur. In 2001 bracht hij de twee werelden van natuur en glas samen in zijn installatie in het Chicago Garfield Park Conservatorium. De glazen ruimte maakte de wisselwerking en ervaring tussen zijn eigen esthetiek en de natuur mogelijk. Een tuin van geblazen glas was een logische voorzetting van de tentoonstelling in het Garfield Park Conservatorium – van glas in een botanische omgeving naar een tuin gemaakt van glas.

Sinds de jaren negentig zijn de installaties in omvang gegroeid en vormen de organische glasarrangementen

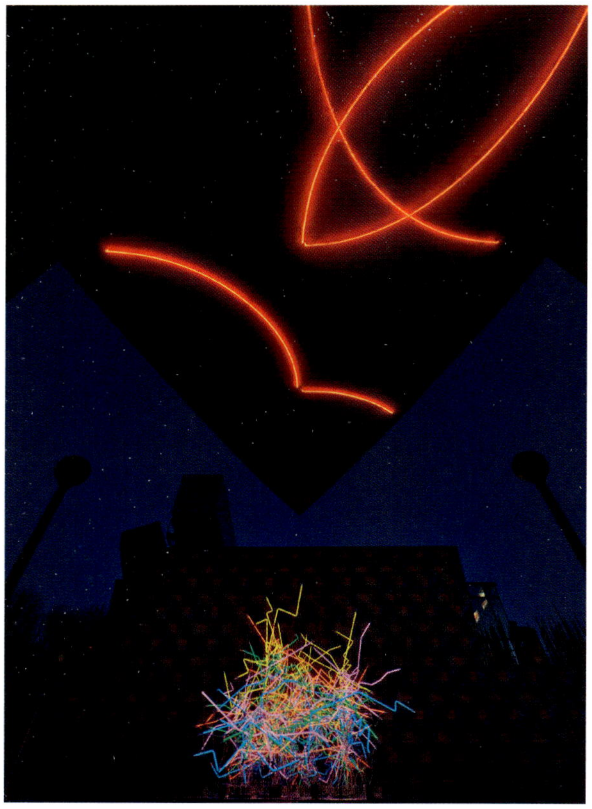

10 Dale Chihuly's *Neon 206* en François Morellet's *Mouettes, seins et fesses* in het Groninger Museum.
© Chihuly Studio (foto Scott Mitchell Leen)

form an effective contrast with their general architectural context. This direction involves a risk: the artwork will not only strengthen the architecture, but might even be considered submissive to this architecture. Chihuly decided to place the *Mille Fiori* installations back in the so-called classic 'White Cube' of a gallery or museum space. On a mirror-free, freestanding black platform, a magical garden is created in which time seems to stand still. The glass reflects the light and allows it to pass at the same time. Hundreds of individual glass objects come together as a general composition that forms a harmonious whole. The reflective surface of the platform gives depth to a fairytale world, and *Mille Fiori* gives the appearance of an underwater garden. The installation is there for the sole purpose of raising itself to a level of absolute beauty.[14]

The Interplay of Light and Color

Chandeliers and Towers

Coop Himmelb(l)au's architecture is regarded as part of deconstructivism, a movement in which all parts and materials are made separately from a classical coherence. The distinction between wall and ceiling, inside and outside, largely disappears. In these spaces, Chihuly combines two *Chandeliers* with two *Towers* (Fig. 9). The *Chandelier* plays a very central role in a space:

"Probably the most important interior element of a building was the chandelier. If you look at a Venetian een effectief contrast met de over het algemeen architecturale context. Dit brengt een risico met zich mee. Het kunstwerk zal niet alleen de architectuur gaan versterken, het zal ook als onderdanig aan de architectuur worden beschouwd. Chihuly besloot daarop de *Mille Fiori*-installaties weer te plaatsen in de zogenaamde klassieke 'White Cube' van een galerie of museumruimte. Op een spiegelvrij, vrijstaand zwart platform ontstaat een magische tuin waarin de tijd stil lijkt te staan. Het glas reflecteert het licht én laat het licht tegelijkertijd passeren. Honderden individuele glazen voorwerpen worden gecombineerd tot een algemene compositie die een harmonieus geheel vormt. Het reflecterende oppervlak van het platform geeft diepte aan een sprookjesachtige wereld, en geeft de *Mille Fiori* het uiterlijk van een onderwatertuin. De installatie staat er met als enige doel om zichzelf naar een niveau van absolute schoonheid te verheffen.[14]

Het samenspel van licht en kleur

Chandeliers en Towers

De architectuur van Coop Himmelb(l)au wordt gerekend tot het deconstructivisme, waarbij alle onderdelen en materialen los van de klassieke samenhang worden gemaakt. Het onderscheid tussen wand en plafond, binnen en buiten, valt grotendeels weg. In deze ruimtes combineert Chihuly twee *Chandeliers* met twee *Towers* (afb. 9).

De *Chandelier* speelt een zeer centrale rol in een ruimte:

"Misschien is de kroonluchter wel het belangrijkste element binnen in een gebouw. Als je een palazzo in Venetië of een château in Frankrijk of een Iers kasteel bezoekt, uit welke tijd dan ook, zie je dat de kroonluchter een dominante rol in het gebouw heeft. En toen kwam de twintigste eeuw, en wat gebeurde er? We maken geen kroonluchters meer omdat Gropius, Corbusier, die Europese architecten die de trends naar dit land brachten, niet van decoratieve elementen hielden, waaronder zij de kroonluchter schaarden, denk ik. Maar [de kroonluchter] kan een erg belangrijke rol spelen in een kamer of ruimte. Deze verankert de ruimte en geeft het oog de gelegenheid om zich eromheen te ontplooien."[15]

De *Chandeliers* (en *Towers*) zijn misschien wel het grootste bewijs van Chihuly's beheersing van kleur. In tegenstelling tot traditionele kroonluchters reflecteren ze licht in plaats van het uit te stoten. Chihuly begon de *Chandeliers* met een zeer beperkt palet, waarbij hij vaak slechts één kleur per sculptuur gebruikte. In de loop der jaren heeft hij zowel veelkleurige composities, als variaties op een enkele kleur verkend. Hoewel de omgeving en verlichting grotendeels het kleurenschema bepalen, hebben de meest succesvolle

palazzo or a palace in France or an Irish castle, or no matter where you go in history, the chandelier plays a dominant role in the building. And yet, along comes the twentieth century and what happens? We quit making chandeliers because Gropius, Corbusier, those European architects that got everything going in this country wanted the sterility of the box, and they didn't want any decorative element, as they saw it, I suppose. But [the chandelier] can play such a central, pivotal role in a room or in a space. The chandelier anchors the space and allows the eye to expand around it."[15]

These *Chandeliers* (and *Towers)* are perhaps the greatest proof of Chihuly's mastery of color. Unlike traditional chandeliers, they reflect the light, rather than emitting it themselves. Chihuly started the *Chandeliers* with a very limited palette, often using only one color per sculpture. Over the years, he has explored both multicolored compositions and variations on a single color. Although the environment and lighting largely determine the color scheme, the most successful groups mainly work so well due to the interplay of selected primary, secondary and complementary colors – an indication of Chihuly's extensive knowledge of color. Turned upside down, the *Chandeliers* are transformed into *Towers*, and their colors evolve from monochrome to polychrome.[16]

Neon 206

Chihuly has had a lifelong love affair with neon. Even as a student at the University of Wisconsin in Madison, he had already started exploring the medium. Although neon is difficult to use, and Chihuly's dedication to the medium is not consistent, he has contributed to the development of neon sculptures and installations.[17]

Neon 206 is a multi-colored sculpture that can be seen, night and day, on the piazza of the Groninger Museum. The installation consists of almost 200 colored tubes from Italy, which are heated and bent into different shapes. Chihuly uses the versatility of neon in different installations by providing energy to the surrounding environment. In the evening, the colored tubes seem to float slightly above the piazza, while they appear to be multiplied due to the work's reflection on the building and in the water (Fig. 10).

Part of the museum's architecture is the neon work of François Morellet, entitled *Mouettes, seins et fesses* (1994), which he designed especially for the hall. Almost inconspicuously, Chihuly's neon installation enters into a dialogue with the red neon tubes in Morellet's artwork. There is not only a meeting between the two artworks, but also an encounter between two artists, who discovered the medium of neon in the same period and applied it to their work.

groeperingen betrekking op het samenspel van geselecteerde primaire, secundaire en complementaire kleuren – een indicatie voor Chihuly's uitgebreide kennis van kleuren. Ondersteboven gekeerd, transformeerden de *Chandeliers* in *Towers*, en evolueerden hun kleuren van monochroom naar polychroom.[16]

Neon 206
Chihuly heeft een levenslange liefdesrelatie met neon gehad. Al tijdens zijn studie aan de University of Wisconsin (Madison) onderzocht hij het medium. Hoewel neon moeilijk te gebruiken is en Chihuly's toewijding hieraan niet consistent is, heeft hij bijgedragen aan de ontwikkeling van neonsculpturen en installaties.[17]

Neon 206 is een multi-gekleurde sculptuur die op de binnenpiazza van het Groninger Museum zowel overdag als 's nachts te zien is. De installatie bestaat uit 200 gekleurde buizen afkomstig uit Italië, die zijn verwarmd en in verschillende vormen gebogen. Chihuly gebruikt de veelzijdigheid van neon in verschillende installaties, door de omringende omgeving van energie te voorzien. 's Avonds lijken de gekleurde buizen over de piazza te zweven en vermenigvuldigt het werk zich door zijn reflectie op het gebouw en in het water.

Onderdeel van de museumarchitectuur is het neon kunstwerk van François Morellet, getiteld *Mouettes, seins et fesses* (1994), dat hij speciaal voor de hal van het museum heeft ontworpen. Bijna onopvallend gaat Chihuly's neon-installatie een dialoog aan met de rode neonbuizen in het kunstwerk van Morellet. Er is niet alleen een ontmoeting tussen twee kunstwerken te zien, maar ook een ontmoeting tussen twee kunstenaars, die in dezelfde periode het medium neon ontdekten en toepasten in hun werk (afb. 10).

Tot slot
Chihuly kent de kracht van architectuur en weet hoe elke lijn, elke kleur, elke ruimte en elk object een rol speelt in het algehele succes van een installatie. De combinatie van Chihuly's vernieuwende installaties in samenhang met de architectuur van het Groninger Museum zullen de bezoeker verwonderen en verbazen. Het gemeenschappelijke scheppingsproces van een nieuwe tentoonstelling, samen met het publiek dat deelneemt aan zijn projecten, is net zo belangrijk als de glazen sculpturen die Chihuly al meer dan 50 jaar vervaardigd. Zoals hij zelf zegt: "Ik ben net zo geïnteresseerd in de manier waarop mijn kunst in een gemeenschappelijke ruimte werkt, als in de kunst zelf."[18]

Conclusion
Chihuly understands the power of architecture and knows the way in which every line, every color, every space and every object plays a role in the overall success of an installation. The combination of Chihuly's innovative installations, in conjunction with the architecture of the Groninger Museum, will amaze and intrigue the visitor. The common creation process of a new exhibition, together with the public participating in its projects, is just as important as the glass sculptures that Chihuly has been creating for more than 50 years. As he himself says: "I am as interested in the way my art works in a public space as in the art itself."[18]

1 Davira S. Taragin, 'Chandeliers & Towers. Poetic Assemblages of Glass and Steel', in: tent. cat. *Chihuly,* Montreal (Museum of Fine Arts) 2013, p. 132.
2 Sarah Bremser, 'Dale Chihuly: Spontaneity and Space', in: *Chihuly. Glass in Architecture* (Chiu Yu Printing) 1994, p. 6.
3 Barbara Rose, 'Dale Chihuly's Paradise Regained', in: Barbara Rose and Dale Lanzone, *Chihuly Projects*. Seattle 2000, p. 2.
4 Timothy Anglin Burgard, *Chihuly the Artist: Breathing Life into Glass*, 2008. https://www.chihuly.com/life/writings/chihuly-artist-breathing-life-glass. Geraadpleegd op 22 september 2018.
5 Mark McDonnell, *Foreword to Chihuly Garden Installations*, 2011. https://www.chihuly.com/life/writings/foreword-chihuly-garden-installations. Geraadpleegd op 22 september 2018.
6 Dale Chihuly, geciteerd in 'Kitchen Session Interviews', interview door Mark McDonnell, Seattle, maart 1998, Chihuly archief.
7 Dale Chihuly, geciteerd in 'Chihuly in the Light of Jerusalem', in: *Chihuly: Jerusalem*, Seattle 2000, p. 29-30.
8 Dale Chihuly, geciteerd in Chihuly et al., *Chihuly: Garden & Glass*, Seattle 2012, p. 106, 108.
9 Mark McDonnell, *Foreword to Chihuly Garden Installations*, 2011. https://www.chihuly.com/life/writings/foreword-chihuly-garden-installations. Geraadpleegd op 22 september 2018.
10 Dale Chihuly, geciteerd in 'Kitchen Session Interviews', interview door Mark McDonnell, Seattle, maart 1998, Chihuly archief.
11 Dale Chihuly, geciteerd in 'Interview with Dale', https://www.chihuly.com/life/interview. Geraadpleegd op 22 september 2018.
12 *Groninger Museum. Architectuur*, Groningen 2018, p. 15-16.
13 Idem, p. 33, 34.
14 Peter Fischer, *High Dosage Beauty Dale Chihuly's Mille Fiori Installation*, 2005. https://www.chihuly.com/life/writings/high-dosage-beauty-dale-chihulys-mille-fiori-installation. Geraadpleegd op 23 september 2018.
15 Dale Chihuly, geciteerd in 'Kitchen Session Interviews', interview door Mark McDonnell, Seattle, maart 1998, Chihuly archief.
16 Davira S. Taragin, 'Chandeliers & Towers. Poetic Assemblages of Glass and Steel', in tent. cat. *Chihuly*, Montreal (Museum of Fine Arts) 2013, p. 132.
17 Davira S. Taragin, 'Neon. The Kinetic Energy of Color', in: tent. cat. *Chihuly* Montreal (Museum of Fine Arts) 2013, p. 22.
18 Dale Chihuly, geciteerd in Carol Soucek King, 'Public Works: Dale Chihuly's Glass Sculptures Showcased at the New Seattle Art Museum', in: *Designers West*, november 1992, p. 43.

1 Davira S. Taragin, 'Chandeliers & Towers. Poetic Assemblages of Glass and Steel', in exh. cat. *Chihuly*, Montreal (Museum of Fine Arts) 2013, p. 132.
2 Sarah Bremser, 'Dale Chihuly: Spontaneity and Space', in: *Chihuly. Glass in Architecture* (Chiu Yu Printing Co.) 1994, p. 6.
3 Barbara Rose, 'Dale Chihuly's Paradise Regained', in: Barbara Rose and Dale Lanzone, *Chihuly Projects*, Seattle 2000, p. 2.
4 Timothy Anglin Burgard, *Chihuly the Artist: Breathing Life into Glass*, 2008. https://www.chihuly.com/life/writings/chihuly-artist-breathing-life-glass. Consulted on 22 September 2018.
5 Mark McDonnell, *Foreword to Chihuly Garden Installations*, 2011. https://www.chihuly.com/life/writings/foreword-chihuly-garden-installations. Consulted on 22 September 2018.
6 Dale Chihuly, quoted in 'Kitchen Session Interviews', interview with Mark McDonnell, Seattle, March 1998, Chihuly archive.
7 Dale Chihuly, quoted in 'Chihuly in the Light of Jerusalem', in: *Chihuly: Jerusalem*, Seattle 2000, p. 29-30.
8 Dale Chihuly, quoted in Chihuly et al., *Chihuly: Garden & Glass*, Seattle 2012, p. 106, 108.
9 Mark McDonnell, *Foreword to Chihuly Garden Installations*, 2011. https://www.chihuly.com/life/writings/foreword-chihuly-garden-installations. Consulted on 22 September 2018.
10 Dale Chihuly, quoted in 'Kitchen Session Interviews', interview with Mark McDonnell, Seattle, March 1998, Chihuly archive.
11 Dale Chihuly, quoted in 'Interview with Dale', https://www.chihuly.com/life/interview. Consulted on 22 September 2018.
12 *Groninger Museum. Architecture*, Groningen 2018, p. 15-16.
13 Idem, p. 33, 34.
14 Peter Fischer, *High Dosage Beauty Dale Chihuly's Mille Fiori Installation*, 2005. https://www.chihuly.com/life/writings/high-dosage-beauty-dale-chihulys-mille-fiori-installation. Consulted on 23 September 2018.
15 Dale Chihuly, quoted in 'Kitchen Session Interviews', interview with Mark McDonnell, Seattle, March 1998, Chihuly archive.
16 Davira S. Taragin, 'Chandeliers & Towers. Poetic Assemblages of Glass and Steel', in exh. cat. *Chihuly,* Montreal (Museum of Fine Arts), p. 132.
17 Davira S. Taragin, 'Neon. The Kinetic Energy of Color', in: exh. cat. *Chihuly,* Montreal (Museum of Fine Arts) 2013, p. 22.
18 Dale Chihuly, quoted in Carol Soucek King, 'Public Works: Dale Chihuly's Glass Sculptures Showcased at the New Seattle Art Museum', in: *Designers West*, November 1992, p. 43.

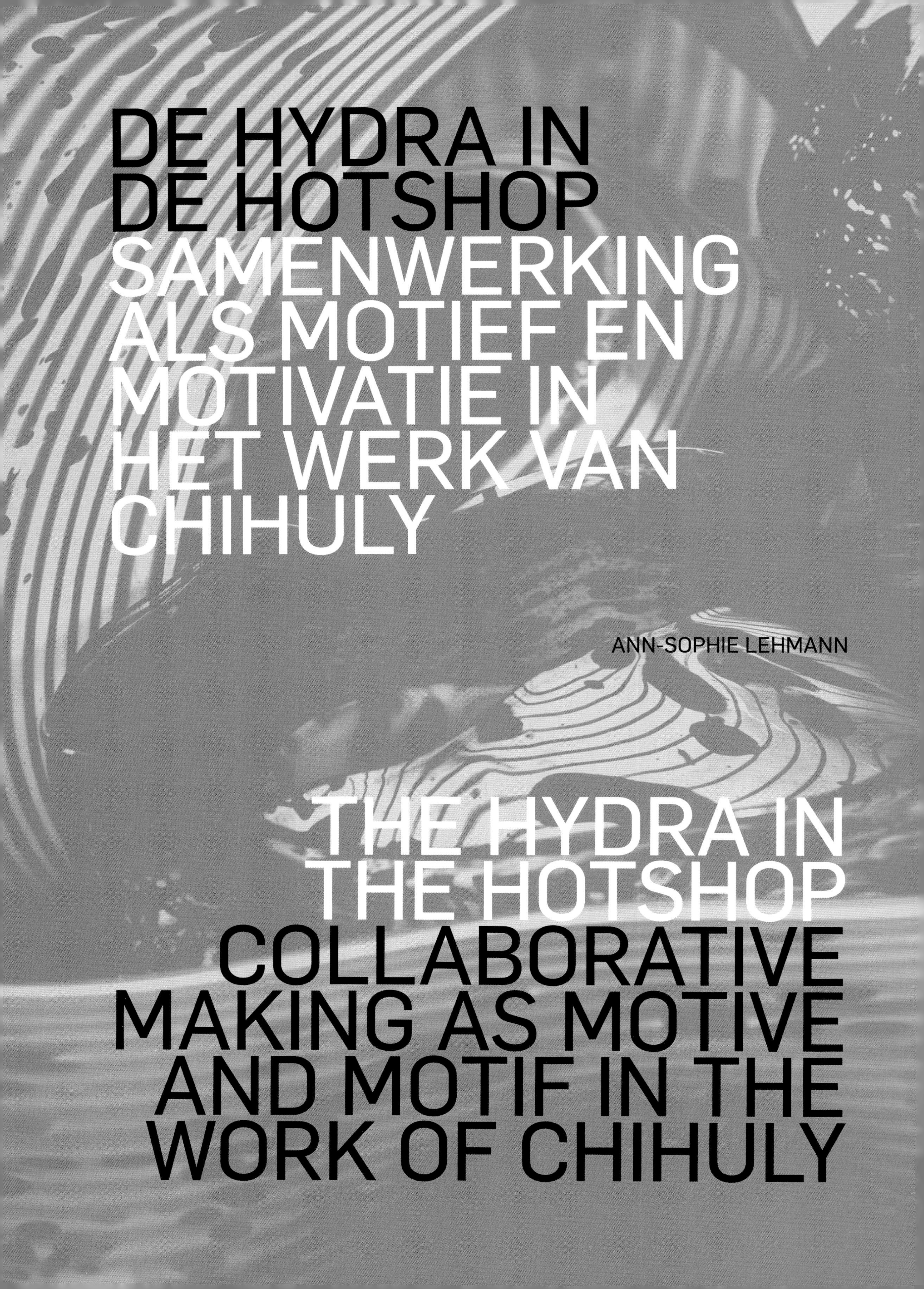

DE HYDRA IN DE HOTSHOP
SAMENWERKING ALS MOTIEF EN MOTIVATIE IN HET WERK VAN CHIHULY

ANN-SOPHIE LEHMANN

THE HYDRA IN THE HOTSHOP
COLLABORATIVE MAKING AS MOTIVE AND MOTIF IN THE WORK OF CHIHULY

Eén van de personages uit de film van Pier Paolo Pasolini, *Il Decameron* (1971) – een fantasievolle hervertelling van Giovanni Boccaccio's verhaal uit de veertiende eeuw – is de beroemde schilder Giotto di Bondone (1267-1337).[1] In een iconische scène zien we Giotto – gespeeld door Pasolini zelf – werkend aan een fresco. De eerste shot toont de schilder bezig in een grote, lege kerkruimte. Eerst buigt hij zich over het kleine ontwerp, dan beklimt hij de stellage en schetst de contouren van een figuur. De tweede shot toont Giotto buiten, op een druk plein. Turend door een vierkant gevormd door zijn vingers speurt hij zijn omgeving af op zoek naar interessante motieven (afb. 1). Even later haast hij zich terug de kerk in, luid roepend om zijn assistenten ("*ragazzi, al lavoro*!"). Die dopen hun kwasten subiet in bakjes vol kleurrijke verf en beginnen aan de uitvoering van het idee van hun meester. 's Nachts droomt Giotto over hoe het centrale deel van zijn fresco eruit zal zien. Bij elkaar vormen deze scènes een even archetypisch als clichématig verhaal over hoe artistieke creatie in zijn werk gaat: de kunstenaar wordt geïnspireerd door realiteit en fantasie en zet zijn ideeën vervolgens om in een materiele vorm. Deze volgorde verbergt ook een hiërarchie: op de eerste plaats staat het idee, de uitvoering kan worden uitbesteed. Door zelf Giotto te spelen, vergelijkt Pasolini de rol van de regisseur met die van de schilder: net als het idee voor een kunstwerk, lijkt hij te willen zeggen, ontspringt ook het idee voor een film aan het briljante hoofd van de kunstenaar, om vervolgens door vele anonieme handen tot uitvoering te worden gebracht.

In 2006 nodigde Dale Chihuly veertig glasblazers en glaskunstenaars uit die in het verleden met hem hadden samengewerkt in het Museum of Glass in Tacoma, Washington. Gedurende een week ging men een aantal iconische werken hercreëren. Het museum heeft een openbare *hotshop* – een toepasselijke term voor een glasblazerij – met een groot podium en een tribune voor publiek. Speciaal ingericht om glasblazen live te laten zien beschikt de ruimte over de infrastructuur van een glasblazerij: er zijn ovens waarin het glas op een temperatuur van 1100 graden Celsius wordt gesmolten en een zogenaamde 'gloryhole', een cilindervormige oven waarin het glas steeds opnieuw kan worden verhit zodat het soepel genoeg blijft om bewerkt te worden. Ook staan er afkoelovens, goed geïsoleerde kasten waarin de vers geblazen objecten gecontroleerd afkoelen zonder te barsten (afb. 2).[2] Chihuly Workshop, die sinds 2000 acht langere en verschillende korte films over het werk van Chihuly maakte, filmde de werkzaamheden. In de resulterende documentaire *Chihuly in the Hotshop* (2007) wordt de kijker dag na dag meegenomen in het herscheppingsproces, te beginnen bij de maandag waarop de *Cylinder* serie werd geblazen. De *Cylinders* ontstonden in 1974 in de Pilchuck Glass School, ten noorden van Seattle. Langwerpig, donker en opaak, haast een soort uitvergrote glazen kralen, tonen ze een patroon van felgekleurde verticale en horizontale lijnen die kriskras over het glanzende oppervlak bewegen, alsof ze op een wateroppervlak staan getekend (afb. 3). Op het eerste gezicht lijkt de documentaire een verhaal te vertellen

Pier Paolo Pasolini's film *Il Decameron* (1971) – an imaginative rendering of Giovanni Boccaccio's original novel written in fourteenth-century Florence – features the most famous painter of the day, Giotto di Bondone (1267-1337).[1] An iconic sequence shows the artist – played by Pasolini himself – at work on a fresco: in the first shot Giotto crouches in the church while contemplating a small drawing and the white wall, after which he mounts the scaffold and starts to paint the outlines of a figure. Next, the viewer sees Giotto standing in a crowded market place, scrutinizing the world around him in search of new motifs. With his fingers, he forms a square in front of his eyes to help him capture a suitable scene from its environment (Fig. 1). In the next shot, we see the painter running into the church, calling for his assistants to join him ("ragazzi, al lavoro!"). Together they climb the scaffold, dip their brushes into bowls full of luscious paint and set out to execute their master's fresh idea. Later, at night, Giotto has a dream that inspires yet another part of the fresco. Together, these scenes visualize a traditional concept of artistic creation: inspired by images from life and from fantasy, the artist conceives of an idea for a work of art, which is then executed in a given material. Inherent to this concept is a hierarchy, in which the idea in the mind inevitably precedes, and therefore is deemed more important, than making by hand. By taking on the part of Giotto, Pasolini explicitly likened the art of painting to the art of directing. Like the idea for a painting, the idea for a film, he seems to imply, also emanates from one great mind, and needs many anonymous *ragazzi* to materialize.

In 2006, Dale Chihuly invited forty glassblowers and glass artists he had worked with over the course of his career to collaborate again for a week in the spectacular auditorium of the Museum of Glass, Tacoma, Washington. The auditorium is a public hotshop – a befitting term for a glass workshop – and specifically designed for the purpose of showing live glassblowing (Fig. 2). It is complete with furnaces, in which the glass is molten at ca. 1,100 degrees Celsius, a so-called glory hole – a cylindrical furnace in which the glass is reheated to remain malleable while being worked upon – and an annealer: an insulated box where finished glass pieces are slowly cooled down, so they do not crack.[2] Chihuly Workshop has made eight documentaries and many short films about Chihuly's work since the early 2000s, filmed the week's events. The resulting documentary *Chihuly in the Hotshop* (2007) starts on Monday with the re-making of the *Cylinder* series. These cylindrical shapes were first developed in 1974 at the Pilchuck Glass School, north of Seattle. Straight and opaque bodies, reminiscent of over-sized glass beads, display brightly colored vertical and horizontal lines that crisscross over the glossy surface and shift out of their rigid design as if drawn on water (Fig. 3). At first sight, the documentary tells a tale of artistic creation very

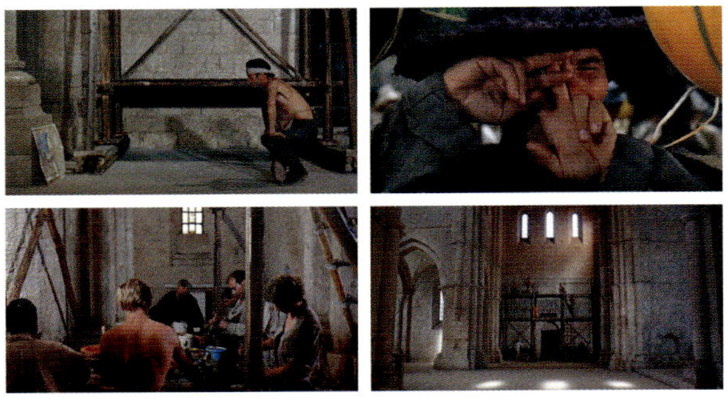

1 Vier filmstills uit Pier Paolo Pasolini's film *Il Decameron* (1971).

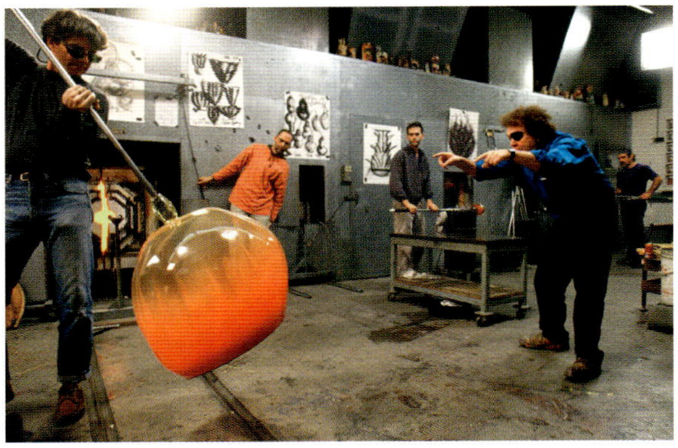

2 Richard Royal, Charles Parriott, David Levy, Chihuly en Brian Brenno
The Boathouse hotshop, Seattle, 1993.
© Chihuly Studio (foto Russell Johnson)

dat wel wat wegheeft van Pasolini's interpretatie van Giotto: Chihuly staat in het midden van de *hotshop* met een heleboel kleurpotloden in één hand. Met snelle en secure bewegingen tekent hij met alle kleuren tegelijk een schets voor een *Cylinder*. De twee-dimensionele tekening, die zo makkelijk uit het hoofd en de hand van Chihuly rolt, wordt onmiddellijk door een heel team van blazende, draaiende, wapperende, en rollende helpers behendig omgezet in een driedimensionaal sculptuur van glas. Als een van de glasblazers (ook wel de *gaffer* genoemd) uiteindelijk vlak achter de blaaspijp een kerf maakt om met een elegante tik het voltooide werk van de steel te laten klinken, juicht en applaudisseert het publiek vol enthousiasme: zij waren zojuist getuige van de geïnspireerde verwekking en spectaculaire geboorte van een kunstwerk. Maar als men beter kijkt, dan toont de documentaire iets dat zulke gangbare metaforen van artistieke creatie overstijgt, een veel vreemder en complexer beeld: Chihuly is niet één persoon maar velen, die hun ogen, handen, monden, ja zelfs hun adem perfect op elkaar afstemmen en zich voor korte duur organiseren tot een veelkoppig, veelledig creatief monster (afb. 4). Deze hydra danst een complexe choreografie, bepaald door de vloeibaarheid en de temperatuur van het hete glas alsmede de handelingen en gereedschappen waardoor het zijn vorm krijgt. "Je moet dit fantastische materiaal gewoon volgen waarheen het wil", zei Chihuly zelf eens over de leidende kracht van het glas.[3] Kijkend naar de hydra wordt al gauw duidelijk dat creativiteit niet alleen schuilt in het idee, maar dat het maakproces zelf ervan doordrongen is.

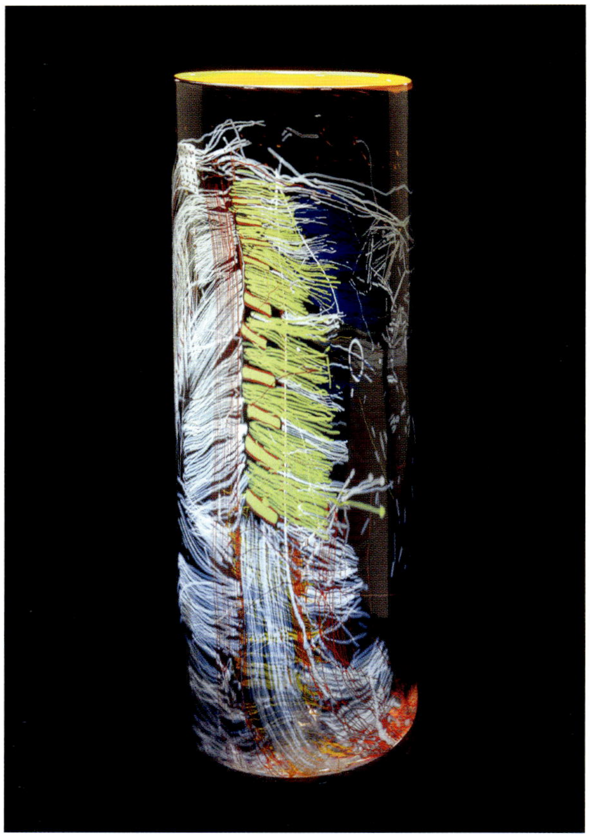

3 Dale Chihuly, *Black Cylinder #52*, 2006.
© Chihuly Studio (foto Teresa Nouri Rishel)

similar to the one presented in Pasolini's rendering of Giotto. We see Chihuly center stage, holding a bunch of colored pencils together in one hand, drawing a *Cylinder,* with rapid, determined movements, outlined on paper with the colorful lines characteristic to the series. This flat design, which has emerged straight from Chihuly's head and hand, is then immediately turned into a 3D glass shape in a stunning performance of several people blowing, twirling, shaping, rolling, and fanning. When, finally, the glassblower (also called gaffer) scores and elegantly taps the punty to separate the finished shape from the stem with a clear clink, the public shouts and claps: they have just witnessed how Dale Chihuly's idea has materialized, how art was conceived and born. But on closer inspection, a different picture emerges: one that exceeds such familiar metaphors in its strange complexity. Chihuly on stage is not one, but many, who attune their eyes, hands, mouths and breaths and organize themselves, for a brief span of time, into a many-headed, many-limbed body (Fig. 4). This hydra follows an intricate choreography dictated by the fluidity and temperature of hot glass and the motions and tools needed to shape it. "You just have to go with this wonderful material the way it wants to go", Chihuly himself described glass' directive forces.[3] Observing the many-in-one body purposefully acting around the glass, it becomes evident that creativity is not restricted to the design, but informs the entire process.

Eén naam, vele handen

Zodra een glassculptuur voltooid is, verdwijnt ook de hydra. Voor het publiek zijn nu alleen nog het kunstwerk zelf en Dale Chihuly present. De bezoeker van een museum ziet een kleurrijk, glanzend en organisch gevormd object dat niets prijsgeeft over zijn ontstaansproces. Wol wordt geweven, geknoopt, of gebreid; hout en steen worden gehouwen, geschuurd of geslepen en klei gekneed, geworpen of gedraaid. De bewerking geeft informatie over het maakproces: zo leiden de draden in een textiel of de vingerafdrukken in klei terug naar de handen van de maker. Maar in het glas van Chihuly is geen spoor van de maker meer te bekennen. De hete massa kan tijdens het proces niet worden aangeraakt en is van binnenuit bewerkt, door adem, en van buitenaf door beweging. Nadat glas is afgekoeld, ziet het er heel natuurlijk uit, als of het is gegroeid en niet door mensen gefabriceerd. Onder andere vanwege deze wonderbaarlijke eigenschap wordt glas ook wel een magisch materiaal genoemd. In de middeleeuwen gebruikten geleerden glas als voorbeeld om de goddelijke schepping van substanties te illustreren, omdat volgens hen alle vier de elementen in het glas samenkomen: aarde, vuur, water en lucht.[4] En inderdaad wordt bij glasblazen gebruik gemaakt van zand, water, vuur en lucht. De glasblazer, die deze substantie met zijn adem bewerkt, werd vergeleken met de goddelijke schepper die het leven blies in de eerste mens. Tijdens de vroegmoderne tijd speelde glas bovendien een cruciale rol in de alchemie.[5]

Ook nu nog roepen deze tegenstrijdige kenmerken van glaskunst, die ergens tussen de natuurlijke en menselijke schepping in lijken te zitten, associaties met magie en goddelijke schepping op (afb. 5). Over Chihuly is gezegd dat hij "glas tot leven blaast"[6], en ook tentoonstellingen en boektitels maken vaak gebruik van de term 'magie'. Zelf heeft hij glas ooit omschreven als "...het meest magische materiaal ter wereld".[7] Dankzij het label 'Chihuly' is het goed mogelijk dat bezoekers ervan uitgaan dat deze spectaculaire objecten echt – op magische wijze – door slechts één man zijn gemaakt. Of misschien staan ze helemaal niet stil bij het maakproces, dat zich immers op geen enkele wijze van het object laat aflezen, en genieten ze gewoon van de wonderbaarlijke kunstwerken. En zo heeft Chihuly – of althans zijn naam – de andere leden van zijn team als het ware opgeslokt.

Het scharen van vele handen onder de naam van één kunstenaar is bijna zo oud als de kunst zelf. Vaak is de manier waarop dit gebeurt afhankelijk van materiaal en medium, van formaat, technologie en productietijd, naast economische middelen en het succes van de kunstenaar. Een tekening is meestal door slechts één persoon gemaakt, terwijl bij een gebouw of film meerdere mensen betrokken zijn. In deze twee laatstgenoemde gevallen weet iedereen wel dat dit het werk van velen is. Niemand zou beweren dat Brunelleschi de koepel van de Duomo van Florence eigenhandig heeft gebouwd, en iedereen weet dat Walt Disney de duizenden

One Name, Many Hands

Once a glass sculpture is finished, the hydra disappears, and to the public, only the artwork and Dale Chihuly himself remain. A visitor to a museum now only sees a colorful, smooth, fantastically shaped object that reveals little about its becoming. Materials, like fabric, which is woven, knotted, or stitched; wood and stone, which are hacked, sanded, and polished; or clay, which is kneaded and thrown, supply cognitive information about the way they were made: textiles display their threads, clay may carry the fingerprints of the maker and so on. Chihuly glass, on the other hand, displays no traces at all, as the hot mass is untouchable during making and worked only from within through breath and motion. When cooled down, it has a natural appearance, as if it has not been fabricated but grown. Because of its unique qualities, glass has often been described as a magical material. In the middle ages, scholars used it to explain the divine creation of substances, as glass united, they thought, all four elements: earth, fire, water, and air.[4] Indeed, sand, water, fire and air all come into play when glass is made and shaped. The glassblower, who worked the substance with his breath, was compared to the divine creator, who breathed life into Adam, and during the early modern period, glass played a crucial role in the alchemical sciences.[5]

Still today, these ambivalent aesthetics of glass sculptures, that hover between 'made by nature' and 'made by humans', evoke associations with magic and divine creation (Fig. 5). Accordingly, Chihuly has been credited with "breathing life into glass"[6], shows and book titles frequently employ the term 'magic' and he himself has called glass "...the most magical of all materials".[7] With a label that reads 'Chihuly' and banners that advertise an exhibition as 'Chihuly' only, visitors may assume that the spectacular objects really have been – in some magical way – created by one man alone. Or maybe, they don't think about making at all, and simply enjoy the wondrous art. As a consequence, Chihuly, or rather his name, absorbs his team.

The incorporation of the work of others under one name is as old as art making itself and a matter of medium, size, time, economical means, and also success. Drawing, for instance, is typically a single-handed medium, while building a house or making a movie asks for more than one person. In the two latter cases, the beholder will fill in a certain amount of collaboration. No one assumes that Brunelleschi built the cupola that spans the dome of Florence by himself and everyone knows that Walt Disney did not actually draw all the thousand pictures that make up his animated films, and still *Snow White* is referred to as a Disney movie. Certain famous artists, like Rubens and Rodin, also successfully built corporations that produced works under their name. Yet, beholders expect a marble sculpture by Rodin to have actually been made by Rodin and feel somehow cheated, when they find out that the sculptor tekeningen waaruit *Sneeuwwitje* bestaat niet zelf heeft gemaakt. Maar in de beeldende kunsten ligt het ingewikkelder: weliswaar stonden schilders en beeldhouwers, zoals Rubens en Rodin, bovenaan heuse corporaties die onder hun naam werk leverden. Toch verwacht een museumbezoeker dat een marmeren beeld van Rodin ook echt door Rodin zelf is gemaakt en voelt zich bekocht als hij erachter komt dat de kunstenaar de voorkeur gaf aan gips en klei, en de bewerking van marmer uitbesteedde.[8] Als er naast een schilderij van Rubens op het bordje staat dat het is gemaakt door 'Rubens en atelier', wordt dat opgevat als een verlies aan artistieke en materiele waarde, ongeacht de kwaliteit van het schilderij zelf. In de hedendaagse kunst is de behoefte om één auteur aan te wijzen niet minder aanwezig, ook wanneer deze in een werk zelf aan de kaak wordt gesteld: in Ai Weiwei's installatie *Sunflower Seeds* (2010) heeft de collectieve vervaardiging van miljoenen porseleinen zaadjes weliswaar een centrale betekenis voor het werk, maar de vele handen die de zaadjes vormden en beschilderden zijn niet gedocumenteerd. En zelfs hedendaagse kunstenaars die teamwerk als artistiek principe hanteren en zich daarom *Studio Olafur Eliasson* of *Atelier Lieshout* noemen, worden door de buitenwereld vaak alsnog vereenzelvigd met hun studio of atelier, gewoon omdat dat wel zo makkelijk is voor kijkers, musea en de kunstmarkt.[9]

Een creatieve samenwerking open en bloot presenteren is nog steeds een lastige opgave in de kunstsector en wanneer het gebeurt, vraag het om speciale formats. Zo voerde animatiebedrijf Pixar in het begin de namen van iedereen op die aan een film had meegewerkt, tot aan de 'productionbabies' aan toe. Dit zorgde voor een ongekend lange aftiteling, maar ook voor een gevoel van gemeenschap.[10] In de wereld van de beeldende kunsten is het voor samenwerkende kunstenaars, teams en kunstproductiebedrijven pas sinds kort mogelijk om een plaats in de spotlights te verwerven zonder daarbij automatisch het 'merk' aan te tasten.[11] De manier waarop met deze samenwerkingen wordt omgegaan is elke keer weer anders. Voor Eliasson en Lieshout is samenwerking onderdeel van hun artistiek concept. Voor Chihuly is teamwork een noodzaak en pas het besef dat monumentale glassculptuur niet door één mens alleen kan worden gemaakt, heeft Chihuly succesvol gemaakt.[12]

Waarom is glasblazen in de kern een collectieve kunstvorm? Allereerst is een glasblazerij een grote investering. Er komt flink wat infrastructuur, materiaal en energie bij kijken, waardoor glasblazers zich vaak organiseren rondom een gezamenlijke *hotshop*. De glaswerkplaats heeft de kunstenaars nodig om te kunnen bestaan en de kunstenaars hebben de *hotshop* nodig om hun werk te realiseren en om te blijven blazen, want het handwerk vergt oefening, net zo goed als het behouden van een vlieglicentie een minimaal aantal vlieguren vereist. Door deze bijzondere infrastructuur staan glaskunstenaars wereldwijd met elkaar in verbinding

preferred to work with plaster and clay and entrusted others with the transfer into the rigid material.[8] A label next to a Rubens painting that reads 'Rubens and workshop' implies a loss in artistic and monetary value, even if the painting is just as good. Ai Weiwei's millions of *Sunflower Seeds* (2010) were, as the work itself shows, not made by the artist himself, yet the names of those who shaped and painted the myriad porcelain seeds are not spelled out. And even contemporary artists who radically foreground the fact that they are part of a team by calling themselves *Studio Olafur Eliasson* or *Atelier Lieshout*, end up being the sole representatives of that studio to the outside world, simply because viewers, museums, and the art market find it easier that way.[9]

Making the underlying teamwork visible is still difficult and generates particular formats. The Pixar animation company for example listed every single computer animator in their early productions, all the way down to the 'production babies', thus creating very long end credits but also a spirit of communality.10 In the visual arts, it has only very recently become a possibility for co-workers, teams, or art production companies to obtain a certain degree of visibility and recognition without harming the name of the 'brand' for which they produce.11 The ways in which this work is acknowledged vary from case to case. For Eliasson and Lieshout, the team is part of the artistic concept. For Chihuly, the team is an artistic necessity and only the realization that glassblowing was not, and never had been, a solitary practice, made his art possible and gave rise to the impressive enterprise he represents today.[12]

Why is glassblowing essentially a team-based art? First of all, a glass workshop is a major investment in terms of infrastructure, materials, and energy, and will draw communities of glassblowers together. The hotshop needs the artists to sustain it and the artists need the hotshop to be able to work, as glass blowing, like flying an airplane, demands regular exercise. Glass artists, therefore, are connected through a relatively limited number of hotshop-nodes across the globe.[13] The practice itself easily demands more than one body, as we have already seen. In a book dedicated to his team, Chihuly states very matter-of-factly: "Glass blowing is not an easy craft to do by yourself".[14]

Pieces larger than the size of common household objects quickly exceed the weight that a gaffer can hold on the blowpipe. While one person 'gathers' the glass – as the picking up and twirling of the hot substance at the end of the blowpipe is called – another one manipulates the shape with wooden petals. A third person, wearing a heat resistant outfit and enormous oven mitts, accompanies the process, protecting the glass from falling off. In this way, it is not only possible to just make bigger forms: by distributing actions across more than one glass worker, via een relatief klein aantal *hotshops*.[13] Ook vergt de kunst van het glasblazen zelf snel meer dan één enkele fysieke bijdrage, zoals we boven hebben gezien. Chihuly herkent dit gegeven en schrijft in een boek, opgedragen aan zijn team: "glasblazen doe je niet makkelijk in je eentje".[14]

Daarbij zijn glasobjecten die groter zijn dan een gemiddeld huishoudelijk voorwerp, zoals een drinkglas of een vaas, vaak ook zwaarder dan wat de blaaspijp van een enkele *gaffer* aankan. Gedurende het 'keien' – zoals het oppakken, draaien en bij elkaar houden van de hete substantie aan het einde van de blaaspijp heet – bewerkt een ander de vorm met twee houten planken. Een derde, gekleed in een vuurvast pak, masker en enorme wanten, beschermt de massa tegen vallen of compleet uit balans raken. Op deze manier kunnen niet alleen grotere vormen worden geblazen. Door de taken over meerdere mensen te verdelen zet Chihuly de zwaartekracht in als creatief middel. Normaal wordt die juist buitenspel gezet door het glas te blijven draaien. Door het draaien even stil te zetten verliest het glas zijn gelijkmatige vorm en ontstaan de voor Chihuly typische ongelijke, organische vormen.

Uiteindelijk ontwikkelde Chihuly uit het werken in teamverband een nieuwe techniek die hem in staat stelde de specifieke expertise van verschillende medewerkers zowel te dirigeren als met elkaar te verbinden. Zo kwamen nog nooit eerder geziene werken tot stand. Voor de

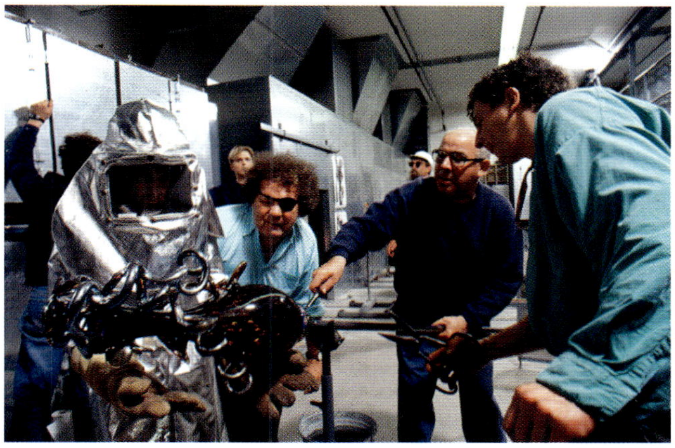

4 Joseph Rossano, *hotshop* teamlid, Janusz Pozniak, Chihuly, Lark Dalton, Lino Tagliapietra en Martin Blank. The Boathouse *hotshop*, Seattle, 1990.
© Chihuly Studio (foto Russell Johnson)

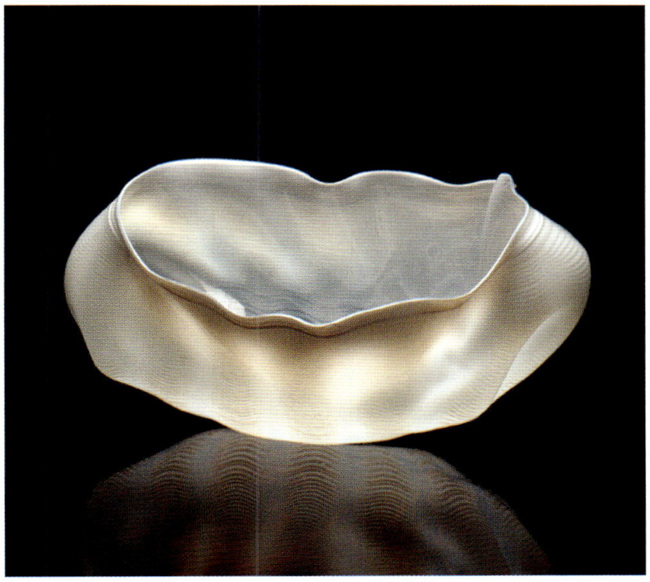

5 Dale Chihuly, *Russian Ivory Seaform with Pearly Lip Wrap*, 1981.
© Chihuly Studio (foto Teresa Nouri Rishel)

Chihuly was able to use gravity, which is usually kept at bay through continuous twirling, as a creative force, purposefully letting the glass move of center, thus making irregular, organic forms.

Eventually, Chihuly used this new collaborative process as a medium in itself, assuming the role of conductor and connecter of the specific expertise of crafts people and artists, thus creating works never seen before. The *Cylinders*' ambition was to capture the designs of woven Navajo blankets for glass. For this purpose, the team developed the entirely new technique of 'pick-up drawings': finely cut threads of colored glass are arranged on a steel table and literally picked up by the hot glass cylinder that is rolled across once it has assumed the right size.[15] Thus, the glass threads seamlessly melt into the surface while keeping a distinct 'thready' look, as if the glass bumped into a loom.

During the Tacoma hotshop sessions in 2006, the initial teams came together again. The hydra stirred and raised its many heads and hands to re-create a new *Cylinder* series (Fig. 6). For each series recreated in that week, different gaffers and artists with their pertinent knowledge, were re-gathered, so that the hydra sprouted different heads and limbs each time. Against the background of this working method, Chihuly's performance as draughtsman does not so much stage the master who invents new forms on the spot to be carried out by his minions. Rather, the

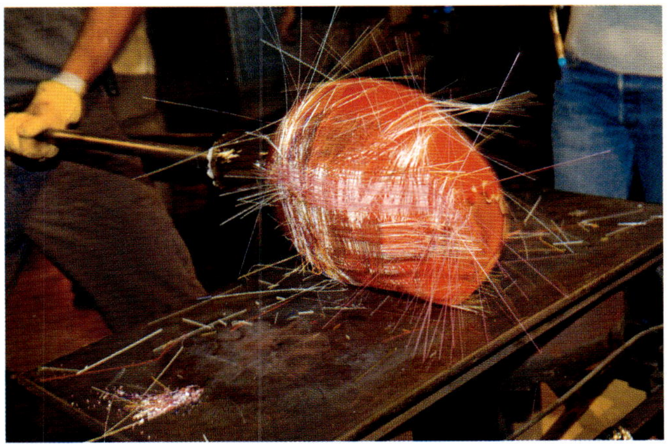

6 Het maakproces van een *Soft Cylinder*, Museum of Glass, Tacoma, Washington, 2006.
© Chihuly Studio (foto Teresa Nouri Rishel)

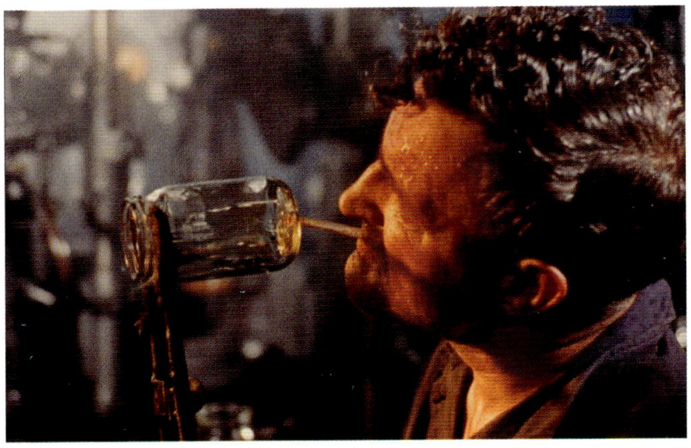

7 Glasblazer aan het werk, beeld uit *Glas* door Bert Haanstra, 1958.

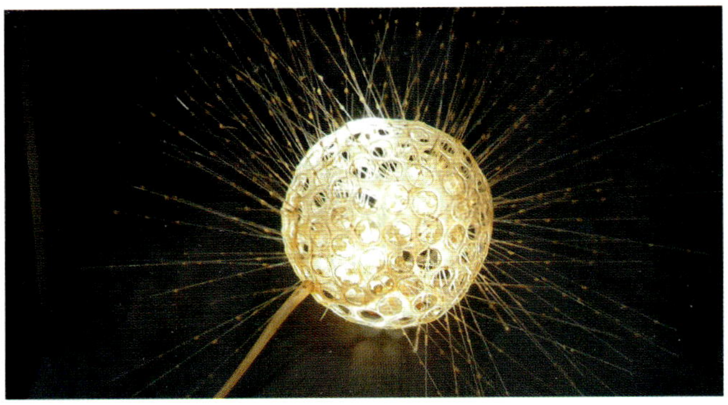

8 Leopold & Rudolf Blaschka, glas model van een *Radiolaria*, Museum d'Histoire Naturelle, Genève, Zwitserland.

Cylinder-serie bijvoorbeeld werkte Chihuly samen met vijf andere glaskunstenaars: Italo Scanga, James Carpenter, Joey Kirckpatrick, Kate Elliott, Flora C. Mace. De ambitie achter de *Cylinder*-serie was om de geografische patronen van geweven Navajo-dekens om te zetten in glas. Hiertoe ontwikkelde het team een geheel nieuwe techniek: 'pick-up drawings'. Kleine, afgeknipte draden van gekleurd glas worden over een hittebestendig oppervlak gedrapeerd. Vervolgens wordt de *Cylinder* eroverheen gerold.[15] Zo smelten de glazen draden samen met het oppervlak, met behoud van hun uitgesproken 'dradige' look, alsof glas op een weefgetouw is gespannen.

Tijdens de hotshop-sessies in Tacoma in 2006 werd het oorspronkelijke team opnieuw bijeengeroepen. De hydra hief zijn vele hoofden en handen en kwam in beweging om een nieuwe *Cylinder*-serie te maken (afb. 6). Voor elke serie die gedurende die week opnieuw is gemaakt, werd met het originele team van blazers en kunstenaars en hun specifieke expertise gewerkt en elke keer ontwikkelde de hydra nieuwe hoofden en armen. Tegen de achtergrond van deze methode blijkt Chihuly's optreden als tekenaar niet zozeer een uitbeelding van een geniale meester die zijn ter plekke verzonnen ideeën door zijn assistenten laat uitvoeren. Veel eerder zijn de schetsen een integraal onderdeel van het maakproces: zowel een nieuw idee als een gedachte achteraf, die de oorspronkelijke, collectieve werken verder ontwikkelt.

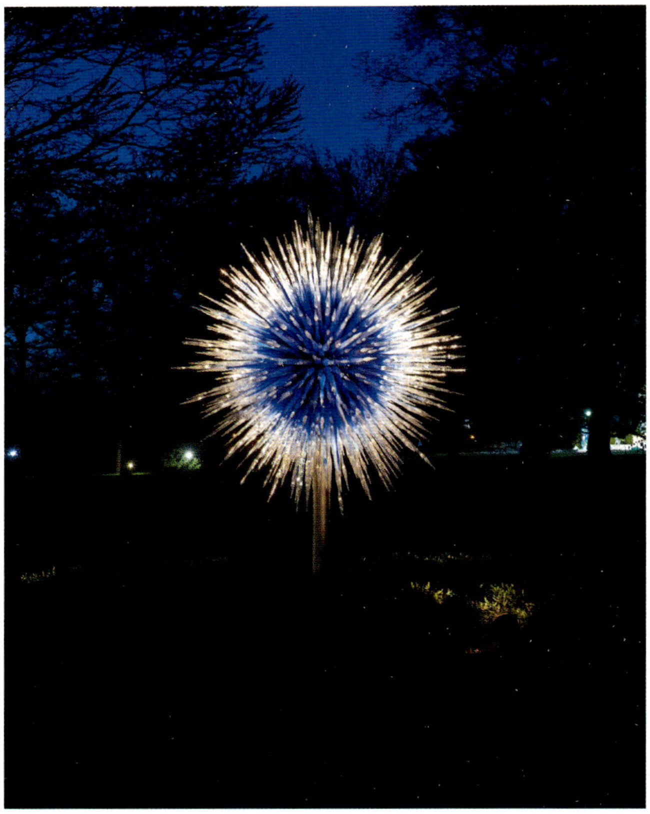

9 Dale Chihuly, *Sapphire Star*, 2010, The New York Botanical Garden, Bronx, geïnstalleerd 2017.
© Chihuly Studio (foto Scott Mitchell Leen)

drawings become an integral aspect of the process, a new idea as well as an afterthought that rethinks the initial innovations developed together with others.

Secrets on Display

We owe this insight to the fact that we were able to see the collaborative making of the works. *Chihuly in the Hotshop* – despite its single-name title – shows what neither the beautiful works nor the iconic image of the artist can convey to the public. And the film is not alone in this: there are books dedicated to this teamwork, and catalogues featuring photographs of glassblowing teams. *Chihuly Garden & Glass* – the long-term Chihuly exhibition in the center of Seattle – even has its own movie theater, and the 71 videos on the official Chihuly Vimeo channel are almost all dedicated to showing how the sculptures are made.[16]

Like many crafts, glass making has a history of secrecy and display.[17] When the Florentine glassmaker and priest Antonio Neri published *L'Arte Vetraria,* the first how-to handbook on the art in 1612, his motivation was, as he writes in the foreword, to "manifest its hidden mysteries".[18] Neri listed detailed recipes for making colored glass as well as achieving the jewel-like effects of Venetian glass. He had learned these by working alongside craftsmen, who had left Venice, where the secrets were fiercely guarded. Yet while ingredients and temperatures are

Geheimen on show

Wij begrijpen deze bijzondere manier van werken alleen maar wanneer we deze kunnen *zien*. En zo geeft de documentaire *Chihuly in the Hotshop* (ondanks het feit dat de titel slechts één naam noemt) prijs wat de werken zelf, en het iconische beeld van de kunstenaar met de ooglap, verbergen. Deze film staat niet alleen in zijn vertolking van Chihuly's teamwork: ook boeken, catalogi met foto's van glasblaas sessies, *Chihuly Garden & Glass* – het privémuseum over Chihuly in het centrum van Seattle dat zelfs een eigen bioscoop heeft – en de 71 filmpjes op het officiële Vimeo-kanaal van Chihuly onthullen hoe 'Chihulys' worden gemaakt.[16]

Glaskunst heeft een lange geschiedenis van geheimhouding en ontmaskering.[17] Antonio Neri, priester en glasblazer uit Florence, schreef in het voorwoord van zijn werk *L'Arte Vetraria* – gepubliceerd in 1612, en daarmee het eerste boek waarin de kunst van glasbewerking uitvoerig werd beschreven – dat hij de 'geheime mysteriën' van deze kunst openbaar wilde maken.[18] In zijn boek staan talrijke recepten en gedetailleerde aanwijzingen om glas in te kleuren, om daarmee de juweelachtige effecten van Venetiaans glas te evenaren. Zelf had hij deze technieken geleerd door samenwerking met vaklui afkomstig uit Venetië, waar alle technieken angstvallig geheim werden gehouden. Een lijst van ingrediënten en het bereiden van kleurenmengsels laten zich relatief eenvoudig met woorden beschrijven, maar dat ligt anders voor de techniek van het glasblazen, die door Neri dan ook amper wordt genoemd. De Engelse dokter Christopher Merret voegde in 1662 aan zijn vertaling van Neri's werk als *The Art of Glass* een korte beschrijving van glasblazen toe, en ook die is nog allesbehalve volledig.[19] Het proces is simpelweg te complex. Een ware beheersing van de kunst vereist jaren van oefening. En geen enkele afbeelding of tekst kan de ervaring en de daarbij horende impliciete, lichamelijke kennis, vervangen. Zelfs wanneer het proces zich voor onze ogen voltrekt, blijven veel aspecten onbegrijpelijk. Een film of beter nog, een echte demonstratie glasblazen, maken daarom veel inzichtelijk, maar het geheim doen ze geenszins teniet. Ja, misschien wordt het glazen kunstwerk door het wonderbaarlijke spektakel alleen nog maar geheimzinniger:

"Ineens sta je oog in oog met het steeds weer opkomende, infernale oranje van het gesmolten glas dat uit de oven komt, telkens opnieuw word je betoverd door de hitte van de oven waarin het golvende glas wordt verwarmd en vorm krijgt, en word je bedwelmd door de overweldigend rokerige geur van brandende kranten en pure, onvervalste hitte."

Deze treffende omschrijving van de hotshop is afkomstig van Erin O'Connor, een antropologe die de kunst van het glasblazen heeft bestudeerd door die zelf te gaan beoefenen.[20] Iedereen die ooit een glasblazer aan het werk heeft gezien, weet dat de gelijktijdigheid van de door

easy to write down, the process of blowing and shaping eludes words, and the description of glass blowing, which the English doctor Christopher Merret included in his English translation of the work, *Art of Glass* (1662), is far from exhaustive.[19] Glass blowing, in fact, needs yearlong training and no image or description could ever replace the experience, let alone stand in for, the resulting embodied knowledge. Because of this, it is impossible to gain a full understanding of what is going on in the process by simply watching a glassblower, but it does provide a general insight. Rather than spilling secrets and spoiling the magic, therefore, 'showing blowing' is attractive due to the unique spectacle and may even enhance the proverbial mystery:

"In a moment, one glimpses the ever-emergent inferno-like orange of molten glass from the furnace, is mesmerized by the blaze of the glory-hole at which the undulating glass is reheated to be shaped, and overwhelmed by the heady smoky scent of burning newspaper and pure unadulterated heat."

This apt impression of a hotshop is by Erin O'Connor, a scholar who studied the craft of glass blowing through learning it herself.[20] It is the simultaneity of it all, and the undeniable beauty of the fluid, glowing, transparent substance, that leave a lasting impression on anyone who has witnessed the process. Film is the only medium that can capture this spectacle – heat and smells not included.

Glass has a curious kinship with film, which in its finished form reveals just as little about its material composition and even less about its inherent processes. And there are more common features. Not only the team-driven process, in which one person takes the lead (incidentally, Chihuly is reported to have said that if glass blowing would not have been his favorite craft, he would have liked to become a film director). Where a movie has a set, a hotshop has a 'stage' on which the glass is blown and worked, and the term 'gaffer' designates the glassblower, but also those responsible for the lighting plan in film. Both, light and fluid glass are bright, hot, intangible and difficult to master. Finally, film is, like glass, a medium with its own processes and aesthetics, and the way in which it shows a process is never neutral or objective. *Glas* (1958), Bert Haanstra's famous, ten-minute documentary set a standard for filming glass blowers at work. It cleverly intersperses the elegant human/glass interaction of the gaffers at the Royal Dutch Glass Factory with close-ups of industrial bottle production, and matches the puffed cheeks and smooth movements of the gaffers to the mellow jazz trumpet soundtrack, specially composed for the film (Fig. 7).[21] *Glas* beautifully explored the material affordances of glass through those of film and was the first Dutch movie ever to win an Academy Award. The progenitor of countless glass blowing films had shown early on that glass craft was and is threatened by industrialized production.[22] Today, the spectacle of showing manual glass making has become

O'Connor omschreven zintuigelijke waarnemingen (hitte, geur, licht) met in hun centrum de vloeibare, gloeiende, transparante substantie, een onuitwisbare indruk nalaten. Alleen het medium film kan dit spektakel redelijk doeltreffend vastleggen, al gaan daarbij de hitte en de geuren alsnog verloren.
Glas heeft een bijzondere connectie met film. Ten eerste is ook film een medium dat in zijn uiteindelijke vorm weinig over zijn materialen en maakprocessen verklapt. Dan zijn er overeenkomsten in de manier waarop één persoon de regie over het team op zich neemt (Chihuly heeft ooit gezegd dat hij zeker filmregisseur was geworden als hij niet zo dol op het glasblazen was geweest). Beiden – film en *hotshop* – hebben een set of podium en een *gaffer* is zowel een naam voor glasblazer als voor degene die op de filmset verantwoordelijk is voor de belichting. Licht en vloeibaar glas zijn beide helder, heet, onaanraakbaar en lastig onder de knie te krijgen. Misschien is het deze verwantschap die maakt dat glas en film zo goed samen gaan. *Glas* (1958), de even beroemde als korte documentaire van Bert Haanstra, werd een schoolvoorbeeld voor het tonen van glasblazers aan het werk. Beelden van glasblazers in de Koninklijke Glasfabriek Leerdam worden afgewisseld met close-ups van de industriële productie van flessen. De jazzy soundtrack die speciaal voor deze film werd opgenomen verbindt de klank van een trompet aan de bolle wangen en de vloeiende bewegingen van de *gaffers* (afb. 7).[21] *Glas* tast op wonderbaarlijk overtuigende wijze het materiaal glas af via het medium film en won als eerste Nederlandse film een Academy Award.

Deze voorvader van talrijke latere glasblaasfilms stelde ook al aan de kaak dat de kunst en het mond- en handwerk van glasblazen worden bedreigd door de industriële productie.[22] Vandaag is het de verbeelding van het glasblazen – live of gefilmd – die direct bijdraagt tot de overleving van het vak. De enorm aantrekkelijke en spectaculaire beelden zijn ambassadeurs van een unieke kunst.[23] De oogst van de vruchtbare relatie tussen glas en film op esthetisch, economisch en educatief gebied zijn talloze documentaires, YouTube-filmpjes, demonstraties en workshops. Daarbij hoort ook het genre van de glasfotografie – een vak apart. Samen vormen zij een integraal onderdeel van het glasblazen als kunst en handwerk en voor de waardering ervan betekenen zij inmiddels bijna net zoveel als de uiteindelijke werken zelf.[24] Maar jammergenoeg: omdat de ene kunst veel ouder is dan de andere, zijn er van glasblazers uit het verleden geen film beelden beschikbaar.

Twee van zulke glasblazers waren Leopold en Rudolf Blaschka, de uit Bohemen afkomstige vader en zoon die in de tweede helft van de negentiende eeuw hun traditionele vakkennis van het lampenmaken inzetten voor de productie van duizenden levensechte glazen modellen van planten en zeedieren (afb. 8). Met behulp van hun inventiviteit en kennis van het medium glas, slaagden zij erin om zelfs

a commodity in itself and is employed to help the craft survive. The economic necessity to put glass on show is joined by an educational ambition, as seeing glass in the making offers an exciting way to learn about materials, craft, science and art at the same time.[23] As a result, documentaries, countless YouTube videos, life blowing, glass-making workshops, and glass photography – an art unto itself – have become part and parcel of glass craft and may do just as much for its appreciation as the art works.[24] Because glass craft is much older than film, however, visual documentation is lacking for famous glassmakers of the past.

Among these were Leopold and Rudolf Blaschka, the Bohemian father and son, who in the second half of the nineteenth century employed their traditional lampworking skills to produce thousands of extremely lifelike models of plants and sea creatures (Fig. 8). Due to the Blaschkas' inventiveness and knowledge of the glass medium, it was the first time that transparent invertebrates were reproduced in three-dimensional shape. The models became an instant success and were sold to science museums all over the world. Today, they are cherished for their fragile beauty as well as accuracy, and marine scholars use them to study threatened sea ecologies.[25] While the Blaschkas intended to mimic real organisms, Chihuly arrived at his *Seaforms* from the opposite end: stretching glass to ever new limits, making it thinner and appear extremely fluid, fragile and transparent, he created forms that, only afterwards, revealed a resemblance to water creatures (Fig. 9). The kinship between the Blaschkas and Chihuly thus lies in their shared knowledge of what the medium glass can do. Therefore, some works in the resulting *Seaforms* but also in the *Baskets* and *Persians*, resemble a giant blow-up of a Blaschka jellyfish. Chihuly openly expressed his admiration for his predecessors and their know-how: "No one really knows how they did that, it is mind-boggling and extraordinary."[26] Documentation of the Blaschkas' working procedures is sparse indeed and has mostly been reconstructed from the objects themselves in elaborate conservation projects.[27] We know now that the relative smallness of the models allowed them to work on specially designed lampworking tables on their own. One of these tables has been preserved at the Corning Museum of Glass.[28] The bellows underneath the square table were worked with the feet just like a sewing machine, and provided perfect control over the size and intensity of the blowtorch that was fixed to the table and served to melt, shape, and join the different pieces of a model.[29]

When the Muséum d'Histoire Naturelle in Geneva reinstalled their Blaschka Collection in 2008, they searched for new ways to visualize the enigmatic model-making process and revived an outmoded and contested medium for the purpose: the diorama (Fig. 10-11). Devised for museums of science and ethnography in the late nineteenth transparante ongewervelden zoals kwallen in drie dimensies realistisch weer te geven. De schaalmodellen werden een groot succes en aangekocht door natuurkundemusea en wetenschappelijke collecties over de hele wereld. Vandaag zijn de doorzichtige wonderwerken niet alleen geliefd vanwege hun levensechtheid en breekbare schoonheid, maar zijn ze opnieuw waardevol als wetenschappelijk objecten, omdat ze kunnen helpen bij de bestudering en reconstructie van bedreigde water ecologieën.[25] Waar de Blaschka's de mimetische verwantschap tussen het materiaal glas en zee-organismen doelmatig inzetten voor de vervaardiging van realistische modellen, ontstonden Chihuly's *Seaforms* als het ware omgekeerd: door zijn glazen vormen alsmaar dunner, transparanter en vloeibaarder te maken, gingen deze als vanzelf op zeedieren lijken (afb. 9). Enkele werken uit de series *Seaforms* en ook de *Basket* en *Persians* series doen inderdaad denken aan uitvergrote Blaschka modellen.

Maar de overeenkomsten tussen de Blaschka's en Chihuly liggen niet zozeer in de vorm als wel in de diepe kennis en experimentele benadering van het medium glas. Chihuly bewondert de expertise van zijn voorgangers dan ook zonder voorbehoud: "Niemand weet precies hoe ze dat voor elkaar kregen. Het is onvoorstelbaar en verbluffend."[26] Er is inderdaad weinig bekend over de manier waarop de Blaschka's te werk gingen. Bronnen of documentatie zijn er amper; het meeste weten we door de analyse van de objecten zelf, meestal verricht in het kader van conservering en

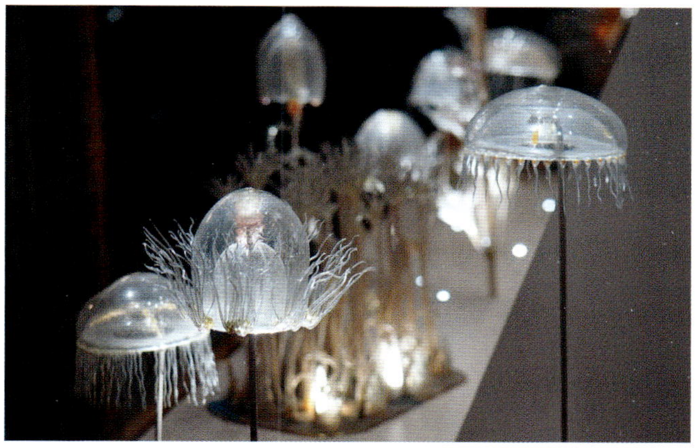

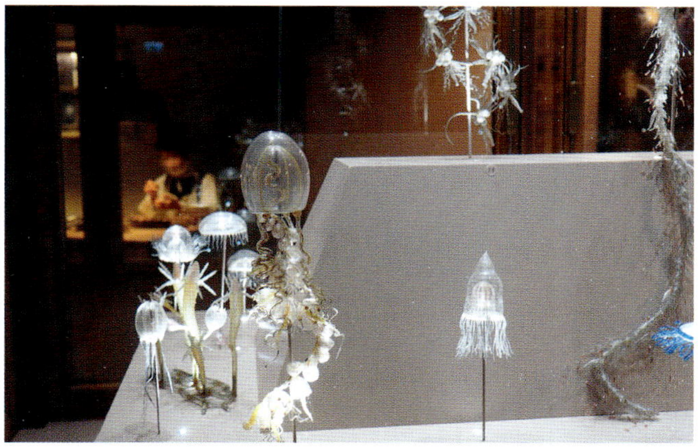

10-11 Blik in de Blaschka zaal van het Muséum d'Histoire Naturelle, Genève, 2018.

century, dioramas provided three-dimensional, and not always correct reconstructions of (pre-)historical and far-away sceneries, in order to transport visitors to past or foreign cultures.[30] Using them again today is a conscious and critical statement about the history of the museum as well as a welcome alternative to the ubiquitous video screen.[31] For the Blaschka diorama, the museum's team built a reconstruction of the Corning lampworking table. Based on photographs, the taxidermist crafted a lifelike model of the model-maker Leopold Blaschka himself (Fig. 12). Complete with blowtorch, tools, pigments, glass fragments and a real model of a *Radiolaria* – a minuscule, geometrical sea organism enlarged in glass – the museum visitor can now observe Blaschka at work forever.[32]

Just like Pasolini's impersonation of Giotto and the documentary *Chihuly in the Hotshop*, the diorama is an evocation of the process and not the process itself. The actual knowledge resides in the combined minds, hands, eyes, mouths, and bodies of the artists and craftspeople, and the objects they create. According to legend, Odin, the Nordic god of wisdom and sorcery, gave up one eye in exchange for universal knowledge. In some remote future, archaeologists of the antropocene might reconstruct human crafts and the long lost art of glassblowing as part of them. They will analyze vestiges of glass objects and ancient film footage. And maybe they will make a model of Chihuly, who sacrificed an eye to know the magic of glass.

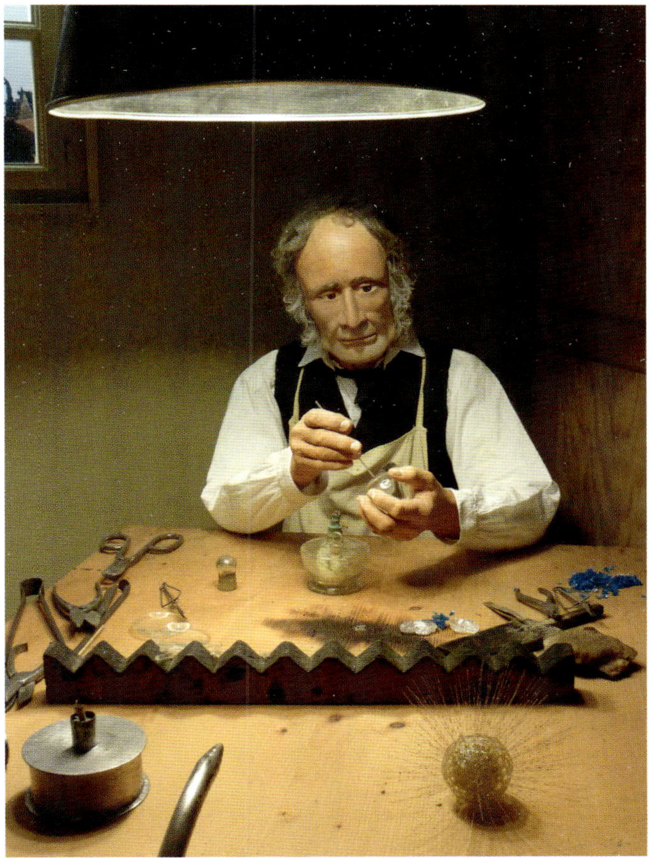

12 Het Blaschka diorama, Muséum d'Histoire Naturelle, Geneva, 2008.

restauratie van de kwetsbare artefacten.[27] We weten alleen dat de Blaschka's – in tegenstelling tot Chihuly – in hun eentje konden werken omdat de modellen klein zijn: op speciaal ontworpen tafels die oorspronkelijk dienst deden voor het maken van lampen. Eén zo'n tafel is nu te zien in het Corning Museum of Glass.[28] De blaasbalgen onder de vierkante tafel werden via een pedaal met de voet aangewakkerd, waardoor de vaklieden volledige controle hadden over de grootte en intensiteit van de vlam van de gasbrander die aan de tafel was bevestigd en waarmee de verschillende onderdelen van de modellen werden gesmolten, gevormd en samengevoegd.[29]

Bij de hernieuwde presentatie van de Blaschka-collectie van het *Muséum d'Histoire Naturelle* in Genève werd ook gezocht naar manieren om het enigmatische maakproces inzichtelijk te maken. Daartoe werd een ouderwets en controversieel tentoonstellingsformat nieuw leven ingeblazen: de diorama (afb. 10-11). Aan het eind van de negentiende eeuw werden overal ter wereld diorama's gebouwd voor natuurkundige en etnografische musea. De niet altijd even correcte of zelfs volledig verzonnen driedimensionale weergave van (pre)historische of exotische scènes gaven toeschouwers de illusie van een 'authentieke' blik op het verleden of op een andere cultuur.[30] Het afstoffen van dit omstreden medium is een kritisch-zelfbewust statement over de eigen institutionele geschiedenis en biedt tegelijk een welkom alternatief voor het alomtegenwoordige videoscherm.[31] Zo vervaardigde het technische team voor het Blaschka diorama een replica van de tafel uit het Corning Museum of Glass. De taxidermist reconstrueerde aan de hand van oude foto's een levensecht model van Leopold Blaschka (afb. 12). En zo is vader Blaschka in Genève nu alweer tien jaar ononderbroken aan zijn tafeltje bezig, compleet met gasbrander, gereedschap, pigmenten, glasfragmenten en een origineel model van een uitvergroot *Radiolaria* – een minuscuul geometrisch zeediertje.[32]

Net als Pasolini's optreden als Giotto en de documentaire *Chihuly in the Hotshop* is dit diorama een verbeelding van een proces en niet het proces zelf. Dát ligt verscholen in de hoofden, handen, ogen, monden en lichamen van de makers en de door hun gemaakte objecten. Volgens de Noorse legende stond Odin, opperhoofd en god van wijsheid, strijd, en magie een oog af in ruil voor universele kennis. In een verre toekomst zullen archeologen van het Antropoceen wellicht de dan lang verloren kunst van het glasblazen herontdekken. Ze zullen glazen scherven en oude filmfragmenten analyseren en op basis van hun bevindingen een reconstructie maken van Chihuly in zijn *hotshop* – een diorama, waar een toekomstig publiek de kunstenaar kan zien die een oog afstond in ruil voor universele kennis over glas, en die met vele handen en hoofden werkte.

1 See Jill M. Ricketts, *Visualizing Boccaccio: Studies on Illustrations of the Decameron, from Giotto to Pasolini*. Cambridge 1997.
2 For an excellent description of the process, see Erin O'Connor, 'Embodied Knowledge in Glassblowing: the Experience of Meaning and the Struggle Towards Proficiency', *Sociological Review* 55 (2007), p. 126-141.
3 Exh. cat. *Chihuly*, London (Halycon Gallery) 2011, p. 142.
4 Richard C. Dales (ed.), *Marius: On the Elements*, Berkeley, Los Angeles, London 1976. I would like to thank Henrike Haug for this reference.
5 Marco Beretta (ed.), *When Glass Matters. Studies in the History of Science and Art from Graeco-Roman Antiquity to Early Modern Era*, Florence 2004.
6 Timothy Anglin Burgard, 'Chihuly: Breathing Life into Glass', in: exh. cat. *The Art of Dale Chihuly*, San Francisco (M.H. De Young Memorial Museum) 2008.
7 Exh. cat. *Chihuly*, London (Halycon Gallery) 2011, p. 165.
8 See exh. cat. *Rodin. Genius at Work*, Groningen (Groninger Museum) 2017.
9 The website of Atelier Lieshout states: "In 1995 van Lieshout founded his studio, Atelier Van Lieshout; ever since, he has been working under the name of the studio to undermine the myth of the artistic genius". By not mentioning any other names, the myth is reinstated right then and there.
10 Recently, the credits have been shorted and only give the name of the head of a particular section.
11 See for example the Sitterwerke, St. Gallen, a bronze casting and art work production facility, that has its own making-of: *Feuer & Flamme. Die Kunstgiesserei St. Gallen* (Iwan Schumacher 2012). Recent studies still describe art production as 'fabrication', a term with a negative connotation, see Glenn Adamson, Julia Bryan-Wilson, *Art in the Making: Artists and Their Materials from Studio to Crowdsourcing*, London 2016.
12 Mark McDonnell, 'Preface', *Chihuly in the Hotshop*, DVD booklet, Seattle 2007, p. 4-6. Timothy Anglin Burgard, 'Chihuly: Breathing Life into Glass', in: exh. cat. *The Art of Dale Chihuly*, San Francisco (M.H. De Young Memorial Museum), 2008.

1 Zie Jill M. Ricketts, *Visualizing Boccaccio: Studies on Illustrations of the Decameron, from Giotto to Pasolini*. Cambridge 1997.
2 Zie voor een uitstekende omschrijving van een glaswerkplaats: Erin O'Connor, 'Embodied Knowledge in Glassblowing: the Experience of Meaning and the Struggle Towards Proficiency', *Sociclogical Review* 55 (2007), p. 126-141.
3 Tent. cat. *Chihuly*, Londen (Halycon Gallery) 2011, p. 142.
4 Richard C. Dales (ed.), *Marius: On the Elements*, Berkeley, Los Angeles, Londen 1976. Mijn dank aan Henrike Haug voor deze referentie.
5 Marco Beretta (ed.), *When Glass Matters. Studies in the History of Science and Art from Graeco-Roman Antiquity to Early Modern Era*, Florence 2004.
6 Timothy Anglin Burgard, 'Chihuly: Breathing Life into Glass', in: tent. cat. *The Art of Dale Chihuly*, San Francisco (M.H. De Young Memorial Museum) 2008.
7 Tent. cat. *Chihuly*, Londen (Halycon Gallery) 2011, p. 165.
8 Zie tent. cat. *Rodin. Genius at Work*, Groningen (Groninger Museum) 2017.
9 Op de website van Atelier Lieshout staat: "In 1995 richtte Van Lieshout zijn studio, Atelier Van Lieshout, op. Sindsdien werkt hij onder deze naam om de mythe van het artistieke genie teniet te doen." Door de namen van andere medewerkers niet kenbaar te maken, wordt de mythe echter in stand gehouden.
10 Recentelijk is deze aftiteling ingekort en wordt alleen nog de naam van het hoofd van elke afdeling genoemd.
11 Zie bijvoorbeeld de Sitterwerke, St. Gallen, een bronzen gietwerk- en kunstproductiecentrum dat zijn eigen making-of heeft: *Feuer & Flamme. Die Kunstgiesserei St. Gallen* (Iwan Schumacher 2012). Recent onderzoek omschrijft kunstproductie nog steeds als 'fabrikatie', een term waaraan een negatieve connotatie kleeft, zie Glenn Adamson, Julia Bryan-Wilson, *Art in the Making: Artists and Their Materials from Studio to Crowdsourcing*, Londen 2016.
12 Mark McDonnell, 'Preface', *Chihuly in the Hotshop*, DVD booklet, Seattle 2007, p. 4-6. Timothy Anglin Burgard, 'Chihuly: Breathing Life into Glass', in: tent. cat. *The Art of Dale Chihuly*, San Francisco (M.H. De Young Memorial Museum) 2008.
13 In Nederland kan een glasblaasdiploma bijvoorbeeld alleen maar aan de Gerrit Rietveld Academie in Amsterdam behaald worden. Chihuly zelf was in 1960 een drijvende kracht in de Studio Glass Movement en richtte in 1971 de Pilchuck Glass School op. Zie http://www.pilchuck.com/history en Ezra Shales, *The Shape of Craft*, Londen 2017 voor meer informatie over de Studio Glass Movement.
14 Dale Chihuly, *Team Chihuly*, Portland 2007, p. 1.
15 McDonnell (zie noot 12), p. 16.
16 *Studio Chihuly:* https://vimeo.com/user25444452.
17 Pamela O. Long, *Secrecy, Authorship: Technical Arts and the Culture of Knowledge from Antiquity to the Renaissance*, Baltimore 2004.
18 Antonio Neri, *L'Arte Vetraria* Firenze, 1612. See also Paul Engle, *Conciatore: the Life and Times of 17th Century Glassmaker Antonio Neri*, Hubbardston, Mass. 2014.
19 Christopher Merret, *The Art of Glass: Wherein are Shown the Wayes to Make and Colour Glass, Pastes, Enamels, Lakes, and Other Curiosities etc.*, Londen 1662, p. 246-247.
20 O'Connor 2007 (zie noot 2), p. 127.
21 Zie Jan Pieter Everaerts, 'Glass', in George Sluizer (ed.), *The Cinema of the Low Countries*, Londen 2004, p. 69-76.
22 Ezra Shales, 'Time in Glasscraft', in Idem, *The Shape of Craft*, London 2017, p. 201-239.
23 The Corning Museum of Glass, New York, geeft dagelijks een demonstratie, en in The Museum of Glass, Tacoma, wordt glas geblazen onder het oog van het publiek. Beide musea bezitten een mobiele hotshop om glasblazen ook buiten de muren van het museum ervaarbaar te maken. Daarneest is de mobile hotshop te huur en genereert extra inkomsten voor het museum.
24 Zie Ann-Sophie Lehmann, 'Crafting Showing Making', in: Stephen Knott (ed.), *Watching Making*, Oslo 2018, p. 40-49.
25 Drew Harvell, *A Sea of Glass Searching for the Blaschkas' Fragile Legacy in an Ocean at Risk*, Berkeley 2016.
26 *Art Business News* (11/2008), cited on https://hmnh.harvard.edu/news/glass-flowers-always-bloom.
27 Zie bijvoorbeeld de tentoonstelling *Fragile Legacy* in het Corning Museum of Glass (2016-2017), https://www.cmog.org/article/fragile-legacy.
28 Zie https://www.cmog.org/artwork/lampworking-bench-or-table. Om de werkwijze van de Blaschka's te reconstrueren gebruiken experts aan het museum een copie van deze tafel, zie *Corning Museum of Glass Workshop: The Blaschkas from the Lampworker's Perspective*, 16 oktober 2016, https://www.youtube.com/watch?v=fY2Fdx4EkoE.
29 S.M Rossi-Wilcox, H. Reiling & P. Bisaga, 'The Blaschkas' Lampworking Tables', *Journal of Glass Studies* 45 (2003), p. 167-176.
30 Noémie Étienne, 'Memory in Action: Clothing, Art, and Authenticity in Anthropological Dioramas (New York, 1900)', *Material Culture Review* 79 (Spring 2014), p. 46-59 and idem, 'Dioramas in the Making: Caspar Mayer and Franz Boas in the Contact Zone(s)', *Getty Research Journal* 9 (2017), p. 57-74.
31 Zie *Diorama*, Katharina Dohm (red.), tent. cat. Frankfurt (Kunsthalle Schirn) 2018.
32 Met dank aan prof. Jean Mariaux, curator van het Department of Invertebrates, voor het delen van informatie over de Blaschka collectie en de nieuwe inrichting van de Blaschka zalen.

13 In the Netherlands, for instance, only the Gerrit Rietveld Academy in Amsterdam offers a diploma in glass blowing. Chihuly himself was a driving force in the studio glass movement that revived glass blowing in the U.S.A. in the 1960s and eventually founded the Pilchuck Glass School in 1971, see http://www.pilchuck.com/history; on the studio glass movement, see Ezra Shales, *The Shape of Craft*, London 2017.
14 Dale Chihuly, *Team Chihuly*, Portland 2007, p. 1.
15 McDonnell (see note 12), p. 16.
16 *Studio Chihuly* at https://vimeo.com/user25444452.
17 Pamela O. Long, *Secrecy, Authorship: Technical Arts and the Culture of Knowledge from Antiquity to the Renaissance*, Baltimore 2004.
18 Antonio Neri, *L'Arte Vetraria*, Florence 1612. See also Paul Engle, *Conciatore: the Life and Times of 17th Century Glassmaker Antonio Neri*, Hubbardston, Mass., 2014.
19 Christopher Merret, *The Art of Glass: Wherein are Shown the Wayes to Make and Colour Glass, Pastes, Enamels, Lakes, and Other Curiosities etc.*, London 1662, p. 246-247.
20 O'Connor 2007 (see note 2), p. 127.
21 See Jan Pieter Everaerts, 'Glass', in: George Sluizer (ed.), *The Cinema of the Low Countries*, London 2004, p. 69-76.
22 Ezra Shales, 'Time in Glasscraft', in Idem, *The Shape of Craft*, London 2017, p. 201-239.
23 The Corning Museum of Glass, New York, offers daily demonstrations, and The Museum of Glass, Tacoma, stages regular public glass blowing. Both museums have a mobile hotshop to bring the spectacle to communities, that do not find their way into museums, as well as to generate income through commercial use.
24 See Ann-Sophie Lehmann, 'Crafting Showing Making', in: Stephen Knott (ed.), *Watching Making*, Oslo 2018, p. 40-49.
25 Drew Harvell, *A Sea of Glass Searching for the Blaschkas' Fragile Legacy in an Ocean at Risk*, Berkeley 2016.
26 *Art Business News* (11/2008), cited on https://hmnh.harvard.edu/news/glass-flowers-always-bloom.
27 See for instance the exhibition *Fragile Legacy* at the Corning Museum of Glass (May 2016-January 2017), https://www.cmog.org/article/fragile-legacy.
28 See https://www.cmog.org/artwork/lampworking-bench-or-table. Experts at the Corning Museum of Glass use a copy of the bench for reconstructions of Blaschka models to better understand their ways of working, see *Corning Museum of Glass Workshop: The Blaschkas from the Lampworker's Perspective*, 16 October 2016, https://www.youtube.com/watch?v=fY2Fdx4EkoE.
29 S.M Rossi-Wilcox, H. Reiling & P. Bisaga, 'The Blaschkas' Lampworking Tables', *Journal of Glass Studies* 45 (2003), p. 167-176.
30 On dioramas see Noémie Étienne, 'Memory in Action: Clothing, Art, and Authenticity in Anthropological Dioramas (New York, 1900)', *Material Culture Review* 79 (Spring 2014). p. 46-59 and 'Dioramas in the Making: Caspar Mayer and Franz Boas in the Contact Zone(s)', *Getty Research Journal* 9 (2017), p. 57-74.
31 For a critical appraisal of the medium, see *Diorama*, ed. by Katharina Dohm, exh. cat. Frankfurt (Kunsthalle Schirn) 2018.
32 I would like to thank prof. Jean Mariaux, Curator of the Department of Invertebrates, for kindly sharing information about the Blaschka collection and the making of the diorama.

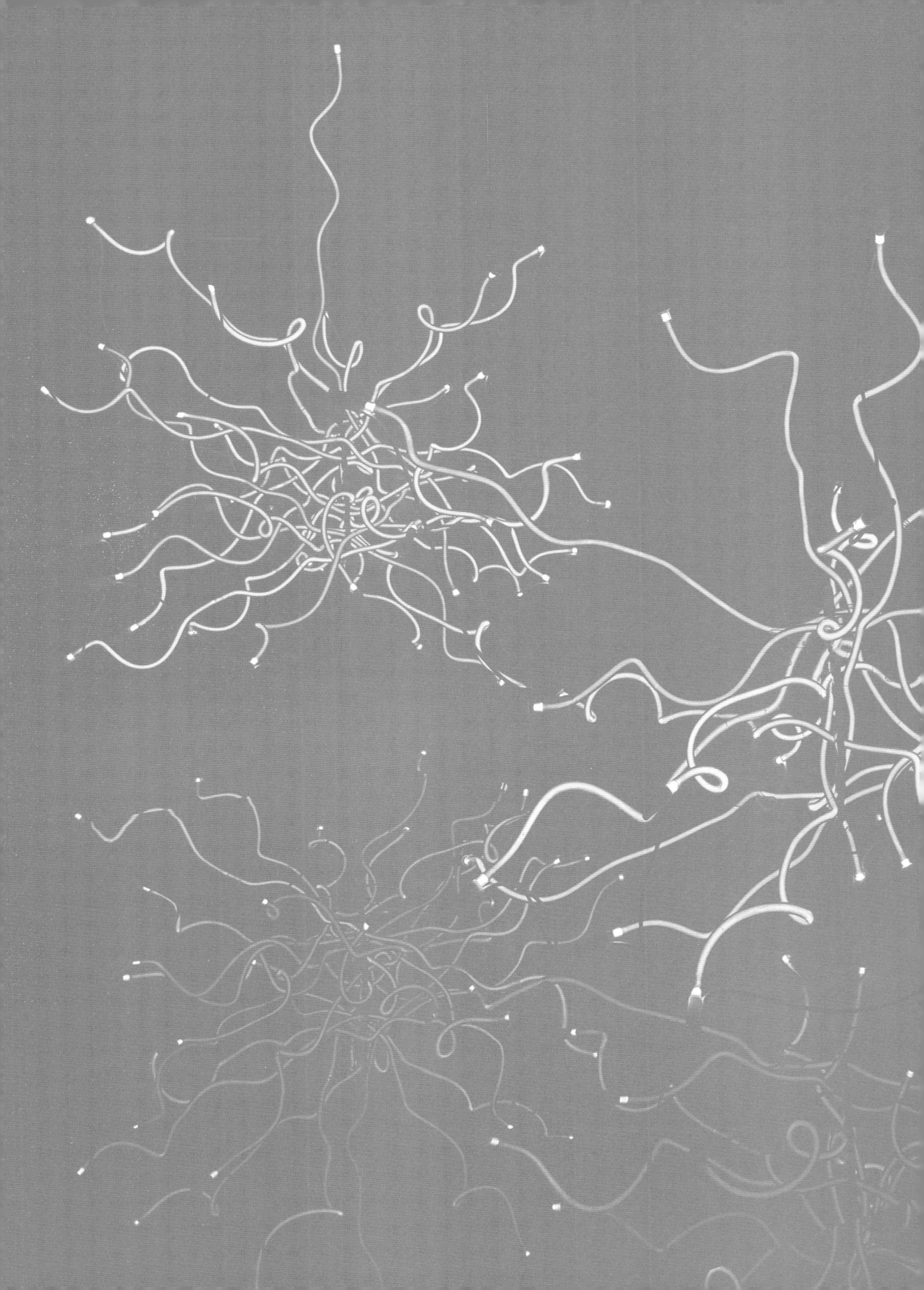

OVERZICHT

OVERVIEW

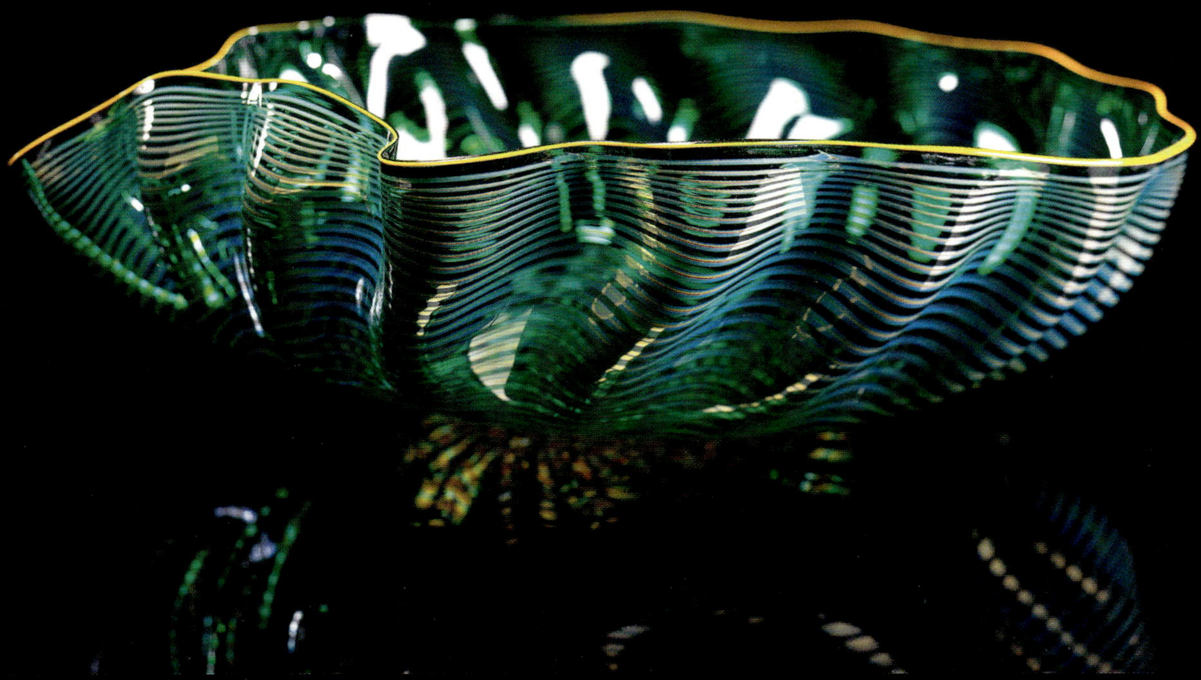

BOTTLE GREEN SEAFORM WITH MARIGOLD LIP WRAP

1997 • Geblazen glas • Koninklijke Verzamelingen, Den Haag

Op 28 mei 1997 brachten toenmalig president Bill Clinton en zijn vrouw Hillary een bezoek aan Den Haag om het Marshallplan te herdenken. In de Ridderzaal werd plechtig stilgestaan bij de steun van de Verenigde Staten aan de economische wederopbouw van Europa in 1948.

Bill en Hillary Clinton bezegelden dit 50-jarig jubileum met een bijzonder cadeau: één van Dale Chihuly's *Seaforms*. Chihuly ontwikkelde deze serie in de zomer van 1980 aan de Pilchuck Glass School in Stanwood, Washington. De *Seaforms* lijken op schelpen of onderzeese begroeiing en Chihuly speelt met de vraag of ze van menselijke hand of uit de natuur afkomstig zijn.

On May 28, 1997, Bill Clinton and his wife Hillary paid a visit to The Hague to commemorate the Marshall Plan. During the event, the tremendous support from the United States in rebuilding Europe's economy in 1948 was recalled.

Bill and Hillary Clinton sealed this 50th anniversary celebration with a special gift: one of Dale Chihuly's *Seaforms*. Chihuly had developed this series during the summer of 1980 at the Pilchuck Glass School in Stanwood, Washington. The *Seaforms* conjure seashells and undersea plant life and Chihuly make us wonder whether they were man-made or made by nature.

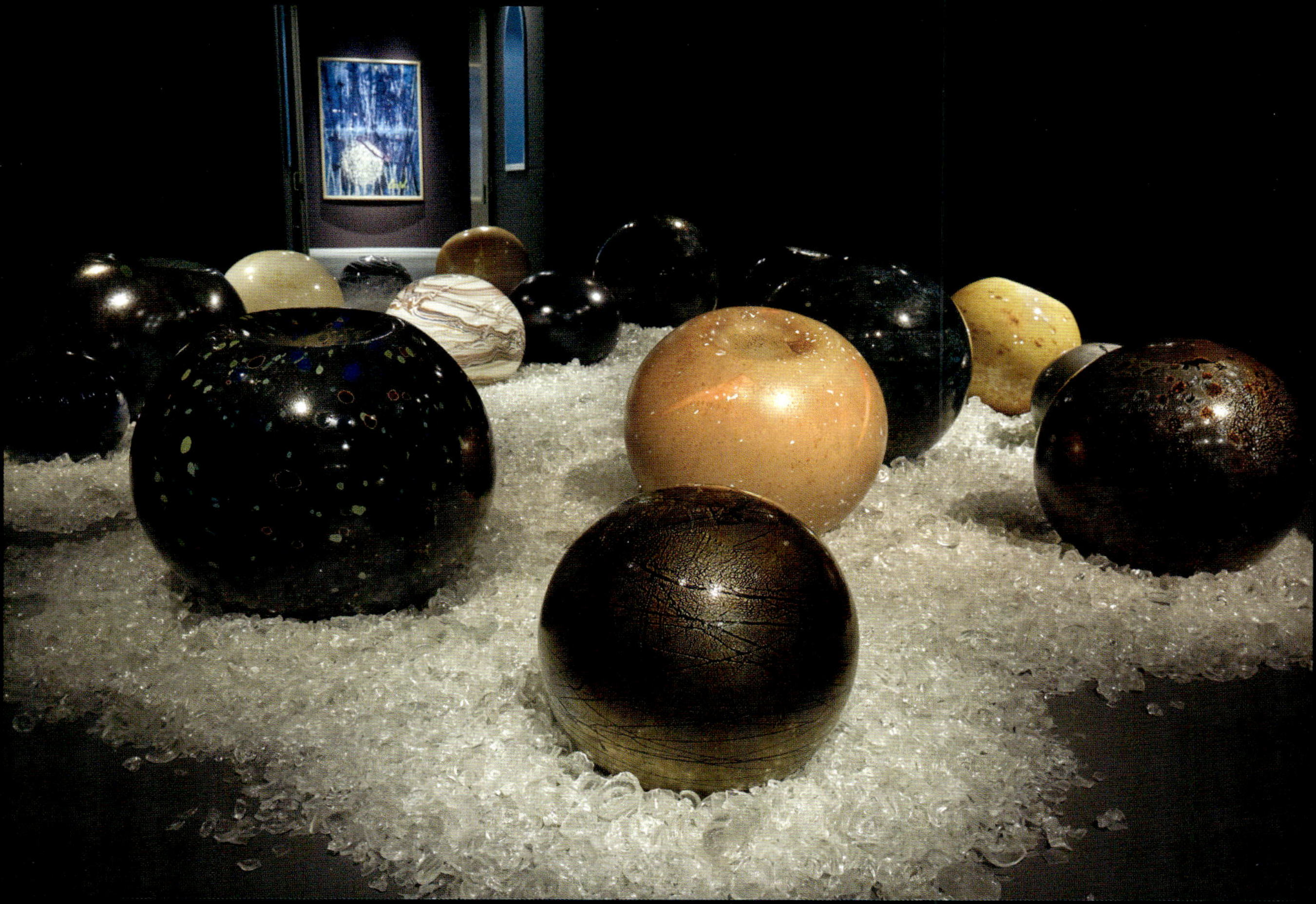

NIIJIMA FLOATS

1992-2018 • Geblazen glas

"Het is interessant dat de lastigste series die ik ooit heb geblazen, de *Floats* zijn, omdat een bol het gemakkelijkst is om te blazen in glas. Het is de meest natuurlijke vorm die je kunt blazen. Maar op deze schaal is het allesbehalve natuurlijk."

De *Niijima Floats* zijn vernoemd naar de glazen dobbers uit Japan die Chihuly als kind langs de stranden van Puget Sound zag liggen, en naar het eiland Niijima, in Japan, dat Chihuly in 1989 heeft bezocht. Hij begon in 1991 met zijn team aan deze serie. Veel *Floats* uit deze installatie hebben een metalen uiterlijk. Dat komt door het rijke kleurproces waarbij een dun laagje bladgoud op het oppervlak van het gesmolten glas wordt aangebracht.

"It's interesting that the most difficult series I have ever blown are the *Floats*, considering a sphere is the easiest form to make in glass. It's the most natural form you could blow. But it's not natural at this scale."

The *Niijima Floats* are named for the Japanese fishing floats Chihuly found as a child on the shores of Puget Sound, and for the island of Niijima, Japan, which Chihuly visited in 1989. He and his team began the series later in 1991. Many of the *Floats* in this installation have a metallic quality to them, which is a result of the rich coloration process that involves applying a thin layer of gold leaf directly to the surface of the molten glass.

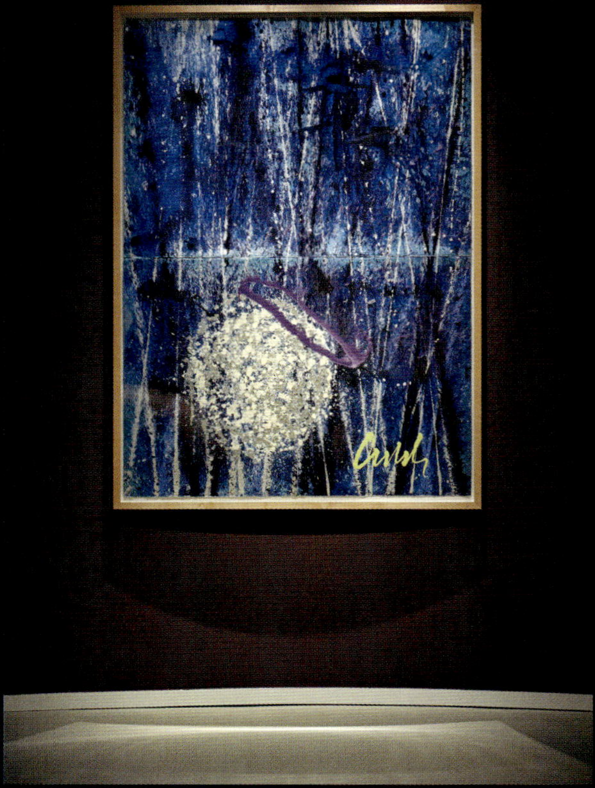

BASKET AND REED QUAD DRAWING

2008 • Acrylverf op papier

een vloeiend proces, zoals glasblazen ook proces is."

is tekenen net zo natuurlijk als glasblazen. aan als een manier om zijn ideeën over te zijn team van glasblazers, is nu een unieke erken die de ontwikkeling van zijn glasseries hihuly werkt met acrylverf, aquarel, houtskool, zelfs met vuur – om zijn artistieke uitingen nen geven.

en variëren van licht en luchtig, tot gedurfd en eze compositie wordt verwezen naar twee uit Chihuly's werk: *Baskets* en *Reeds*. Beide n deze tentoonstelling te zien.

t net als zijn favoriete kunstenaar, de schilder ock, met energieke gebaren en intuïtie om e resultaat te bereiken.

"Drawing is a fluid process, as glassblowing is process."

For Chihuly, drawing is as natural as glassblow began as a means of conveying his ideas to th blowing team, evolved into a unique body of w references the development of his glass serie works with acrylic, watercolor, charcoal, graph fire – as an outlet for his artistic expressions.

The drawings vary from light and airy to bold a Featured in this composition are references to forms from Chihuly's oeuvre: *Baskets* and *Ree* display in this exhibition.

Chihuly, like one of his favorite artists, the pain Pollock, combines vigorous gestures and intuit intended result.

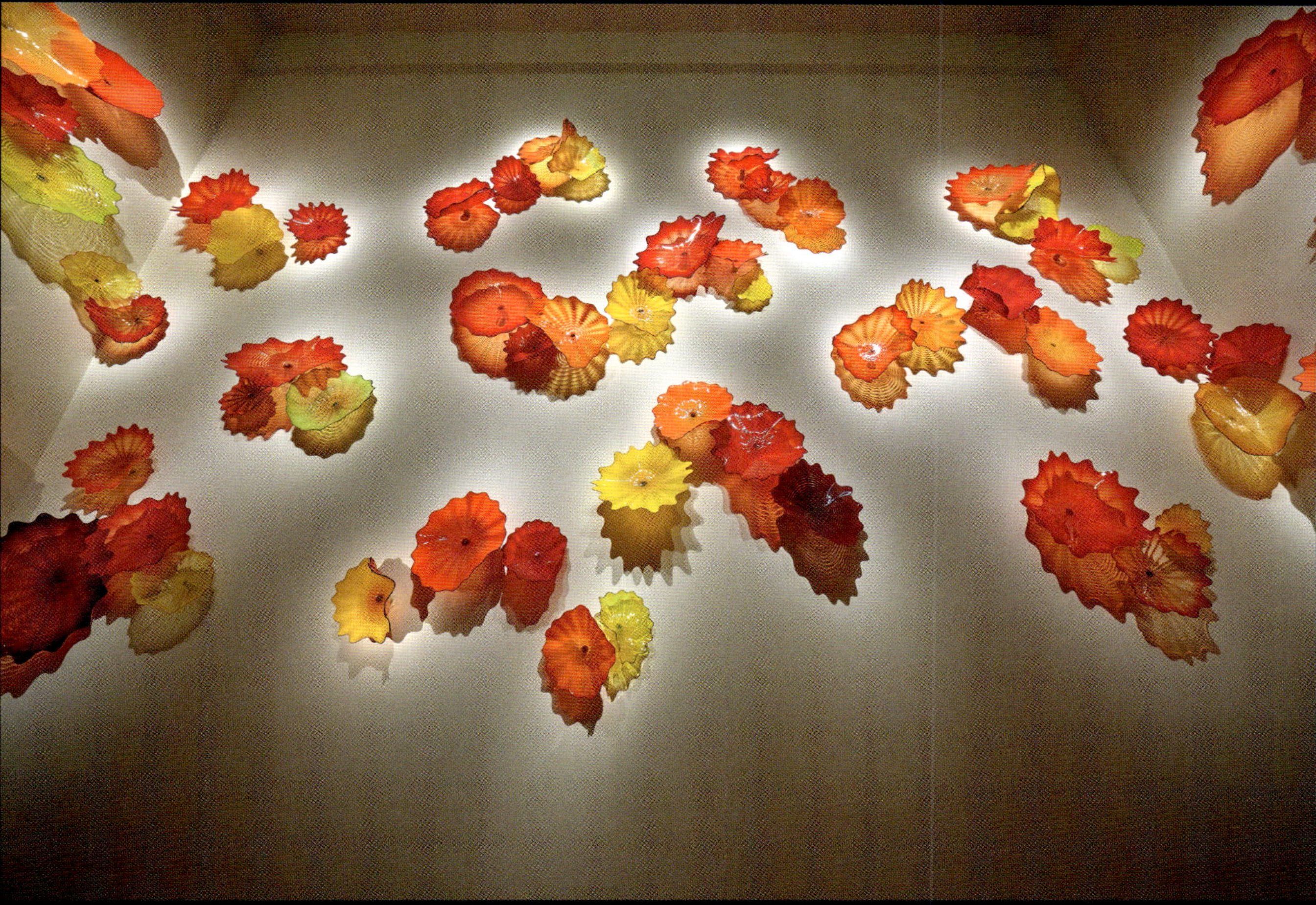

GRAND STAIRWELL INSTALLATION

2018 • Geblazen glas

"De *Persians* zijn ontstaan als een zoektocht naar vormen. We maakten een jaar lang alleen maar experimentele *Persians*... We hebben er wel duizend of meer gemaakt."

In 1986 begon Chihuly te experimenteren met zijn *Persians*-serie. Samen met zijn team blies hij vormen met duidelijk visgraatmotief, gemaakt door middel van een mal, waarna hij de vormen liet ronddraaien tot ze asymmetrisch waren. Het resultaat was zó ongewoon gebogen en exotisch dat Chihuly verder experimenteerde met patronen en gedurfde kleuren binnen de serie. Door de jaren heen zijn de *Persians* op ramen, muren en plafondinstallaties te zien geweest. Ze werden steeds complexer en zijn samengevoegd om er een mysterieuze, betoverende omgeving mee te creëren. De *Grand Stairwell Installation* is speciaal voor deze locatie ontworpen en bevat de grootste *Persians* ooit gemaakt.

"The *Persians* started out as a search for forms. We worked for a year on doing only experimental *Persians*... we made at least a thousand or more."

Chihuly began to experiment with the *Persian* series in 1986. He and his team blew forms with distinct herringbone patterns created by a mold and spun out into an asymmetrical rondel. The resulting irregularly shaped, twisting, and exotic elements motivated Chihuly to further experiment with patterns and bold colorations in this series. Over the years, the *Persians* have been displayed on windows, walls, and ceiling installations and have become increasingly complex as they're combined to form a mysterious, enchanting environment. The *Grand Stairwell Installation* was designed for this location and includes among the largest *Persians* made.

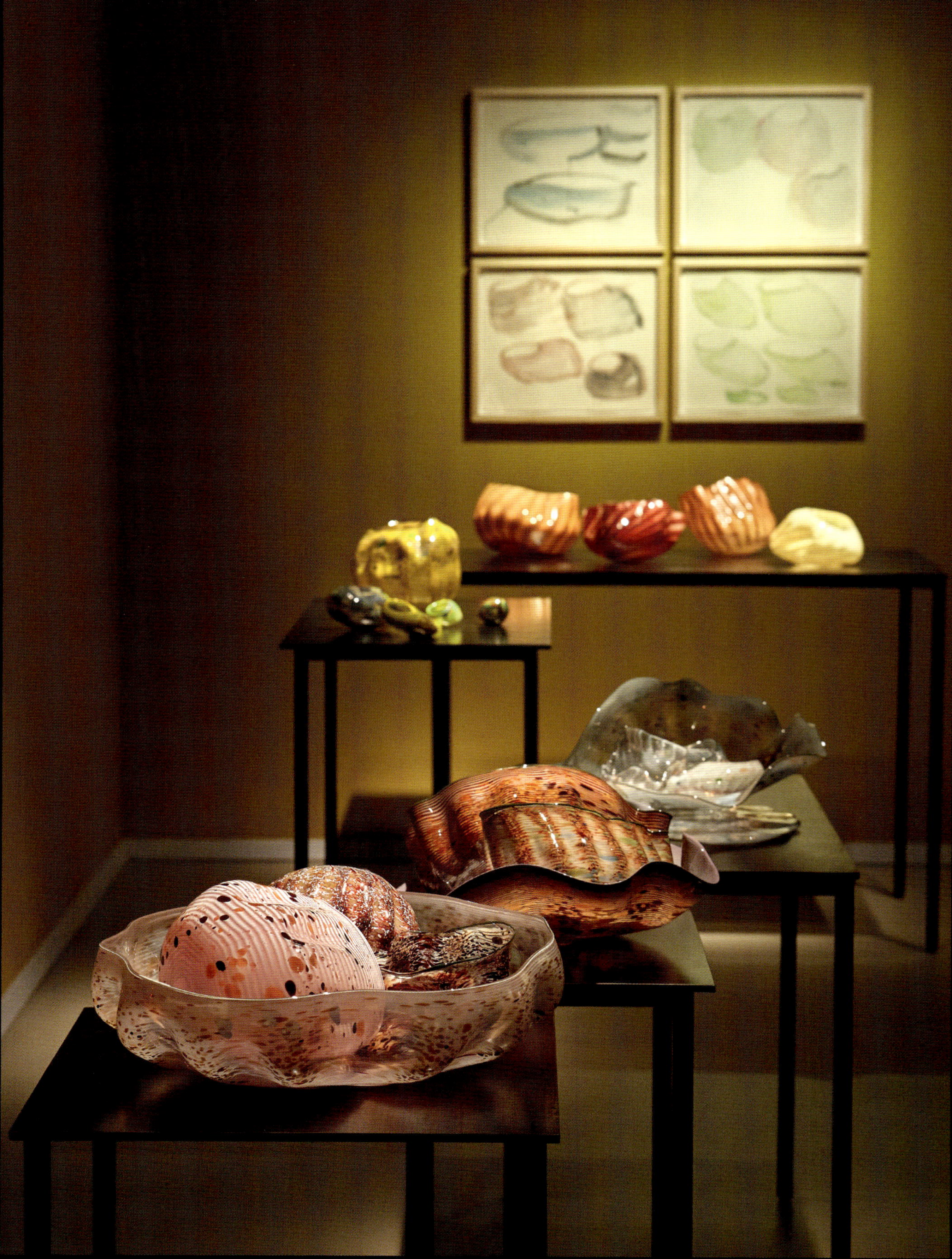

EARLY WORKS

Early Works, 1980-1988 • Geblazen glas
Drawings, 1980-1982 • Inkt, aquarelverf op papier

In deze zaal staat vroeg werk van Chihuly, waaronder de series *Baskets, Soft Cylinders, Macchia, Seaforms* en *Drawings*.

"Als je met heet glas en de natuurlijke eigenschappen ervan werkt, begint het al gauw te lijken op iets wat uit de zee komt."

Chihuly ontwierp zijn *Seaform*-serie haast per toeval toen hij experimenteerde met een zogenaamde *optic mold*. Deze ijzeren mal bedrukt het glas met een geribbeld patroon, waardoor de voornamelijk doorzichtige vormen niet alleen een structuur krijgen maar ook steviger worden. De flinterdunne vormen doen denken aan schelpen en ander oceanisch leven, zonder daar direct aan te refereren.

"De *Macchia*-serie begon met mijn verlangen om alle 300 kleuren uit de hotshop te gebruiken."

In 1981 begon Chihuly aan zijn *Macchia*-series (Italiaans voor 'gespikkeld' of 'gevlekt'). In tegenstelling tot de subtiele transparantie van de *Seaforms*, hebben de *Macchia* juist rijke kleurcombinaties. Chihuly heeft voor deze serie een techniek ontwikkeld waarbij er een laagje wit wordt toegevoegd tussen de kleuren aan de binnen- en buitenkant van het kunstwerk, zodat er een sterker contrast ontstaat. Het meest kenmerkend zijn de stukken gekleurd glas die tijdens het glasblazen met het oppervlak van de *Macchia* versmelten. Aan deze "spikkels" dankt de serie zijn naam.

Featured in this gallery are early series developed by Chihuly including *Baskets, Soft Cylinders, Macchia, Seaforms* and *Drawings*.

"If you work with hot glass and its natural properties, it begins to look like something that came from the sea."

Chihuly created his *Seaform* series almost by accident, in 1980, when he decided to experiment with an optic mold. This iron mold imprints a ribbed structure onto the glass, creating texture while adding strength to the, often translucent, forms. The wafer-thin shapes are reminiscent of, rather than a direct reference to, shells and other sea life.

"The *Macchia* series began with my desire to use all 300 of the colors in the hotshop."

In 1981, Chihuly started his *Macchia* series (Italian for 'spotted'). In contrast to the subtle transparency of the *Seaforms*, the *Macchia* feature rich combinations of color. Chihuly developed a technique in which a layer of white is added between the interior and exterior colors of the artwork to create a distinction. Perhaps most characteristic, are the pieces of colored glass which are fused to the surface of the *Macchia* during the glassblowing process, that create the mottled effect for which this series is named.

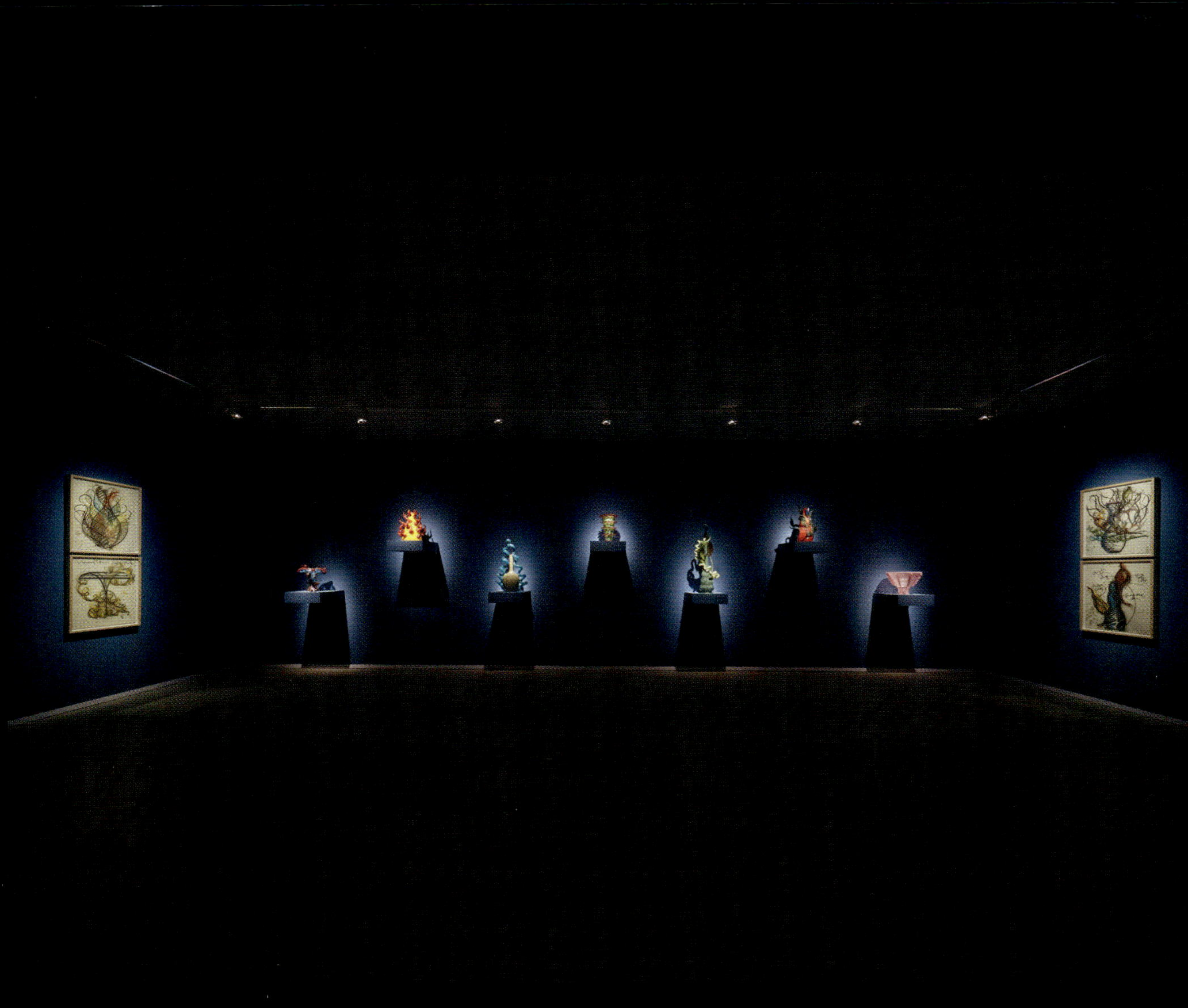

166

VENETIANS

Venetians, 1988-2006 • Geblazen glas
Venetian Drawings, 1980-1988 • Gemengde techniek op papier

"Ik heb nooit eerder met Europese meesters gewerkt, omdat mijn werk altijd zo onorthodox en asymmetrisch was, en het leek me niet logisch om de handen ineen te slaan met een Europeaan. Maar toch besloten de grootmeester Lino Taglipietra uit Murano en ik dat we het eens samen moesten proberen, en dus heb ik een serie ontworpen die gebaseerd is op Venetiaanse Art Deco-stukken uit de jaren 1920 die ik eens had gezien."

Tegen het einde van de jaren 1980 heeft Chihuly ervoor gezorgd dat enkele Venetiaanse grootmeesters in glasblazen in zijn geboortegebied, de Pacific Northwest, kwamen lesgeven. Amerikaanse glasblazers stonden versteld van de virtuositeit van deze maestro's. Zij hebben een zeer belangrijke rol gespeeld bij de verbetering van de techniek van de Amerikanen.

Chihuly werkt nog steeds samen met, en begeleidt daarnaast, glasblazers die getraind zijn in de Italiaanse glasblaastechniek. Veel van zijn series zijn ook op deze techniek gebaseerd. De *Venetians* zijn een levendige combinatie van Amerikaanse uitbundigheid en Italiaanse *bravura* in glas.

Op Chihuly's *Venetian Drawings* zijn gedurfde, brede lijnen houtskool te zien, waarmee de vormen en kleurcombinaties van de resulterende serie duidelijk naar voren komen.

"I had never worked with European masters, because my work had always been unorthodox and asymmetrical, and the idea of working with an European master didn't make sense. But the great Muranese master Lino Taglipietra and I decided that we'd try to do something together, so I designed a series that was a take-off from some Venetian Art Deco pieces I had seen that were from the 1920s."

In the late 1980's, Chihuly was integral to bringing Venetian glass masters to teach in his native Pacific Northwest. These maestros awed American glassblowers with their virtuosity and were instrumental in increasing the Americans' skill.

Chihuly has continued to work with and mentor glassblowers trained in Italian technique, and created many of his series founded upon it. The *Venetians* are his most profound fusion of American exuberance and Italian *bravura* in glass.

Chihuly's *Venetian Drawings* feature bold broad strokes of charcoal that defined the forms and color combinations of the resulting series.

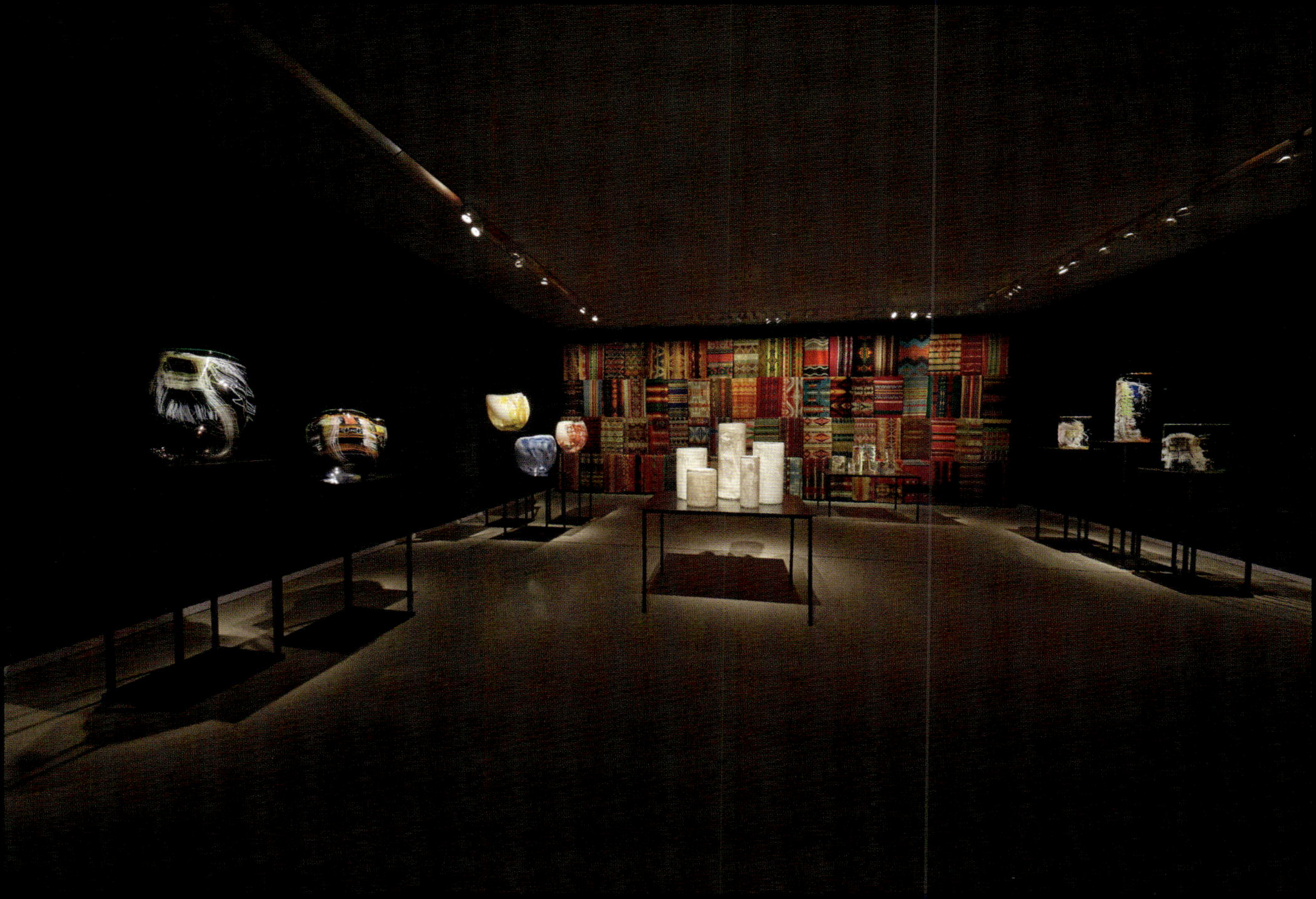

CYLINDERS

Cylinders, 2006-2016 • Geblazen glas
American Indian Trade Blankets, ca. 1900-1972

"Het is prachtig om het gesmolten glas op de rigide glastekening terecht te zien komen en het te zien samensmelten met het verhitte glas. Het is een vloeiend en spannend moment vol risico's."

In 1975 begon Chihuly, geïnspireerd door Amerikaans-Indiaanse dekens, met zijn *Cylinder*-serie. Om de bijzondere weefpatronen ook in glas weer te geven, ontwikkelde hij een techniek die bekend staat als de 'pick-up tekening'. Hierdoor konden de kunstenaar en zijn team de complexe patronen van gekleurde glasdraden samensmelten met het oppervlak van de vaas. Gedurende zijn carrière keerde hij nog vaak terug naar deze serie.

Op jonge leeftijd was Chihuly al een groot verzamelaar. Zijn interesse in de Amerikaans-Indiaanse dekens stamt uit zijn studietijd. Vanaf dat moment begon hij met het verzamelen van commercieel geproduceerde dekens van Pendleton en andere fabrieken. De kleurrijke patronen van de dekens hebben een grote invloed gehad op Chihuly gedurende zijn carrière.

"It's great to see the molten glass come down on the rigid glass drawing and to watch it fuse with the hot glass – a very fluid and exciting moment of chance."

Inspired by American Indian textiles, Chihuly began his *Cylinder* series in 1975. In an effort to incorporate indigenous designs into his work, Chihuly developed a method called the 'pick-up drawing' technique. This allowed the artist and his team to transfer intricate drawings made of colored glass threads onto the surface of the vessel. He has revisited the series throughout his career.

An avid collector from a young age, Chihuly became interested in American Indian blankets while in college. He began collecting commercially produced blankets from Pendleton and other textile mills. The trade blankets colorful patterns have influenced Chihuly throughout his career.

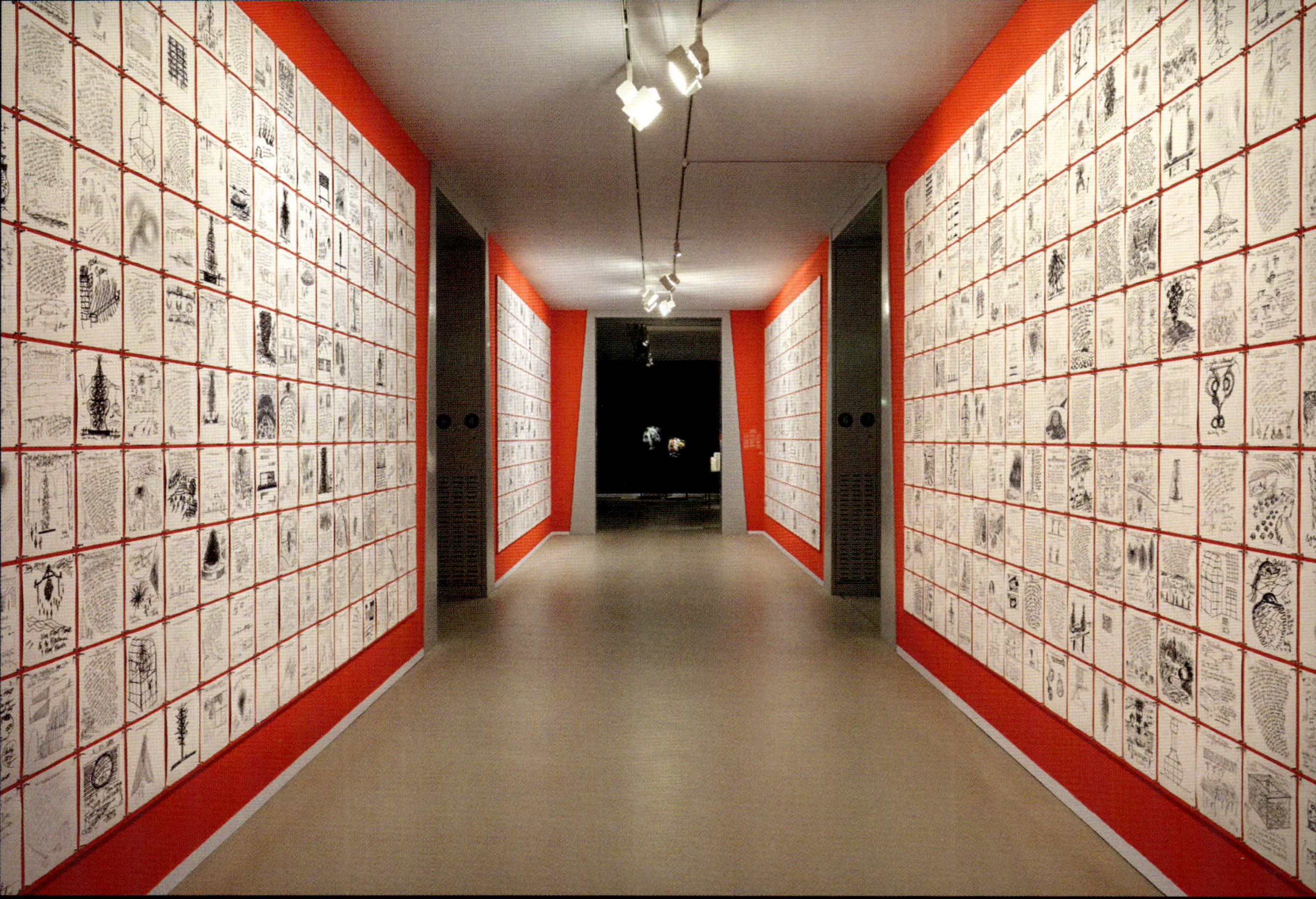

FAXES

Facsimiles, inkt op papier

"Ik moet wel duizenden faxen maken om mijn ideeën te kunnen verspreiden. Als je een brief schrijft, denk je natuurlijk na. Het is gewoon een manier om je hersenen aan het werk te zetten. Het is juist die brief, het schrijven ervan, waardoor het idee vorm krijgt."

Deze 'faxes' worden bijna nooit tentoongesteld. Chihuly heeft wel duizenden brieven geschetst die vervolgens via een faxapparaat naar de ontvangers zijn verzonden. Via deze 'faxes' verspreidde Chihuly meestal zijn ideeën.

Deze snelle en expressieve manier van communicatie zorgt ervoor dat Chihuly altijd goed met zijn team communiceert, waardoor de kunstenaar zelfs op reis aan meerdere complexe projecten kan werken.

"I need to make thousands of faxes to distribute my ideas. As you write a letter, you're thinking. It's a simple way to make your mind work. It's the letter, the writing of a letter, that helps formulate and structure the idea or the thought."

Rarely seen in public, Chihuly has drawn and sketched thousands of letters which were then sent via a facsimile machine to their recipients. Often these 'faxes' were the means by which Chihuly shared his ideas.

This rapid and expressive method of communication also enabled Chihuly to communicate with his team, allowing the artist to work on multiple complex projects while traveling.

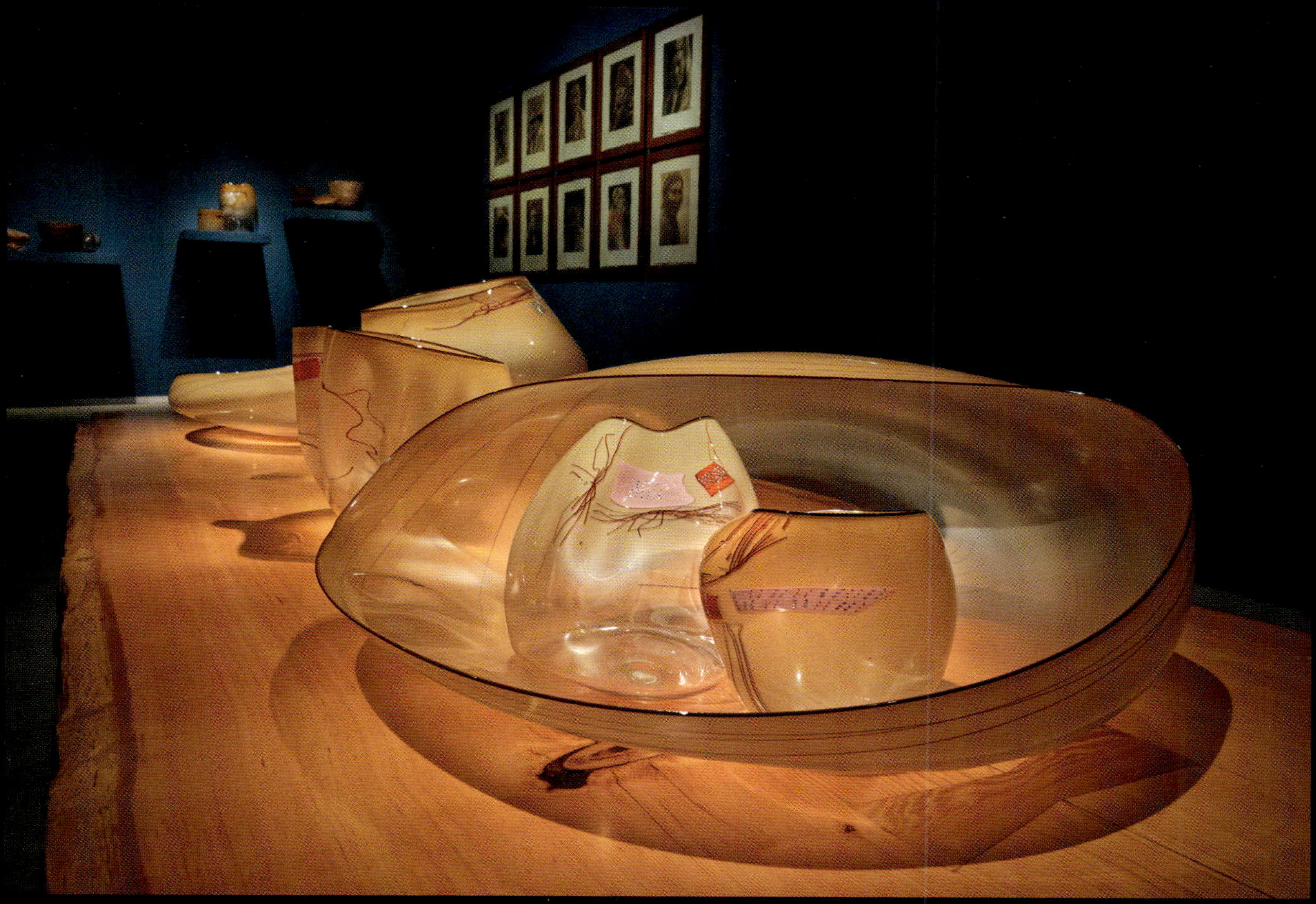

NORTHWEST ROOM

Tabac Baskets, 2008 • Geblazen glas
Baskets, 1979-1981 • Geblazen glas
Peach Cylinders, 2016 • Geblazen glas

Kunstenaar onbekend • *Northwest Indian Baskets*, ca. 1880-1920 • Textiel
Edward S. Curtis, *Portraits*, 1899-1926 • Fotogravures

Opgegroeid in de Pacific Northwest vond Chihuly zijn inspiratie in de geweven Amerikaans-Indiaanse dekens en manden. De decoratieve patronen zijn ook weergegeven met tekeningen van glasdraad op de *Cylinders* en *Baskets*.

Tegen de traditie van het glasblazen in omarmt Chihuly in zijn *Basket*-serie de vrije vorm en asymmetrie. In 1977 bezocht hij de Washington State Historical Society in Tacoma. Daar stond hij versteld van de tentoongestelde Amerikaans-Indiaanse manden uit het Noordwesten van Amerika, die ingezakt en vervormd waren door langdurige blootstelling aan zwaartekracht. Chihuly besloot juist de zwaartekracht en hitte te gebruiken om soortgelijke asymmetrische en organische vormen te creëren in zijn glas.

In de Northwest Room staat een selectie van vroege werken uit de *Baskets*- en *Cylinders*-series van de kunstenaar naast zijn persoonlijke verzameling van Indiaans-Amerikaanse dekens uit het Noordwesten van Amerika, en fotogravures van Edward S. Curtis.

Growing up in the Pacific Northwest, Chihuly found inspiration in Native American weaving and basketry. The decorative patterns featured on the baskets and textiles are reflected in the glass-thread drawings that adorn the surface of the *Cylinders* and *Baskets*.

Breaking with tradition Chihuly embraces a freedom of form and asymmetry in his *Basket* series. In 1977, Chihuly visited the Washington State Historical Society in Tacoma where he was struck by a display of Northwest Indian baskets that had slumped and warped due to the effects of gravity over time. Chihuly applied this aesthetic to his work allowing gravity and heat to shape the glass into asymmetrical and organic forms.

The Northwest Room features a selection of the artist's early *Baskets* and *Cylinders* series alongside his personal collection of Northwest Indian baskets and Edward S. Curtis photogravures.

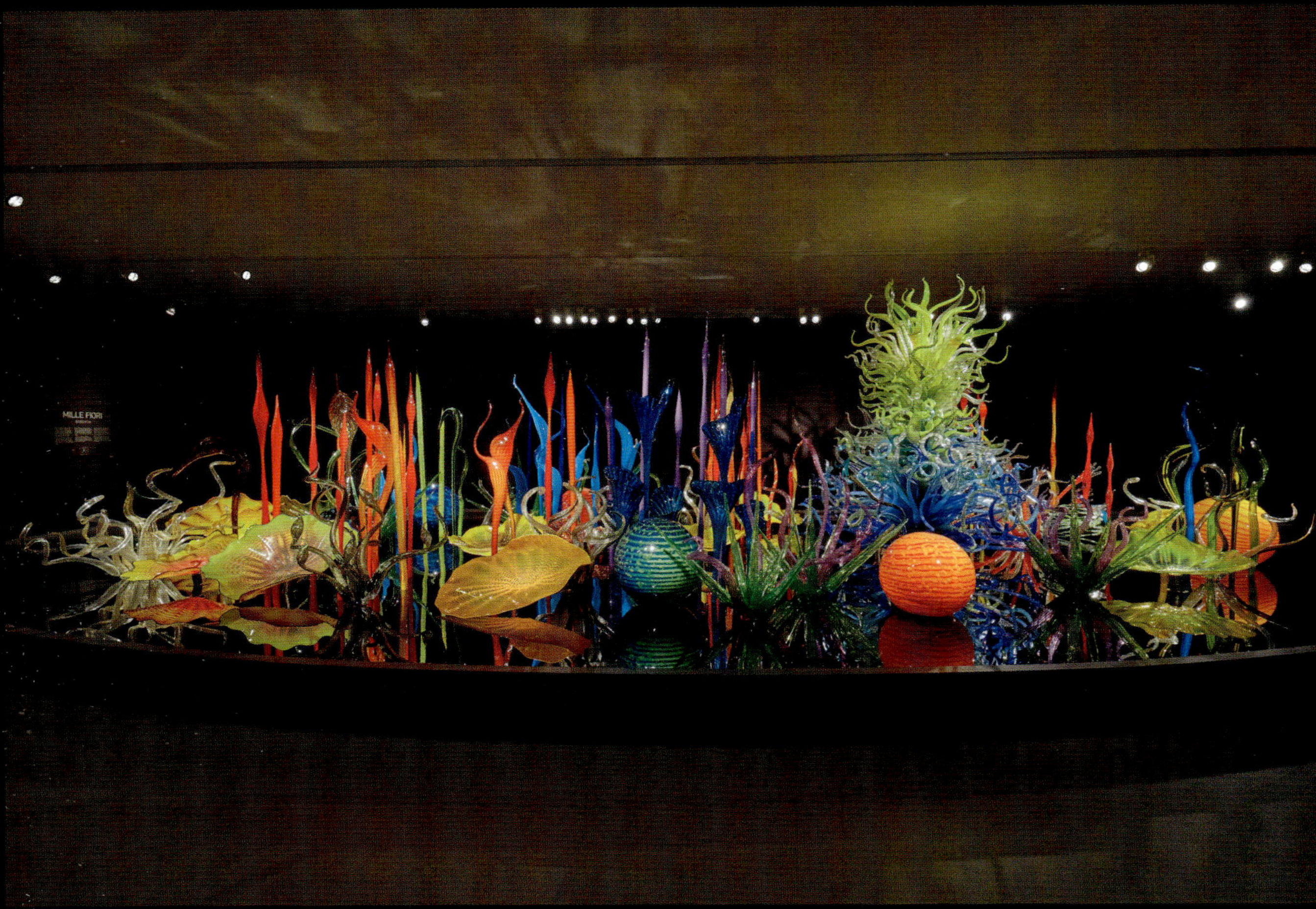

MILLE FIORI

2018 • Geblazen glas, staal

Mille Fiori (Italiaans voor 'duizend bloemen') geeft de toeschouwer de kans een glimp op te vangen van een tuin van glas vol gewaagde en kleurrijke elementen die doen denken aan vormen uit de natuur. De kunstenaar heeft eens verteld dat hij zijn inspiratie voor deze 'glastuinen' vond in zijn herinneringen aan de indrukwekkende tuin van zijn moeder.

Chihuly heeft voor het Groninger Museum een omvangrijke reeks kleurrijke vormen samengebracht, waaronder *Pods*, *Herons*, *Trumpets* en *Marlins*, die staan opgesteld tussen verschillende werken uit eerdere series, zoals *Persians*, *Towers* en *Floats*.

Mille Fiori (Italian for 'a thousand flowers') offers the viewer a glimpse of a garden composed from glass, with bold and colorful elements that evoke forms found in nature. The artist has said that memories of his mother's impressive garden were a source of inspiration for these 'gardens of glass'.

For the Groninger Museum, Chihuly has composed an extensive range of colorful forms, including *Pods*, *Herons*, *Trumpets*, and *Marlins* which are interspersed with earlier series such as *Persians*, *Towers*, and *Floats*.

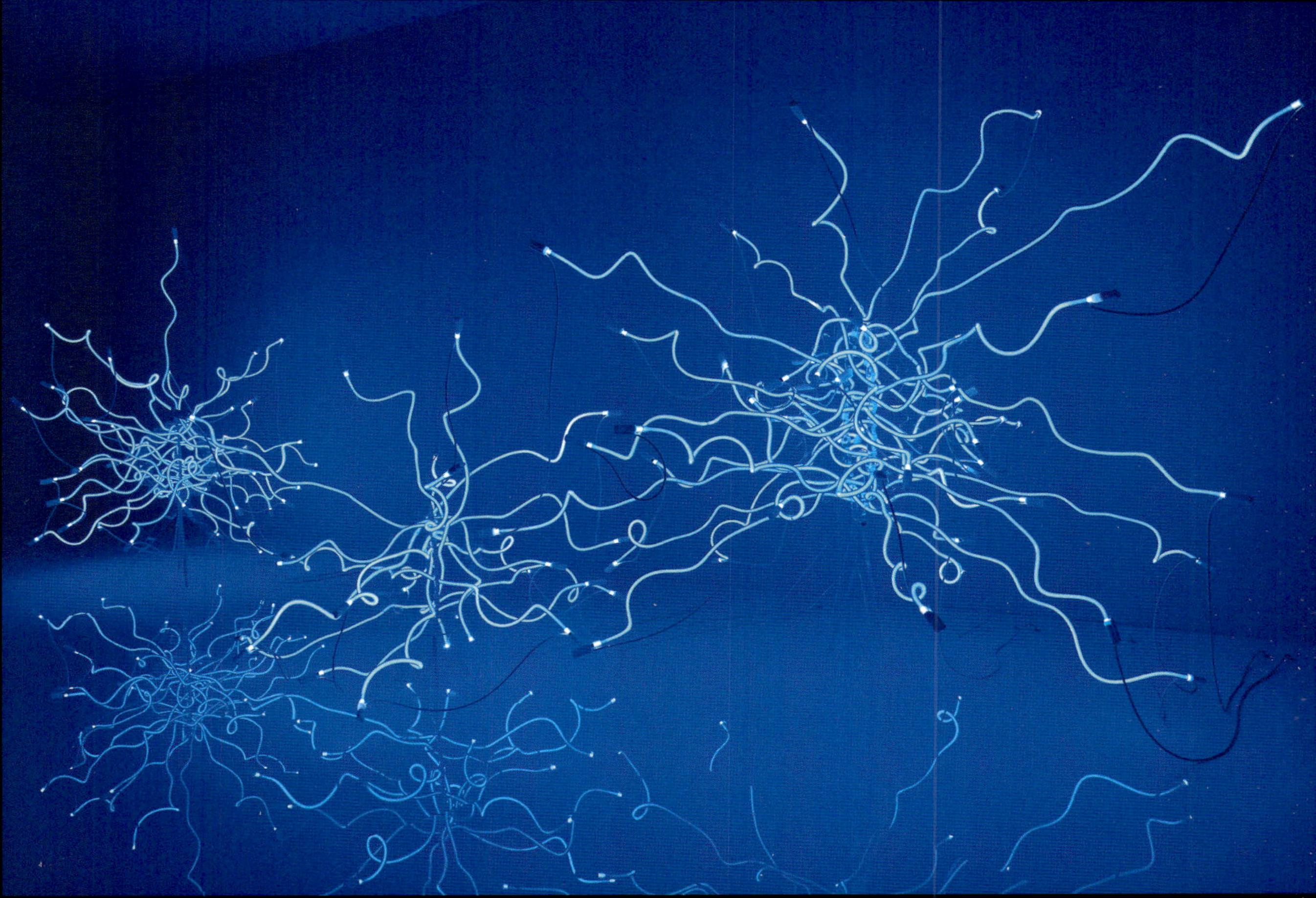

SAPPHIRE NEON TUMBLEWEEDS

2016 • Neon glas, acryl

"Over een vorm van licht gesproken – neon is zelf licht. Maar natuurlijk... neon zou zonder glas niet kunnen bestaan."

Tijdens zijn studietijd aan de University of Wisconsin in Madison, aan het einde van de jaren 1960, gebruikte Chihuly voor het eerst neon in zijn installaties. Gedurende de jaren 1970 bleef hij met dit medium experimenteren. In 1993 voegde hij neonbuizen samen tot *Tumbleweeds*.

Deze sculpturen bestaan uit bundels van rechte, in de fabriek gemaakte buizen, die door verhitting een kromlijnige vorm hebben gekregen. Sommige zijn wel meer dan twee meter breed. Chihuly gebruikt deze veelzijdige sculpturen op verschillende locaties, waardoor de ruimte wordt gevuld met levendige kleuren en energie.

"Talk about a form of light – neon is light itself. But, of course... neon couldn't exist without glass."

Chihuly began using neon for art installations during his studies at the University of Wisconsin in Madison in the late 1960s. He continued to explore the medium into the 1970s. In 1993, he began massing neon tubes together to form *Tumbleweeds*.

These sculptures are composed from bundles of linear, factory-made tubes, bent by heat into curvilinear forms. They are sometimes more than two meters wide. Chihuly incorporates them into numerous settings, infusing the space with a sense of vibrant light and energy.

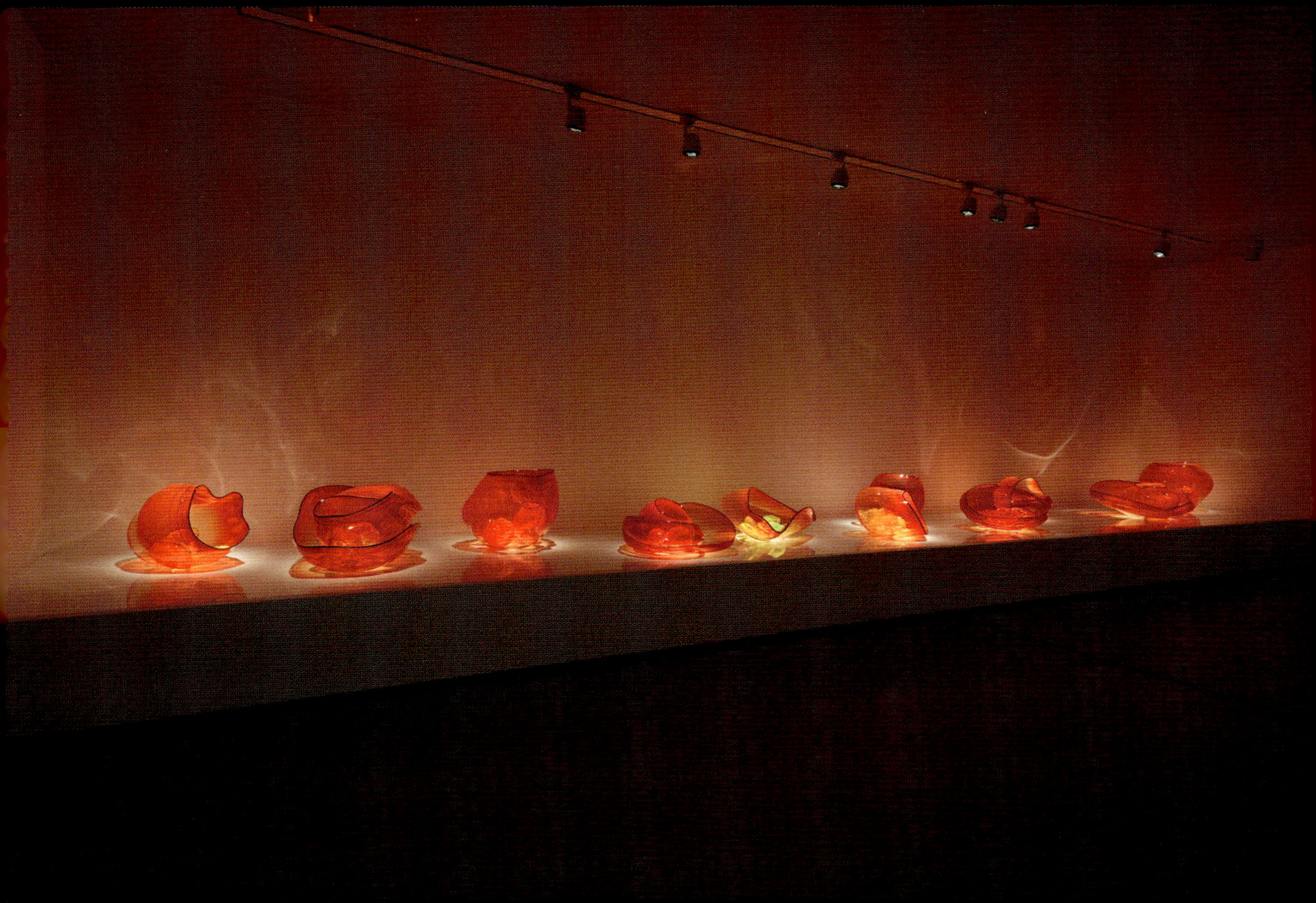

FIRE ORANGE BASKETS

2002-2013 • Geblazen glas

Chihuly's vroege *Baskets* zijn ingetogen en neutraal van kleur. Zoals hij dat vaker doet, heeft de kunstenaar deze serie tijdens zijn carrière herzien door gewaagdere kleuren en een grotere schaal toe te passen. Chihuly maakt steeds ingewikkeldere composities door kleine *Baskets* in de grotere manden te plaatsen. In deze zaal staan enkele van de grootste *Baskets* uit de serie.

Chihuly's early *Baskets* began with subdued and neutral color palettes; however, as with much of his work, he revisits the series throughout his career with new bold colorations and increased scale. Chihuly creates increasingly intricate compositions by nesting smaller baskets within the larger ones. The *Baskets* featured in this gallery are among the largest within this series.

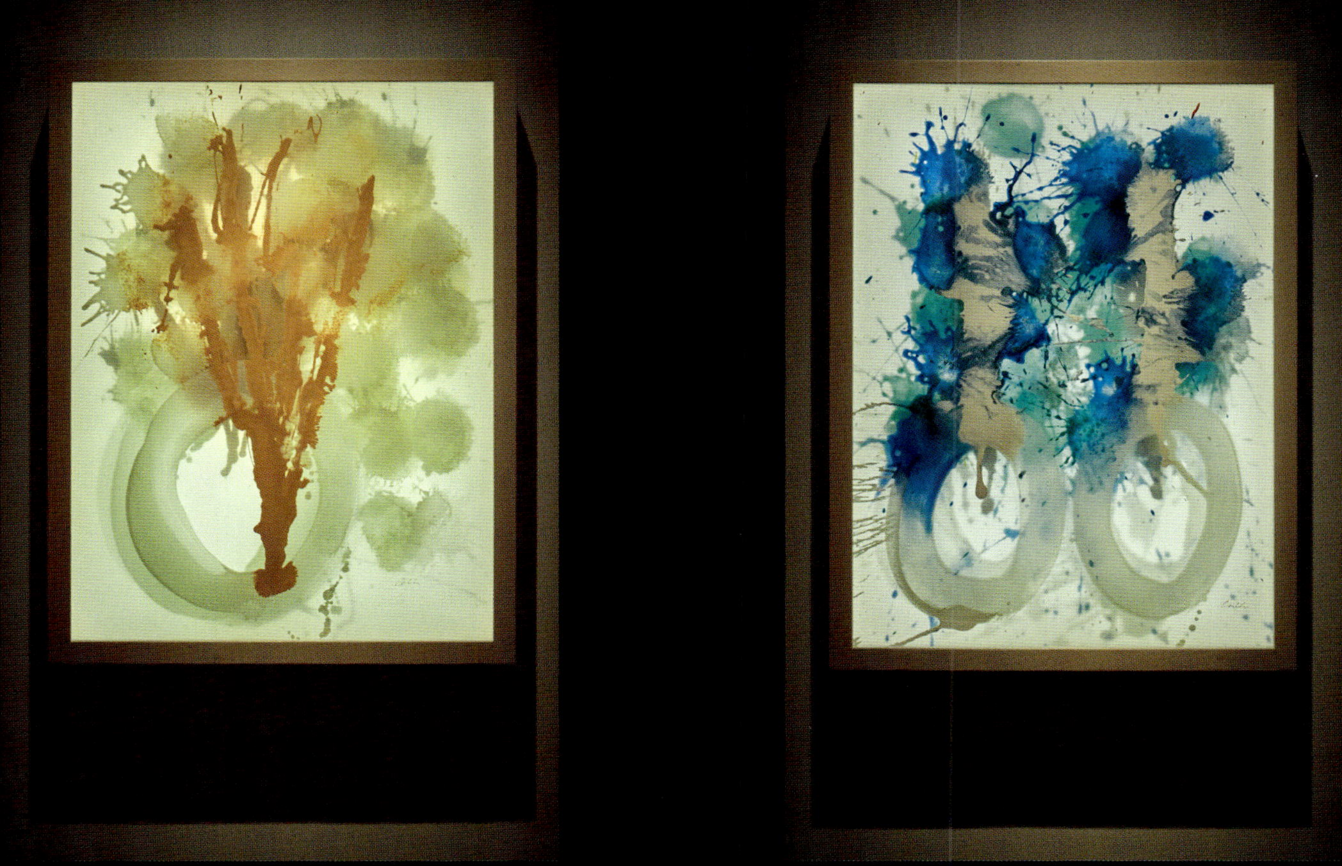

IKEBANA GLASS ON GLASS

Ikebana Glass on Glass Paintings, 2017 • Glas-emaille

Glass on Glass, Chihuly's meest recente werk, toont de vaardigheid van de kunstenaar in het overbrengen van licht via transparante media. De serie *Glass on Glass* bestaat uit glazen panelen waar met emaille op is geschilderd, waarna er een tweede beschilderd paneel bovenop wordt geplaatst en er één geheel ontstaat. Het oppervlak van elke verschillende laag en de diepte van de compositie wordt zichtbaar wanneer de toeschouwer zich verplaatst.

Glass on Glass is een uiting van Chihuly's huidige manier van kunst maken en een hoogtepunt in zijn vijftig jaren van experimenteren met licht, ruimte en vorm. De verlichte emaille schilderijen op glas zijn een ware revolutie in het oeuvre van de kunstenaar. De serie benadrukt de dynamiek die ook in Chihuly's geblazen glas naar voren komt en brengt een veelzijdige beleving over op de

Glass on Glass, the latest body of work by Chihuly, fluently articulates the artist's mastery of the transmission of light through transparent media. Comprising glass panels that are painted with vitreous-glass enamel, then layered atop one another to create a single unified vision, *Glass on Glass* invites interaction, revealing the surface of each distinct layer and the composition's depth as the viewer changes position.

Glass on Glass is an expression of Chihuly's current art-making practice and the culmination of more than fifty years of experiments in light, space, and form. The illuminated enamel paintings on glass mark an evolution for the artist, yet the series conveys a dynamic akin to Chihuly's blown glass works and imparts a multidimensional experience like others for which his work has become known.

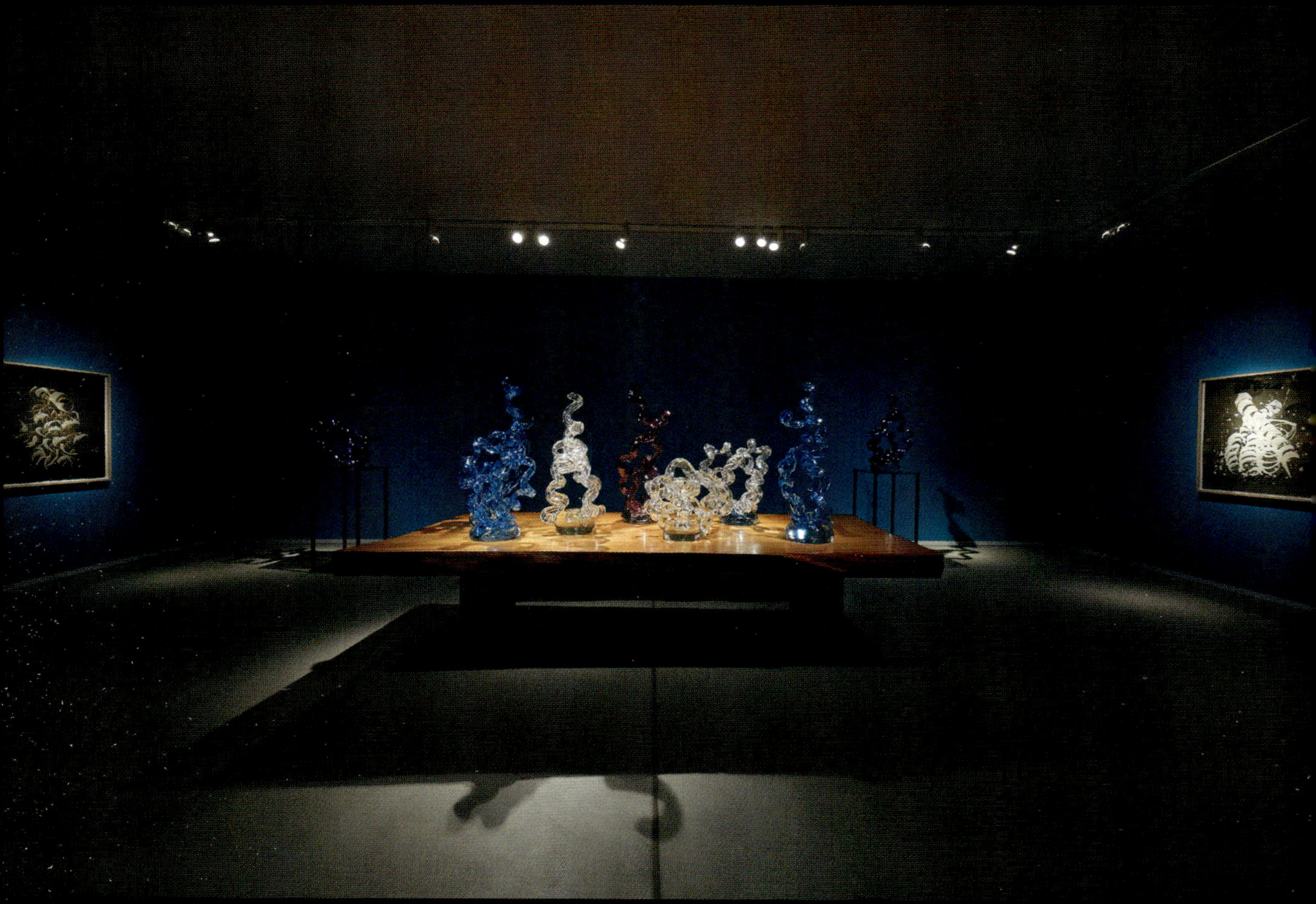

ROTOLO

Rotolo, 2015-2018 • Geblazen glas
Rotolo Drawings, 2013 • Acrylverf op papier

"Door *Rotolo* werd mijn plezier in het werken met helder glas weer aangewakkerd. Ik stond versteld van de complexiteit en pracht van de vorm, die aanvankelijk een simpele spoel was."

Wat aanvankelijk niets meer dan een simpele spoel was, groeide uit tot een van Chihuly's meest complexe series. De *Rotolo*, werken van meer dan 65 kilo, zijn zwaar en gecompliceerd, maar toch kwetsbaar. Chihuly begon deze serie als referentie aan zijn *Venetians* door massieve spoelen aan een centrale kern toe te voegen. Elke *Rotolo* (Italiaans voor 'spoel') kan alleen tot stand komen door een goed aangestuurd team van glasblazers.

"*Rotolo* rekindled my excitement for working with clear glass. I was really amazed by the complexity and brilliance of the form, which started from a simple coil."

What started as a simple coil evolved into one of Chihuly's most complex series. *Rotolo* are heavy and complicated yet delicate, consisting of up to 65 kilos of glass. Chihuly began the series with a reference to his *Venetians* adding solid coils to a central core. Each *Rotolo* (Italian for 'coil') requires a highly choreographed team of glassblowers to complete.

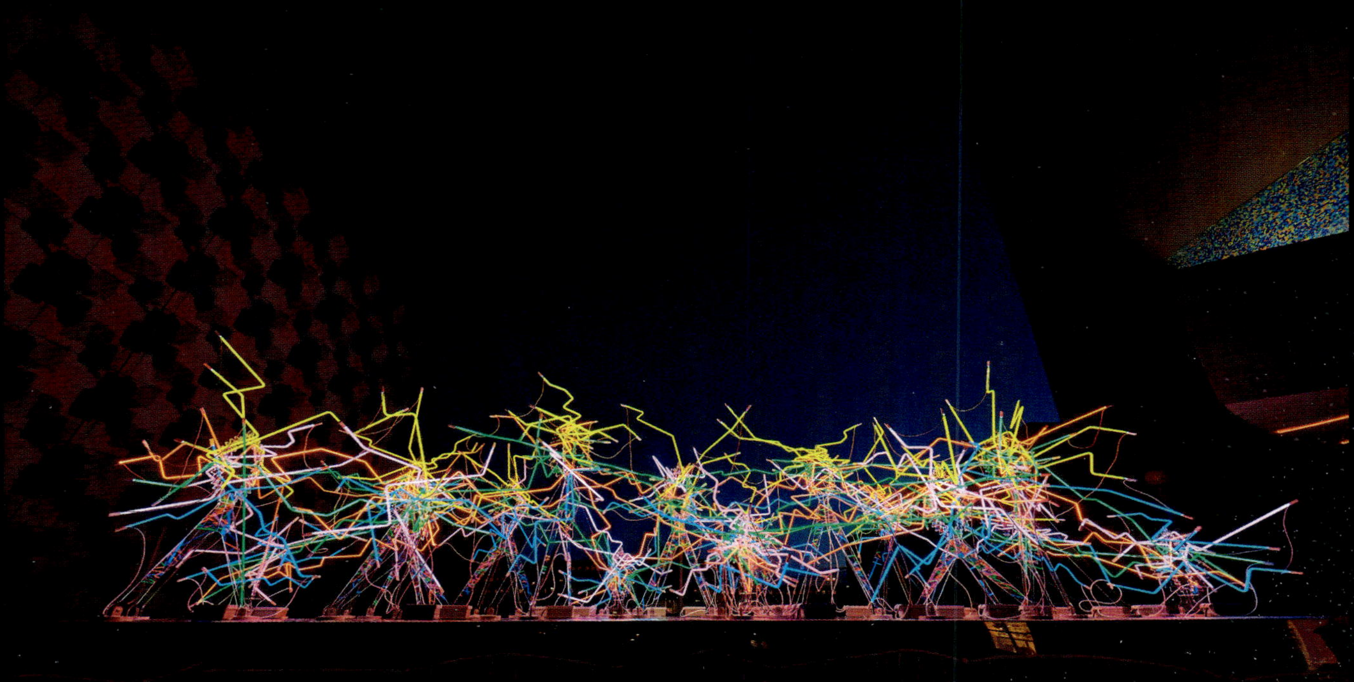

NEON 206

2017 • Neon glas, acryl

Neon 206 is een evolutie van Chihuly's *Tumbleweeds*, waarin hij zijn experimenten met neon verder uitwerkt. In de avond lijken de gekleurde buizen boven de piazza te zweven en door de weerspiegeling in het water verdubbelen ze in hoeveelheid.

De installatie bestaat uit in de fabriek gemaakte glazen buizen die door verhitting zijn omgebogen tot hoekige vormen. Vervolgens zijn ze gevuld met neon en argongas, en van stroom voorzien.

An evolution of his *Tumbleweeds*, *Neon 206* is a continuation of Chihuly's explorations in neon. During the evening, the colored tubes seem to float over the piazza, multiplying in number through the reflections on the water.

The installation consists of factory-made glass tubes that have been heated and bent into angular forms which are filled with neon and argon gasses and charged with electricity.

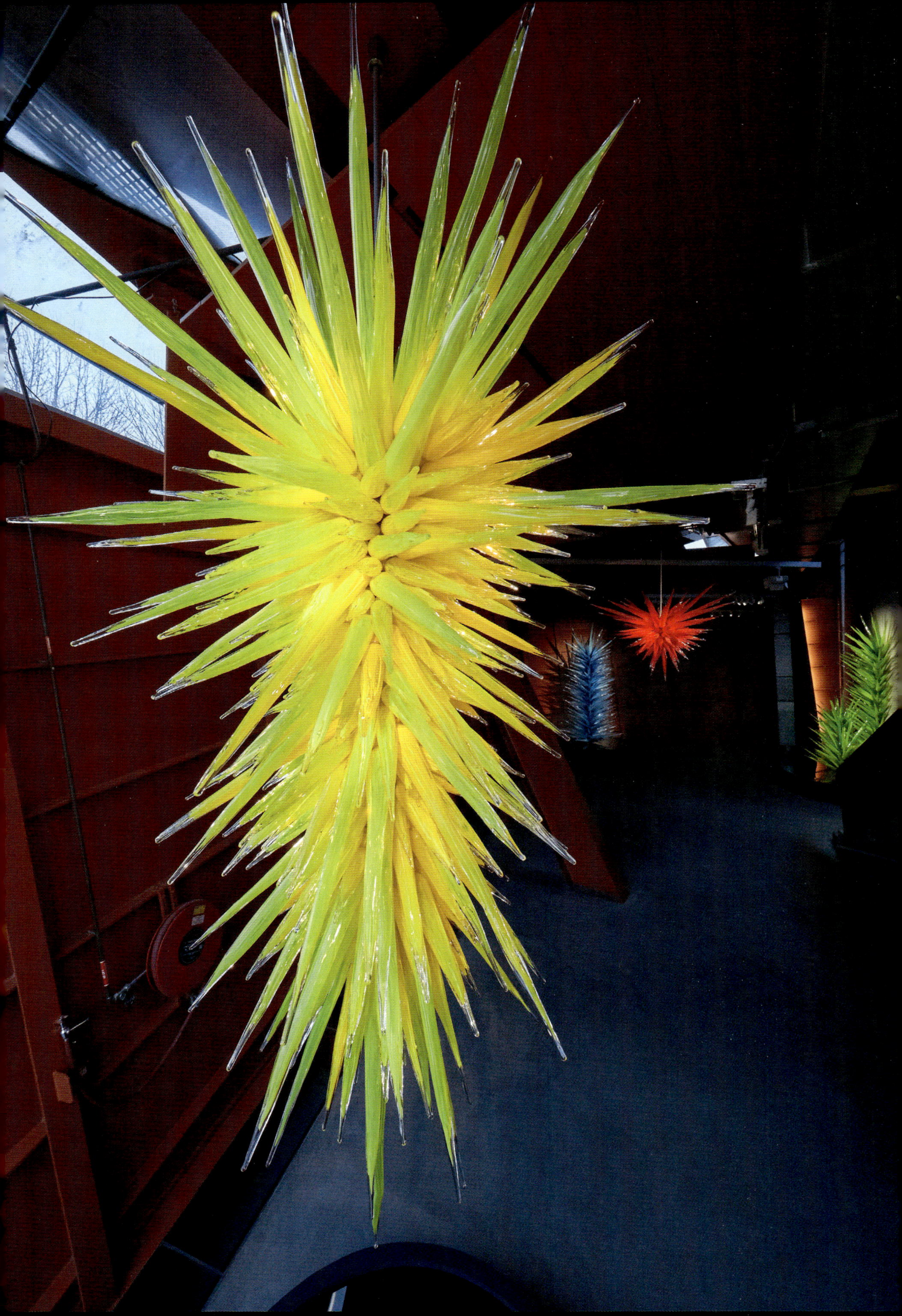

ICICLE CHANDELIERS & TOWERS

Radiant Yellow Icicle Chandelier, 2018 • Geblazen glas, staal
Scarlet Icicle Chandelier, 2015 • Geblazen glas, staal
Royal Blue Icicle Tower, 2015 • Geblazen glas, staal
Serpentine Green Icicle Towers, 2015 • Geblazen glas, staal

"De *Chandeliers* werken voor mij juist door de bijeengebrachte kleuren. Als je vervolgens licht door ze laat schijnen, heb je hierdoor heel wat te zien."

Chihuly begon in 1992, tijdens de voorbereidingen voor een tentoonstelling in het Seattle Art Museum, met zijn serie *Chandeliers*. Deze sculpturen bestaan uit verschillende handgeblazen glaselementen die aan een stalen armatuur aan het plafond zijn bevestigd. *Chandeliers* (en *Towers*) zijn misschien wel het grootste bewijs van Chihuly's wens om kleur te beheersen en samen te voegen op grote schaal. In de loop der jaren heeft hij zowel variaties met een enkele kleur als met veel kleuren verkend. In tegenstelling tot traditionele kroonluchters reflecteren deze *Chandeliers* het licht, in plaats van het uit te stoten.

Tijdens het 'Chihuly Over Venice'-project in 1995-1996 is deze serie onderworpen aan vele experimenten. Chihuly nam zijn team mee naar studio's en fabrieken in Mexico, Ierland en Finland om nieuwe werken te maken die vervolgens geïnstalleerd werden boven de grachten van Venetië en op de piazza's. De *Towers* kwamen te staan op plekken waar het plafond het gewicht van een *Chandelier* niet aan zou kunnen.

De vorm van ijspegels die in de installatie is verwerkt, werd voor het eerst bedacht door Chihuly in 1996, voor zijn eerste permanente buiteninstallatie; de *Icicle Creek Chandelier* in Washington State.

"What makes the *Chandeliers* work for me is the massing of color. If you then shoot light through them, now that's going to be something to look at."

Chihuly began his *Chandelier* series in 1992 for an exhibition at the Seattle Art Museum. These sculptures are assembled with multiple hand-blown glass forms mounted to a steel armature. *Chandeliers* (and *Towers*) are perhaps the best example of Chihuly's desire to mass and control color on a grand scale. Over the years, he has explored both multicolored compositions and variations on a single color. Unlike traditional chandeliers, they reflect light instead of emitting it.

This series underwent a dramatic period of experimentation and exploration during the 'Chihuly Over Venice' project in 1995-96. Chihuly took his team to studios and factories in Mexico, Ireland, and Finland to create new work that was then suspended over the canals and mounted in the piazzas of Venice. A variation on the *Chandeliers* - *Towers* - was developed later for locations where a ceiling could not support the weight of a *Chandelier*.

The icicle form incorporated into this installation was first developed in 1996 for Chihuly's first permanent outdoor work – the *Icicle Creek Chandelier* in Washington State.

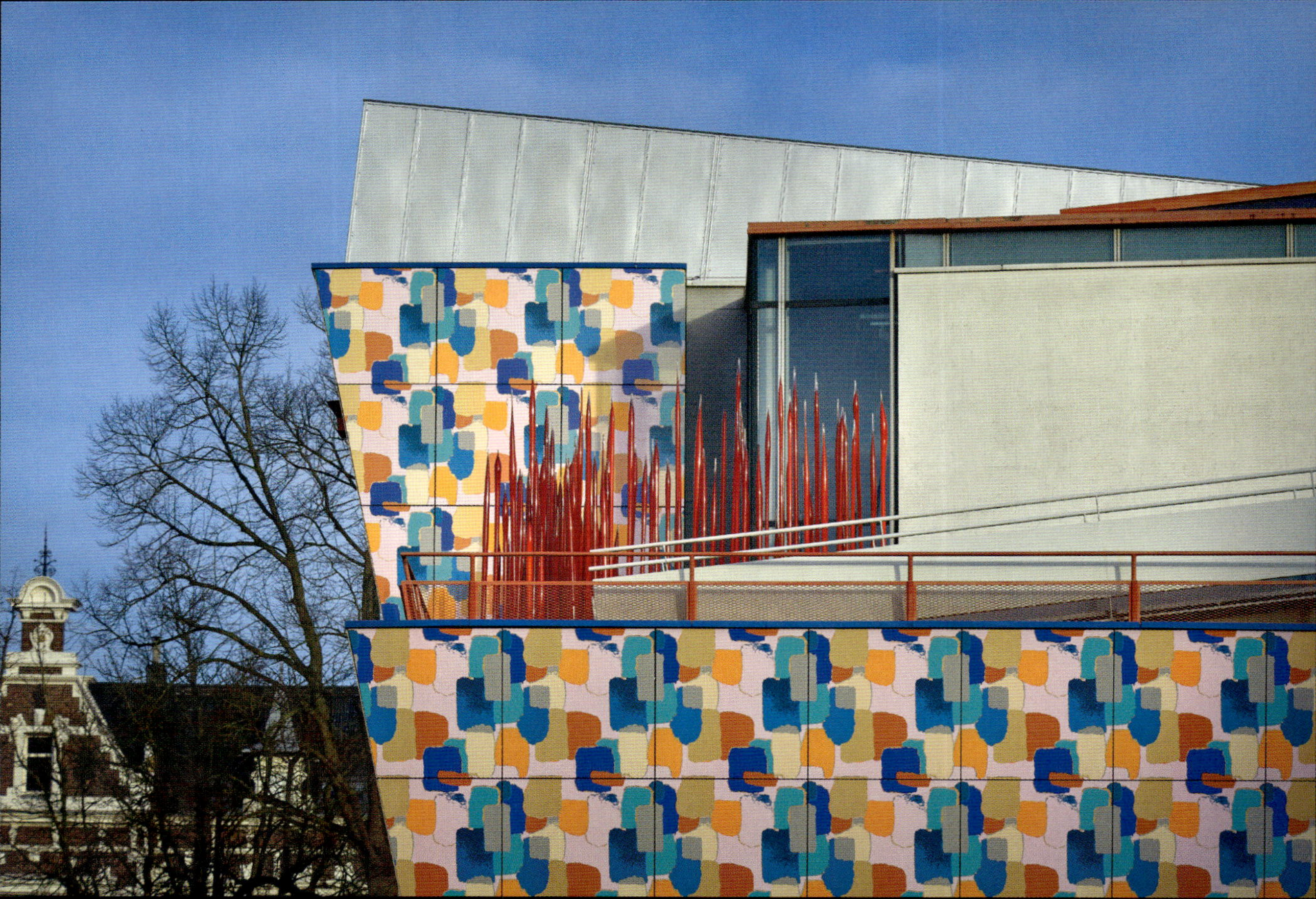

RED REEDS

2010 • Geblazen glas

Chihuly en zijn team bliezen de *Reeds* voor het eerst in 1995, in de Hackman glasfabriek in Nuutajärvi, Finland. Deze fabriek had zeer lange ovens, waardoor het team op veel grotere schaal kon werken aan individuele vormen dan in Chihuly's studio in Seattle. Het gebruik van het unieke rode glas uit Finland, een combinatie van robijn-rood pigment en het toegevoegde chemische element neodymium, resulteerde in deze bijzonder kleurrijke vormen. Om de *Reeds* te maken moet één glasblazer op een mechanische lift staan en in de pijp blazen terwijl een tweede glasblazer de vorm naar beneden uittrekt. Sommige *Red Reeds* zijn wel drie meter lang.

Chihuly and his team first created the *Reeds* in 1995 at the Hackman glass factory in Nuutajärvi, Finland. The facility's large annealing ovens allowed the team to blow individual forms on a much larger scale than at Chihuly's Seattle studio. The unique red glass available in Finland, a combination of ruby red pigment and the added chemical element neodymium, resulted in forms highly saturated in color. To make the *Reeds* one glassblower stands in an elevated mechanical lift and blows into a pipe while ano-ther stretches the elongated form towards the ground. *Red Reeds* are up to three meters long.

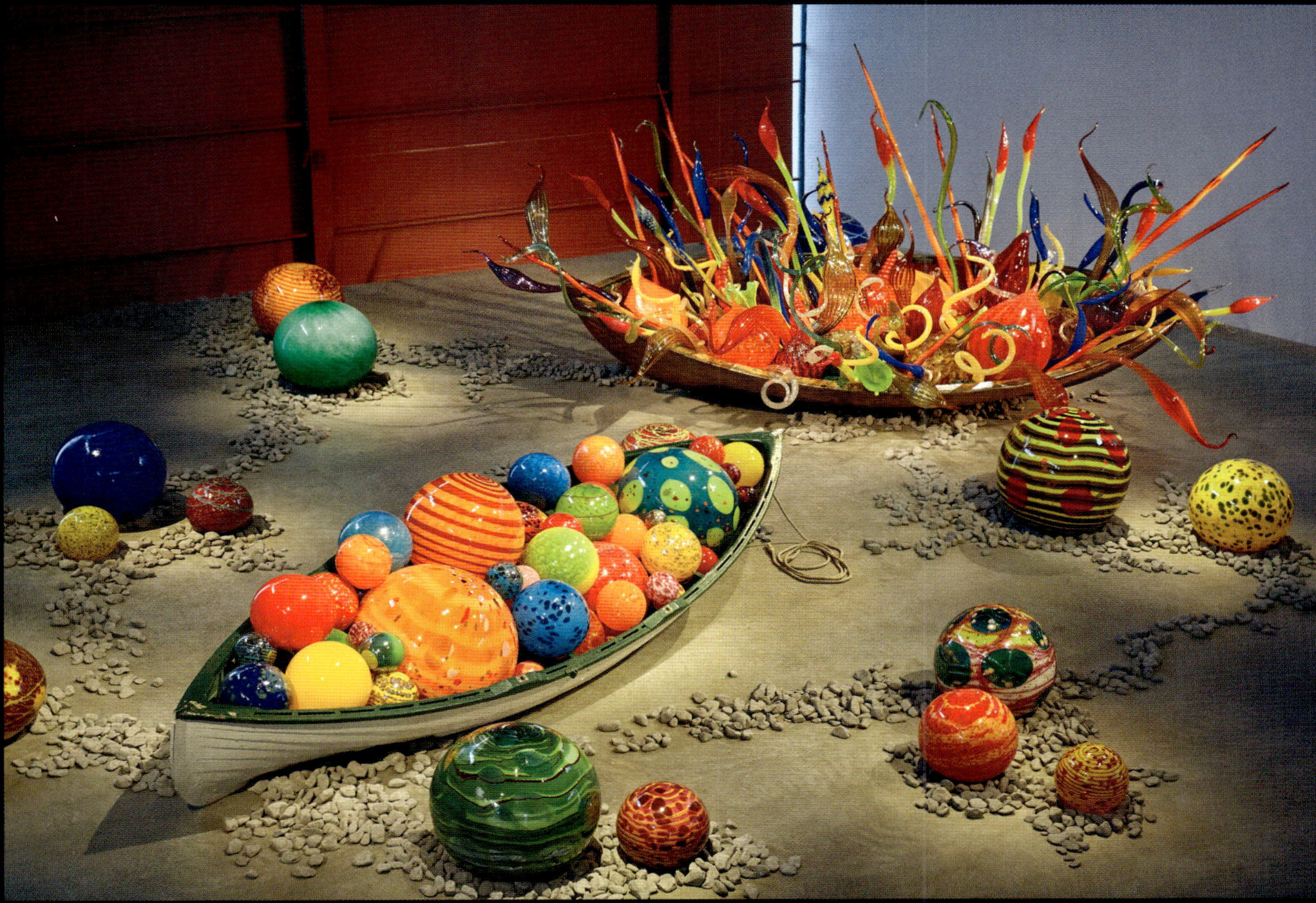

FLOAT BOAT & FIORI BOAT

Float Boat, 2018 • Geblazen glas, houten boot
Fiori Boat, 2017 • Geblazen glas, houten boot

Chihuly vulde in Nuutajärvi, Finland voor het eerst een paar boten met zijn glasstukken tijdens het 'Chihuly Over Venice'-project in juni 1995. Na enkele dagen van glasblazen, maakte hij met zijn team tijdelijke installaties van de nieuw geblazen stukken rondom de Nuutajoki river die in de buurt van de fabriek stroomt. Chihuly besloot de glaswerken in de rivier te gooien om te zien hoe ze zouden reageren op het stromende water. Plaatselijke tieners in houten bootjes verzamelden de werken. Chihuly raakte geïnspireerd door dit schouwspel, waaruit de bootinstallaties met verschillende unieke vormen, voor zowel binnen als buiten, zijn ontstaan.

De *Float Boat* is gevuld met grote en kleine felgekleurde *Floats*. In de *Fiori Boat* zitten verschillende grillige *fiori*-elementen. Het grootste gedeelte van het Coop Himmelb(l)au paviljoen is in een scheepswerf in het oosten van Groningen gemaakt. Deze bijzondere architectuur, omgeven door water, vormt de ideale plaats om deze

Chihuly first filled boats with his glass pieces in Nuutajärvi, Finland during the 'Chihuly Over Venice' project in June 1995. After several days of glassblowing, Chihuly and his team created temporary installations with the newly blown forms along the nearby Nuutajoki river. At one point, Chihuly began tossing glass into the river to see how it would react in the moving water. Local teenagers then retrieved the various forms in small wooden rowboats. This scene inspired Chihuly to compose Boat installations with a variety of his unique forms in both indoor and outdoor settings.

The *Float Boat* is filled with large and small brightly-colored *Floats*. The *Fiori Boat* includes various whimsical *fiori* elements. Most of the Coop Himmelb(l)au pavilion was constructed at a shipyard east of Groningen. The striking architecture, in combination with the surrounding water, offers an ideal backdrop for these artworks.

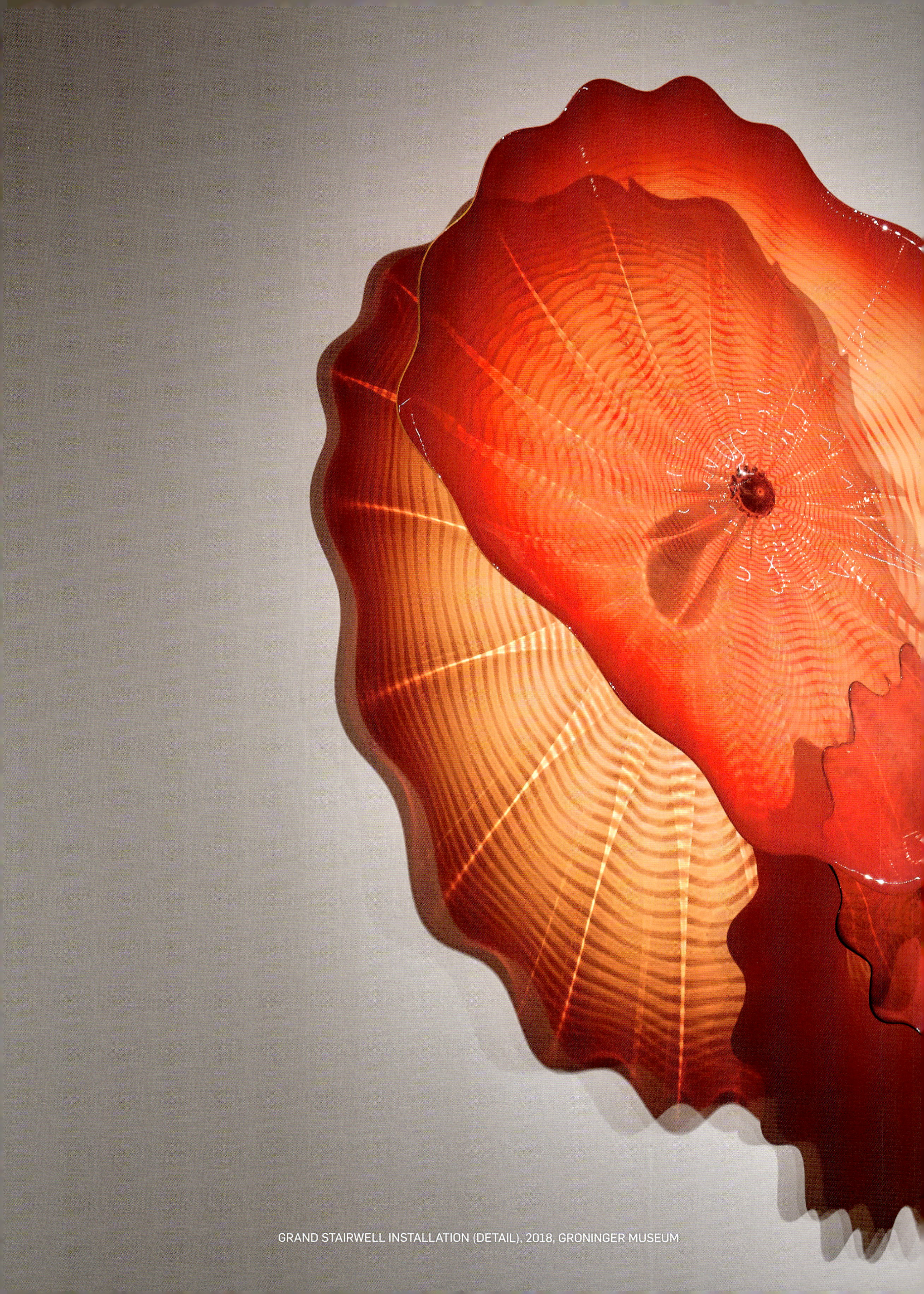

GRAND STAIRWELL INSTALLATION (DETAIL), 2018, GRONINGER MUSEUM

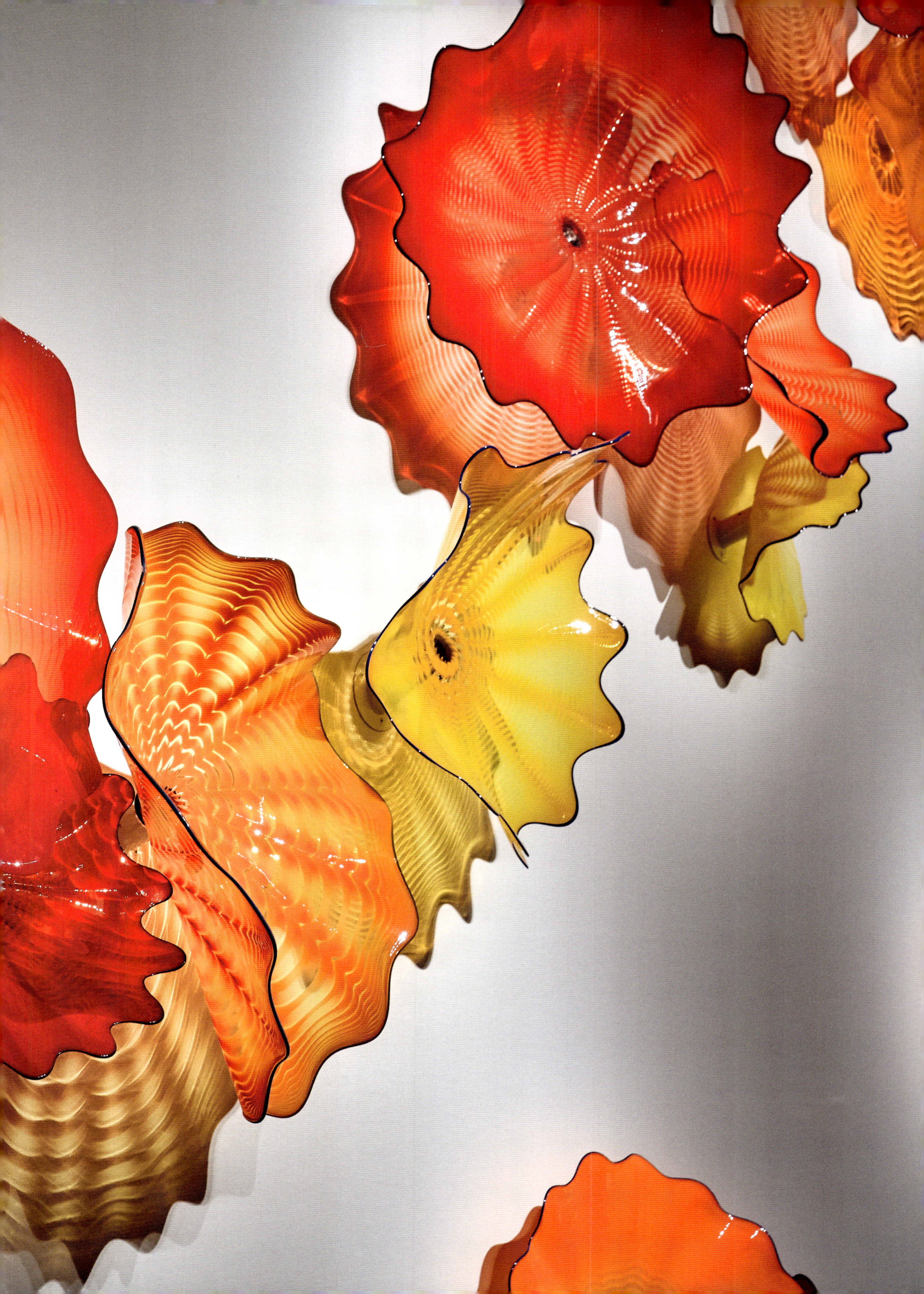

CHRONOLOGIE

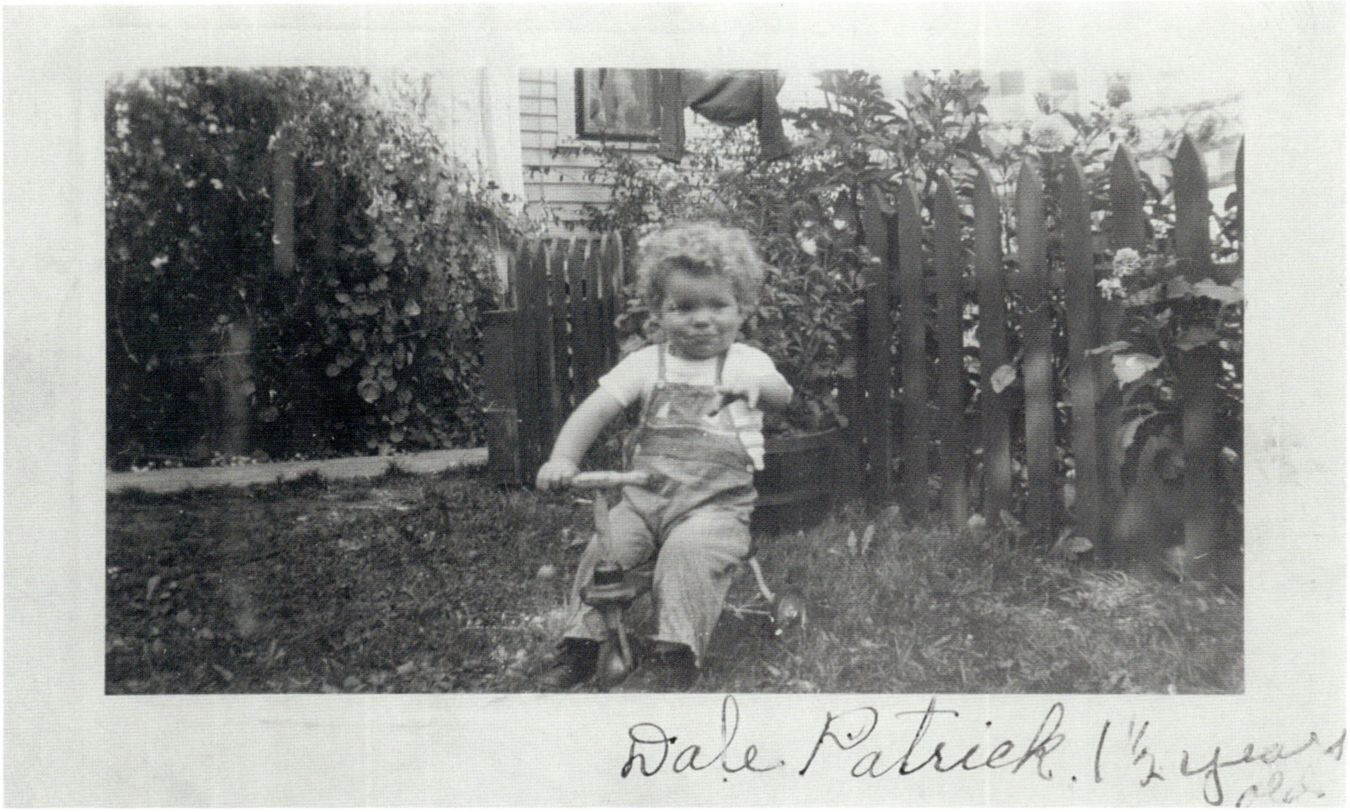

Tacoma, Washington, 1943. © Chihuly Studio

CHRONOLOGY

1941 Geboren op 20 september in Tacoma, Washington. Zijn ouders zijn George Chihuly en Viola Magnuson Chihuly.

1957 Oudere en enige broer, George, sterft na een ongeluk tijdens een vliegtraining bij de Marine in Pensacola, Florida.

1958 Op 51-jarige leeftijd sterft zijn vader aan een hartaanval, waardoor zijn moeder wordt gedwongen werk te zoeken.

1959 Behaalt middelbareschooldiploma in Tacoma. Gaat studeren aan College of Puget Sound (nu University of Puget Sound) in zijn geboorteplaats.

1960 Zet zijn studie voort aan de University of Washington in Seattle, waar hij binnenhuisarchitectuur en architectuur studeert.

1965 Haalt zijn BA-diploma in binnenhuisarchitectuur aan de University of Washington. Blaast met een metalen blaaspijp zijn eerste glasbel in gesmolten gekleurd glas in de studio in zijn kelder.

1966 Start aan University of Wisconsin in Madison met een volledige studiebeurs, waar hij deelneemt aan het eerste programma in de Verenigde Staten dat volledig is gewijd aan glasblazen. Colleges worden verzorgd door Harvey Littleton.

1967 Na zijn master in beeldhouwen in beeldhouwen aan de University of Wisconsin te hebben behaald, start hij aan de Rhode Island School of Design (RISD) in Providence, waar hij met omgevingskunst experimenteert door middel van neon, argon, en geblazen glas.

1968 Wordt de eerste Amerikaanse glasblazer die op het eiland Murano in de prestigieuze Venini-fabriek aan het werk gaat.

1971 Medeoprichter van de Pilchuck Glass School in het noorden van Seattle.

1975 Begint op RISD aan de *Navajo Blanket Cylinder*-serie. Kate Elliott, en later ook Flora C. Mace, fabriceren de complexe tekeningen van draden voor dit kunstwerk. Start met de *Irish Cylinders* en *Ulysses Cylinders*, samen met Seaver Leslie en Mace.

1976 Door een auto-ongeluk in Engeland verliest hij na weken van ziekenhuisopname en 256 hechtingen in zijn gezicht, zijn zicht in zijn linkeroog. Ook heeft hij blijvende schade aan zijn rechterenkel en -voet.

1977 Zijn *Basket*-serie – geïnspireerd op Amerikaans-Indiaanse manden uit het noordwesten van Amerika, die hij in het Washington State History Museum in Tacoma had gezien – wordt voltooid aan de Pilchuck Glass School, met Benjamin Moore als glasblazer. De serie wordt tentoongesteld in het Seattle Art Museum.

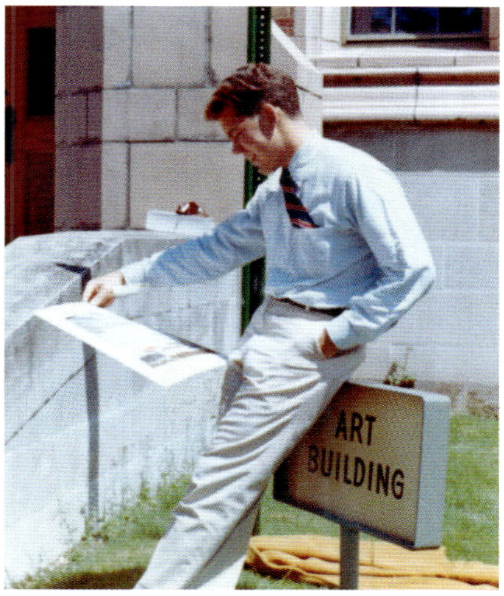

University of Washington, Seattle, c. 1961.
© Chihuly Stucio

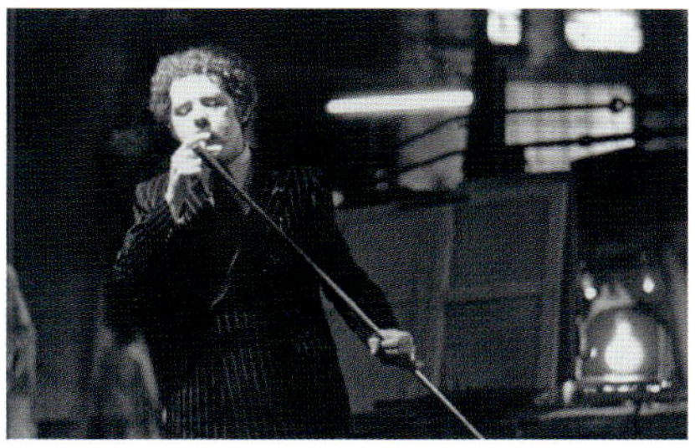

In de Venini fabriek op het eiland Murano, Italië, c. 1969.
© Chihuly Studio

1941 Born September 20 in Tacoma, Washington to George Chihuly and Viola Magnuson Chihuly.

1957 Older brother and only sibling, George, dies in navy-flight training accident in Pensacola, Florida.

1958 His father suffers a fatal heart attack at age fifty-one, and his mother has to go to work.

1959 Graduates from high school in Tacoma. Enrolls at College of Puget Sound (now University of Puget Sound) in his hometown.

1960 Transfers to University of Washington in Seattle, where he studies interior design and architecture.

1965 Receives BA in interior design from University of Washington. In his basement studio, blows his first glass bubble by melting stained glass and using a metal pipe.

1966 Enters University of Wisconsin at Madison on a full scholarship, to study glassblowing in the first glass program in the United States, taught by Harvey Littleton.

1967 After receiving MS in sculpture from University of Wisconsin, enrolls at Rhode Island School of Design (RISD) in Providence, where he begins exploration of environmental works using neon, argon, and blown glass.

1968 Becomes the first American glassblower to work in the prestigious Venini factory, on the island of Murano.

1971 Co-founds Pilchuck Glass School on a site north of Seattle.

1975 At RISD, begins *Navajo Blanket Cylinder* series. Kate Elliott and, later, Flora C. Mace fabricate the complex thread drawings for his artwork. Begins *Irish Cylinders* and *Ulysses Cylinders* with Seaver Leslie and Mace.

1976 An automobile accident in England leaves him, after weeks in the hospital and 256 stitches in his face, without sight in his left eye and with permanent damage to his right ankle and foot.

1977 His *Basket* series – inspired by Northwest Native American baskets he sees at Washington State History Museum in Tacoma – is first made at Pilchuck with Benjamin Moore as gaffer and exhibited at Seattle Art Museum.

1979 Dislocates his shoulder in a body-surfing accident and relinquishes the gaffer position for good. William Morris becomes his chief gaffer for several years. Chihuly begins to make drawings as a way to communicate his designs.

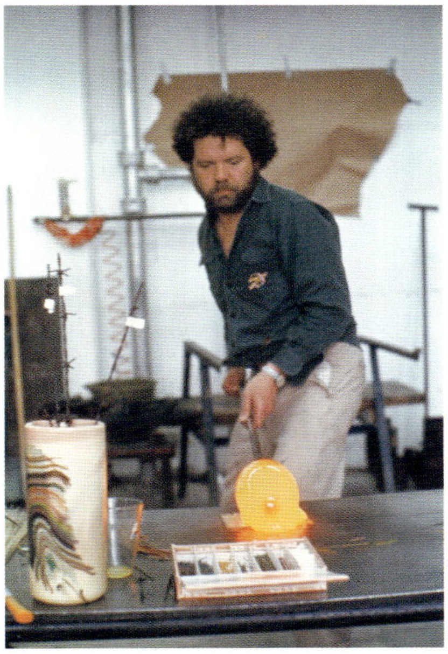

Werkend aan een *Navajo Blanket Cylinder*,
Rhode Island School of Design, Providence, 1975.
© Chihuly Studio

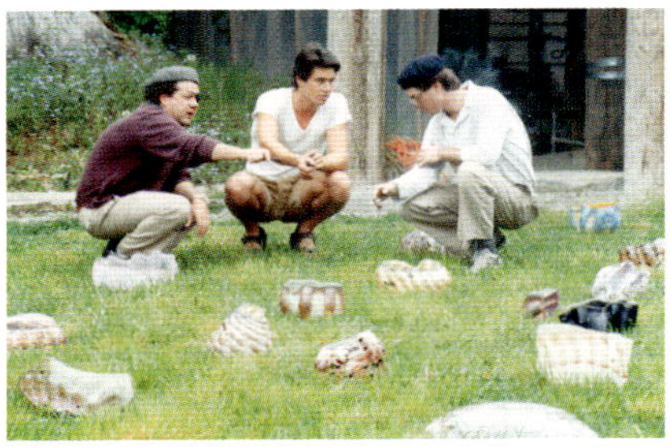

Met William Morris en Benjamin Moore, Pilchuck Glass School, Stanwood, Washington, 1981. © Chihuly Studio

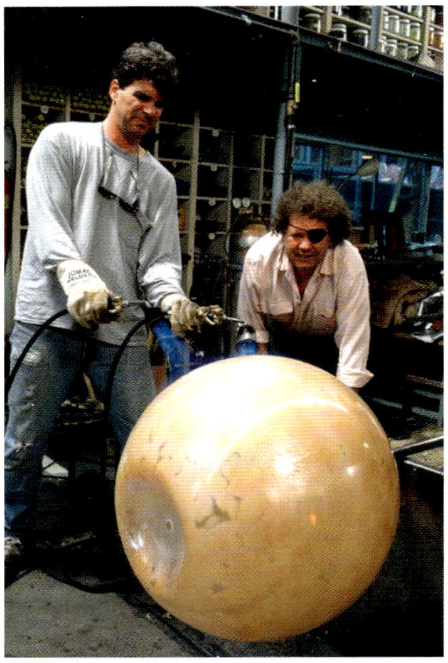

Met Richard Royal, The Boathouse hotshop, Seattle, 1991. © Chihuly Studio

1979 Ontwricht zijn schouder in een surfongeluk en moet voorgoed vaarwel zeggen tegen werken als glasblazer. De komende jaren is William Morris zijn hoofd glasblazer. Chihuly gebruikt tekeningen om zijn ontwerpen over te kunnen brengen.

1980 Begint aan de *Seaform*-serie.

1981 Begint aan de *Macchia*-serie.

1984 Begint aan de *Soft Cylinder*-serie, samen met Flora C. Mace en Joey Kirkpatrick die de tekeningen van glas uitvoeren.

1986 Start met de *Persians*-serie, met Martin Blank als hoofd glasblazer, en met assistentie van Robbie Miller.

1990 Koopt het Pocock-gebouw aan Lake Union. Hiermee realiseert hij zijn droom om aan het water in Seattle te werken. Renoveert het gebouw en noemt het The Boathouse. Het dient als studio en hotshop. Keert terug naar Japan.

1991 Begint aan de *Niijima Float*-serie, met Richard Royal als hoofd glasblazer. Voor de serie maken zij de grootste handgeblazen stukken ter wereld.

1992 Begint aan de *Chandelier*-serie, waarvan de eerste in het Seattle Art Museum hangt.

1995 Start van een internationaal project, 'Chihuly Over Venice', dat aanvangt met een glasblaassessie in Nuutajärvi, Finland, en een blaassessie in de Waterford Crystal-fabriek in Ierland.

1996 Na een blaassessie in Monterrey, Mexico, eindigt 'Chihuly Over Venice' in een installatie van veertien *Chandeliers* verspreid door Venetië.

1998 Krijgt op 12 februari een zoon met Leslie Jackson, genaamd Jackson Viola Chihuly.

1999 Begint aan zijn *Jerusalem Cylinder*-serie met hoofd glasblazer James Mongrain.

2003 Start aan de *Fiori*-serie met hoofd glasblazer Joey DeCamp en voltooit eerste *Mille Fiori* voor een tentoonstelling in het Tacoma Art Museum.

2005 Trouwt met Leslie Jackson.

2013 Begint aan de *Rotolo*-serie, in samenwerking met hoofd glasblazer James Mongrain. Blaast samen met Seaver Leslie nieuw leven in de *Irish Cylinders* van veertig jaar terug, waarbij nieuwe *Ulysses Cylinders* worden gemaakt, geïnspireerd door het boek van James Joyce.

2017 Begint aan de *Glass on Glass*-serie.

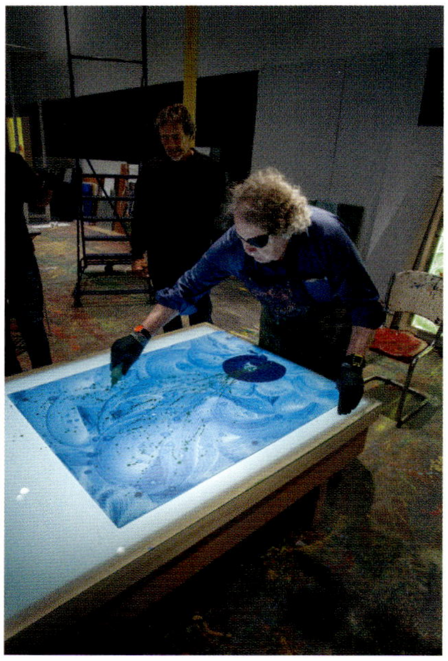

Dale Chihuly werkt aan *Glass on Glass Paintings*, Seattle, 2016. © Chihuly Studio

1980 Begins *Seaform* series.

1981 Begins *Macchia* series.

1984 Begins work on *Soft Cylinder* series, with Flora C. Mace and Joey Kirkpatrick executing the glass drawings.

1986 Begins *Persian* series with Martin Blank as gaffer, assisted by Robbie Miller.

1990 Purchases Pocock Building located on Lake Union, realizing his dream of being on the water in Seattle. Renovated and renamed the Boathouse, it serves as studio and hot shop. Travels to Japan.

1991 Begins *Niijima Float* series with Richard Royal as gaffer, creating some of the largest pieces of glass ever blown by hand.

1992 Begins *Chandelier* series with a hanging sculpture at Seattle Art Museum.

1995 An international project, 'Chihuly Over Venice', begins with a glassblowing session in Nuutajärvi, Finland, and subsequent blow at Waterford Crystal factory, Ireland.

1996 After a blow in Monterrey, Mexico, 'Chihuly Over Venice' culminates with the installation of fourteen *Chandeliers* around Venice.

1998 A Son, Jackson Viola Chihuly, is born February 12 to Dale Chihuly and Leslie Jackson.

1999 Begins *Jerusalem Cylinder* series with gaffer James Mongrain.

2003 Begins *Fiori* series with gaffer Joey DeCamp and creates first *Mille Fiori*, for exhibition at Tacoma Art Museum.

2005 Marries Leslie Jackson.

2013 Begins *Rotolo* series with gaffer James Mongrain. With Seaver Leslie, revisits the *Irish Cylinders* from nearly forty years ago with new *Ulysses Cylinders* inspired by the James Joyce novel.

2017 Begins *Glass on Glass* series.

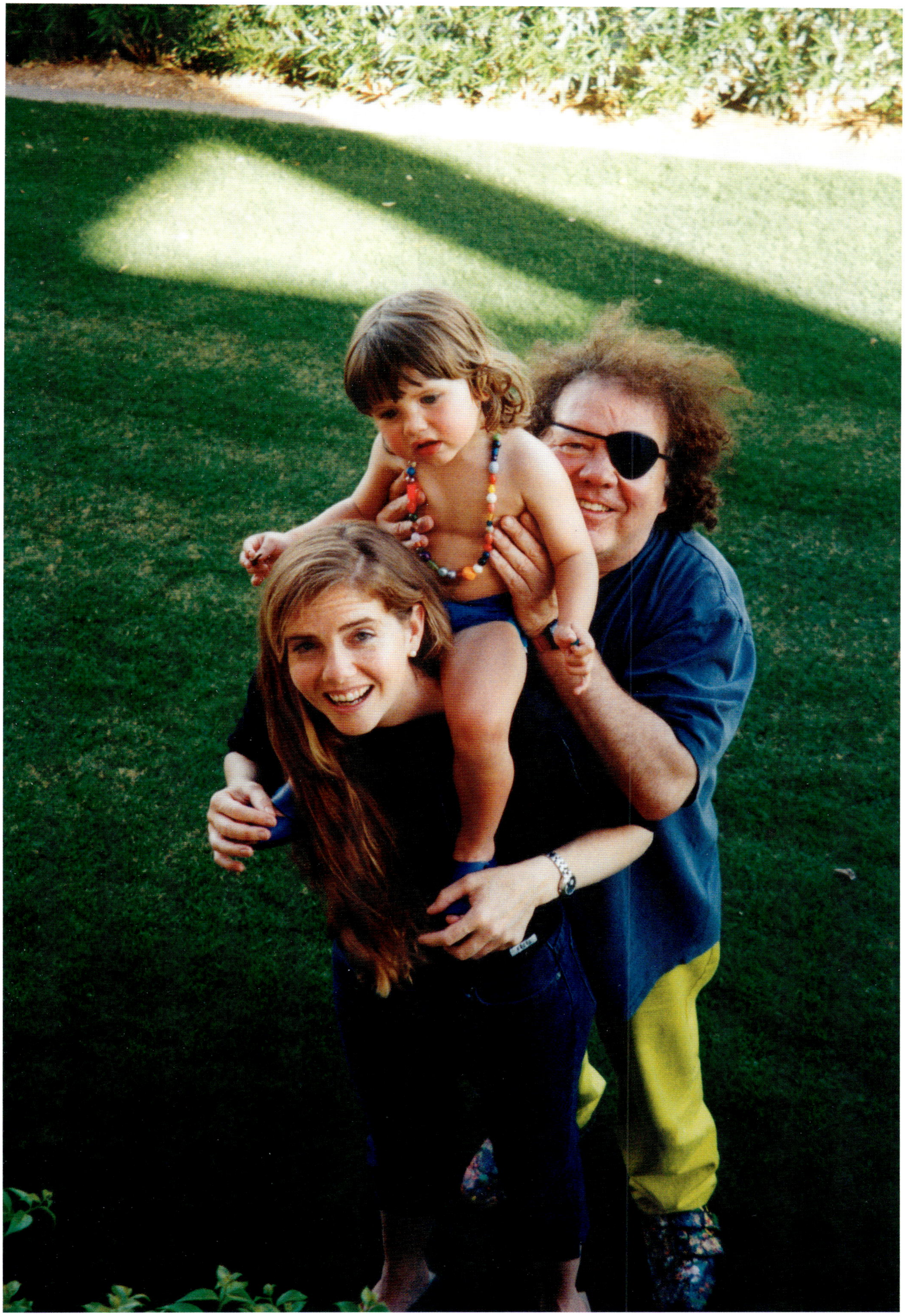

Leslie Jackson, Jackson Chihuly en Dale Chihuly, 2000. © Chihuly Studio

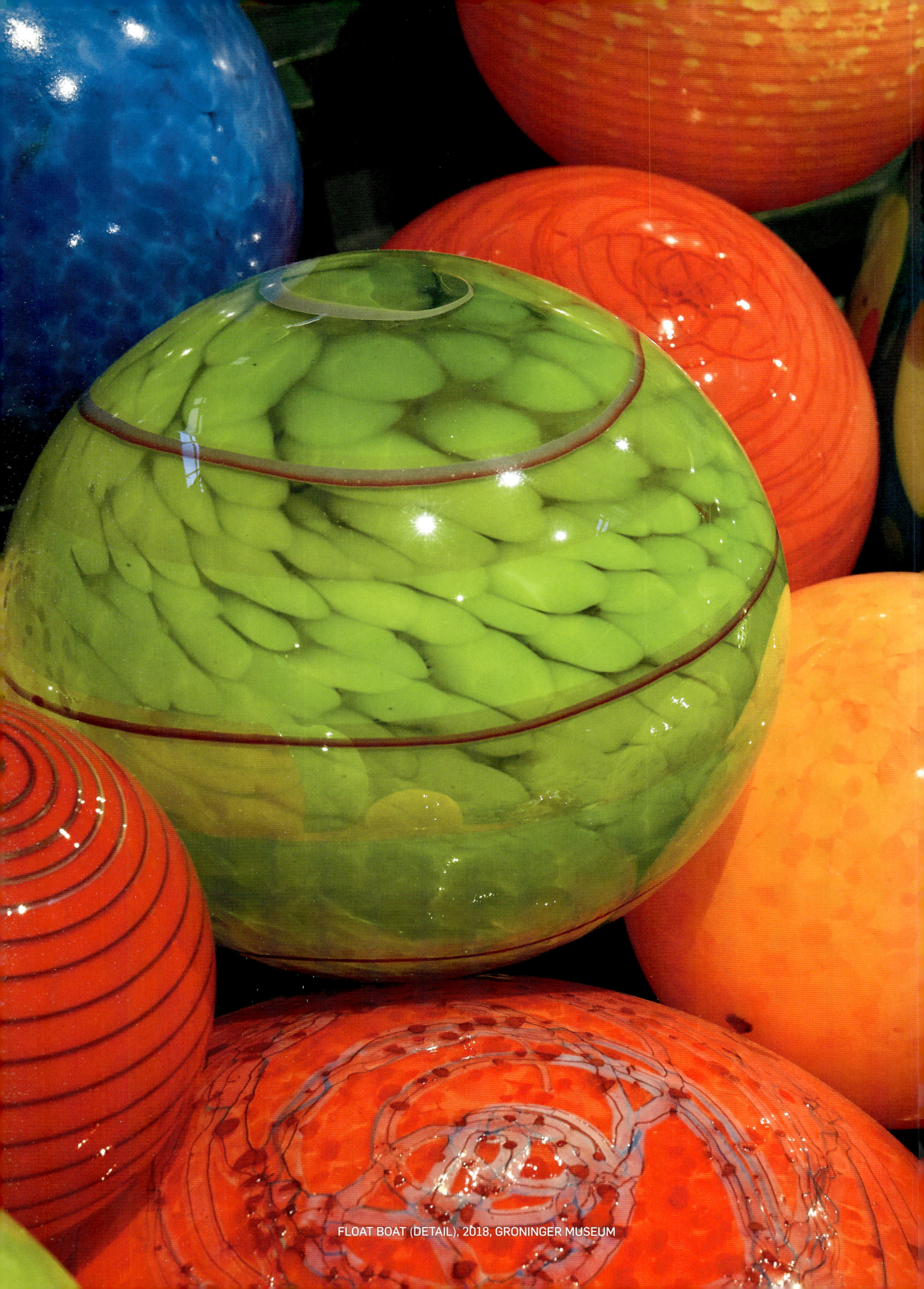

FLOAT BOAT (DETAIL), 2018, GRONINGER MUSEUM

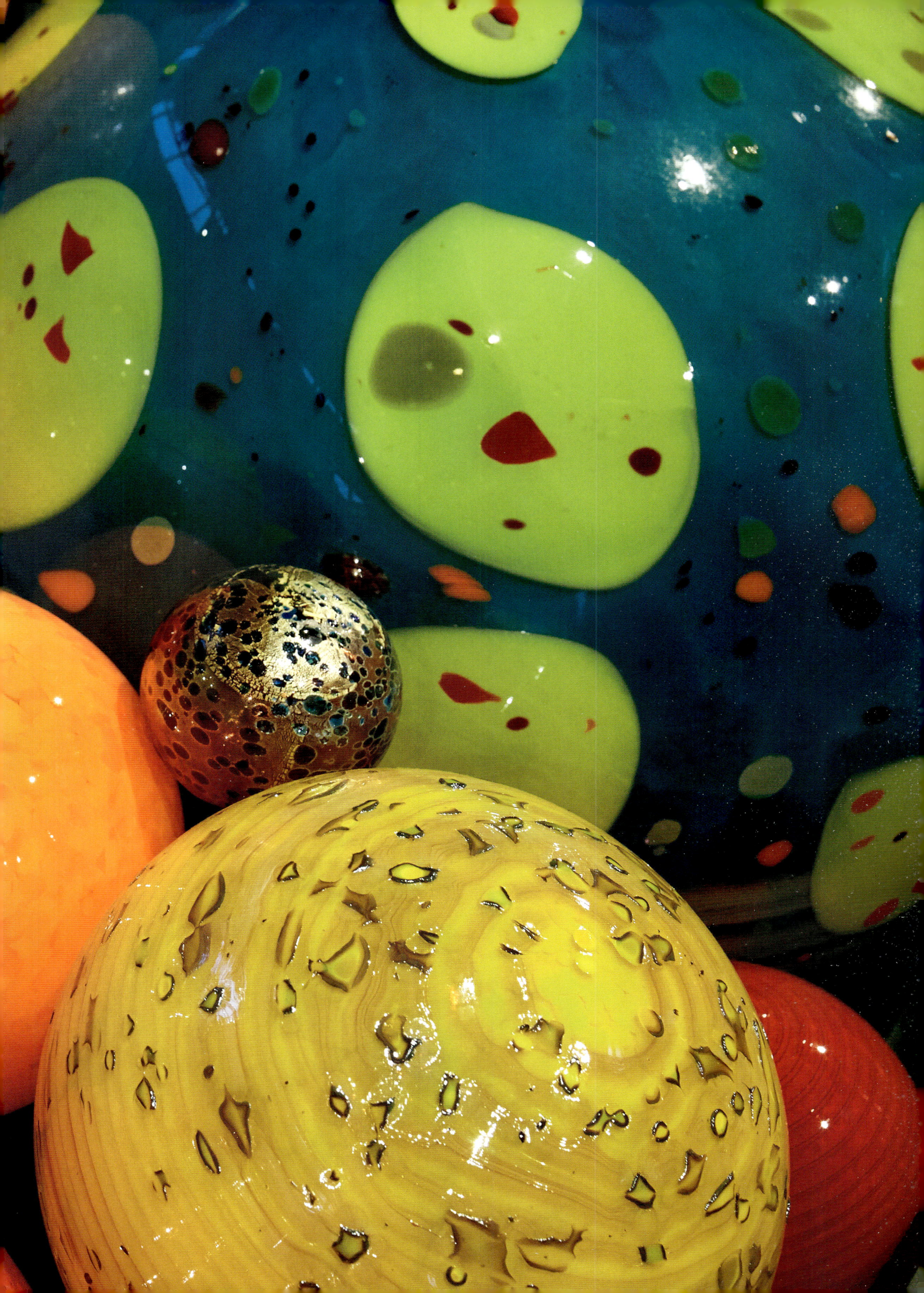

Objectlijst catalogus / Objectist catalogue

Bottle Green Seaform with Marigold Lip Wrap, 1997
23 x 66 x 71 cm (9 x 26 x 28")
Foto: Shaun Chappell

Niijima Floats, 2018
Foto: Scott Mitchell Leen

Niijima Floats (detail), 2018
Foto: Nathaniel Willson

Niijima Floats (detail), 2018
Foto: Nathaniel Willson

Silver over Blue Black Float, 1992
38 x 41 x 41 cm (15 x 16 x 16")
Foto: Scott Mitchell Leen

Slate Grey Float with Iridescent Islands, 1992
61 x 66 x 66 cm (24 x 26 x 26")
Foto: Teresa Nouri Rishel

Gilded Charcoal Niijima Float with Multicolor Spots, 1996
53 x 56 x 56 cm (21 x 22 x 22")
Foto: Teresa Nouri Rishel

Terrazzo Silvered Float, 1996
69 x 74 x 74 cm (27 x 29 x 29")
Foto: Scott Mitchell Leen

Basket and Reed Quad Drawing, 2008
213 x 152 cm (84 x 60")
Foto: Scott Mitchell Leen

Basket and Reed Quad Drawing, 2008, Groninger Museum, installed 2018
Foto: Scott Mitchell Leen

Grand Stairwell Installation, 2018, Groninger Museum
701 x 1966 x 61 cm (23 x 64½ x 2')
Foto: Scott Mitchell Leen

Grand Stairwell Installation (detail), 2108, Groninger Museum
701 x 1966 x 61 cm (23 x 64½ x 2')
Foto: Scott Mitchell Leen

Grand Stairwell Installation (detail), 2018, Groninger Museum
(23 x 64½ x 2')

Early Works en *Drawings*, Groninger Museum, installed 2018
Foto: Scott Mitchell Leen

Seaform/Basket Drawing, 1980
38 x 46 cm (15 x 18")
Foto: Robin E. Kimmerling

Basket/Cylinder Drawing, 1980
38 x 46 cm (15 x 18")
Foto: Robin E. Kimmerling

French Gray Macchia Set with Charcoal Lip Wraps, 1984
23 x 61 x 51 cm (9 x 24 x 20")
Foto: Scott Mitchell Leen

Oyster Gray Seaform Set with Foam White Lip Wraps, 1981
29 x 81 x 69 cm (11 x 32 x 27")
Foto: Teresa Nouri Rishel

Graphite Basket Set with Cobalt Blue Lip Wraps, 1980
30 x 71 x 74 cm (12 x 28 x 29")
Foto: Teresa Nouri Rishel

Russian Ivory Seaform with Pearly Lip Wrap, 1981
15 x 36 x 20 cm (6 x 14 x 8")
Foto: Teresa Nouri Rishel

Burnt Crème Seaform with Steel Blue Lip Wrap, 1981
15 x 28 x 23 cm (6 x 11 x 9")
Foto: Teresa Nouri Rishel

Barely White Seaform Set, 1981
23 x 33 x 33 cm (9 x 13 x 13")
Foto: Teresa Nouri Rishel

Dappled Chestnut Seaform with White Markings and Blue Lip Wrap, 1980
18 x 23 x 20 cm (7 x 9 x 8")
Foto: Teresa Nouri Rishel

Russet Soft Cylinder with Indian Red Drawing, 1986
43 x 33 x 33 cm (17 x 13 x 13")
Foto: Claire Garoutte

Indian Yellow Soft Cylinder with White Drawings, 1988
46 x 38 x 36 cm (18 x 15 x 14")
Foto: Scott Mitchell Leen

Venetians en *Venetian Drawings*, Groninger Museum, installed 2018
Foto: Scott Mitchell Leen

Venetians en *Venetian Drawings*, Groninger Museum, installed 2018
Foto: Scott Mitchell Leen

Venetian Drawing, 1990
76 x 56 cm (30 x 22")
Foto: Robin E. Kimmerling

Venetian Drawing, 1989
76 x 56 cm (30 x 22")
Foto: Claire Garoutte

Venetian Drawing, 1989
76 x 56 cm (30 x 22")
Foto: Philip Amdal

L.A. Venetian Drawing #7, 1990
76 x 56 cm (30 x 22")
Foto: Robin E. Kimmerling

Chrome Orange Venetian, 1991
43 x 33 x 33 cm (17 x 13 x 13")
Foto: by Shaun Chappell

Amethyst Venetian with Green Leaves, 1989
64 x 30 x 33 cm (25 x 12 x 13")
Foto: by Terry Rishel

Olympic Torch Yellow Venetian with Flame Red Prunts, 1996
48 x 41 x 41 cm (19 x 16 x 16")
Foto: Claire Garoutte

Cobalt Blue and Naples Yellow Venetian, 1988
46 x 53 x 25 cm (18 x 21 x 10")
Foto: Scott Mitchell Leen

Pale Green Venetian with Yellow Coil, 1990
89 x 28 x 25 cm (35 x 11 x 10")
Foto: Scott Mitchell Leen

Terre Verte Venetian, 1990
99 x 36 x 38 cm (39 x 14 x 15")
Foto: Scott Mitchell Leen

Cylinders en American Indian Trade Blankets, Groninger Museum, installed 2018
Foto: Scott Mitchell Leen

Clear Cylinders, 2006–14 en American Indian Trade Blankets, Groninger Museum, installed 2018
Foto: Scott Mitchell Leen

Black Cylinder #2 (detail), 2006
38 x 28 x 28 cm (15 x 11 x 11")
Foto: David Emery

Black Cylinder #2, 2006
38 x 28 x 28 cm (15 x 11 x 11")
Foto: Teresa Nouri Rishel

White Cylinder, 2010
66 x 23 x 23 cm (26 x 9 x 9")
Foto: Scott Mitchell Leen

White Cylinder (detail), 2010
66 x 23 x 23 cm (26 x 9 x 9")
Foto: Scott Mitchell Leen

Faxes, Groninger Museum,
installed 2018
Foto: Scott Mitchell Leen

Fax of *Niijima Float* Project, 1997

Fax of *Chandelier* in canals of Venice,
1995
28 x 22 cm (11 x 8½")

Fax of *Niijima Float* Installation for
Amsterdam Airport, 1995
28 x 22 cm (11 x 8½")

Fax of *Rotolo*, 2013
28 x 22 cm (11 x 8½")

Northwest Room, 2018, Groninger
Museum
Foto: Scott Mitchell Leen

Northwest Room Baskets (detail), 2017,
Groninger Museum, installed 2018
Foto: Scott Mitchell Leen

Tabac Baskets, Groninger Museum,
installed 2018
Foto: Scott Mitchell Leen

Mille Fiori, 2018, Groninger Museum
213 x 1067 x 488 cm (7 x 35 x 16')
Foto: Scott Mitchell Leen

Mille Fiori, 2018, Groninger Museum
213 x 1067 x 488 cm (7 x 35 x 16')
Foto: Scott Mitchell Leen

Mille Fiori (detail), 2018, Groninger
Museum
213 x 1067 x 488 cm (7 x 35 x 16')
Foto: Scott Mitchell Leen

Sapphire Neon Tumbleweeds, 2016,
Groninger Museum, installed 2018
198 x 594 x 229 cm (6½ x 19½ x 7½')
Foto: Scott Mitchell Leen

Fire Orange Baskets, Groninger
Museum, installed 2018
Foto: Scott Mitchell Leen

*Saturn Red Basket Set with Dark
Mineral Red Lip Wraps*, 2002
38 x 86 x 76 cm (15 x 34 x 30")
Foto: Scott Mitchell Leen

*Deep Red Basket Set with Cordovan
Lip Wraps*, 2003
51 x 51 x 58 cm (20 x 20 x 23")
Foto: Teresa Nouri Rishel

*Red Feather Basket Set with Obsidian
Lip Wraps* (detail), 2003
43 x 84 x 76 cm (17 x 33 x 30")
Foto: Scott Mitchell Leen

*Red Feather Basket Set with Obsidian
Lip Wraps*, 2003
43 x 84 x 76 cm (17 x 33 x 30")
Foto: Scott Mitchell Leen

Ikebana Glass on Glass Painting, 2017
107 x 81 x 18 cm (42 x 32 x 7")
Foto: Nathaniel Willson

Ikebana Glass on Glass Painting
(detail), 2017
107 x 81 x 18 cm (42 x 32 x 7")
Foto: Nathaniel Willson

Ikebana Glass on Glass Painting
(detail), 2017
107 x 81 x 18 cm (42 x 32 x 7")
Foto: Nathaniel Willson

Ikebana Glass on Glass Painting, 2017
107 x 81 x 18 cm (42 x 32 x 7")
Foto: Nathaniel Willson

Rololo en *Rotolo Drawings*, Groninger
Museum, installed 2018
Foto: Scott Mitchell Leen

Rotolo Drawing, 2013
107 x 76 cm (42 x 30")
Foto: Scott Mitchell Leen

Rotolo Drawing, 2013
107 x 76 cm (42 x 30")
Foto: Scott Mitchell Leen

Rotolo 69 (detail), 2016
53 x 53 x 48 cm (21 x 21 x 19")
Foto: Scott Mitchell Leen

Rotolo 69, 2016
53 x 53 x 48 cm (21 x 21 x 19")
Foto: Scott Mitchell Leen

Rotolo 81, 2018
107 x 41 x 43 cm (42 x 16 x 17")
Foto: Scott Mitchell Leen

Rotolo 92, 2015
97 x 41 x 36 cm (38 x 16 x 14")
Foto: Scott Mitchell Leen

Rotolo 85, 2018
107 x 56 x 51 cm (42 x 22 x 20")
Foto: Scott Mitchell Leen

Rotolo 85 (detail), 2018
107 x 56 x 51 cm (42 x 22 x 20")
Foto: Scott Mitchell Leen

Neon 206, 2017, Groninger Museum,
installed 2018
274 x 990 x 335 cm (9 x 32½ x 11')
Foto: Scott Mitchell Leen

Neon 206, 2017, Groninger Museum,
installed 2018
274 x 990 x 335 cm (9 x 32½ x 11')
Foto: Scott Mitchell Leen

Red Reeds, 2010, Groninger Museum,
installed 2018
Foto: Scott Mitchell Leen

Red Reeds (detail), 2010, Groninger
Museum, installed 2018
Foto: Scott Mitchell Leen

Red Reeds (detail), 2010, Groninger
Museum, installed 2018
Foto: Scott Mitchell Leen

Icicle Chandelier & *Towers*, 2015,
Groninger Museum, installed 2018
Foto: Scott Mitchell Leen

Radiant Yellow Icicle Chandelier, 2018,
Groninger Museum
335 x 183 x 183 cm (11 x 6 x 6')
Foto: Scott Mitchell Leen

Royal Blue Icicle Tower, 2015
Groninger Museum, installed 2018
396 x 244 x 244 cm (13 x 8 x 8')
Foto: Scott Mitchell Leen

Scarlet Icicle Chandelier, 2015,
Groninger Museum, installed 2018
122 x 170 x 163 cm (48 x 67 x 64")
Foto: Scott Mitchell Leen

Float Boat, 2018 en *Fiori Boat*, 2017,
Groninger Museum, installed 2018
Foto: Scott Mitchell Leen

Float Boat (detail), 2018, Groninger
Museum
91 x 411 x 122 cm (3 x 13½ x 4')

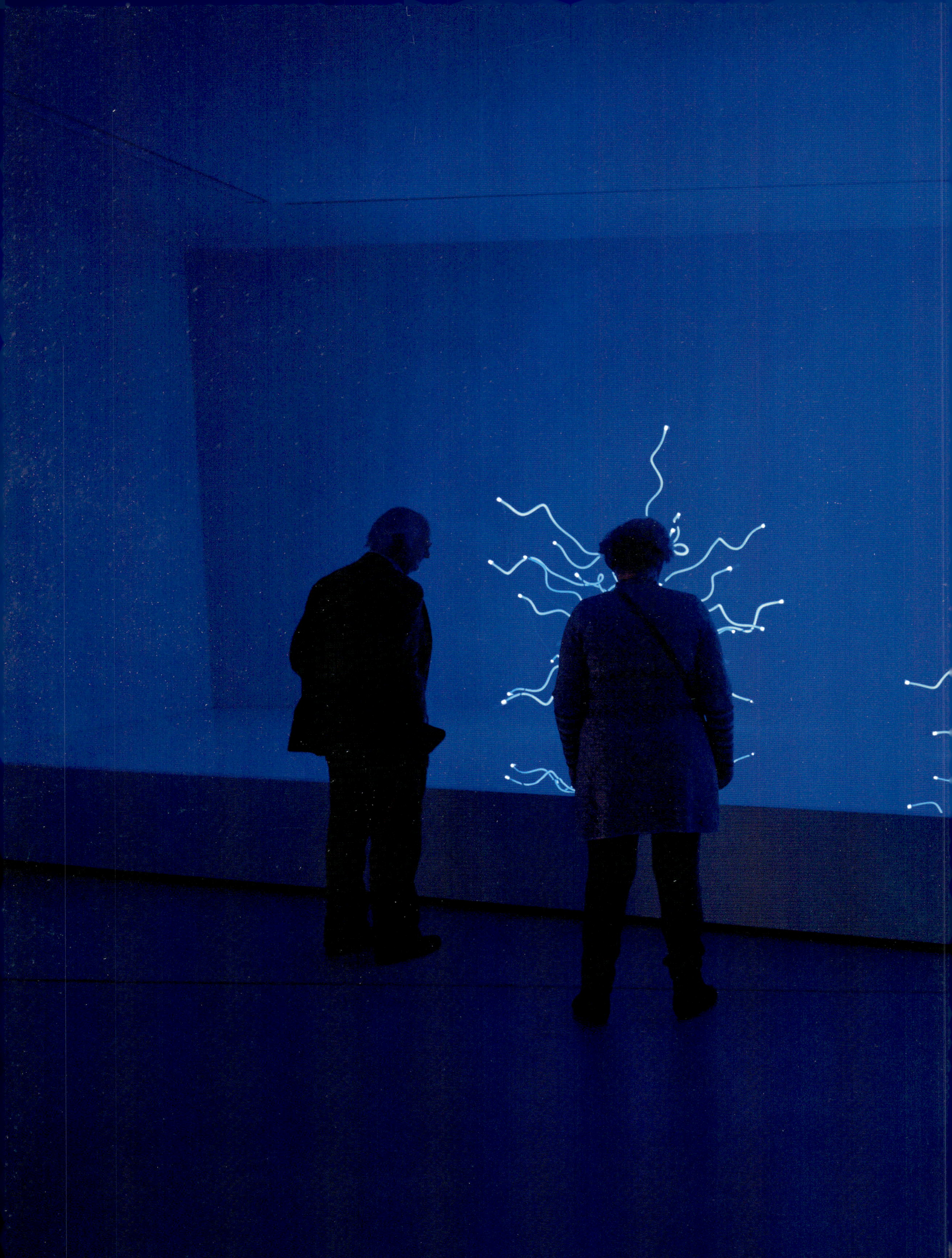

SAPPHIRE NEON TUMBLEWEEDS, 2016, GRONINGER MUSEUM, INSTALLED 2018

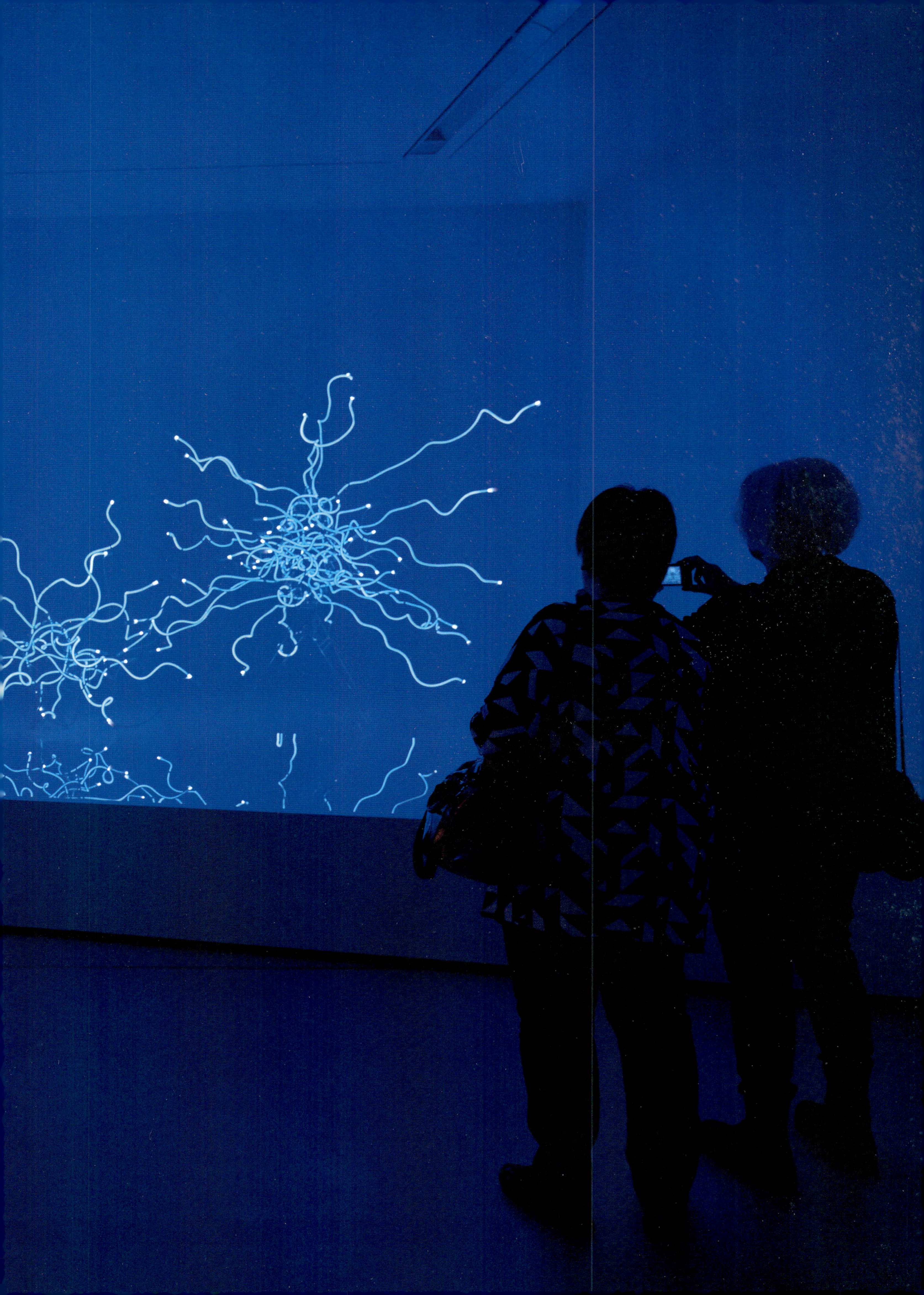

Deze catalogus is gepubliceerd ter gelegenheid van de tentoonstelling CHIHULY van 8 december 2018 tot 5 mei 2019 in het Groninger Museum.

This catalog is published on the occasion of the exhibition CHIHULY from December 8th, 2018 - May 5th, 2019, held at the Groninger Museum, Groningen, the Netherlands.

Redactie / Editing
Suzanne Rus, Muriel Ramuz

Tekstbijdragen / Texts
Andreas Blühm
Ann-Sophie Lehmann
Suzanne Rus

Vertaling / Translation
Kordelia Nitsch
Els Struiving
Anna Post Uiterweer

Graphic design / Grafisch ontwerp
Rudo Menge

Omslag voorzijde / Front cover
Radiant Yellow Icicle Chandelier (detail), 2015

Omslag achterzijde / Back cover
Mille Fiori (detail), 2018, Groninger Museum

Uitgave
WBOOKS, Zwolle

info@wbooks.com
www.wbooks.com

ISBN 978 94 625 8288 0
NUR 655

Deze editie is uitgegeven in 2019 door WBOOKS onder licentie van:
This edition published in 2019 by WBOOKS under licence from:

Tentoonstelling / Exhibition
Groninger Museum

Directeur
Andreas Blühm

Projectleiding
Suzanne Rus

Projectassistentie
Muriel Ramuz

Team Groninger Museum
Lisa Been, Jeannette Beer, Ilse Betten, Zoë de Beus, Sietse Bijleveld, Annetje de Boo, Wouter Bos, Willemien Bouwers, Rob Dijkstra, Lorette Faucon, Sarah Fopma, Nina van Gasteren, Ademiek Gerritsma, Geertje de Groot, Frank Havinga, Saskia van Hijum, Femke Hogerdijk, Jenny Kloostra, Steven Kolsteren, Indrany Kuik, Arjan van der Leest, Marieke van Loenhout, Klaas Reitsma, Bianca Rongen, Davide Sferrazza, Geert Slagter, Karina Smrkovsky, Jitty Terpstra, Babs Topf, Feiko Tuinstra, Tommy Voortman, Jan Vrieling, Peter Zwarts.

Met dank aan / Thanks to:
Bas Beets, Nathalie Bondil, Johan de Bruijn, Marc de Beyer, Ann-Sophie Lehmann, Rudo Menge, Gerard Schijf, Tjalling thoe Schwartzenberg en Hohenlansberg, Dörte Mierau, Henk van de Wal, Jaap Wapsenkamp, Hein van de Water en Dienst Koninklijk Huis.

In het bijzonder dank aan / Special thanks to:
Dale Chihuly en Leslie Jackson Chihuly
Team Chihuly

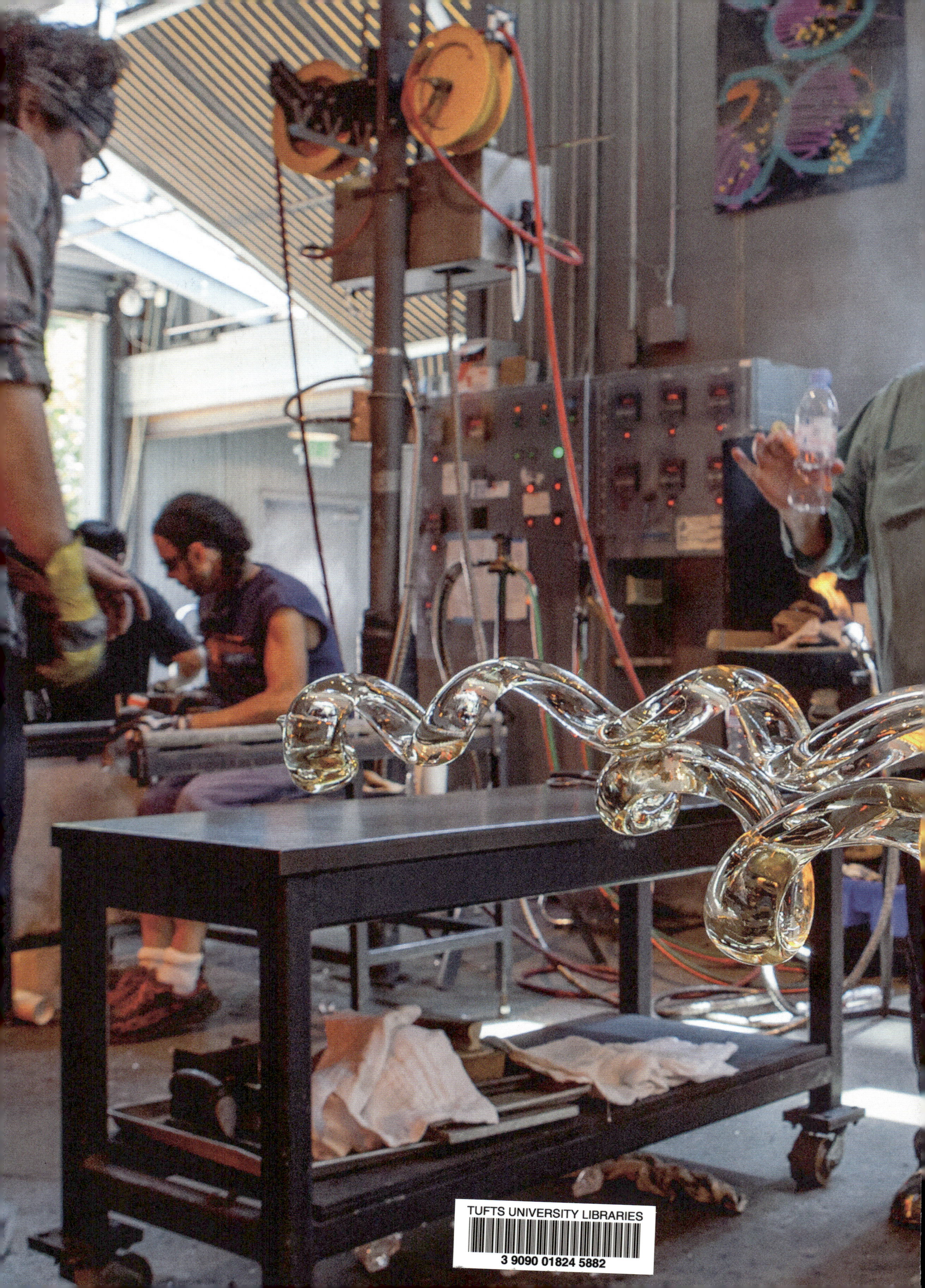